本书的出版得到湖北省重点学科心理学一级学科建设项目和
华中师范大学国家教师教育创新平台建设项目的资助

人的发展与创造丛书

刘华山　周宗奎■主编

社会创造心理学

SOCIAL CREATIVITY PSYCHOLOGY

谷传华●著

中国社会科学出版社

图书在版编目（CIP）数据

社会创造心理学/谷传华著. —北京：中国社会科学
出版社，2011.1
（人的发展与创造丛书/刘华山 周宗奎主编）
ISBN 978-7-5004-8595-7

I.①社… II.①谷… III.①社会心理学：创造心理学
IV.①C912.6②G305

中国版本图书馆 CIP 数据核字（2010）第 039152 号

责任编辑　陈　彪
特约编辑　陈林等
责任校对　石春梅
封面设计　张建军
技术编辑　戴　宽

出版发行　中国社会科学出版社
社　　址　北京鼓楼西大街甲 158 号　　邮　编　100720
电　　话　010－84029450（邮购）
网　　址　http：//www.csspw.cn
经　　销　新华书店
印　　刷　北京金瀑印刷责任有限公司　装　订　广增装订厂
版　　次　2011 年 1 月第 1 版　　印　次　2011 年 1 月第 1 次印刷
开　　本　880×1230　1/32
印　　张　13.625　　　　　　　　　插　页　2
字　　数　355 千字
定　　价　39.00 元

序　言

陈会昌

　　本书从心理学视角考察了中国近现代史上最重要的一些领袖人物的人格特点，由于这些人物在某个社会领域的突出贡献或作为，他们身上具有一种共同特征——社会创造性。社会创造性指的是在社会生活中表现出来的创造性，它与我们一般所指的科学创造性不同，因为社会创造性是表现在为推动社会进步和社会改革而从事的政治斗争、政党活动、社会活动、军事活动、外交事务、群众组织等方面的创新性。

　　在我国以往的社会科学研究中，对领袖人物的研究大多是从政治学、历史学的角度进行的，这种研究的焦点，是探询历史真相，分析领袖人物在整个革命和历史进程中的作用，从国家、政党的发展史中总结一些规律，告诫和警示后来者应该吸取哪些经验和教训。本书的特点是，研究重点并不是历史事件和历史进程，而是从个体的角度，分析领袖人物个人身上所表现出来的社会创造性的起因、发展和变化，从中发现人格成长、特别是社会创造性人格发展的规律性。这样的研究与人物传记的最大不同在于，当我们从众多的领袖人物身上发现了社会创造性人格的发生和发展规律之后，不但可以为人格心理学理论提供宝贵的资料，而且可以给青年干部的培养教育以及广大青少年的思想道德教育提供一些更富于心理学化的科学依据。

需要特别指出的是，为了更全面地分析社会创造性人格的本质和发展规律，本书中所考察的"领袖"人物，包括中国民主革命的先驱者，如孙中山、梁启超、蔡元培，包括中国共产党的杰出领袖，如毛泽东、周恩来、刘少奇、彭德怀、叶剑英等，而且还包括中国国民党历史上的一些重要的领袖人物，如蒋介石、李宗仁、阎锡山、李济深，以及为抗日救国做出杰出贡献的军事将领，如张学良、冯玉祥。从尊重历史的观点出发，本书也分析了如林彪、李立三等党内领袖人物。由于可选择资料的局限性，我们在分析领袖人物的社会性创造性人格时所选择的 30 位领袖人物样本，也只能说具有一定的代表性。另外，本书在分析领袖人物时，起初还选择了一个由 80 人组成的样本，其代表性可能更好些。

领袖人物，哪怕是曾经影响或创造了一个时代的最杰出的历史人物，他们首先也都是一个个活生生的具体的人。在人的本质上，他们与当时的普通人以及生活在当代世界的人并无差别。在生活中，他们有自己的喜怒哀乐，有自己的离恨情愁，在事业上，有自己的浮沉起落，有自己的欢乐苦衷……他们在自己生命的不同时期，所面对的社会环境各不相同，所遭遇的人际关系、成功机会也千差万别，个人可能具有十分"优越"的人格倾向或"能力储备"，却因受时势的局限而难于施展。有些人由于身处历史和政治旋涡之中，身居高位而身不由己，我们无法得知能够反映其真实人格的一些真实思想和行为，这也是公认的回溯性研究的缺陷之一。尽管如此，我们仍然努力根据他们留下的可以看见的"历史痕迹"，对他们进行了考察。

我们所分析的这些领袖人物，其实就是人们平时所说的"历史英雄"或"历史名人"，过去很少有人会认为他们是"社会创造性人物"。但是在我们看来，这些历史英雄之所以能够创造历史，正是因为他们具备普通人所不具备的社会创造性，这绝不是仅靠英勇、执著、顽强、奋斗就能取得的。中国的英雄人格在世界历史上都是独具特色的，它是在深厚的中华文化中滋生、发展起来的一种"特殊人格"，也是中国国民性或民族精神的集中体现。从心理学意义上进行的探索，可以帮助我们从整体上看到中国英雄人格的基本结构和发展规律。

　　本书是基于一种被西方学者称为"历史测量学"的方法、在数据分析基础上所做的研究。这种研究手段在国内尚不多见，我们希望通过这样的研究为国内社会科学工作者提供一种新的视角，起到抛砖引玉的作用。更希望我们的研究成果能够为广大干部的继续教育和青少年一代的德育工作提供一些有益的科学依据。

目　录

序言··· 陈会昌(1)

第一章　社会创造性研究的历史和进展·····················(1)

　第一节　从创造性研究到社会创造性研究·················(1)

　　一　创造性:创造者的品质·································(2)

　　二　创造性的系统观:创造性人格在创造系统中的
　　　　作用···(3)

　　三　创造性的领域特殊性·································(8)

　　四　社会创造性的含义··································(19)

　　五　从创造性人格到社会创造性人格·················(21)

　第二节　社会创造性研究概述·····························(26)

　　一　直接的社会创造性研究·····························(27)

　　二　与社会创造性相关的研究·························(31)

　第三节　创造性人格与社会创造性人格的特殊性·········(56)

　　一　创造性人格与社会创造性人格中的"矛盾":
　　　　普遍性···(57)

　　二　创造性人格和社会创造性人格中的"矛盾":
　　　　领域特殊性和个别差异·····························(60)

第四节　创造性人格研究的新视角 …………………………（66）

　一　目前有关研究的局限性 ……………………………（66）

　二　考察中国领袖人物的创造性人格意义何在 ………（74）

　三　中国领袖人物创造性人格研究的内容和方法 ……（77）

第二章　领袖人物童年和青少年时期人格的发展 …………（82）

第一节　领袖人物童年和青少年时期的人格特点 ………（82）

　一　童年和青少年时期人格的基本特点 ………………（83）

　二　童年和青少年时期的人格和谐性 …………………（86）

　三　童年和青少年时期社会创造性人格发展的
　　　意义 ……………………………………………………（88）

第二节　童年和青少年时期人格发展的相关因素 ………（94）

　一　领袖人物早期的家庭环境与父母教养方式 ………（95）

　二　领袖人物的基本人格倾向发展的相关因素 ………（99）

　三　童年和青少年时期人格和谐性发展的相关
　　　因素 …………………………………………………（104）

　四　家庭环境在英雄早期人格发展中的意义 …………（106）

　五　各种因素对早期人格的影响机制分析 ……………（111）

第三节　青少年时期的英雄梦:从蒙昧到觉醒 …………（119）

　一　英雄的神话 …………………………………………（120）

　二　英雄早年生活的平凡性 ……………………………（122）

　三　日益凸显的自我 ……………………………………（124）

　四　早期的人格倾向:气质特点 ………………………（130）

　五　反叛性、冒险性和高成就动机 ……………………（132）

　六　自我身份感的确立 …………………………………（139）

第三章　领袖人物成年初期创造人格的发展 ………………（144）

第一节　成年初期人格发展的特点 ………………………（144）

一　成年初期人格的基本特点……………………（144）

二　成年初期的人格和谐性……………………（147）

三　成年初期人格发展的意义…………………（148）

第二节　成年初期人格发展的相关因素……………（150）

一　成年初期的人格基本倾向的相关因素………（151）

二　成年初期人格和谐性发展的相关因素………（153）

三　各种因素对成年初期人格的影响机制分析…（155）

第三节　理想与实践：成年初期最突出的人格特征……（158）

一　高度的成就欲或成就动机…………………（159）

二　理想主义、力行……………………………（164）

第四章　领袖人物成年中期创造性人格的发展………（170）

第一节　成年中期人格发展的特点…………………（170）

一　成年中期的人格基本结构分析……………（170）

二　成年中期人格和谐性的发展………………（172）

三　成年中期人格发展的意义…………………（174）

第二节　成年中期人格发展的相关因素……………（177）

一　成年中期人格基本倾向的相关因素………（178）

二　成年中期人格和谐性发展的相关因素………（179）

三　各种因素对成年中期人格的影响机制分析………（181）

第五章　领袖人物成年晚期创造人格的发展…………（185）

第一节　领袖人物成年晚期人格发展的特点………（185）

一　成年晚期的人格基本倾向…………………（185）

二　成年晚期人格和谐性的发展………………（187）

三　领袖人物成年晚期人格发展的意义………（189）

第二节　成年晚期人格发展的相关因素……………（192）

一　成年晚期人格基本倾向发展的相关因素………（192）

二　成年晚期人格和谐性发展的相关因素……………（193）

三　各种因素对成年晚期人格的影响机制…………（195）

四　小结…………………………………………………（198）

第三节　中老年:人格发展的转折时期 ………………（200）

一　自律乐群……………………………………………（201）

二　尽责有为……………………………………………（204）

三　创造性的伦理原则:领袖人物"立德"

背后的意义………………………………………（207）

第六章　领袖人物创造性人格的毕生发展………………（209）

第一节　领袖人物不同时期人格的共性与差异…………（209）

一　传统性和时代性……………………………………（209）

二　高度的成就动机与才能的出众性…………………（210）

三　求新性和意志力……………………………………（210）

四　外向性和随和性……………………………………（211）

第二节　领袖人物社会创造性人格发展的基本趋势……（212）

一　领袖人物人格和谐性的毕生发展…………………（213）

二　典型人格倾向的毕生发展…………………………（219）

三　领袖人物创造性人格的发展趋势说明了什么……（220）

第七章　社会创造性的个案研究:周恩来人格的

发展历程………………………………………（225）

第一节　周恩来人格的发展与成因……………………（225）

一　引言…………………………………………………（225）

二　研究方法……………………………………………（226）

三　研究结果和分析……………………………………（232）

四　结论…………………………………………………（298）

第二节　周恩来人格的适应性…………………………（299）

一　母亲亡故时期…………………………………（299）

二　离家求学时期…………………………………（301）

三　旅日、"五四"运动和旅欧时期 ……………（305）

四　参加国内革命斗争时期………………………（309）

五　新中国成立后出任总理时期…………………（311）

六　"文化大革命"时期…………………………（313）

第三节　周恩来人格的哲学基础：社会创造性

人格与文化……………………………………（316）

一　中国传统文化的影响…………………………（316）

二　西方文化的影响………………………………（326）

三　周恩来人格特征与传统文化的"对应性"………（328）

四　结论：文化对社会创造性人格发展的

重要影响……………………………………（335）

第八章　关于社会创造性研究的启示和设想………………（337）

第一节　关于社会创造性的研究方法问题…………（337）

一　两种研究方法的综合运用……………………（337）

二　一种新视角：采用历史心理学方法研究心理的

发展………………………………………（341）

第二节　社会创造性人格的性质与研究展望…………（349）

一　社会创造性人格的发展性、领域特殊性和

时代特征……………………………………（349）

二　社会创造性人格的适应性本质………………（351）

三　对人格理论的启示……………………………（355）

四　有待深化研究的方面…………………………（357）

第三节　教育的启蒙与深化：对创造教育的启示 ………（359）

一　教育和创造教育的多元性……………………（359）

二　早年的教育：家庭内外的环境 ……………（362）

　　三　创造性生活教育……………………………………（367）
　第四节　关于建立综合的社会创造心理学的设想………（370）
　　一　社会创造心理学的历史使命………………………（370）
　　二　社会创造心理学的性质和研究内容………………（376）
　　三　社会创造心理学的研究方法………………………（385）

主要参考文献……………………………………………（400）

附录………………………………………………………（414）
　　一　领袖人物基本情况及人格发展的相关因素
　　　　编码手册………………………………………………（414）
　　二　人格形容词检测表…………………………………（418）

后记………………………………………………………（423）

第 一 章

社会创造性研究的历史和进展

第一节 从创造性研究到社会创造性研究

创造性（creativity）① 是一个十分古老的话题，在《圣经》开篇《创世记》中，就讲述了上帝耶和华"创世"的故事，中国则存在盘古开天辟地的传说。这些故事或传说本身反映了人类对创造性的神秘感，反映了人类对创造威力的直觉认识。但是，真正系统的创造性研究始于 20 世纪 50 年代。1950 年，吉尔福特在美国心理学会主席的就职演说中发表了题为《创造性》的著名演讲，由此掀起了创造性的理论研究和实证研究的热潮。近年来，创造性的领域特殊性和创造性人格成为创造性研究的焦点。在社会活动领域所表现的创造性即社会创造性中，社会创造性人格也无疑是非常重要的一个侧面。下面，我们不妨从创造性与创造性人格方面的研究入手，逐步深入，分析人们对社会创造性（social creativity）与社会创造性人格（social creative personality）进行的研究。

---

① 在本书中，通用"创造性"这个术语。

一　创造性：创造者的品质

至今，人们对创造性的定义仍没有十分统一的看法。艾曼贝尔（Amabile，1996）总结指出，在微观上，研究者主要从三个角度界定创造性：从创造过程，从创造活动的主体或创造者，从创造的产品或结果。相应的，也就促成了创造性的三种定义：过程定义，创造者定义，产品或结果定义。瑞克（Runco，1997）总结了有关的研究之后发现，人们主要从 4P，即人（Person）、过程（Process）、产品（Product）和压力（环境）（press or environment）这四个角度，研究创造活动和创造性。从创造者的角度出发考察创造性，侧重于考察从事创造活动或表现出杰出创造性的人所具有的特征或品质。吉尔福特（Guilford，1950）认为，狭义的创造性就是最能代表创造活动者的特点的一些能力，高创造性的人往往具有相对稳定的创造性人格特征。艾森克（Eysenck，1997）将创造性行为、创造性特质与创造性的人三者区分开来，他认为，如果一种行为的结果是新颖的、独创性的、令人惊奇的、不寻常的或独特的，那么这种行为就是创造性的；创造性特质可以看作促成创造性行为，并使高创造性的人与低创造性的人区分开来的人格结构；创造性的人则是那种经常表现出上述创造性行为的个体，即使这种创造性行为表现得并不那么频繁。显然，创造性的过程、行为以及环境都可以统一于创造者或从事创造活动的人，创造性可以看作在特定的环境条件下，从事创造活动的人通过一系列特定的内部过程产生有价值的或适当的、新颖而富有独创性的产品的品质，无论产品还是过程，都是同一个体的同一行为系统的不可分割的组成部分。也就是说，创造性是创造者的创造性，它具有多种表现形式，而探明创造者所具有的特征是理解创造性的关键之一。

二　创造性的系统观：创造性人格在创造系统中的作用

在 20 世纪的大部分时间里，心理学家们对创造性的理解都表现出很强的"单维性"，或者把它看做一种认知或知觉能力，或者把它看做一种人格品质或潜能。例如，20 世纪 30 年代后，人们从创造力的认知结构和思维方法来理解创造力，格式塔学派心理学家韦特海默认为，创造是对各种环境要素进行知觉重组和顿悟的过程，创造性是一种知觉完形或顿悟的能力。精神分析学家弗洛伊德则强调创造性的人格特征在创造过程中的首要作用，认为创造性是性本能升华的结果，创造就是人格升华的过程。斯腾伯格等人（Sternberg & Lubart，1999）曾概括出六种创造性研究模式：神秘主义模式、实用主义模式、心理动力学模式、心理测量学模式、认知模式和社会——人格模式，神秘主义模式倾向于认为，创造性来自神灵的恩赐或天赋，是"超凡"的；实用主义模式注重创造性的开发；心理动力学模式主要强调创造性的动力机制或人格机制；心理测量学模式重视对创造性思维或人格的测量；认知模式侧重研究创造性思维的心理表征和过程；社会——人格模式则关注人格、动机变量和社会环境对创造性的影响。其中，许多理论代表了神秘主义的创造观以及从认知或人格维度探讨创造力的"单维创造观"。显然，在这些创造观中，创造性人格的作用或者被忽视，或者被置于至高无上的地位。各种创造观之间的争论最终导致了创造系统观的形成。

20 世纪 80 年代后陆续出现的一些创造理论开始注重创造力和创造活动的系统性，开始从创造性的人的整体出发探讨创造力。这些理论包括，格鲁伯（Gruber，H. E.）等人 80 年代初提出的融动机、知识和情感于一体的"发展的进化——系统模型"，奇凯岑特米哈伊（Csikszentmihalyi，M.）80年代末提出的强调个体、专业和领域三者交互作用的创造力系统模型，斯腾伯格1988年提出的"创造性三维模型理论"，斯腾伯格和洛巴特（Lubart，T.）1993年提出的"创造性投资理论"或"创造性多因素理论"等，其中"创造性三维模型理论"和"创造性投资理论"最有代表性。它们不仅考察了创造性个体的人格特征和思维活动特点，而且还兼顾了促进创造性发展和展现的环境特征。这样，创造性不再简单地局限于创造性思维尤其是发散性思维，也不再局限于创造性人格，而是被看做在创造性人格的激发下创造性地进行思维和行动的能力，创造就是创造性的人的思维和人格的整体运作过程。相对而言，在创造系统观中，人们对创造性人格的意义有了更深刻的认识，开始将人格置于创造性的系统中进行考察，将个体的人格与思维联系起来进行综合的分析。这也表现在当前创造性研究的整体走向上，西蒙顿（Simonton，2000）概括指出，创造性行为内含的认知过程、创造性个体的人格特点、创造性的终生发展和表现、与创造性活动密切相关的社会环境构成当前创造性研究的四大趋势。概括地讲，创造系统观主要表现在两个方面，一是创造性的系统构成观，二是创造性的系统运行观。

（一）创造性的系统构成观

许多研究者都发现创造性具有系统性，创造性测验所测量的创造性思维尤其是发散性思维并不能涵盖创造性的本质。例如，艾森克（Eysenck，1997）指出，创造性理论应两条腿走路，要兼顾创造性思维和创造性的人格特征，在理想状态下还应该包括创造性的生物学基础，而理论家们常常强调一个方面而忽视其他方面。创造性三维模型理论进一步指出，创造性由智力、智力方式（即认知风格）和人格三个维度构成。智力维度是创造性的基本方面，它包括与个体内部心理过程相联系的内部关联型智力、与已有知识经验相联系的经验关联型智力、与外界环境相联系的外部关联型智力；智力方式是指个体如何运用自己的智力资源，或者说是个体运用智力资源的倾向和风格；人格维度包括个体能否忍耐问题情境的模糊性，是否具有较强的求知欲和解决问题的坚强意志，是否敢于打破常规、甘愿冒被他人消极评价的风险等等。这些人格特征制约着个体的智力资源被有效开发的程度。国内也有研究者从系统论的角度理解创造性心理，认为创造心理因素包括创造动力方面的因素（创造的需要、创造的动机、创造的理想、创造的远见、胆识、创新意识）、创造活动方面的心理因素（创造的注意力、敏感性、创造性思维、创造性想象、创造的思路和思维方法、创造力）、灵感、机遇、梦境以及作为创造活动基础的心理因素（世界观、智力、个性、自学能力、评价能力、表达能力、组织能力、决策能力和心理健康），而高创造性的科学家通常具有崇高的价值观、爱国主义情感、强烈的事业心、强烈的进取心、自学能力、创新精神和创造性思维、坚强的意志和高度的勤奋性（王极盛，1986）。

在这里，创造性不再是某种单一的智力品质，而是多个维度相互联系的整体。各个维度都有自己独特的、不可或缺的作用。当然，这种观点仍然需要进一步研究，但是，不容否认，它深刻地刻画了创造性的系统性特点，较好地体现了创造性的系统构成观。显然，这里人格成为创造性系统中的一个相对独立的维度，制约着其他因素的作用。而且，智力方式或认知风格有时也被看做个体在智力运用过程中所表现的人格倾向。这样，人格在创造性系统中的地位就显得尤其重要了。

（二）创造性的系统运行观

创造性的系统运行观旨在揭示创造性的展现过程或运行机制

的系统性。艾曼贝尔（Amabile，1983）从社会心理学的角度出发，认为一个人要做出创造性的成就，需要有较高的智力水平、坚强的毅力、强烈的动机、特殊领域（如音乐、绘画、言语或数学）的才能，还需要具备适当的活动背景和教学、社会的支持及其他因素的支持。艾森克（Eysenck，1997）将个体所具有的特质创造性（trait creativity）与系统的创造性区分开来，认为创造性成就不是由单一的特质创造性（主要是发散性思维能力）所决定的，而是由认知变量（智力、知识、操作技能、特殊才能）、环境变量（政治—宗教因素、文化因素、社会经济和教育因素）与人格变量（内部动机、自信、非依从性或独立性、特质创造性）共同促成的。

在深入研究的基础上，奇凯岑特米哈伊（Csikszentmihalyi，1999，pp. 313—335）也提出了自己的创造性系统模型，认为创造性的产生涉及个体（individual）、专业（domain）和领域（field）三个方面，具有特定认知特点、人格倾向、知识背景的个体必须从他所从事的专业获得相应的知识和规则系统，才有可能进行创造活动，同时，个体在所属专业中的创造性也必须得到相应领域的专家的认可，才可以说具有创造性；相应的，个体的创造性成果也会融汇到专业中去，成为本专业知识体系的一部分。这种观点强调了专业背景在创造中的作用及个体与"同行"或领域的交互作用。

近年来，国内一些学者也开始注意到创造活动的系统性。例如，一些研究者（施建农等，1997）所提出的创造性函数模型认为，创造活动是在特定的社会环境中，具有特定智力水平的个体在人格的动力作用下，将智力资源合理地投入到特定作业中去的过程。还有的研究者（张庆林，2002）主张将创造性看作内系统（由创造性的动机、价值观、智力品质、认知风格和人格特质等方面所构成）与外系统（由创造者所在的生活背景、文化背景和社会背景所构成）的统一。

在有关创造性运行的各种观点中，创造性投资理论最有代表性。它将影响创造性发挥的主要因素分为六种：智力、知识、认知风格、人格特征、动机和环境。其中，智力因素影响一个人对问题情境的理解、解释，也影响到一个人如何选择和选择什么样的问题解决策略；知识因素是一个人所具有的与创造活动有关的经验和知识背景，为个体的创造活动奠定特定的知识基础，它可以促进也可以阻碍创造活动的进行；认知风格是一个人运用他的智力资源的风格或倾向性，包括立法式认知风格、执行式认知风格、司法式认知风格三种类型，不同风格的人解决问题的倾向不同，具有立法式认知风格的人倾向于打破旧规则，自创新规则，具有较高的创造性；人格特征包括对模糊性的容忍力、冒险性、毅力或坚持性、成长的愿望和自尊；良好的动机品质是创造的驱动力；环境构成创造力发展和展现的氛围，对创造力的发挥可能具有促进作用，也可能具有抑制作用，有利于创造的环境是一种支持性的环境，它可以降低创新的风险，给冒险者以奖赏。创造性就是上述六种资源合理投入的产物或收益，是它们的"合力"。这些因素的结合或凝聚方式决定了创造性所能达到的高度。这种理论阐述了创造的动力机制，试图揭示影响创造活动和创造性发挥的因素以及这些因素的运作方式，进一步拓展了创造性的系统构成论，形成了创造性的系统运行论。

创造系统观认为，创造是多种因素，包括创造者的知识结构、认知特征、人格倾向、环境或情境因素等共同影响下的活动，相应的，创造性也是这多种因素的"合力"，而人格力和认知力是其中的核心成分。创造性的系统构成观主要从静态意义上阐明创造性本身的系统性，将创造性看作创造活动所必备的具有系统性的综合品质；创造性的系统运行观则揭示了这种综合品质展现的动态过程和机制，它强调个体与环境之间的"互动"。前者认为，创造性具有多个层次，其中人格的创造性包括气质的创造性、性格的创造性等。后者则认为，一种具体的创造活动往往包含着多种宏观和微观的动态过程，在创造过程中，具有特定人格倾向的个体会选择或面临特定的问题情境，产生创造性地解决问题的动机，有效地运用自身的智力资源，以适应于问题情境的认知风格或思维方式，创造性地解决问题，表现出高水平的创造性。

显然，人格特征、认知风格和动机特点在创造过程中具有十分重要的作用。可以说，人格决定了个体的智力资源得以有效利用的程度，在具体的创造活动中起着"启动器"和驱动力的作用，可以说，人格是创造活动系统中的"驱动子系统"。大量研究表明，不同领域的高创造性人物通常具有相对稳定的人格特征，特定的认知风格（如立法式认知风格、场独立性认知风格）和较高的成就动机对于相应领域的创造活动具有积极的促进作用。艾森克认为（Eysenck，1997），创造性人格特征可以直接预测个体的创造性成就，它与个体的遗传和神经化学过程（如大脑皮层的激活水平）紧密相连，例如，内向常常是科学领域的高创造性个体的人格特征，而内向性与较高的大脑皮层激活水平密切相关。而单纯的智力水平与创造性成就之间并不是人们所想象的那样密切相关，菲斯特（Feist，1999）总结了20世纪后半期的有关研究，发现智力测验成绩并不能非常有效地预测成年后的创造性成就。

三   创造性的领域特殊性

在过去的半个多世纪中，大量研究都坚持这样一种假设，即创造性是一种跨领域的统一的能力。但是，近年来许多学者开始否认一般的或跨领域的创造性（Baer，1993；Csikszentmihalyi，

1990；Gardner，1983，1993；Kay ＆ Rogers，1998），认为创造性具有领域特殊性，不同领域的创造性是不同的。其中，多元智能理论和奇凯岑特米哈伊的创造性系统观最为典型，它们从不同的侧面强调了活动领域在创造性发展、展现中的作用。在创造性研究中，人们正转向创造性的领域特殊性观点。尽管有的研究者认为，对于创造性到底是一种一般性的能力或品质，还是一种具有领域特殊性的品质，现在下结论仍然为时太早，但领域特殊性观念已经被人们广泛接受（Han ＆ Marvin，2002）。下面对有关的理论和研究进行简要阐述。

（一）多元智能理论：从能力的领域特殊性到社会创造性

加德纳（Gardner，H.）于 20 世纪 80 年代提出的多元智能理论反映了智能存在的领域特殊性和智能发展的多元化。根据这种理论，作为高度发展的智能品质，创造性也是多元化的，具有明显的领域特殊性的，它是特定领域中的特定作品或产品的特征，相应的，所谓的奇才或神童只是某一领域内的天赋登峰造极的表现，天才人物不过是在特定领域内表现出非凡创造力、同时其作品或理论具有广泛或相当广泛的重要意义的人。

这种理论认为，人类存在着多种相对独立的智能，而不是像通常所测量的那样，只有某种单一的智能品质，除了学校教育通常所重视的数学逻辑智能和语言智能之外，还有空间智能、音乐智能、身体运动智能、人际关系智能和自我认识智能、自然智能，这八种智能是人类主要的智能形式，除此之外，还可能存在着其他的智能形式。上述每种智能都与特定的活动领域相对应。数学家、工程师这类人所具有的数学逻辑智能主要是在运算和推理活动领域中所表现的能力，作家、演说家和政治领袖这类人所具有的语言智能是在语言学习和运用活动中发展和表现出来的能力，画家、航海家、建筑师这类人所具有的空间智能主要是在认识空间关系和运用空间关系表达自己方面表现的能力，作曲家、歌唱家等人所具有的音乐智能主要是在音乐活动中表现的能力，运动家、舞蹈家等人所具有的身体运动智能是在身体运动方面所表现的能力，政治家等人所具有的人际关系智能是在人际交往活动中表现的能力，哲学家等人所具有的自我认识智能主要是在自我认知活动中所表现的能力，旅游家等人所具有的自然智能则是在认识和适应自然环境的活动中表现的能力。一个人所具有的某种智能天赋需要在特定的领域中得以展现，并且，如果能得到有针对性地培养和促进，这种智能优势可以在该领域中获得高度的发展。

各种智能相对独立，而本质上并无优劣之分，它们同等重要。一个人可能在某一个领域中具有高度发展的智能，也可能同时在多个领域表现出高度发展的智能，并在生活中合理地组合运用。"几乎在所有的人身上，都是数种智能组合在一起解决问题或生产各式各样的、专业的和业余的文化产品"（加德纳，1999，p. 10）。从技能的角度来看，只有在那些奇特的个体身上，某种智能才以单一的形式表现出来。学校教育的宗旨应该是开发多种智能，并帮助学生发现适合其智能特点的职业和业余爱好。得到这种帮助的人在事业上将会更投入，更有竞争力，因此将会以更有建设性的方式服务于社会。

同时，智能和创造性的发展本身就是一个逐渐领域化或多元化的过程。5 岁之前的幼儿尽管可能创造出令行业人士刮目相看的作品，但他们对领域和行业一无所知，可以说是处于"前领域期"，因而他们的创造性实际上也是与行业无关的。10 岁以后，学龄期的儿童开始了解和掌握特定领域的规则，进入"学徒期"。他们有望进入某一领域，在特定教师的指导下很快掌握专业知识和技能，了解文化的内涵，其中那些进展快的儿童，可被视为天赋优秀或超常。虽然这时谈专业的创造性或天才似乎为时尚早，创造性的工作还没有出现，但"一个具有创造性（或不具有创造性）的生命已经定型。""那些处于自身文化边缘、雄心勃勃并执著追求、拒绝批评并坚持走自己的路的人，极有可能在'冒险中'开始富有创造性的生活；而那些在所处群体中感到舒服和惬意的人，那些在自己的领域中从未感到压力和不和谐的人，则仅仅可能成为专家"（加德纳，1999，p. 63）。青春期是一个人人生的十字路口，15 岁到 25 岁是最为重视专业知识的阶段，是奠定一个人在专业发展中的位置的阶段，也是创造性开始"成型"的阶段。能否顺利地投入专业学习，坚持专业活动，并保持怀疑和冒险精神，将决定他们在今后能否表现出高度的创造性。"事实上确有一些人在青春期后，身上的创造性就暂时地或永久地消失了。""如果能成功地驾驭这个充满危机的时期，就有希望长久地保持创造性"（加德纳，1999，p. 63）。此后，在 30 岁到 35 岁时，个体领域化的过程真正完成了，他们"在天赋模式中的最后位置"也很可能确定了。他们或者成为令人满意的专家，或者成为不能令人满意的专家，或者是想取得卓越成就而失败的人。这一时期，创造性的人往往形成了特定的人格特征，如雄心勃勃、自信、富有冒险精神。他们开始在自己的专业领域表现出成熟的创造性，在某些领域甚至可能取得持续的突破，他们的创造性作品也常常具有跨领域、跨文化、跨时空的意义。

因此，创造性的发展实际上是逐渐获得专业知识和技能的过程，创造性的意义与个体的专业、领域紧紧结合在一起。创造性，包括高度发展的创造性，都是针对特定的领域而言的。只有那种新颖、独特并且得到了特定领域内学识渊博的人认可的作品，才可以说是具有创造性的，同样，只有得到特定智能领域承认的惊人的能力，才能称之为"天赋"，也只有那种表现出非凡创造性的杰出专家，才能称为天才。这种观点与奇凯岑特米哈伊在 20 世纪 80 年代末提出的强调个体、专业和领域三者交互作用的创造性系统观是一致的。

实际上，高度发展的人际关系智能与自我认识智能是社会创造性的突出表现，也可以说是社会创造性的基本成分。拥有高度发展的人际关系智能的人"能够看到他人有意隐藏的意向和期望"，我们可以在宗教和政治领导人、教师、心理咨询专家身上，观察到复杂微妙的人际关系智能的高级形式。自我认识智能则是有关人的内心世界的认知能力，即了解一个人的感情生活和情绪变化，有效地辨别这些感情，最后加以标识，作为理解和指导自己行为准则的能力。具有较好自我认识智能的人，对于自己有一个积极的、可行的有效行为模式。如果说前者使人了解他人，更好地与他人一起工作，那么后者则可以使人更好地认识自己和处理个人的问题，在个体的自我意识中，二者则是融合在一起的。作为重要的智能形式，社会创造性智能的发展同样要遵循智能发展的一般规律，经历领域化的过程。需要指出，尽管自我认识智能与人际关系智能是社会创造所需要的基本条件，但这并不意味着，拥有这些智能就必然会产生高度的社会创造性，它们只是社会创造性产生的必要非充分条件，因为社会创造性除了智能因素之外，还包括人格、动机等因素。

（二）奇凯岑特米哈伊的创造性系统观：专业内的创造性

奇凯岑特米哈伊（Csikszentmihalyi，1999）认为，创造是在特定专业和领域内进行的活动，是具有特定的人格特点和认知特点的个体与外部环境包括专业、场或领域共同促成的。个体、专业、领域是创造性系统的三个基本要素。它们对于创造性的产生具有各自不可缺少的作用，从而构成"三足鼎立"的系统互动模式。在这个系统中，专业具有文化传递和创新参照两种作用，一方面，它必须将特定文化的活动规则和知识传递给个体，使之成为一个具有特定知识背景的人，因而，专业学习为个体奠定了创造活动的知识和信息基础。另一方面，它还作为个体创造活动的背景而存在，个体的创新或创造性变化是相对于该专业原有的知识状态而言的。在这里，专业成为创造之所以"新颖"的参照背景。领域或场则具有选择、评价和激励的作用，个体的创造性作品必须得到社会的选择和评价，得到本领域专业人士的认可，才能被推广和流传下来，才可以称为真正的创造性作品。否则，这种创造性就无法称之为真正意义上的创造性，而是很快就会消失。本领域专家的评价可以促进或刺激个体的创造活动。这样，经过领域或场的筛选、评价，进行创造活动的个体为所属专业带来的新的变化也会融入专业的知识和规则体系，促进了专业的更新和发展，而个体的行为或行为后果本身也因此而具有"创造性"。文化在某种意义上就是相互联系的专业系统。在现实中，文化也倾向于分为各自相对独立的专业领域，各专业都倾向于保持自身的独立性而抵制创新，而一旦创造或创新为专业所接受，就可能对专业的发展产生全局性的影响。

在发展意义上，三种"专业性"条件可以更好地促成创造性的产生，它们分别是：个体先天的专业天赋或先天容易接受某个专业，自幼对某个专业感兴趣；有进入某个专业的机会；接触业内专家。专业对个体的"通透性"或接纳也极大地影响着个体创造性的发展和发挥。由于各种原因，有的专业让人难以接近，无形中将许多青年人排斥在外，从而阻碍了个体在该领域的创新和专业本身的发展（Csikszentmihalyi，1996）。

同样，艾曼贝尔（Amabile，1996）的创造性组成成分理论也从创造性的结构出发，论述了创造性的领域特殊性问题。她认为，创造性是由有关领域的技能、有关创造性的技能与工作动机三个部分组成，其中有关领域的技能又包括领域的专门知识、技能和特殊的天赋，工作动机主要是指在特定领域内进行特定创造活动的态度，尤其是内部动机水平，它们都具有高度的领域特殊性或专门性。尽管人们可能在多个领域表现出高度的创造性，但他们的创造活动总是具体的、领域性的。在此意义上，创造总是与特定的领域相联系，创造性是具有领域特殊性的。

实际上，创造性三维模型理论也强调专业性知识在创造性系统构成中的作用，在此基础上形成的创造性投资理论则进一步强调知识在创造性运行中的作用。它认为，创造活动必须具备特定的知识基础和经验背景，知识、智力、智力方式或认知风格、人格、动机和环境一起促成了特定领域的创造能力。

与科学、艺术领域的创造性不同，社会创造性是在社会生活，包括在社会活动和人际交往领域中表现的创造性。由于社会创造性主要反映在个体实际的社会活动中，它看起来似乎并无明确的专业或领域，或者说它所在的领域、所属的"专业"通常是十分宽泛的、非学术性的。它需要更广泛的社会经验或社会知识，需要更广阔的社会生活背景；至于社会创造性成就的评价和认可，则是由人类或特定的社会群体来完成的。相对而言，社会创造性与文化的关系、与社会成员的关系更为密切。同时，由于社会创造性与个体日常生活的紧密联系，它的发展也并不像其他领域的创造性那样，会受到"专业"教育机会和"业内"人士的深刻影响。

泊利卡斯卓和加德纳（Policastro & Gardner, 1999, pp. 220—222）区分了不同类型的创造性行为和创造者。他们把创造性行为分为五种：旨在解决重大科学问题的创造性行为（如自然科学家的行为）、旨在建构理论的创造性行为（如社会科学家的行为）、艺术产品的创作和科学发明行为（如作家、画家、作曲家、发明家的行为）、艺术表演行为（如舞蹈家和演员的行为）、涉及高风险行动的行为（如政治领袖推动社会或政治变革的行为）。同时，根据创造者在工作中的表现，区分出四种类型的创造者：精通者（master）、制造者（maker）、内省者（introspector)、影响者（influencer），其中精通者能够精通现有的专业，并将这种专业的传统发扬到极致，莫扎特、贝多芬等人都是典型代表；制造者挑战现有的专业，致力于创造新的专业，爱因斯坦、达尔文等人都是其典型代表；内省者致力于探索个人心灵，杰出文艺家和弗洛伊德等社会科学家是其典型代表；影响者的创造性突出地反映在对他人的影响上，甘地、埃里诺·罗斯福等政治领袖是其典型代表。显然，社会创造通常是高风险的行动，社会创造者通常是那些对社会和群众产生了深刻影响的人或影响者。在中国文化背景下进行的研究中，研究者要求中国青年提名和评价创造性的人物，结果显示，人们最经常地提到政治家，其次才是科学家、发明家等，它们更看重这些人物的社会贡献或社会影响，换言之，社会贡献或社会影响较大的人物更可能被提名，受到更高的评价，更可能被认为有创造性（Yue，2003；Yue & Rudowicz，2002；Rudowicz & Yue，2002；Yue，2004）。相比之下，社会创造的过程和结果都与社会活动、人际关系具有更密切的联系，或者说具有更强的社会特殊性，相应的，社会创造者也需要具备与社会活动、人际关系相关的人格特征。

（三）领域特殊性的发展意义

领域在创造性发展过程中的作用十分重要，许多研究者都注意到了领域在儿童创造性动态发展过程中的意义。皮亚杰发现，各个领域的内容和结构，包括领域的潜在原则、研究课题、尚未解决的问题、各种专业技术和手段，都是不断变化的，而儿童某一领域的知识结构的发展总是与领域自身的知识结构的历史变化相对应。菲尔德曼（Feldman，1999）指出，对特定领域的敏感性，掌握特定领域的技能，对个体创造性的发展和领域本身的发展都是十分必要的，当一个人疏远了自己的专业或领域时，他的创造活动往往就停止了，他的创造性也就消失了。领域往往可以为一个人提供接近和熟悉有关知识的机会，也可以提供创造的机遇。爱因斯坦杰出的创造性与他所处的 20 世纪初期理论物理学领域所特有的发展机遇密切相关，他找到了施展自己杰出的物理学才能的最佳领域。跨领域的创造性是难以想象的。领域对个体创造活动的评价也可能促进或阻碍一个人创造性的发展，可以让人们在遵从领域基本标准的前提下，最大限度地展现、宣传和推广自己的创造性，以努力获得领域和社会的认可。另一方面，如前所述，创造性的领域特殊性本身有一个发展过程，对有杰出成就的人的研究发现，在特定领域内进行的有目的的训练在一定程度上可以解释领域特殊化的过程（Ericsson，Krampe & Tesch-Romer，1993；Hayes，1981；Simon & Chase，1973）。显然，创造性的领域特殊性本身决定了创造性发展的领域特殊性。

（四）创造性的领域特殊性研究

在创造性研究中，人们正转向创造性的领域特殊性观点（Han & Marvin，2002）。有关研究主要是以上述创造性的领域特殊性理论为依据的，它们主要遵循这样一种假设：如果创造性本身是具有领域特殊性的一种品质，或不同领域的创造性之间是相互独立的，那么不同领域的创造性之间应该具有较低的相关，而同一领域的不同任务或各个创造性维度之间应该具有显著相关；反之，如果不同领域的创造性之间具有显著相关，那么创造性的领域之间就不是相互独立的，或者说，创造性就不是一种跨领域的统一的结构。

依据这种研究思路，研究者发现，将发散性思维能力作为一般创造潜能的指标是不合理的，发散性思维测验的预测效度并不高（Runco & Nemiro，1994；Baer，1993）。迄今，仍很少有研究证明，在某个领域或学科中创造性较高的儿童必然表现出高度的发散性思维能力（Gardner，1993）。对儿童和成人群体的研究

表明 (Sternberg & Lubart，1995)，存在着不同的创造性因素群，它们是艺术创造性和科学创造性，或者言语创造能力与图形创造能力。以成人为对象的研究一再证明，被试在不同领域的任务上的成绩之间的相关在中等程度以下 (Baer，1991；Lubart，1994；Lubart & Sternberg，1995；Runco，1987)。翰等人 (Han, et al.，2002) 对小学低年级学生进行的研究也表明，创造性是具有领域特殊性的，儿童在不同的领域表现出多种创造性能力，而不是表现出某种跨领域的统一的创造性能力。狄奎达等人 (Diakidoy & Spanoudis，2002) 的研究进一步支持了这一结论。另外，还有的研究者发现 (Simonton，1991)，从事不同职业的科学家和发明家显示杰出创造性的年龄是不同的，这从另一个侧面说明了创造性的领域特殊性。在发展意义上，儿童时的天赋如果不能首先在某一个创造活动领域得到促进和发展，就不可能造就成年后的天才，而且儿童才能的"领域化"越早，其成年后的创造性成就就越突出 (Simonton，2001)。

与创造活动领域本身的复杂性相应，创造性的评价也与领域的特点密切相关。贝尔等人指出，　　(Baer，1998；Plucker，1998)，创造性的表现不仅仅依赖于个人的品质，而且还依赖于与领域有关的因素，依赖于创造活动的内容和任务，发散性思维测验的使用和编制主要是基于创造性的一般性或跨领域性假设，即认为发散性思维能力和创造性是超越于具体的领域、独立于具体内容的能力或品质。但是，许多研究都发现 (Guilford，1971；Feldhusen，1994)，发散性思维测验并未涵盖创造性的全部含义，用一般的发散性思维测验来鉴别和预测各个学科或领域（如数学、自然科学、语言和历史等领域）的创造性潜能是不妥当的。例如，贝尔 (Baer，1996) 研究了诗歌的发散性思维训练对诗歌创作任务和故事写作迁移任务的成绩的影响，结果表明，训练对诗歌创作任务成绩的影响比其对迁移任务的影响更明显。

但是，有关创造性的领域特殊性的研究结论也受到人们对领域概念的理解的影响，受到研究方法的影响。例如，狄奎达（Diakidoy & Spanoudis，2002）总结有关的研究之后指出，在有关创造性的领域特殊性问题的研究中，研究者倾向于从以下三种意义上使用"领域"这个概念：一套比较宽泛的认知能力；特定的学科或内容；特定的主题或任务，对领域的理解和操作定义不同，所得出的研究结论就会不同，对领域特殊性的解释也有所不同。翰等人（Han & Marvin，2002）发现，关于创造性的跨领域性特点和领域特殊性的研究并没有清晰的、一致的结论，主观性的解释较多；以创造性成绩或表现为基础的评价常常支持创造性的领域特殊性，自我报告的量表或问卷则常陷入循环论证，因而倾向于支持创造性的一般性或跨领域性。

总体而言，人们日益认可创造性的多元化特点，这主要表现在两个方面，其一是创造性实现领域的多元化，其二是创造性发展可能性的多元化。前者是指，创造性可以在多个领域表现出来，不仅表现在科学、艺术领域，而且表现在社会活动领域；在每个领域中，创造性在不同的问题情境中也可能有不同的表现形式。可以说，创造性普遍存在于人们的日常生活中。吉尔福特（Guilford，1968）认为，在问题存在的任何地方，包括在人际交往情境中，都需要有创造性的行为。

创造性发展可能性的多元化是指创造性发展领域的多元化。既然创造性可以表现在各种活动领域及各种活动中的各种问题情境中，那么，创造性就可能客观上也必须得到多元化的发展。创造性的本质是人们有效适应环境的智能和人格等心理倾向，是以适应性的方式发现和解决生活问题的综合性品质。相应的，多样性的问题情境可能促成人们创造性的多样性，这种发展可能性与人们适应多元化的生活领域和问题情境的要求紧密相关。

社会交往是一个十分重要的"生活领域"。作为一种社会性动物，每个人生来都在与他人进行社会交往，包括言语的和非言语的、前言语的交往。小而言之，社会交往和社会互动既是个体作为一种社会性存在的必然产物，同时也是维持自身生存发展的必要条件；大而言之，社会交往既是人类社会的根本特征，同时也是人类社会得以维系和发展的根本条件。可以说，社会交往与人的社会生存时刻伴随。因而，社会交往和社会互动领域的创造性理应是最广泛的、最普遍的，社会问题情境几乎伴随着人们任何有意识的社会活动，创造性地解决各种社会问题的机会和可能性也是普遍存在的。在此意义上，人们在日常的人际交往和社会互动中所表现的创造性即社会创造性也是普遍存在的。

四　社会创造性的含义

穆恰鲁德等人（Mouchiroud & Lubart，2002）总结指出，以前的发展心理研究者主要关注言语或图形方面的创造性，把创造性看作个体在特定情境中以新颖的、灵活的或适应性的方式进行行动的一套能力。在这些研究中，研究者主要采取客体倾向的任务（object-oriented task）测量儿童的创造性，他们一般要求儿童解决与他们所熟悉的物体有关的问题，或要求他们依据不同的材料画画，最常用的是托兰斯创造性思维测验（Torrance Test of Creative Thinking，Torrance，1974），例如，让儿童想办法改善一个玩具大象，或说出一个盒子的不寻常用途（言语任务），将空圆圈画成不同的事物，或依据已有的简单元素画一幅画（图形任务）。作为创造性地进行社会交往的品质，社会创造性则常常被研究者所忽视。

社会创造性不同于一些研究者所说的创造性的社会侧面，不同于一种作品中所反映的社会和历史特点。一般而言，社会创造性是在日常的社会交往、社会生活和社会活动领域表现的创造性，是个体于社会交往、社会生活和社会活动中以新颖、独特、适当而有效的方式提出和解决社会问题的一种品质，社会创造性产品主要是特定的社会问题的提出和解决，这表现为某种无形的思想或想法，也可能表现为物质环境的现实组合和人际关系的重新调适，它具有一般创造性产品的特点，即产品的新颖性、独创性、适当性、有效性。社会创造性的新颖性与问题情境的新颖性是相应的，问题情境的新颖性包括两种情况，一是相对于活动者本人是新颖的，二是相对于人类历史是新颖的，同时，对于同样的问题，也有不同的解决办法，不同的人解决问题的行为也是不同的，某些解决方式往往更有效，更适合问题情境的要求，具有较强的独创性和新颖性。社会创造性与科学、艺术领域的创造性的最大区别不仅表现于活动领域上，而且表现在问题情境的性质上。相对而言，物理世界是相当稳定的，对物理世界的问题情境，在一定时空范围内可采用相似或相同的解决方式，但是，社会生活中的所有问题归根结底都是新颖的，人的心理和行为是时刻变化的，人际互动的环境也是时刻变化的，因而并没有完全相同或重复发生的问题情境，当然也没有可以完全套用的解决问题的方法。在此意义上，有效的社会问题解决方式总是新颖的，或者说，新颖是社会性问题解决的一种本质属性，对个体而言尤其如此。另外，社会性问题情境具有很强的生态性，只有在真实的生活情境中，才能更充分、更真实地评价个体的社会创造性，社会创造性对个体生存的价值更为直接，个体要有效地适应社会，就必须表现出某种程度的社会创造性。

与其他领域的创造性一样，社会创造性也表现为不同的水平。穆恰鲁德等人（Mouchiroud & Lubart，2002）认为，可以把社会创造性看作一个连续体，重大的社会事件（如宗教和政治领域的重大事件）中的社会创造性与一般的人际交往中所表现出的社会创造性可以看作这个连续体的两端。在一般的日常生活水平上，社会创造性可以有效地促进人际交往，可以提高领导水平，促进个体自我的形成、自我实现和心理健康。研究表明（Mouchiroud & Lubart，2002；James & Asmus，2001），社会创造性是一个相对独立的结构。从系统论的角度看社会创造性，我们可以把社会创造性看作包含个体对待社会性问题情境的特定人格倾向和认知特征在内的综合品质，或者看作由特定的性格、动机、智力、认知方式等成分构成的统一体。相应的，在社会创造性的评价中，应同时包含对这些创造性人格倾向和创造性认知特点等方面的评价。

五　从创造性人格到社会创造性人格

长期以来，人格一直是一个众说纷纭的概念。不同的理论流派各自从不同的角度出发来描述人格，如精神分析理论从情绪和动机来描述人格结构，人本主义心理学家从内在需要来论述人格，行为主义学派主要从行为与强化的关系来描述人格，生物学流派和认知学派则分别从人格的生物基础和认知建构的角度揭示人格的内涵。博格（Burger，J. M.）总结指出，对于什么是人格，心理学家并没有一致的答案，甚至在如何描述人的人格以及心理学的这个分支领域应该包括哪些问题上，人格心理学家至今也无定论，而且这种讨论恐怕永无终结之日（Burger，1997）。他在总结各种人格理论的基础上指出，人格包括两个核心成分，一是稳定的行为方式；二是发生在个体内部的相应的心理活动过程，包括影响行为的情绪、动机和认知过程。在一般意义上，人格主要是指个体以其先天的生理和生物结构为基础，在与其所处环境的互动中逐渐形成的一种适应性的心理结构，它使个体在适应环境的过程中对特定的情境或刺激表现出某种动力性、整体性及稳定性或一致性的反应。

（一）创造性人格的内涵

创造性人格主要是个体在创造性的问题解决活动中发展和表现出来的相对稳定的行为方式和内部心理过程，它使个体对创造活动中的问题情境表现出具有动力性、整体性和一致性的创造性适应行为。我们可以从广义和狭义两个层次上理解创造性人格。在广义上，创造性人格是创造活动所必需的人格，每个人都有其独特的人格特点，这在某种程度上促成了不同的人各自不同的问题解决活动以及不同形式、不同水平的创造力。因此，创造性人格并不局限于高水平的创造活动，每个人都具有自己的创造性人格。在狭义上，我们把那些与高水平的创造性、需要高度创造性的问题解决活动相联系的人格特征称为创造性人格。在此意义上，创造性人格并非人人都有，而是为少数从事高创造性活动、生产出具有高度社会价值的产品的"创造性人才"所独有。通常所说的创造性人格，主要是在后一种意义上来说的。本书中所说的创造性人格也主要是在后一种意义上来说的。

从结构上看，创造性人格是个体在创造性活动中形成、发展和表现的相对稳定、统一的心理特征系统，包括创造性的动机特征、创造性的气质特征、创造性的性格特征等。它代表着个体对问题情境的较为一致的创造性反应倾向。此外，我们还可以假定，创造性人格具有以下特点。（1）创造性人格与创造性认知过程及认知方式是一个统一的整体，创造性人格的作用主要表现在，调动个体的智力资源和有关的创造资源，使个体使用智力的过程或认知方式富有创造性。（2）创造性人格是与具体的创造性情境密切相关的，它是在创造活动过程中发展和表现出来的，不同的问题解决活动需要不同的创造人格，只有具备相应人格特点的人才能适应不同创造活动的要求。脱离具体的问题解决活动，就难以把握创造性人格的实质。在此意义上，创造性人格也具有一定的领域特殊性。（3）创造性人格具有发展性，也就是说，与其他心理特征一样，创造性人格并非生而有之，而是有着相当长的孕育和生成过程，在不同的年龄阶段，个体的创造性人格表现出不同的特点。同样，创造性人格的发展受多种因素的影响，其中包括家庭环境、正规教育环境、社会文化等因素的影响。这些假定已经得到了相当多的研究的证实。

（二）创造性人格的领域特殊性

创造性人格是创造性研究的重要内容。林崇德（1999）总结指出，在关于创造性人格的研究中，吉尔福特（Guilford，1967）与斯腾伯格（Sternberg，1986）的研究较为著名。吉尔福特发现，创造性人格通常具有以下特点：高度的自觉性和独立性；旺盛的求知欲和好奇心，对事物的运动机理有深究的动机；知识面广，善于观察；工作讲求条理性、准确性和严格性；有丰富的想象力，敏锐的直觉，喜欢抽象思维，兴趣广泛；富有幽默感；意志坚强，坚持性和抗干扰性较强。斯腾伯格的创造性三维模型理论则认为，创造性人格特征主要表现为对模糊的容忍性，愿意克服障碍，愿意让自己的观点不断发展，活动受内在动机的驱动，有适度的冒险精神，期望获得他人认可，愿意为争取再次认可而努力。艾森克（Eysenck，1997）在其假设的创造性成就模型中，将内部动机、信心、非依从性、创造性特质（或特质创造性）作为创造性人格的核心成分，他总结指出，自我的力量，包括坚强的意志、有主见、自恃、独立等，一再被证明是创造性人格的重要品质。严格说来，每种人格品质都有着某种程度的个别差异，创造性人格的共性是相对的，同一领域的创造性人才，甚至同一个创造性的个体身上，也往往同时表现出看似相互矛盾的人格特征，高创造性个体的人格的这种"矛盾性"往往更为明显。奇凯岑特米哈伊（Csikszentmihalyi，1999）发现，与一般人不同，创造性人物的"双极性"人格特征表现十分明显，某些似乎矛盾的品质在他们身上"辩证"地结合在一起。

创造性人格特征的领域特殊性是创造性领域特殊性的重要内容和表现。如上所述，这种领域特殊性主要是由不同领域的活动特点和要求所促成的。相对而言，人们对艺术领域、科学领域的创造性人格研究较多。大量研究发现，艺术领域的创造性人才通常具有较高的焦虑感、较强的情绪感受性和神经质，具有较少的社会交往和较低的责任感，他们还表现出较为明显的非理性特征，如冲动、喜欢幻想。自然科学领域的创造性人才则倾向于表现出高度的独立性，思维抽象而灵活，情绪稳定，不善于社交，表现出对秩序性的偏爱。作为一种适应性品质，人格是个体适应不同环境或领域的特点逐渐形成的，而不同领域的问题情境客观上要求个体的心理活动包括动机、情绪、认知过程以及行为方式进行创造性地适应，进而表现出创造性的人格。例如，要创造性地解决科学领域的问题，除了具备特定的知识结构以外，还需要抽象、条理、精确的思维，需要否定既有规则的勇气和冒险精神，艺术领域的创作则需要丰富而敏感的情感世界以及这种情感的自然流露。因而，具有相应人格特征的人才更可能进行特定领域的创造，或者说，要进行相应领域的创造，需要具备某些相应的人格特征，创造活动与创造性人格是相互适应和相互促成的。

（三）社会创造领域的创造性人格：社会创造性人格

与科学和艺术创造性的研究相比，在社会生活和社交领域中表现的社会创造性方面的心理学研究较少，相应的，对社会创造性人格的心理学研究数量也相对较少。社会创造性人格是个体在社会生活和社会问题解决活动中发展和表现出来的一种相对稳定的行为方式及相应的心理倾向，它使个体对社会交往和社会活动领域的问题情境或刺激表现出具有动力性、整体性、稳定性或一致性的创造性适应行为，是创造性动机特征、创造性气质特征、创造性性格特征的统一。社交领域的高创造性人物，包括历史上杰出的政治家、外交家、社会活动家、军事家，通常都会表现出典型的社会创造性人格特征，因而可以称之为社会创造性人物。研究表明，领导和社交类创造性人才通常具有以下人格特点：积极参与某种社会活动；受人欢迎；容易适应环境；勇于承担责任；能很好地自我表现；喜欢让人围绕自己；能够激励他人积极行动和控制他人等。显然，从适应的意义上来看，这种人格特点也是环境选择个体与个体适应环境双向"互动"的结果。社会交往和领导行为需要准确领会他人的思想，需要协调他人与自我的行为，也需要具备控制各种社交局面的能力。具有社会创造性人格倾向的人更可能创造性地解决社会问题，同时，社会问题的创造性解决客观上又需要这种社会创造性人格倾向。

以上我们回顾了近几十年来人们从创造性研究向社会创造性研究的过渡或延伸过程，下面我们将回顾不同领域的学者关于社会创造性的研究。由于直接以"社会创造性"为主题的研究还很少，而且极不系统，如果只以"社会创造性"（social creativity）这个概念作为搜集资料的唯一线索，能够搜集到的直接相关的研究尤其是心理学的研究并不多。但另一方面，没有直接声明研究"社会创造性"但研究内容实际是社会创造性的研究并不少，甚至可以说是十分丰富而广泛。这些研究分散在发展心理学、组织行为学、历史心理学、社会学等各个领域，研究的问题包括社会性问题解决、社会技能、管理和领导力、社会支配、杰出性、领袖人格和动机等各个方面。

第二节　社会创造性研究概述

从研究对象上看，社会创造性研究主要可以分为两类，其一是关于一般群体的社会创造性的研究，其中包括对一般儿童青少年的研究；其二是对在人类历史上产生过重大影响、做出过重大贡献、表现出公认的重大社会创造性的伟大人物的研究，这些伟人群体包括总统、杰出的社会活动家、政治家、外交家等。

第一类研究大多直接以"社会创造性"为研究主题，或者说"社会创造性"是这类研究的关键词，因而，我们可以把它们称为直接的社会创造性研究。在这类研究中，研究者大多明确地把社会创造性看作一个从低到高的连续体，认为一般人在日常生活中表现的很低的社会创造性与伟人们在重大事件中表现的伟大的社会创造性是这个连续体的两端，每个人都在这个连续体上处于特定的位置。这类研究的问题主要集中于社会生活中的创造性认知过程及其特征。

第二类研究主要是对名人群体尤其是历史上的社会名人群体开展的，也有一些是针对组织中的杰出领导人物展开的。在这类研究中，研究者很少直接提及"社会创造性"这个概念，他们的研究问题主要是社会领袖的人格和动机、伟大性（greatness）或杰出性（eminence）、领导力、社会支配等。可以说，这些研究反映了社会创造性这个主题，但又常常与社会创造性有所区别。在此意义，我们可以把这类研究称为与社会创造性相关的研究，其中部分研究也可称为间接的社会创造性研究。这类研究渗透在历史心理学、政治心理学、组织行为学以及社会学等不同的学科中。

另外，对一般的儿童或成人进行的研究中，还有一类研究以社会技能、社会性问题解决等为主要研究内容。这类研究主要是针对社会生活中的社会问题情境展开的，但通常并不强调问题解决和技能运用过程中的创造性，也可以看作与社会创造性有关的研究。

一　直接的社会创造性研究

与社会创造性这个领域有关的研究其实由来已久。在桑代克（Thorndike，1920）的智力模型中就包含了社会维度；维曼（Vernon，1933）的智力定义中也包括了对社会性线索即言语和非言语的社会性刺激进行编码的能力，以及有关自身的知识和社会性脚本、图式和原型的程序性知识。吉尔福特（Guilford，1967，1968）在他的智力结构模型中明确提出了"社会性智力"的概念。他将社会性智力或行为智力看作四种智力形式（具体图形智力、符号智力、抽象智力、行为智力或社会性智力）之一。20世纪80年代提出的多元智能理论则把"人际关系智能"作为人类多种典型的智能之一，加德纳（Gardner，1993）认为，人际关系智能（或智力）是七种具有领域特殊性的智能之一，其核心是留意他人差别的能力，特别是观察他人的情绪、性格、动机、意向的能力，这种智力不同于语言。另外，还有一些研究者考察了实践智力（practical intelligence）的发展特点及其与一般智力、学业智力的关系（Sternberg，Wagner，Williams & Horvath，1995；Wagner & Sternberg，1985）。这些研究者通常不直接提及"社会创造性"这个概念，但他们的理论中所涉及的基本能力或某些特殊形式的智力，特别是人际关系智力，却是构成社会创造性的基本成分。

一些研究者采用自我报告法，包括访谈法和问卷法，考察了学龄期儿童和成年人生活中存在的社会创造性。例如，穆恰鲁德等人（Mouchiroud & Lubart，2002）根据有关研究编制了假设性的社会问题情境，也就是要求儿童完成的任务，研究了学龄初期儿童的社会创造性的发展特点。他们编制的社会问题情境包括"同伴任务情境"、"亲子任务情境"、"友伴或好朋友任务情境"三种，代表了学龄儿童基本的社会生活或社会交往类型，即与一般同伴的交往情境、与地位较高的人相处的情境、好朋友交往情境。给儿童呈现问题任务后，要求儿童想出尽可能多的解决问题的办法，并尽量找到与众不同的办法，由此考察儿童在解决社会问题的过程中发散性思维的流畅性、独创性、变通性。他们的研究表明，在6—7岁儿童中，各个社会创造性任务的流畅性之间呈中等程度的正相关，该结果支持了社会创造性内部结构的一致性或单一性；另一方面，社会创造性中的流畅性与独创性的相关在不同的年龄组和不同的任务上都是稳定的。

詹姆斯等人（James & Asmus，2001）则以大学生为研究对象，探讨了不同领域（即问题解决、艺术和社会）的创造性之间的关系，考察了人格和认知能力在不同领域的创造性中的贡献，发现人格、发散性思维能力与不同领域的创造性具有不同的关系，它们各自对不同类型或领域的创造性具有不同的预测能力；同时，不同类型或领域的创造性又在一定程度上相互独立。在这项研究中，社会创造性的操作定义为：找到让别人喜欢自己的新颖方法的能力；说服别人同意自己的观点或自己选择的行为路线的新颖方法的能力。在评价时，要求被研究者对自己的社会创造性以及其他方面的创造性进行自我评定。

显然，这些研究都倾向于把社会创造性看作某种特殊的能力，特别是强调社会创造性系统中的认知能力，强调解决问题的新颖性，这显然不符合社会创造性的系统观，忽略了社会创造性的其他成分。鉴于此，近年我们开展了系列研究——"小学儿童社会创造性的发展与培养"研究，系统地考察了学龄初期儿童社会创造性的结构特点、发展趋势和年龄特征、社会创造性的影响因素，考察了社会创造性与一般的人格倾向、社会技能、学业成绩、同伴关系、父母养育方式、教师领导方式等变量的关系；同时，我们还考察了儿童的社会创造性与他们的孤独感、社交地位的关系（谷传华、周宗奎等，2007，2008）。在研究过程中，我们从系统的观点出发，把社会创造性看作包含个体对待社会生活情境的特定人格倾向和认知特征在内的综合品质，看作由特定的性格、动机、智力、认知方式等成分共同构成的统一体。相应的，在社会创造性的评价中，也同时包含了创造性人格倾向和创造性认知特点等方面。而且，编制了适用于学龄初期儿童的社会创造性倾向问卷，将自我报告的问卷法与个别访谈法相结合，兼顾了假设的社会性生活情境与真实的社会生活情境，由此测量了个体潜在的社会创造性倾向与实际的社会创造性两个方面。

　　这项研究得到了一系列有意义的结果。在社会创造性的结构上，通过考察儿童社会创造性的内部一致性及其与一般创造性思维和创造性人格倾向的关系，我们发现，儿童的社会创造性具有较高的内部一致性，社会创造性中的独创性、流畅性、变通性、好奇性、挑战性、冒险性与一般创造性思维的独创性、流畅性、挑战性倾向均呈显著正相关。典型相关分析还表明，社会创造性中的流畅性、变通性等与一般创造性思维，社会创造性中的好奇性、挑战性、冒险性等与一般的创造性人格倾向具有稳定的对应关系，适当性和有效性可能是社会创造性的特殊成分。

　　在社会创造性的发展方面，通过半结构的故事情境访谈，我们从独创性、适当性、有效性、流畅性、变通性、好奇性、挑战性和冒险性八个指数，考察了儿童在同伴交往、师生交往和亲子交往三种典型情境中的社会创造性倾向的发展。结果显示，小学儿童总体的流畅性、变通性、好奇性、挑战性、冒险性与其实际的年龄呈显著正相关，总体上，高年级儿童的流畅性和变通性显著地高于低年级，在三种情境中都具有类似特点，四年级前后可能是小学儿童社会创造性发展的转折期。而且，女生总体社会创造性倾向的各个指数均显著高于男生。

在社会创造性倾向与一般人格倾向的关系上，我们的研究结果表明，社会创造性倾向与神经质呈显著负相关，而与外向水平呈显著正相关，外向水平可正向预测、精神质可负向预测儿童的社会创造性倾向；低社会创造性的儿童精神质倾向较高，更内向，高社会创造性儿童相反。此研究结果提示我们，培养儿童的社会创造性，需要降低其精神质倾向，提高其外向性。

在社会创造性与社会技能的关系上，结果显示，儿童的社会创造性与社会技能（包括与生活自理和环境相关的技能、与自我和人际关系相关的技能）呈显著正相关，儿童的社会技能总体上可以解释其社会创造性的发展水平，其中与自我与人际关系相关的技能可解释社会创造性变异的 7%，说明二者既有所重叠又相互独立。本研究结果提示我们，可以通过提高社会技能增强儿童的社会创造性倾向，但不能把社会技能等同于社会创造性。

在小学儿童社会创造性倾向与同伴关系、学业成绩的关系上，我们发现，儿童的社会创造性倾向与学业成绩、积极提名、社会喜好、社会影响，学业成绩与社会喜好、积极提名均呈显著正相关，消极提名与学业成绩呈显著负相关，社会喜好在社会创造性倾向与学业成绩之间、学业成绩在社会创造性倾向与社会喜好之间、社会创造性倾向在社会喜好与学业成绩之间均具有显著的中介效应，社会影响在社会创造性倾向对学业成绩的影响中具有显著的调节作用[1]。我们可以通过三者的相互影响，改善儿童

---

① 我们运用同伴提名法，让儿童写出 3 个最喜欢在一起的同学（积极提名）和 3 个最不喜欢在一起的同学（消极提名）。然后，计算每个儿童被其他儿童提名的积极分数和消极分数，并在班级内标准化，得到积极提名和消极提名的标准分，二者之差为社会喜好分数（Social Preference），二者之和为社会影响分数（Social Impact）。

的同伴关系，提高其社会创造性和学业成绩。

在社会创造性与父母的养育方式的关系上，儿童社会创造性倾向与父亲的情感温暖、理解以及偏爱呈显著的正相关，与父亲的惩罚、严厉呈显著的负相关，与母亲养育方式也呈现出相似的相关模式，典型相关分析进一步证明了社会创造性倾向与父母养育方式之间的这种关系。这意味着，在家庭中为儿童创造充满情感温暖和理解的环境，让儿童生活在一种爱的氛围中，对于儿童更积极地参与社会生活，促进社会创造性的发展，具有积极作用。

在社会创造性与教师领导方式的关系上，结果表明，儿童社会创造性倾向均与教师的放任呈显著负相关，教师的放任可以负向预测总体的社会创造性倾向，而教师的民主可以正向预测儿童的社会创造性倾向。显然，教师的民主领导对于学生的社会创造性的发展具有积极影响。另外，儿童的孤独感与社会创造性倾向存在显著的负相关。我们完全有可能通过提高小学儿童的社会创造性倾向，降低或消除其孤独感。

我们还运用实验组控制组前后测设计，采用包括社会创造性教学、家庭教养方式和教师领导方式的干预在内的综合实验方案，对儿童社会创造性进行了干预，结果表明，实验组儿童的社会创造性倾向和受欢迎程度显著提高，社交焦虑显著降低，没有接受任何干预的控制组儿童则没有发生显著变化；小学儿童社会创造性倾向的培养和干预方案适用于三年级以上的小学儿童，可促进其社会创造性倾向的发展，改善其人际关系。

二　与社会创造性相关的研究

直接以"社会创造性"为主题进行的研究迄今数量极少，而与这个主题相近的研究相当之多，其中包括对名人或名人杰出性、组织管理、领导力、历史心理学等方面的研究，这些研究中，有些可以甚至可以看作"间接"的社会创造性研究。这种研究的对象常常是某些杰出的社会名人或管理者、领导者，在研究中，研究者直接以杰出个体的身份、地位等作为评价和鉴定其创造性的依据，或者说，所研究的人物的创造性可以说是公认的、不言自明的。

（一）组织行为学和社会学的研究

管理学家和领导学家关于领导、权威或权力的论述，在某种意义上，可以看作一种间接的社会创造性研究。早期的领导理论十分重视领导者的人格特点，强调领导者在人格或个性上的特殊或优越之处，包括"非凡的"技术能力、智力、精力、创新精神、诚信以及其他人格特征。被誉为"科学管理之父"的弗雷德里克·温斯洛·泰罗（1856—1915）在强调严格的管理制度对提高生产效率的同时，强调管理者的素质的重要性，认为"制度和诚实可靠的人都是需要的，而在实施最好的制度后，其成就将与管理的能力、言行一致和管理中受人尊重的权威的高低相一致"（雷恩，1997，pp. 171—172）。他还列举了（全面的）优秀的管理者应该具备的九种品质：智能、教育、专门的或者技术的知识、手脚灵巧和有力气、机智老练、有干劲、刚毅不屈、忠诚老实、判断力和一般常识、身体健康，但在现实中几乎不可能找到完全具备这些素质的人（雷恩，1997，p. 150）。19 世纪末 20 世纪初的两位人物——法国管理家亨利·法约尔（1841—1925）与德国经济学家、社会学家马克斯·韦伯，在他们的组织管理理论中，也都论及管理者或领导者的人格或个性问题。

1. 法约尔的行政管理理论

法约尔认为，所有的行政管理人员都需要具备这样一些品质和能力：身体条件：健康、精力充沛、谈吐清楚；智力条件：具有理解和学习的能力、判断能力、精神饱满和有适应能力；精神条件：有干劲、坚定不移、愿承担责任、主动、忠诚、刚毅、有尊严；全面的教育：一般的熟悉不完全属于所执行的任何职能的问题；特别的知识：任何职能所特有的知识、技术的职能、商业的职能、财政的职能、管理的职能等等；经验：从本职工作中获得的知识，能把个人从工作中吸取的教训加以整理（雷恩，1997，p. 239）。他还认为，由于个人的智慧、经验、道德品质、领导能力、过去的服务等因素可以产生个人权力，这与因职务或地位而产生的正式权力是不同的，个人权力可以补充正式权力的不足（雷恩，1997，p. 242）。他提出"等级链"的概念，它是从最高的权力机构到最低一级部门的负责人的等级，表明了权力等级的顺序和传递消息的顺序。随着"等级链"或管理者职位的提高，管理者的"智力及内心活力"即"同时应付多种不同问题的能力"变得越来越重要（雷恩，1997，p. 499）。

2. 韦伯的支配社会学理论

马克斯·韦伯（1864—1920）从社会学的角度论述了支配这种普遍存在的社会现象，分析了人类社会的各种支配形式，包括官僚制支配、家父长制支配与家产制支配、克里斯玛支配与教权制支配。在他看来，支配乃是支配者以自己的意志来影响他人的行动，它可以对被支配者的行动产生重要的社会影响；支配与服从是相对的。显然，在这里，支配包含了领导、管理等意义。

韦伯认为，人类有两类相互对立的支配：基于利害状况（独占地位）的支配与基于权威（命令权力与服从义务）的支配，前者最典型的代表是市场的独占性支配，支配的影响力来自对财货或具有市场价值的技能的掌握；后者的典型代表则是家父长制权力、官职权力或君侯权力，这种支配的基础是支配者对被支配者提出的绝对服从义务。也就是说，最常见的支配是以经济利益与服从义务为基础的。一种支配要持续下去，必须有其妥当的理由或依据，这些依据包括：具有合理规则的制度；人的权威或传统的权威关系；对克里斯玛（Charisma）的信仰（韦伯，2004，pp. 19—20）。依据这三种理由进行的典型支配形式分别为官僚制支配、家父长制支配与克里斯玛支配。官僚制支配是即事性的，它通过让被支配者服从合理制定的规范或制度而实现支配；在家父长制支配中，支配者以个人性的权威或家中的神圣传统实现支配，被支配者则对支配者的这种权威或家中的神圣传统怀有不可侵犯的信仰；在克里斯玛支配这种情况下，被支配者信仰某个带来实际启示或具有特殊天赋的救世主、先知或英雄式人物（支配者），使之具有某种权威。

与此相应的是三种具体的权力。它们是维系人们之间支配与被支配的关系的重要条件。他主张，为社会所接受的权力有三种形式：以"法律"或掌权者的命令为基础的合理——合法的权力，如企业、政府机构、军事单位或其他组织中的权力；以古老的传统、神圣不可侵犯的信念以及掌权者的地位的合法性为基础的"传统的"权力，人们之所以服从它，是因为个人占据着传统的、具有神圣权力的职位；以"对个人的明确而特殊的尊严、英雄主义或典范的品格的信仰"为基础的"神授的"权力，人们的服从来自信徒对领导者的权力或启示的信仰和信任（雷恩，1997，pp. 255—256）。在"传统的"和"神授的"权力形式下，人们认为，历史上的领袖人物之所以能够引领和革新社会传统，是因为他们具有某种特殊的"克里斯玛特质"或"克里斯玛式人格"（charismatic personality），它不仅指个体出众的天赋，而且指具有神圣感召力的领袖人物的非凡体格特质或精神特质，如先知、巫师、立法者、军事首领和神话英雄的超凡本领或神授能力。一切与日常生活或世俗生活中的平凡事物相对立的、被认为是超自然的神圣特质，如皇家血统或贵族世系，则是常规化的或制度化的克里斯玛，而它们在本质上并不是神授的，而是由于社会追随者相信他们的权威人物具有神授能力而使之具有某种神圣的感召力。韦伯在《经济与社会》一书中指出，克里斯玛式人格是历史上尤其富有创造性的革命力量，由于克里斯玛统治下的法规来自个人对神恩的独特体验以及神一般的英雄力量，并且为了体现先知式的精神气质而排除了一切外在秩序的束缚，因而它以一种革命的方式转变了所有价值观，破除了所有传统的和理性的规范。创建和破除某种传统需要具有辉煌的想象力和非凡品质的克里斯玛人物和克里斯玛事件（如耶稣受难、独立战争、《共产党宣言》的发表），而破除一种旧传统往往需要更多适合时宜的、超越旧传统的克里斯玛特质。因此，传统的创始者及有关事件一般都带有异乎寻常的、奇迹般的神圣色彩，在信奉者的心目中，创始者一般都有超越于世俗或日常生活之上的非凡的想象力、品格和美德等克里斯玛特质。传统对人的行为的规范作用和道德感召力就产生于人们为这种传统所赋予的神圣的或超凡的特质（即克里斯玛特质），围绕着某一种传统，一般都有一套神话或仪式。这些都足以唤起或激发信奉者的敬畏之情。

因此，韦伯所谓的克里斯玛支配实际上是建立在个人特质基础上的，支配者所拥有的某种或某些特质是其领导行为的基本条件，一旦失去这种特质，支配者也就失去了社会支配的权力，而为追随者所抛弃。在此意义上，我们可以说，这种支配是一种典型的"人格"支配，不过这种"人格"主要是一种"天赋"人格。

3. 领导心理研究

中国古代就拥有丰富的领导心理方面的思想。在先秦时期的墨、儒、道、法、兵等各家思想以及此后历代学者的论述中，都可以看到关于领导者的品格、领导评价、领导者的选拔和培养等方面的思想。儒家十分重视领导者的个人修养，认为优秀的领导者不仅应"为仁由己"，充满仁爱精神，应博学、见贤思齐，而且要"敏于行",身体力行,富有自我反省和勇于改正错误的精神。道家则提倡"无为而治"、顺应自然的领导风格,认为领导者应厚德,行不言之教,"万物作而弗始,生而弗有,为而弗恃,功成而弗居"(《老子》三十三章);大公无私,以"百姓心为心"(《老子》四十九章);有知人之智、自知之明,而且,善于权变,"上善若水"(《老子》八章)。墨家同样极为注重领导者的品德,认为一个人应当强志、重信、轻财、守道、明察、诚实、自省、实干、睿智、谦虚、无私,而且,一个领导者应具有渊博的知识和高超的说服能力、节俭的生活作风、宽容乐观的胸怀。法家强调有效的领导是"法"、"术"、"势"三者的结合,领导者应当综合运用法制、权术和威望、权势,治理国家。兵家则分析了军事领导心理的特点,认为军事将领应当具有优越的才能、应当仁爱,爱兵如子;应重诚信;应当智勇双全,知己知彼;应当法纪严明,品行高尚。在后来的《吕氏春秋》、《史记》以及历代思想家的论著中,也都蕴涵了丰富的领导心理学思想。例如,《吕氏春秋》强调,领导者应明辨是非,应当无私、重民、贵信、谦虚,而《史记》则倡导,领导者应具有崇高的志向、高尚的品德以及善于处理社会关系的能力。

精神分析学派的奠基人弗洛伊德在其群体心理学研究中,就论述了领导者与追随者的关系的本质及根源。他认为,领导者与追随者之间能够形成强烈的情感联系,追随者能够对领导者产生强烈的认同或自居作用;领导者具有具有极强的群体代表性,最能代表群体,他们能暗示追随者接受自己表达的一系列信念、情感和行为;他们能公正、平等地对待每个追随者。这种观点与现代学者豪格(Hogg,2001)的社会认同理论是一致的,社会认同理论(theory of social identity)强调,那些最典型地代表了群体的人物才能成为领导者或领袖人物。

组织行为学研究深化了我们对领导心理的认识。赫尔雷格尔等人认为，一个领导者应当具有这样一些关键特质：观念、愿景、价值标准、对他人的影响力、能做出艰难的决定；领导实际是形成众多观念和一个愿景或目标，形成并依赖于支持这些观念和愿景的价值观，影响他人的行为，并对人力等资源做出艰难决策的过程（赫尔雷格尔，2001，p. 512）。换言之，领导者总是向追随者提出各种挑战，形成组织发展的愿景或目标，形成特定的价值观，并有效地组织人力资源及其他资源，为达到目标而奋斗。在此过程中，领导者可以使用的权力包括合法性权力、奖赏性权力、强制性权力、参照性权力、专家性权力，在这些权力的支配下，追随者或者根据自己应尽的义务而工作，或者为了获得奖赏、避免惩罚而工作，或者出于对拥有专业知识的专家型领导的信任而工作。

　　这些研究还告诉我们，组织中存在着两种基本的领导模式：领导的特质模式与领导的行为模式。特质模式的一个基本观点是，领导者所拥有的某些特质或品质决定了领导活动的效率，决定了他们的成功或失败，有证据表明，大多数成功的领导者都有四种共同的人格特质：较高的智力；情绪成熟和宽宏大度，具有广泛的兴趣爱好；能够自我激励，成就动机强；诚实，为人正直（赫尔雷格尔，2001，p. 521）。领导的行为模式则强调领导者的行为决定了领导活动的有效性。支持这种观点的研究表明，成功的领导者能够关心人，能够与员工或追随者相互信任、彼此沟通情感和观点，相互尊重；同时，他们能确定明确的工作目标，关注员工或追随者完成任务的质量和数量。这两种领导模式都试图找到适用于大多数领导情境的领导者特征。虽然二者都有相应的实证研究为依据，但它们都有着明显的局限性，关于领导者特质的看法或研究结论繁杂多样，各种看法并不统一，它忽视了领导本身的复杂性，忽略了领导情境的影响，类似的，行为模式也很少关注情境对领导风格的影响。

在批评这些领导理论的基础上，费德勒（Fiedler，F.）、弗罗姆（Vroom，V.）、加戈（Jago，A.）等人提出了领导的权变模式。它强调情境对领导行为有效性的影响，许多研究者认为，领导者的个人特征、员工的个人特征、团队的特征以及团队、部门或组织的结构和任务这四个情境变量相互作用，共同影响着领导者的行为，进而影响员工的行为，而员工的行为又可以提供反馈信息，促进情境变量的调整。换言之，领导者的领导风格和权力、团队的人际关系、员工或追随者对领导者的接受程度、员工参与决策的程度和工作满意感等，都可能影响领导的绩效。

当代领导心理学研究者区分了交易型领导模式、魅力型领导模式与转换型领导模式。在交易型领导模式下，领导者以偶然的奖赏等作为交换，激励和领导追随者，追随者实现目标的行为与相应的报酬、承诺、资源、协议、奖赏相联系。正如伯恩斯（Burns，1978）所说，在交易型领导方式下，领导者与追随者之间是一种交易关系，追随者的行动目的是获取经济利益、政治利益或者在心理上有价值的东西，领导者可以为追随者提供安全的经济利益，这反过来又保证了领导的权威性和合法性（Fiske，Kazdin & Schacter，2005，p. 550）。在魅力型领导模式下，领导者通过个人魅力或追随者对他们的认同获得权力，激励追随者强烈地忠诚于共同的愿景和价值观；领导者具有超群的天赋和品质，追随者则因相信领导者不凡的能力与激进的愿景，而忠诚地投入工作。在转换型领导模式下，领导者激发追随者为愿景而努力，使之成长为领导者或更好的领导者，把组织或团体建设成一个富有挑战性和回报性的学习者集体，在此过程中，领导者与追随者相互投入，双方的动机和道德水平都得到了提升。这种领导模式是交换型模式、魅力型模式等领导模式的拓展。转换型领导者通过提出特定的愿景激发追随者的动机，使之具有革新精神和创造力，同时，注意满足每一个追随者获得成就和成长的需要；

追随者则敬重、信任领导者，尽力仿效领导者的行为。在伯恩斯（Burns，1978）看来，印度"圣雄"甘地就是一位转换型的领袖，他激发了亿万印度人的志向，在此过程中，他本人得到了转换和提升，他的远见使印度人对自己的政治和经济理想形成了新的看法，明确了实现理想的非暴力方法。

伯恩斯等人（Burns & Sorenson，2000）认为，转换型的领导者或领袖人物显示了勇敢、责任感、信心、能干等人格品质，而且运用这些品质推动社会的变革。许多研究者都提出了类似的观点。巴斯（Bass，1997）总结了转换型领导者具有四大特征：具有克里斯玛特质或理想化的影响，具有坚定的信心、重要的价值观，强调目的性、责任感和道德对于决策的意义；具有鼓动力，他们能够雄辩地为追随者描绘一个美好的愿景，为追随者提出挑战，热情和乐观地鼓舞他们为理想而奋斗；能够提供智力上的激励，促使追随者思考新的观点、质疑旧的观念、表达他们自己的观点；能够关注每个人，平等地考虑每个人的需要、能力和志向。

对美国总统的研究表明，人格与领导模式密切相关，相互作用，共同决定着领袖人物的领导绩效。霍根等人（Hogan，et al.，1994）总结指出，激情奔放、情绪稳定、悦人性、尽责性和智力等人格特征都与有效的领导紧密相连，高傲、敌对、消极的攻击性、自私、粗暴、孤僻等人格特征则会降低领导的有效性。斯科龙克等人（Skowronek，et al.，1997）对美国总统领导特征的研究进一步证明，领导者的个人因素与情境因素是相互作用的，美国总统的政治领导可以分为四种：依附于既有的脆弱制度、依附于既有的弹性的制度、反对既有的脆弱制度、反对既有的弹性制度。在这四种领导方式中，反对既有的脆弱制度是一种重建性的政治领导（reconstructive politics），最能展示一个总统的社会创造性，托马斯·杰斐逊（Thomas Jefferson）、安德鲁·杰克逊（Andrew Jackson）、亚伯拉罕·林肯（Abraham

Lincoln)、弗兰克林·罗斯福（Frankliin Roosevelt)、罗纳德·里根（Ronald Reagan）这些总统都属于这种重建性的领导者。他们善于打破已经过时的政治制度，重新建立一套新的政治制度。相反，另外三种领导方式则限制了总统的创造性。依附于尚可利用的、现存的有弹性的制度的总统（如老布什）所推行的实际是一种衔接性政治（politics of articulation)，他们推行遗留下来的制度，只能进行一些符合正统的革新，试图独立而又不能违背他们所遵从的基本价值观。反对尚可利用的、现存的有弹性的制度的总统，包括伍德罗·威尔逊（Woodrow Wilson)、理查德·尼克松（Richard Nixon)、比尔·克林顿（Bill Clinton)，他们所推行的实际是替代性的政治（politics of preemption)，他们反对现有的政治制度，但因为这种制度尚有弹性，还必须有所妥协，他们没有得到人们的信任，被认为有许多性格缺陷。依附于脆弱制度的总统，如赫伯特·胡弗（Herbert Hoover)、吉米·卡特（Jimmy Carter)，他们的领导脆弱而艰难，问题重重。这些政治领袖们所面对的环境直接制约着他们的创造性，而刚健、主动、灵活、适应性强的总统，通常能够抓住政治机遇，作出重大的历史成就。温特等人（Winter，1987；Spangler & House，1991；Barber，1992）还发现，高度的权力动机或权欲与总统的伟大性（greatness）具有显著的正相关，伟大的总统通常具有强烈的权力动机。这些动机特点，连同杰出的智力、积极主动的性格以及重建性的政治领导方式，一起促成了成功的领导。

　　巴伯（Barber，1992）在《总统的性格：预测白宫的政绩》（Presidential Character：Predicting Performance in the White House）一书中，进一步从发展的角度分析了构成总统人格的三种成分：性格（character)、世界观（worldview）和风格（style)，认为性格是在童年期形成的，世界观是在青少年时期形成的，风格是在成年早期形成的。性格包括主动—被动、积极一消极等，它主要决定于个体早期的自尊发展；世界观代表了个体的基本信念，风格则反映了个体成功地运用各种个人资源和人际关系资源，领导他人，达到政治目标的方式。三者与社会支持、总统选举政策等外部因素相互作用，共同决定了总统的领导政绩。

在人们对领导者特质理论进行了广泛的批评之后，一些现代的管理学家重新强调领导者所具有的某些"超凡"品质的重要性，认为具有超凡魅力的领袖之所以成功，是因为他们天性中具有吸引人追随其事业的能力，追随者会信赖、分享美好的愿景，并常常为神秘的力量所吸引，向其领导人奉献、盲从。罗伯特·豪斯的理论指出，具有超凡魅力的领袖似乎只有在特定的条件下才出现，他们具有不同于常人的品质，为了建立与维持追随者的信心与信任，他们能够左右对他人所施加的影响。有人对20世纪50年代之前的一千项研究进行了总结（吴岩，1996，p. 42），发现以下个人因素对领导者的成功具有重要作用：生理因素（年龄、身高、体重、容貌、体格、风度等）、能力或智力、兴趣、文化水平（受教育程度）、技能、性格（自信心、适应性、支配性、外倾等）。

基于领导者或管理者胜任特征的研究，是国外对公共管理和企业管理研究的主要内容。国内对党政领导干部胜任特征和执政能力的系统研究主要是从20世纪80年代开始的。这些领导心理研究也发现了领导者所特有的一些人格特质和基本特点。例如，徐联仓等人（1985）把个人品质、人际关怀、任务达成看作中国领导者最重要的三项胜任特征；另一些研究者（凌文辁等，1987）则进一步区分了评价中国领导者的几个具体方面：工作绩效、团体维系、个人品质（尤其是个人品德）。近年来对中国党政领导干部的系列研究表明（王登峰，2007，pp. 87－93），中国的党政领导者的胜任特征充分体现了"德才兼备"的传统要求，其中包括政治素质、领导能力、以人为本、协调能力、自我约束、学习能力、工作能力等，主要反映在管理能力、人际能力和自律能力三大方面。相对而言，中国对领导者的要求更强调政治素质和以人为本。与西方（美国）领导者相比，中国领导者更注重自我管理与处理人际关系方面的品质。进一步研究显示，与工人农民和教科文卫部门的人员相比，行政管理人员具有更明显的外向性、合群性和乐观性，他们更为宽和、热情，注重人际关系的和谐（王登峰等，2005，pp. 94－141）。这显然与他们的职业活动要求有关，也与中国文化背景的特殊性密切相关。

有关管理和领导的理论和实证研究，尤其是领导学和组织行为学的研究，为我们理解社会创造的规律具有重要的启示。但是，这些研究具有很大的局限性。正如美国管理学家丹尼尔·A.雷恩所指出的那样，"有关领导学的著作堆积如山，但几乎没有一本是广为人知的。"（雷恩，1997，p. 499）知名的领导学家拉尔夫·斯托克迪尔（1904—1978）在1974年在总结了大约三千项研究之后指出，40年来关于领导学的研究产生了大量令人疑惑的成果，经验材料无穷无尽的堆砌并没有形成对领导科学的完善理解（Stogdill，1974，p. 152）。另一些学者则认为，这一领域的窘境可以被归咎于出版著作过多，方法不一致，令人困惑的术语泛滥，大部分研究相关性不高、执迷于细枝末节，以及缺乏完整的概念框架（Yukl，1989，pp. 267－268）。

（二）历史心理学研究

历史心理学对社会创造活动的研究主要来自历史测量学与心理历史学。心理历史学的研究对象主要是一些历史名人，其中包括社会领袖人物。新精神分析心理学家埃里克森、人本主义心理学家马斯洛以及加德纳等人，都曾经对社会领袖人物进行研究，研究内容包括人格、动机、认知及其发展问题，其中埃里克森、加德纳对印度"圣雄"甘地的研究、马斯洛对美国总统林肯的研究等，都是典范性的研究。

在早期的历史测量学研究中，如高尔顿（Galton，1869）在《遗传的天才》与科克斯（Cox，1926）在《三百个天才的早期心理特征》中都曾考察了社会创造性名人。长期以来，人们对杰出的艺术家、科学家、文学家等进行了大量研究，取得了丰硕的成果，而对杰出的社会创造性人物的间接研究主要限于政治家。近年来，西方学者对总统进行了大量的研究，研究的内容涉及总统的人格、动机特点、总统的政绩和创造性表现及其预测或影响因素等方面。20 世纪 40 年代以前的研究大多缺乏系统性，主观性较强，争议较大，直到 40 年代末，斯科勒辛格（Schlesinger，1948）才开始采用较为客观的研究方法，并激起一系列类似的客观研究。

从内容上看，采用定量方法对总统或政治人物进行的研究可以分为两类，一是对智力或信息加工特点的研究，如苏德菲尔德等人（Suedfeld & Rank，1976）采用内容分析法对总统认知特征的研究；一是对总统人格的个体差异和动机特征的研究，这些研究运用内容分析或其他分析方法，如主题统觉测验（TAT），对人物的心理特征进行评定。它们将心理测量方法应用于历史人物的分析中，大大推动了历史测量学研究，乃至形成了专门的总统研究刊物（如《总统研究季刊》）。从研究依据或资料来源上看，创造性人格方面的研究也可分为两类，其一是对就职演说、信件或其他历史资料进行内容分析，其二是对历史人物的传记进行系统分析。例如，二战以后，温特等人（Donley & Winter，1970；Winter，1973；Winter & Stewart，1977）通过分析演说词或信件的内容，考察了总统的权力、成就和归属动机。在研究方法上，研究者主要从三个角度对政治人物进行了考察，其一是采取整体性的人格研究方法，包括描述政治家人格的整体结构，采用精神分析方法对他们的性格和行为表现进行评价；其二是分析他们的各种相对独立的品质，如言语行为、动机和领导模式；其三是集中探讨其认知风格或认知复杂性（Post，2003）。

西蒙顿（Simonton，1986）运用人格评定量表（Gough ACL）分析了美国39位总统的人格特征，结果表明，他们在14个方面表现突出，其中包括适度性或温和性、友好性、智力的杰出性、善于运用权谋、善于深思熟虑或精打细算、成就动机、有魄力、睿智、外表的吸引力、卑鄙性、整洁性、保守性、缺少灵活性、和平主义；不同的总统表现出不同类型的人格特征，如泰勒（Tyler）、威尔逊（Wilson）等人的理想主义和自以为是、专断性等人格特点比较突出，罗斯福（T. Roosevelt，T.）和杰克逊（Jackson）的适度性或温和性则很低，但没有一个总统表现出极端的和平主义。该研究对人格特征的评定结果分别与马拉内尔（Maranell，1970）让571名历史学家评定的理想主义、精于权谋、灵活性、活跃性、魄力等人格特征，与艾斯汝芝（Etheredge，1978）所评定的人际关系的支配性和内外向性，与温特等人（Winter & Stewart，1977）评定的权力欲和成就动机，与巴伯（Barber，1977）所评定的主动性和积极性均具有显著相关。西蒙顿指出，如果对马拉内尔（Maranell，1970）的七个因素进行因素分析，可以区分出两个维度：伟大性、武断性或教条主义（dogmatism），前者包括威望（prestige）、气魄（strength）、主动性（activeness）、成就（accomplishment）、信息的充分性（information）或人们知道的他们的事迹的多少，后者则包括了理想主义和灵活性。

在社会创造性人物的动机特征方面，温特（Winter，1987）总结指出，无论对领导者还是对追随者，这类研究都注重探讨这样三种重要的社会动机：其一是成就动机，即追求卓越的动机，它与适度的冒险性、利用反馈的能力及事业上的成就相关（Mc-

Clelland，1961）；其二是归属—亲密性动机，即努力与他人建立亲密关系的动机，它与人际关系的温暖、自我袒露及各个方面的适应能力相关（McAdams，1982）；其三是权力动机或权力欲，即追求影响和声望的动机，它与社会权力的获得以及攻击、饮酒和极端冒险等放荡而冲动的行为相关。对美国总统动机特征的研究发现，领导吸引力是由领导者的动机与时代的动机模式相契合的程度决定的，领导者的政绩则主要是领导者个人特征（尤其是权力动机）决定的（Winter，1987）。

当然，社会创造性人格既可能具有领域特殊性，又可能具有与其他领域相似的特征。某些社会创造性人物可能同时表现出多种创造性才能，他们可能具有更复杂的人格特征。对杰出人物的研究结果证明了这一点。卡萨德罗（Cassandro，2001）曾考察了具有多种才能的杰出人物（科学家、作家、哲学家）的创造性及其与人格特征的关系，结果发现，在他们所主攻的研究领域内，这些人物往往比那些不具有多种才能的人具有更多的形式多样的创造性产品，多样性似乎使他们的专业创造性发挥到极致；另一方面，这些人通常责任心较弱，不能应对来自自我内部的威胁，有自恋或自我陶醉倾向，适应不良，但是，他们的开放性人格倾向却可以预测其才能的多样性；而且，科学家的心理特征的稳定性要比其他领域的创造性人物差。相对而言，社会创造性人物的人格结构可能更为复杂。

另一方面，研究者探讨了人格与其他变量包括杰出性与创造性表现或政绩之间的关系，同时还考察了可能影响或促成以后人格的各种因素。一些研究表明，权力动机得分较高的政治家通常更能干。西蒙顿（Simonton，1986）考察了总统人格与其政绩的关系，发现人格与总统的立法行为关系最为密切，善于运用权谋、有魄力、深思熟虑、灵活性等人格特征与他们在任职期间通过的法案数量、立法的成功（被国会通过）和失败（未被国会通过）的次数呈正相关，在立法方面最成功的那些总统善于运用权谋，有魄力，行为温和而适度，善于深思熟虑而头脑灵活。人们研究了社会创造性人格的影响因素和人格对伟大性或杰出性的预测作用，结果一致表明，总统居于最高职位的年数、担任战争总司令的年数、执政期间是否有重大的丑闻、任职期间是否被暗杀、就职期间是否全国公认的战争英雄、智力杰出性程度这六种因素，可以稳定地预测总统的伟大性以及总统的领导品质、成就、政治技能、品格和完美性等方面。埃姆里奇（Emrich, et al., 2001）发现，总统在人们心目中的魅力、伟大性与他们的表达能力，尤其是善于表达或描述未来愿景的能力密切相关，后者是前者的必要条件。有的研究者甚至还发现，总统的伟大性与其身高等生理特征也具有一定的相关，虽然非常高的总统在人们心目中未必是"伟大的"或"近乎伟大的"，但在"稍高于一般水平"、"一般"和"一般以下"或"失败"的总统中，那些身高较低的总统所占的比例要大得多，在历史学家看来，身高是总统伟大性的一个预测指标。

影响创造性人格形成和发展的因素是多种多样的。行为遗传学研究表明，可以显著预测个体创造性成就的那些人格特征的遗传力指数（heritability coefficient）是相当高的，那些遗传了某些人格特征的人至少可以在特定知识技能的获得或应用上拥有某些优势。菲尔德曼（Feldman, 1999）从认知过程、社会化和情感过程、家庭因素、教育和准备、专业和领域的特征、社会和文化环境、历史的影响七个方面系统地总结了创造性的发展及其影响因素，发现除了个体早期的认知、社会性和情感的发展倾向以外，遗传素质和家庭环境、正规的和不正规的教育、个体所选学科的历史、各种社会文化因素以及历史和进化的力量都可以促进或阻碍一个人创造性的发展。西蒙顿（Simonton, 1999）在总结有关的历史测量学研究的基础上指出，出生次序、智力早熟、童年期的创伤、家庭背景、教育和专门的训练、角色榜样和导师是影响创造性发展的六种常见因素。许多研究都发现，长子长女通常有较高的成就动机，政治家通常是长子；许多杰出的数学家、美术家和文学家幼年时即在认知和人格方面表现出某种早熟；童年期的创伤事件，如父母去世，也可能与后来的创造性成就相关；家庭的宗教信仰或遗传、社会经济地位、家庭成员关系都可能影响创造性人格；正规教育和专业训练可以促进也可能会阻碍创造性人格的发展，许多创造性人物常常并没有接受正规的教育和专业训练；角色榜样也可能同时具有消极影响和积极影响。显然，创造性人物成长的环境是多样化的，这种环境与他们自身遗传素质的多样性相互影响，使他们表现出多种多样的创造性。在通常情况下，那些能够为个体提供经验和创造活动的机会，保护儿童的好奇心和求知欲，并注意发展儿童独立性的环境，往往能更好地促进其创造性人格的发展。

　　权力动机和成就动机受社会地位、年龄、性别等多种因素的影响。例如，在组织中地位最高的人通常具有较强的权力动机，同时年长的男子和年龄较小的女子均具有较强的权力动机。创造性的表现模式也与年龄因素密切相关（Lehman，1953）。研究一再表明，个体第一次表现出杰出创造性的年龄和早期创造性产品的数量不仅可以预测其一生中创造性成就的数量，而且可以预测创造性产品的"产出率"，包括个体晚年的作品数量；从早年的天赋到成年后的成就，从潜在的或可能的天才到真正的天才要发生一次关键的转折，该转折发生得越早，个体所获得的创造性成就就可能越大（Simonton，2001）。在人格形成的过程中，家庭也起到重要的作用。研究发现（Simonton，1986），家庭背景变量与总统后来的人格具有某种关系，在大家庭中成长起来的总统通常具有明显的温和性、谨慎性、灵活性，魄力较小，幼年时兄弟姐妹较多可能在一定程度上缓和了人际关系。相对而言，长子通常在深思熟虑和智力的杰出性维度上得分较低，而在和平主义维度上得分相对较高。人们还考察了受教育经历、职业经历、政治阅历与人格的关系。例如，有法律从业经历的人通常魄力较大，更善于深思熟虑和运用权谋，而在内阁工作多年的人通常在和平主义和整洁性维度上得分较高。西蒙顿（Simonton，1983）发现，创造性人物的杰出性和教条主义人格与其正规教育经历呈非线性函数关系，一定程度的正规教育可以促进创造性潜能的发展，而削弱教条主义的人格强度，但是，更高水平的正规教育则起到与此相反的作用。另外，文化对创造性人格和创造性成就的影响也是显而易见的。有研究发现（Simonton，1988），特定时代的创造性人物的数量与其前代的创造性人物的数量呈正相关，前代人中的天才人物可能为下一代提供了角色榜样，角色榜样越充分或者可以仿效的天才人物榜样越多，后代的天才人物出现的概率越大。

我国一些学者也开展了一些有关的名人研究。调查表明（沈殿忠等，1995），政坛女性大多情绪稳定，意志坚强，心胸开阔，兴趣广泛；她们多具有较高的自尊与伦理素质、道德修养，具有较高的自信和健康的心理素质，具有较高的文化素质和自立、自强的人格品质，其中包括经济上和政治上的自立，同时还表现出较强的政治素质，其中包括坚定的政治信仰、坚强的斗争意志、忠诚的组织观念、自觉的团结意识、开阔的战略视野、高超的权力艺术。另一些学者还对政治家的个性心理特征进行了理论探讨（蒋云根，2002）。

（三）人本主义研究：自我实现者的人格特征

人本主义心理学研究为我们开启了研究创造性和社会创造性、创造性人格和社会创造性人格的新思路。马斯洛（Maslow，A. H.）选取了历史和现实中的自我实现者作为研究对象。他提出的需要层次论几乎人尽皆知，他把人的需要分为生理的需要、安全的需要、归属的需要、自尊和受人尊重的需要、自我实现的需要等多个层次，其中自我实现的需要处于"需要金字塔"的最高层。它是一个人最大限度地实现自身潜能的需要。马斯洛认为，自我实现者是我们人类社会中真正的心理健康者，是具有最完美的人格的"特类"，自我实现者可以描述为充分利用和开发天资、能力、潜能的人，他们似乎在竭尽所能，使自己趋于完美，这也是筛选自我实现者的"积极标准"。它意味着，这些人过去或现在对安全、归属、爱、受人尊重和自尊的基本需要及理解和认知的需要已经得到满足，他们感到安全、无忧无虑，感到被社会所承认，感到爱和被爱，感到自身的价值并且被尊重；他们已明确了自己的哲学、宗教或价值取向；自我实现意味着基本需要满足加上最起码的天才、能力或者人性的丰富。马斯洛筛选出来的"稀有"的研究对象包括林肯、托马斯·杰斐逊这样的"非常理想"的历史人物或政治家，也包括爱因斯坦、爱莉诺·罗斯福、简·亚当斯、威廉·詹姆士、A. 赫胥黎和斯宾诺莎等"很有希望"的知名的历史人物以及"很有希望"的同时代人。显然，马斯洛所研究的自我实现者并不一定是纯粹的"社会创造性人物"，但"自我实现的人在本质上是富有灵活性的，他们可以很现实地使自己适应于任何人，任何环境"，"他们随时都可以以适当方式来同好人打交道，同时又能以适当的方式来对付坏人"（马斯洛，1987，p. 16）。

马斯洛总结指出（马斯洛，1987，pp. 174—211），自我实现者通常具有下面这样一些突出的人格特征。1. 具有对现实的深刻洞察力，能与社会现实形成一种更加适意的关系。2. 对自我、他人和自然的接纳。3. 自发、坦率、自然。4. 以问题为中心。5. 超然独立、离群独处。6. 具有自主性和坚强的意志。7. 欣赏的时时更新。8. 拥有神秘体验或更多的"高峰体验"，即一些得到极大增强的自我丧失或自我超越的体验，如强烈的感官体验、对艺术的忘我的欣赏、献身行为等，他们更能体验到人生的乐趣。但是，那些"高峰体验"相对较少的自我实现者更讲求实际，追求实效，更可能成为人类社会的改革者、政治家、社会工作者、改良者、领导者。9. 具有社会感情。他们对人类怀有一种很深的认同、同情和爱的感情，具有帮助人类的真诚愿望。10. 具有更深厚、更密切的人际关系。11. 具有民主的性格结构。12. 能够区分手段与目标、善与恶，具有明确的道德标准和是非观念。13. 富于哲理、善意的幽默感。14. 富有创造力。15. 对文化适应的抵抗。16. 性格二分对立的消失。过去认为是截然相反、对立或二分的东西（如欲望与理性、自私与无私）之间的对立已解决或消失。17. 享受更美满的爱情。18. 具有某些性格的缺陷或不完美性。

当然，这里提到的"高峰体验"较少的自我实现者实际上是社会创造领域的自我实现者，他们更务实，自制力更强，感情色彩少，理性成分多。马斯洛预言说，这些"非高峰型"的自我实现者与其他自我实现者的区别"将是关键的性格逻辑的'种类差别'之一。这对于社会生活来说尤为重要，因为那些健康的非高峰型的自我实现者似乎更可能成为人类社会的改革者，成为政治家、社会工作者、改良者、领导者；而那些超凡脱俗的高峰者，则更可能去写诗、作曲、研究哲学，献身宗教"（马斯洛，1987，pp. 174—211）。

（四）社会技能和社会问题解决的理论研究与实证研究

严格说来，创造性的社会问题解决是社会问题解决中的一个方面，也是社会创造性研究的一个主要方面。在此意义上，社会性问题解决与社会创造性是有所重叠的。社会技能与社会性问题解决研究也是密不可分的，人们面对社会性问题情境时的问题解决技能是社会技能研究的核心内容之一。因此，我们下面叙述的社会技能研究，也融合了社会性问题解决方面的研究。

20 世纪初，儿童的社会技能问题开始引起人们的关注。社会技能的研究是与儿童的同伴关系研究、临床心理治疗、智力落后的鉴别和干预等问题结合在一起的。在 20 世纪上半叶，由于过分注重学业和智力发展以及认知发展理论的影响，人们曾经一度冷落了对儿童社会技能的研究。到了 20 世纪 60 年代，儿童的同伴关系才开始重新引起人们的关注。20 世纪 70 年代，西方研究者掀起了社会技能研究的热潮，社会技能训练备受重视。80 年代以后，社会技能训练已经从儿童扩展到青少年、成年以及老年，应用于对智力落后或社会技能不良的儿童的干预、教师教育、管理、罪犯改造等各个领域。20 世纪 90 年代以后，西方社会技能研究的范围和深度进一步加大，研究的主要内容包括：儿童社会技能的意义和作用；社会技能的发展及其影响因素；社会技能与同伴交往、学业成绩、情绪发展等变量的关系；社会技能的理论和干预等。

国内关于儿童社会技能的研究主要是在 20 世纪 80 年代开始的，其中大部分都是针对幼儿开展的，而且融合在儿童同伴关系的研究中。90 年代后，一些学者开始对学龄期儿童的社会技能问题进行研究，并出版了有关的专著（周宗奎，2002；王美芳，2003）。

一些研究者考察了社会技能的基本结构。卡德瑞拉等人（Caldarella & Merrell, 1997）从大量有关社会技能的研究中总结出社会技能的五个维度：同伴关系、自我管理、学业技能、服从与协调、自主性，这些维度反映了研究者所考察的社会技能的基本内容，包括儿童青少年在同伴相处时的技能、自我管理技能、学校学习技能、社会合作技能、主动地进行社会交往的技能等。国内学者在此基础上，进一步将儿童的社会技能划分为环境相关技能、人际相关技能、自我相关技能和任务相关技能四个方面的技能，包括作业质量、公共场合的活动、遵守课堂纪律、处理冲突、获得注意、问候他人、帮助他人、进行交谈、组织游戏、肯定和容忍他人、自由玩耍、物品处理、接受后果、意图认知、情感表达、自我接纳、责任行为、卫生行为、提问与答问、指向性行为、参与讨论、任务完成情况、遵从老师指令、群体趋向行为、独立工作、任务专注行为等方面（周宗奎，2002，pp. 68—98）。国内心理学研究者还对社会技能的结构和测量问题进行了探讨（姚树桥、谢家树，2006，pp. 28—30）。

研究者还对儿童青少年社会技能的发展特点开展了大量的实证研究（王美芳，2003，pp. 31—75）。这些研究表明，尽管婴幼儿解决社会冲突的能力还很有限，但他们已经能够运用很多具体的问题解决策略，包括发起活动、进行协商等。到了中小学阶段，儿童解决人际冲突的技能、建立和维持友谊的技能、在他人遭遇消极事件时提供社会支持的技能、加入群体活动的技能等都有了十分明显的提高。随着年龄的增长，学龄初期儿童的问题解决策略的独立性、多样性、有效性显著提高。

解决社会性问题的技能是社会技能研究的重要内容。直到20 世纪后期，尤其是 70 年代，才开始出现社会性问题解决的实证研究。1971 年，狄祖瑞拉（D'Zurilla，T. J.）和戈德菲尔德（Goldfried，M. R.）在《问题解决和行为矫正》这篇文章中，号召人们研究社会性问题解决在社会适应中的作用，主张进行社会性问题解决方面的训练或干预研究，由此揭开了社会性问题解决研究的序幕。在过去的几十年中，这方面的研究急剧增多，其研究领域也一再扩展，已经从临床和咨询心理学延伸到认知心理学、社会心理学、发展心理学、组织心理学等领域。研究的内容包括社会性问题解决的理论、社会性问题解决与社会适应的关系、对不同群体进行的社会性问题解决训练和治疗等。这些研究覆盖的年龄范围较广，涉及各个年龄段的人。

狄祖瑞拉等人（D'Zurilla, Nezu, & Maydeu-Olivares, 2004, p. 12）认为，社会性问题解决是一种自我定向的（self-directed）认知和行为过程，在此过程中，一个人、两个人或一群人试图找到解决日常生活问题的特定方法。它是一种有意识、有目的、付出努力的、理性的行动，问题解决的目标在于改变当前的问题情境，使之向好的方向转化，消除由问题导致的痛苦感受。

狄祖瑞拉和戈德菲尔德在 20 世纪 70 年代初提出了社会性问题解决的理论模型，后来经过进一步的修正和拓展，形成了社会性问题解决的五因素模型。这个模型可以分为社会性问题解决的结构子模型和过程子模型。其结构子模型认为，社会性问题解决能力不是一个单维的结构，而是由几种相关但不同的成分所构成的、多维度的结构。它包括两种一般性的、在一定程度上相互独立的成分：问题倾向与问题解决方式，其中问题倾向又包括积极的问题倾向与消极的问题倾向两个因素或维度。它是一个人面对问题时所采取的相对稳定的反应倾向，在问题解决过程中，它主要发挥动机作用。积极的问题倾向是建设性的，包括把问题看做一种挑战的倾向、相信问题可以解决的倾向、相信自己具有成功解决问题的能力的倾向、认为解决问题会费时费力的倾向、迅速解决问题而不是逃避的倾向。相反，消极的问题倾向是一种功能失常的认知——情感倾向，它包括把问题看成是对健康的严重威胁的倾向、不相信自己具有成功解决问题的能力的倾向、遇到问题容易沮丧和心烦意乱的倾向。积极的问题倾向有利于问题的解决，消极的问题倾向不利于问题的解决。另一方面，问题解决方式则可以划分为理性的问题解决模式、冲动——粗心的问题解决方式、逃避的问题解决方式。具有理性的问题解决方式的人，在面对问题时，能够理性地、深思熟虑地、系统地运用有效的问题解决技能，能准确地确定问题的条件和解决目标，想出尽可能多的可行的办法，选择和实施最优化的方法，并能评估问题解决的效果。冲动——粗心的方式与逃避的方式都是功能失常的问题解决模式，其中，具有冲动——粗心的问题解决方式的人能积极地应用问题解决策略和方法，但却刻板、冲动、粗心、不沉着、不完美，因而容易失败；具有逃避的问题解决方式的人则以拖延、被动或无所作为、依赖为特征，他们逃避问题而不是面对问题，等待问题自己得到解决或将问题解决的责任推卸给别人。

社会性问题解决的过程子模型认为，现实生活中问题解决的结果主要取决于两种相对独立的过程：问题倾向与问题解决方式。如下图所示，在建设性的、有效的问题解决过程中，积极的问题倾向可以促成理性的问题解决方式，使人们深思熟虑地、系统地应用有效的问题解决技能，进而造成积极的结果；而在功能失常的或无效的问题解决过程中，消极的问题倾向可能会导致冲动——粗心或逃避的问题解决方式，进而导致消极的结果。那些在积极的问题倾向与理性的问题解决方式上得分高的人或"好"的问题解决者最可能得到满意的结果。当解决问题的结果不令人满意时，这些"好"的问题解决者更可能坚持解决问题，并返回问题解决过程，寻找更好的问题解决办法，或重新界定问题，制定更现实的目标。相反，那些在消极的问题倾向与冲动——粗心或逃避的问题解决方式上得分高的人（差的问题解决者）则可能放弃，或什么也不做，或者绝望地等待别人帮助他们解决问题（D'Zurilla，Nezu，& Maydeu-Olivares，2004，p. 17）。

许多研究表明，社会性问题解决不仅受遗传和早期依恋关系的影响，而且与一个人的人格特征具有密切的关系。里奇和邦纳（Rich & Bonner，2004，pp. 29—35）总结指出，那些神经质水平较高的人更可能具有消极的问题倾向，采取消极的问题解决方式，而外向性、尽责性水平较高的人更可能具有积极的问题倾向，采取理性的问题解决方式。类似的，拥有积极情感的人、乐观的人、充满高希望（high-hope）的人、完美主义倾向较弱的人，更可能具有积极的问题倾向，采取积极的问题解决方式，相反，消极的情感、悲观、拥有低希望（low-hope）的人则可能促成消极的问题倾向和问题解决方式。人格在社会性问题解决过程中起着调节或缓冲作用。

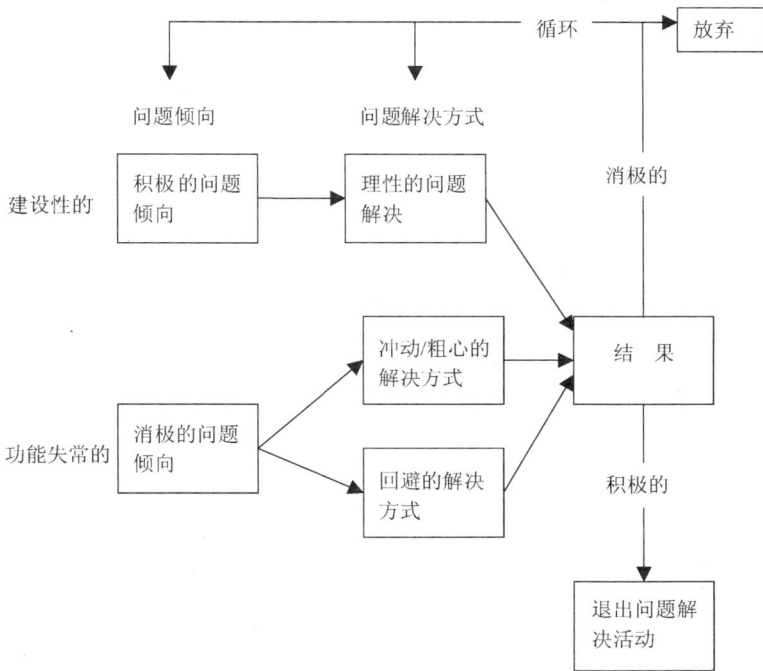

图1—1　社会性问题解决过程

还有一些研究从毕生发展的角度考察了不同年龄段的社会性问题解决特点（Rich & Bonner，2004，pp. 36－38）。这些研究的结果表明，从总体上看，在中年期之前，社会性问题解决能力是随着年龄增长而提高的，儿童青少年与成年人对待问题的态度或倾向、解决问题的方式具有明显的差异，中年人在积极的问题倾向与理性的问题解决方式两个维度上得分都是最高的，而到了老年，社会性问题解决能力则明显下降。导致这种结果的因素还有待于进一步的研究。

严格说来，创造性的社会问题解决是社会问题解决中的一个方面，也是社会创造性研究的一个主要方面。在此意义上，社会性问题解决与社会创造性是有所重叠的。从另一个方面来看，创造性的社会性问题解决，或者创造性的社会生活，实际上也是创造性地运用社会技能的过程，而社会技能的创造性运用，也是社会创造性的一个方面。因此，社会技能研究、社会性问题解决研究与社会创造性研究是密切相关的，但它们又是不同的。社会技能是个体习得的、在特定社会情境中适当而有效地进行社会交往，达到特定的社会目标的活动方式，它具有可模仿性、可重复性，一个人可以在相同的或相似的社会情境中，运用相同的社会技能应对，在一般的社会性问题解决过程中也是如此。它与社会技能一样，更强调问题解决方法的适当性和有效性，而不强调其独创性。也就是说，一个人能成功地运用社会技能和解决社会性问题，但不一定能创造性地运用社会技能，不一定能创造性地解决社会生活中的各种问题。这是社会创造性与社会技能、社会性问题解决最重要的区别。

第三节　创造性人格与社会创造性
人格的特殊性

许多对创造性人物进行的研究都表明，他们的人格常常具有一些让人感到迷惑的特征，这些特征在社会创造性人物身上同样十分明显，而且具有自身的"特色"。其实，这种令人感到迷惑或费解的人格恰恰反映了创造性人格与社会创造性人格的特殊性。

一　创造性人格与社会创造性人格中的"矛盾"：普遍性

在创造性人格包括社会创造性人格的结构中，常常可以发现某些相互矛盾的特征或倾向。不少心理学家都发现了这一点。新精神分析主义者卡尔·荣格认为，人格具有两极性，即对每一种突出的人格特征而言，都存在着与之相对的另一种人格特征，循规蹈矩的人也许渴望冲动，卑躬屈膝的人也许具有很强的支配性。他认为，正常人与精神分裂症患者身上都可能存在某种性格的分裂，或者说具有多重人格、分裂人格，一个人的性格会随着环境要求的变化而变化，"在外面是天使，在家里是魔鬼"就是一种典型的性格分裂现象。与社会环境相一致的社会性格依赖于社会的期待和需要，另一方面也依赖于个人的社会目标和社会愿望；家庭性格则通常由感情的需要、舒适和方便的需要所促成，由此便导致了这样的情形："那些在公共生活中精力异常充沛、生气勃勃、固执自负、独断专行甚至残酷无情的人，在家中和家人的怀抱中却往往显得性情温驯、顺从随和甚至有几分软弱。"（Jung，1985，pp. 464—465）在荣格看来，这恰恰是人格面具的功能。这种分裂的性格常常见于已经取得一定的社会成就的病人身上，他们常常找不到个人生活的意义。显然，荣格在这里所描绘的主要是一种完全由环境所决定或摆布的、失却"真我"的病态的多重性格，它反映的是以冲突为基本特征的、不和谐的人格状态。但这种现象也从另一个方面说明，人们具备随环境变化而灵活转化自己"性格倾向"的能力。

　　创造性的人，包括具有社会创造性的人，同样具有这种在"对立性"的人格两极之间灵活转换的能力，但他们的这种人格转换能力是以心理的和谐或"真我"为基础的，是"真我"的自发表现或自然状态的自我表达。

　　从马斯洛的研究中，我们可以发现，社会生活中的自我实现者的人格结构具有某种对立和谐性。这表现在两个方面，一方面，自我实现者整体的人格结构呈现出某种对立和谐性，他们既坦然接受自我、他人和自然，又对人性的善恶具有深刻的洞察力，能以问题而不是以自我为中心；行为、思想既具有自发性，又尊重习俗和惯例；既超然独立、离群独处，具有明确的是非标准，又具有更深刻、更深厚的友情和人际关系，具有对人类真诚的爱、认同和同情；既独立、自主，又具有民主、谦卑的性格结构；既富于幽默感，又严肃、庄重、冷峻，如此等等。另一方面，在马斯洛看来，某些看似完全相反的个别的人格特征，也表现出某种和谐性。欲望与理性、自私与无私、利己与利他、最社会化与最个人化、最成熟又不失孩子的天真和诚实，最讲道德、自制力强，而又生命力旺盛，欲望最强，此外，还包括仁慈与冷酷、具体与抽象、接受与反抗、自我与社会、适应与不适应、脱离他人与和睦相处，认真与随便、庄重与轻浮、内倾与外倾、循规蹈矩与不合习俗、神秘与现实、积极与消极、男性化与女性化、肉欲与爱情等，对这些人而言，本我、自我和超我是互相协作的，他们之间并不发生冲突，它们的利益也无根本分歧。"他们的认知、意动和情感结合成一个有机体，形成一种非亚里士多德式的互相渗透的状况。高级需要和低级需要的满足不是处于对立，而是趋向一致，许多个重要的哲学两难推理都被发现有两种以上的解答，或者根本没有答案"（马斯洛，1987，p. 210）。也就是说，他们能自然地解决生活中的各种冲突，而不为各种人格的冲突所困扰。

奇凯岑特米哈伊（Csikszentmihalyi, 1996）考察了 91 位创造性人物，其中包括自然科学家、社会科学家、艺术家、文学家、企业家和政治家，结果表明，这些人物所表现的一个显著特点就是人格的复杂性。这种复杂的人格并不意味着中庸或模棱两可，也不意味着处于两极连续体的中间点，而是意味着根据不同情况从一个极端转移到另一个极端的灵活性。他们能够在不引起内心冲突的情况下以同样的强度体验人格的两个极端，看似相互矛盾的人格品质以辩证对立的形式结合在一起。通过深入访谈和研究，他发现，创造性人物往往表现出以下相互对立的人格品质：精力充沛，但通常又很安静，经常休息；既聪明又天真，既充满智慧又具有孩子气；既轻松又严肃，将玩笑与纪律，责任心与无责任心结合起来；既富于想象和幻想，又脚踏实地；既外向又内向；既谦虚又骄傲；同时表现出男性化与女性化倾向；既具有叛逆性和独立性，又具有传统性和保守性；既热情又客观；同时承受痛苦和愉悦。

奇凯岑特米哈伊认为，这些互相对立的人格倾向很难在一个人身上同时发现，但它们的对立存在确实是高水平的创造所必需的，精力充沛、聪明、男性化、叛逆、独立、开拓进取、富于幻想、轻松超然、热情、承受痛苦是创新的必备品质，但安静、天真、传统、女性化、谦虚、脚踏实地、客观、愉悦则是创造活动得以继续，创造成果获得认可和接纳的重要前提。

艾森克（Eysenck, 1997）总结有关研究指出，创造性人物的某些特征是相互矛盾的，这种研究结论具有一定的典型性，他们往往具有明显的内向性，同时又有较强的统治欲或支配性，而后者是一种最主要的外向性格，内向与支配性之间呈显著的负相关（相关系数在 -0.60——0.50 之间）。而且，创造性人物通常兼有较强的自我力（ego strength，如顽强、自主、支配性、自信、独立等）和心理病理学特点（如较高的精神质倾向）。艾森克认为，这种冲突性或不一致性可能是创造性人物的标志，它将相对对立的人格品质以不寻常的方式结合起来。巴农等人（Barron & Harrington，1981）总结了有关研究，得到了类似的结论，他们发现，创造性人物不仅具有广泛的兴趣，喜欢探索复杂的事物，精力充沛，喜欢独立判断，自主，自信，看重审美价值，而且表现出解决各种矛盾或冲突（antinomies）的能力，他们的自我概念还可能含有截然相反或相互冲突的人格倾向。

当然，对立和谐的人格倾向决不限于此，也许还有更多的对立而和谐的人格品质。但是，更重要的是创造性人格倾向的"对立和谐性"这个事实本身，而不是相互对立的具体人格品质。这些研究的结果在一定程度上表明，对立和谐性可能是创造性人物普遍存在的人格特点。

二　创造性人格和社会创造性人格中的"矛盾"：领域特殊性和个别差异

创造性人格的矛盾性或对立和谐性也有其自身的特殊性，这主要表现在两个方面：其一，在不同的活动领域中，这种矛盾性可能具有不同的表现形式；其二，在不同的年龄阶段，这种矛盾性的具体特点和复杂程度也可能有所不同。

（一）领域特殊性

在不同的活动领域中，问题情境和任务的性质不同，对人们提出的要求也有所不同。费斯特（Feist，1998）总结指出，艺术领域的创造性人物，包括视觉领域的艺术家（画家、雕刻家、建筑师等）、表演艺术家（音乐家、歌唱家、演员）和文学家，往往富于幻想，容易接受新的思想、观点、看法或主意，成就动机较强，神经质，情绪不稳定，有时甚至具有反社会倾向。在某种意义上，情绪或情感的自由表达是他们的行业要求，自由表达的倾向也相应构成他们人格的一个重要方面。具体而言，艺术家具有幻想倾向，同时又对艺术创作持有高度的责任感、较高的内驱力、踏实工作的态度；对经验持开放性，同时在社交中又比较内向；比较冲动，缺乏理性，怀疑和反叛社会准则，不服从，表现出较强的独立性，同时在创作活动中又必须遵守基本的行业活动规则，以使自己的创造性获得业内人士的认可；敌意、冷漠、不够热情，而对自己的专业创造活动充满高度的热情，表现出浓厚的兴趣。总体而言，艺术家创造性人格的矛盾性主要表现为艺术行业或专业中的人格倾向与社会人格倾向之间的"对立"，在特定的艺术活动领域，艺术家表现了对审美经验的接纳，对行业规则的尊重，对艺术活动的热情，而在社会交往中，则表现出较高的"封闭性"甚至敌意性。

相对而言，在科学活动领域的创造性人格中，理性倾向比较强，与社会和他人的对立性或不合作性也没有艺术家那么直接而公开，而且情绪比较稳定。科学家的人格矛盾性具体表现为，对自然世界和有关的思想保持开放性和敏感性，思维灵活，对人际关系的开放性则较低，表现得比较傲慢、自信，不够灵通；对智力活动具有较高的热情和成就动机，投入更多的精力，获得愉悦感，对专业以外的其他活动，尤其是人际交往则比较冷漠，甚至对人抱有敌意；另外，在某些科学活动中，还表现出较强的自信心、统治欲、独立性、批判性。显然，科学家人格的矛盾性主要表现在科学研究中的人格倾向与社会倾向的"对立"，他们对自然世界和科学活动表现出勤奋、热情、求真、竞争的倾向，而对社会交往和社会活动表现得相对疏远、冷漠。

相对而言，社会活动领域的创造性人格，即社会创造性人格更为特殊而复杂。与艺术、科学领域的创造性人格不同，它主要是在人际交往活动中逐渐形成和发展起来的。社会创造性人格的矛盾性主要表现为，保持行为的适度性（moderate），既不过于激进，也不过于保守；既要进行广泛的交际，保持友好和善意，又深感孤独；既对各种社会活动和人际交往投入高度的热情，又常常冷酷无情；既具有品格高尚、尽责的一面，又具有工于权谋的一面；聪明，睿智，才能出众，同时又表现出某种平庸性，以避免各种可能的冲突；有较高的成就动机和较大的魄力，同时又善于深思熟虑或精打细算；信任别人，同时又具有某种多疑和警惕；具有较强的独立性，同时又必须为达到自己的目标而具有某种"依赖性"；既勇敢、果断又谨慎、认真，另外，社会创造性人物往往还具有喜怒无常、灵活多变、圆滑机敏、刚毅坚忍等特征，这些特征也是社会创造性人格矛盾性的重要表现（Simonton，1986）。在某种意义上，社会创造性人格的矛盾性主要是"本来之我"与"社会之我"两种人格倾向的"对立和谐"，这在政治活动领域尤为明显。

其实，对社会领域的理想人格在中国古代也多有论述，它集中表现于人们对圣贤"中和"人格的强调。例如，"君子和而不同，小人同而不和"（《论语·子路》），"圣人之道，宽而栗，严而温，柔而直，猛而仁。太刚则折，太柔则卷，圣人正在刚柔之间，乃得道之本。积阴则沉，积阳则飞，阴阳相结，乃能成和"（《淮南子·氾论训》）。在中国传统中，人们把和谐性看作人们理想中的政治家即圣人的典型人格特征，"中和"意味着在行动中避免"过"与"不及"两个极端，而依据事物发展的具体情况而做出灵活的反应，即"君子之中庸也，君子而时中"（《礼记·中庸》）。它不同于盲从附和或丧失独立性，而是"和而不流"、"中立而不倚"（《礼记·中庸》），在特定的人格特征上保持适当的强度，使外在的"中和"行为成为内在的"中和"品德的自然反映，即所谓"喜怒哀乐之未发，谓之中；发而皆中节，谓之和"（《礼记·中庸》）。《史记》中还提出了领导者应当具有的"九德"，即"宽而栗，柔而立，愿而共，治而敬，忧而毅，直而温，简而廉，刚而实，强而义"（《史记》卷二《夏本纪》），它融合了宽容、柔顺、忠诚、智慧、驯顺、正直、简易、刚健、豪强与严谨、自立、尽责、敬业、果毅、温和、明辨、笃实、好义等多种看似相互矛盾的人格品质。可以说，中和思维是中国传统文化的典型思维方式，它从天人合一的理想追求出发，强调不偏不倚、执中适度，强调人格的和谐，以避免极端性的行为倾向及其后果。这些思想在一定程度上揭示了社会领袖的创造性人格的"矛盾性"或对立和谐性。

政治心理学研究表明，政治家的个性是最复杂的、难以捉摸的，各种积极的和消极的、外向的和内向的人格品质相互交织，形成果断顽强、奸诈诡谲、多疑残忍、懦弱昏庸、神秘怪癖等丰富多彩的政治人格模式，其中每一种模式都显示了不同人格倾向的对立和谐。意大利记者奥里亚娜·法拉奇说："了解英迪拉·甘地是一件令人烦恼的事。企图用单一的色彩或仅仅从一个方面描绘她的性格是不能成功的，因为构成她性格的因素太多，而且各不相同。"英迪拉·甘地则这样评价阿里·布托，"他身上集中了许多自相矛盾的东西，你愈研究他，对他就愈捉摸不透，迷惑不解……你可以把他说成是各式各样的人物：自由主义者或独裁者，法西斯主义者或共产党人，真诚的人或谎话连篇的人，而每一种人物又都是真实的"（蒋云根，2002）。在不同的场合，他们所表现的行为可能迥然不同。在公共生活中，戴高乐能够忍受严格的自我克制，生活在风险、危机和经常性的内心斗争中，而在家庭中，则过着自由自在和内心宁静的生活；前联邦德国总理阿登纳在日常生活中变成与总理完全不同的另一个人，成了一个顽皮而快乐的老头；奥地利首相梅特涅让人望而生畏，在家庭中却温厚、和善。当然，我们可以认为，职业政治家具有超人的角色扮演能力或角色扮演的人格倾向，这种能力或倾向迎合了工作或职业的要求，但是，他们所表现的相互对立又不无和谐的行为恰恰说明了人格的灵活性，诠释了他们善于将各种看似不和谐的人格品质融合于一身的"弹性"生活。

(二) 年龄差异和性别差异

人格矛盾性可能具有一个形成和发展的过程。一方面，创造性人格及其矛盾性的发展具有前后一致性或连续性，先天的高级神经活动特点提供了人格发展的最初起点，构成创造性人格的生理基础。艾森克 (Eysenck，1997) 指出，创造性个体具有较高的大脑觉醒水平，他们通常比较内向，但创造性的思想通常是在低唤醒状态或外向状态下产生的。伍迪等人 (Woody & Claridge，1977) 认为，创造性和神经病都与反社会性、反传统性有关，因而创造性人格显得既稳定又不稳定，表现出既朴实又知识渊博、既自由自在又富于逻辑、既有破坏力又有建设性，偶尔也会既疯狂而又理智等看似矛盾的人格倾向。

另一方面，与其他心理品质的发展一样，创造性人格矛盾性的发展也可能具有年龄差异。研究表明，创造性人格的发展与某些"先行因素"(developmental antecedents) 密切相关，这些因素包括：亲子情感联系的密切程度如何，父母是否注重孩子自制能力的培养，父母是否重视为孩子提供智力上的刺激等 (Mansfield & Busse，1981)。抚养和教育环境的差异可能导致创造性人格发展的个别差异。就年龄发展趋势而言，创造性人格的矛盾性也应有一个由低到高、由简单到复杂、由单纯到成熟的过程。许多创造性人物的人格在儿童和青少年时期可能并未表现出明显的"矛盾"，但在随后的发展中，尤其是在成年后却日渐显现，研究表明，一般到青年时期，创造性人格才逐渐明显化，并变得相对稳定。

具有特殊的组织领导才能的儿童通常具有独立性、愿意冒险，同时责任心和纪律性又较强，比较可靠；喜欢自我表现，同时又能较好地适应环境，理解和同情他人；既能控制别人和指导活动，又能与他人形成良好的关系，受到同伴的欢迎和成人的认可。但是，由于经验的有限性和社会生活环境的局限，儿童青少年时期所表现的这种人格和谐性相对简单，还远不能适应复杂的社会生活。

如前所述，创造性人格的发展经历了一个不断专业化或领域化的过程，在儿童青少年时期，人格受专业环境的影响较小，随着年龄的增长，专业的影响日渐增强，人格的发展与专业才能增长的要求密切联系起来，个体必须同时面对专业和非专业问题的挑战，正是这种特殊的问题解决活动，促成了个体"专业性"人格倾向和"非专业性"的人格倾向的对立和谐。这种不断增强的矛盾性，常常构成创造性个体的突出特点。年龄差异的逐渐明显化实际上是人格随着环境的变化而不断分化的过程，是各种分化的人格倾向在不同问题情境中重新整合的过程。

另外，创造性人格的矛盾性还可能具有性别差异。性别角色往往赋予个体相应的行为模式，而社会对男性与女性行为模式的期望往往差异很大，甚至截然相反。冒险、独立、坚强、果敢、上进、竞争，具有很强的成就动机，往往是男性人格的重要内容，而软弱、依赖、多情、犹豫、温和，具有较低的成就动机，则往往是女性人格的重要内容。一方面，由于抚养环境和教育环境的差异，不同创造性个体的人格中性别"中和化"的程度也许具有很大的差异，如孙中山和周恩来、列宁与斯大林所表现的男性化和女性化特征就有很大的差异。另一方面，男性与女性在创造性人格的形成过程中，其基础或发展模式也是不同的，也就是说，男性的创造性人格一般以上述男性化的特征为基础，在随后的发展过程中，逐渐融合了某些女性化的特征；相反，女性的创造性人格则以女性化的特征为基础，在发展过程中逐渐融合了某些男性化的特征。但一般情况下，无论男性还是女性，由性别角色所支配的人格倾向仍然占相对主导地位，但在特定的问题情境中，创造性人格所表现的"和谐性"并无本质的差异。

综上所述，有关创造性与创造性人格的理论和实证研究经历了一个由一般到特殊、由普遍规律到领域特殊规律的发展过程。与社会活动领域所表现的特殊创造性人格——社会创造性人格有关的研究主要是一些现象描述或理论分析，社会创造性人格的本质及其发展问题仍有待于深入的探讨。

第四节   创造性人格研究的新视角

当前有关创造性和社会创造性的大部分研究，无论在理论上和研究方法上都不完备。我们虽然不敢奢望提出十分完备的研究模式，但仍然试图在创造性的理论和方法上有所创新，将我们的创造性研究和创造性人格研究推进一步。随后，本书将详细报告我们对于中国近现代社会领袖人物的研究，其中包括社会创造性人格的年龄特征和毕生发展趋势、社会创造性人格的心理历史学个案研究。这也是探索新的创造性和人格研究思路的一种尝试。

一   目前有关研究的局限性

我们在前面提到，社会创造性是在日常的社会生活和社会活动中表现出来的创造性，是个体于社会交往和社会活动中以新颖、独特、适当而有效的方式提出和解决社会问题的一种品质，是包含个体对待社会性问题情境的特定人格倾向和认知能力在内的综合品质。通常意义上的社会创造性人格则是指在社会问题解决活动中培养和表现出来的一种稳定的行为方式及其人际过程，它使个体对社会交往和社会活动领域的问题情境或刺激表现出具有动力性、整体性、相对稳定性或一致性的创造性适应行为，是社会创造性动机特征、气质特征和性格特征的统一。有关的研究加深了人们对创造性、一般创造性人格和社会创造性人格的内涵、发展及其影响因素的理解，但也存在着一系列问题。这主要表现在以下几个方面。

（一）迄今有关社会创造性的直接研究主要停留于初步探索阶段，缺乏系统性

大部分社会创造性的研究在理论建构以及测量和评价方法上都很不成熟。这主要表现在以下两个方面。

1. 对社会创造性的定义不清晰，或者过于笼统和宽泛，或者过于狭窄，不全面，而且，理论上常常相互矛盾；研究者重创造性思维尤其是发散性思维品质在社会活动领域的体现，轻人格倾向在问题解决中的作用；另外，某些研究的结果也自相矛盾，例如，有的研究者假定，社会创造性是一般的发散性思维能力在社会活动和人际交往领域的体现，一些研究结果却表明，社会创造性任务上的得分与言语流畅性测验得分之间并无显著的相关，自相矛盾。

2. 社会创造性的评价和测量缺乏科学性、系统性和统一性；重假设性的问题情境，轻真实生活中的问题情境，研究结论缺乏生态效度。研究对象的选取也具有很大的随意性，如有的研究者着眼于小学儿童的社会创造性发展，有的研究者则着眼于大学生的社会创造性的特点；对社会创造性影响因素的研究较少，以往对影响因素的考察主要限于一般意义上的创造性，尤其是一般的创造性思维或发散性思维、一般的创造性人格等方面，对社会创造这样一个特殊领域的创造性则很少涉及。穆恰鲁德（Mouchiroud & Lubart，2002）指出，至今还没有研究考察社会经济地位、班级气氛、家庭教养方式等因素对社会创造性的影响，也没有考察社会性知识与智力等多种变量的影响。总体而言，有关社会创造性的系统研究尚未真正开始，国内正式的社会创造性研究几乎限于空白。虽然有一些在具体学科教育或教学实践中培养学生创造性的研究，但它们或者侧重定性的分析或理论研究，或者侧重一般的创造性思维，尤其是发散性思维能力的培养，而缺乏统一的理论基础。

前面已经提到，虽然人们已经对社会技能和社会性问题解决问题开展了大量的研究，但这些研究与社会创造性研究并不能等同。它们更侧重人们一般性的社会性问题解决特点，注重社会技能的一般性应用，而不强调问题解决的独创性、新颖性或社会技能的创造性应用过程。因此，创造性的社会问题解决、社会技能的创造性应用，已经构成未来社会创造性研究的基本问题，应引起我们的关注。

（二）间接的社会创造性研究，尤其社会创造性人格的心理学研究主要限于西方

国内有关的研究还很少，对社会创造性领域的历史名人的研究还主要停留在历史学的定性分析水平上。西方国家，尤其是美国，对杰出人物的历史测量学研究早在 19 世纪晚期就已经开始，20 世纪初期已经初具规模，但是，就总统这一特定类型的社会人物而言，比较客观的研究直到 20 世纪中期才出现。近五六十年来，研究者采用相对精确的测量方法，考察了社会创造性人物的人格特征及其影响因素，深化了人们对这一历史性心理现象的理解。由于各种原因，对我国近现代政治家、社会活动家和军事家以及其他社会创造性人物的研究主要限于历史学领域或思想政治领域，对历史人物，尤其是具有社会创造性的历史人物进行的心理学研究很少有人涉及。我国历史悠久，疆域广阔，历代杰出人物包括社会创造性人物层出不穷，有关的传记材料及其他的历史资料可谓浩如烟海。这都是我们进行心理学研究的极为珍贵的资源，对这一资源的开发，必将极大地促进创造性包括社会创造性方面的科学研究。

M. H. 邦德（1990）总结指出，以中国学校的学生为研究对象，研究范围相对狭窄，其研究结果缺乏外部效度和代表性，有关中国人人格的民族发生和个体发生、发展的心理学研究有待于进一步扩展，这些研究需要有历史文献和材料的基础（特别是关于社会生活、民间习俗、伦理规矩、家规和父母教训的文献和资料基础），它们将有助于阐明在特定的历史背景下中国人人格的发生与发展；个体的社会化过程方面的研究同样重要，在这一过程中，心理特征和行为模式被作为文化因素，通过家庭、学校和社会传递给新的一代。邦德认为，鉴于有关中国人性格的历史形成和个体发展的知识的匮乏，任何在这方面有资料依据和设计良好的研究必然很受欢迎；这类研究的结果是建立中国人的人格和行为理论的最重要的基础。

（三）历史测量学方法在国内运用不多

"历史测量学"这个概念最初由伍德（Wood，1909）提出，西蒙顿进一步拓展了这门学科。简言之，历史测量学是"运用量化的方法分析历史人物的有关资料，从而检验有关人类行为的普遍性假设的一门学科"（Simonton，1997，p. 3）。它是历史学、心理学和自然科学尤其是心理测量学、心理历史学、心理传记学、历史哲学、计量历史学，乃至经济统计学等学科相互交叉的产物。

西蒙顿（Simonton，1990）认为它有三个特点。1. 普遍性的假设。它主要用于考察有关人类行为的普遍假设或历史规律，而不是考察个别历史人物的特殊规律。2. 定量分析。在研究过程中可以运用许多统计技术，可以考察特定的历史人物或事件在不同时间或时代的变化，也可以考察不同类别的人或事件之间的不同，反映他们在某个或某些指标上的差异，将原有的主观假设转化为统计学的概率判断。3. 历史人物。研究对象大多是历史上已故的杰出人物，在某些情况下不一定是著名的人物，也可考察某些普通人的匿名历史行为①，同时，既可以进行大样本研究，也可以对具有代表性的少数杰出人物进行考察；既可以进行跨文化的横向比较，又可以进行纵向分析。

上述三个特点也是历史测量学区别于一般的心理历史学和心理测量学的重要特点，心理历史学注重严格的定性讨论，而心理测量学的研究群体主要是当代的普通人；同时，历史测量学目标在于检验普遍性的假设，在总体上是从特殊到一般，不注重单独的个案研究，其中最有效的途径是考察样本中各个人物所具有的普遍性或一般性的特点或规律，而心理历史学侧重运用特定的理论（尤其是精神分析理论）对具体的历史人物或时期进行分析，总体上是从一般到特殊，重个案研究。

虽然国内心理学家很早就开始使用历史测量学方法进行心理学研究，如林传鼎于 1939 年对唐宋至清代 34 位中国历史人物的心理特质的研究，但是近年来对这一方法的运用并不多见。运用这一方法进行的社会创造性方面的研究（包括社会创造性人格方面的研究）数量极少。将这一方法运用于历史人物心理的研究，将会提高创造性（包括社会创造性）方面的心理学研究的科学性以及历史研究的科学性。

更重要的是，运用历史测量学方法，可以发挥其特有的文献优势，考察个体社会创造性人格的毕生发展特点，这是其他许多

---

① 西蒙顿指出（Simonton, 1999, pp. 117－118），采用历史测量学方法研究创造性问题时，测量对象是历史上的名人，而不是大学生或一般的研究对象。

研究方法所不及的。将历史测量学方法与个案研究方法结合使用，则可以从一般性与特殊性、普遍性与个别性两个层次上更好地探明社会创造性人格发展的轨迹。

（四）鲜有关于社会创造性的心理学个案研究或心理历史学研究

个案研究是通过对特定人物或情境事件的分析，深入考察某种或某些心理现象的特点、发展和成因的研究方法。个案研究可以作为大规模研究的"前奏"，通过对典型个案的分析，我们可以提出关于心理特征及其发展的规律的假设，然后，再通过收集大样本数据，对该假设进行验证。通过个案研究可以提出一种理论，也可以反驳一种理论（Burns，2000，pp. 460－461）。西格蒙德·弗洛伊德创立精神分析学说，让·皮亚杰提出儿童智力发展阶段论，都是以深入的个案研究为基础的。研究历史人物，由于无法再通过对本人的访谈、观察等途径收集数据，根据已有的历史资料进行分析就成为一种主要的方法。当然，我们可以在此过程中通过其他途径，如通过其亲属或朋友的回忆，收集研究数据。这实际上是心理历史学（Psychohistory）的研究方法。

实际上，与观察个案研究（observational case study）、临床个案研究（clinical case study）、口述史研究（oral history）、情境分析（situational analysis）等方法一样，历史个案研究或心理历史学的个案研究（historical case study）也是一种十分重要的个案研究方法。通过这种途径，我们追踪考察某个人的心理和行为产生、发展的过程，也可以考察某个组织形成、发展的历史。在社会活动领域选取典型的历史人物，深入分析其社会创造性和创造性人格发展的历程，可以提出关于社会创造性人格发展的一般假设，也可以发现个体心理发展的特殊规律。

与历史测量学方法相比，这种个案研究法的优点主要表现在以下几个方面：（1）深刻性，即可以深入地搜集资料和挖掘资料的意义，深刻地分析一个典型人物在社会创造性和创造性人格的发展过程及其与发展环境的关系；（2）资料导向，即它主要是从有关个体心理发展的资料出发，在分析资料的基础上做出结论，而不是从假设出发或假设导向的，也就是说，它是一种典型的质的研究方法。由此看来，个案研究可以与历史测量学研究相互补充，二者结合使用，既可以避免历史测量学方法顾及一般规律而忽视深层次分析的弊端，又可以避免个案研究方法重深层分析、全面分析而不能检验一般假设的弊端。

可以说，个案研究在心理学领域，尤其是心理历史学领域，具有相当长的历史。例如，在前面提到的精神分析理论和认知发展理论的提出过程中，个案研究方法功不可没。近年来，在心理学领域，质的研究方法越来越受到人们的重视。个案研究也不断增多，特别是在发展心理学和临床心理学领域。令人遗憾的是，对历史人物的个案分析，主要是历史学家们尤其是那些历史传记作家们的事情，真正从心理学意义上对历史人物尤其是政治家、社会活动家或军事家进行的个案研究并不令人乐观。在国内，尽管港台地区和大陆地区都有一些心理历史学研究，如《从演化论探析严复危机感的意理结构》（郭正昭，1978）、《章太炎的早年生涯——一个心理的分析》（黄克武，1980）、《康有为政治人格的研究》（杨开云，1981）以及最近发表的《梁漱溟人格的初步研究》（郑剑虹等，2003），但这些研究的数量极少，由心理学家对社会领袖人物进行的心理历史学研究尤其如此。况且，国外已有的心理历史学著作（当然包括弗洛伊德的著作）主要是以精神分析理论为基础或依据的，它忽略了个体心理影响因素的复杂性，忽视了历史发展的复杂性，例如，它经常将个体成年后的某种人格特征归因于早期的某个事件。这未免过于狭隘。

（五）已有的研究多总体评价，少发展研究

一般对个体一生的人格特点进行笼统的或总体的评价，由此得出某一种普遍的人格结构，这实际上是否定了人格本身的发展性，忽视了不同年龄阶段的人格结构的变化。国内外曾有不少研究考察了著名科学家的人格的发展变化。但是，综观西方的名人研究和社会创造性研究，对社会创造性人格的毕生发展变化的考察仍然是很少的。20世纪六七十年代兴起的毕生发展心理学为创造性人格发展的研究提供了一种崭新的思路。从毕生发展的角度考察社会创造性人格，就是要探讨从出生到死亡的漫长历程中社会创造性人格发展的一般规律和年龄特征，探明不同年龄阶段人格发展的形式和"多重影响系统"，包括家庭教养方式、受教育经历、事业经历以及社会参与经验等因素的影响，也包括特定时代或文化传统的影响，还可以揭示不同的人格特征发展的特殊趋势。马斯洛在研究自我实现者的时候，也发现了进行毕生追踪研究的必要性，他认为，要确定一个有希望的年轻人能否发展为真正的自我实现者，"追踪研究，从摇篮到坟墓，将会提供唯一真正令人满意的确证——至少我是这样认为的"（马斯洛，1987，p. 17）。文献检索结果表明，迄今尚无从毕生发展的角度探讨社会创造性人格的历史测量学研究。

（六）研究对象的范围相对狭隘

从有关研究的对象来看，西方（尤其是美国）的研究者主要考察了数量有限的总统或政治家，极大地限制了社会创造性和社会创造性人格研究的范围。杰出的总统或其他类型的政治家，他们主要代表了众多社会创造性人物中的一类，而不能代表整个社会创造性人物群体。众所周知，美国历史相对较短，其文化传统

及其变革与东方文化尤其是历史悠久的中国文化及其变革具有巨大的差异，这可能会导致人格方面的差异。有学者总结指出，中西方人格结构存在明显的差异（王登峰等，2003）。因此，不少研究者采取不同的方式修订或编制了各种中国人人格量表（龚耀先等，1983；宋维真等，1993）。中西方社会创造性人物在人格的结构、发展及其他方面都可能具有巨大的差异。但是，迄今对社会创造性包括社会创造性人格的跨文化研究极少。考察社会创造性人格的文化特点，不仅对于中国的创造性研究，而且对于中国的文化研究，都具有重要的意义。

二 考察中国领袖人物的创造性人格意义何在

采用历史测量学方法和心理历史学的个案研究法，对历史人物的心理尤其是人格和社会性的发展进行研究，不仅具有重大的理论意义，而且具有重要的实践意义和教育意义。对历史人物的社会创造性研究，有助于开拓心理学研究的新视野，深化创造性的研究和人格的研究。

（一）理论意义

1. 可以丰富创造性理论和创造性发展的理论

虽然人们对创造性和创造性发展问题一直具有浓厚的研究兴趣，并且围绕这个问题进行了大量的理论研究和实证研究，但在总体上看，至今还没有完成达成一致的结论，甚至对创造性这个最基本的概念本身也是如此。对历史上公认的、典型的创造性人物进行研究，探讨他们人格的基本结构，不仅可以丰富创造性和创造性发展的研究，而且可以在一定程度上验证、充实或修正以往研究者所提出的众多创造性和创造性发展理论。另一方面，对于创造性是一种普遍的能力，还是一种具有领域特殊性的品质这个问题，人们也始终是见仁见智，有关的研究结论也不统一。对社会创造活动这个领域的创造性的研究不仅可以进一步探讨上述问题，而且可以在一定程度上改善国内有关研究相对缺乏的局面。

2. 可以丰富人格和人格发展的理论

长期以来，人格一直是众说纷纭的研究课题，从特质论到情境论，再到调和特质论与情境论、持中间立场的相互作用论，可以说，不同的研究往往从不同的理论基础出发考察人格问题，甚至同一研究者在不同的时期也对人格持不同的观点。在这种情况下，人格研究到底基于什么样的理论基础，就成为一个十分重要的问题。本研究完全根据历史资料对中国领袖人物的创造性人格进行客观的分析，根据研究对象在不同时期的表现，可以考察人格的稳定性，考察相同的人格特征在不同情境中的表现形式，进而在一定程度上充实各种人格理论。而且，通过考察这些人物的人格特点，不仅可以考察创造性人物这一特殊群体的人格结构，而且可以考察人格和创造性人格的文化特点。研究确实表明，尽管在不同的文化中（尤其是中西文化中）人格结构的量化表征或人格成分的数量基本相似，但它们的内容表征或内涵却可能存在很大差异（王垒，1998）。另一方面，通过考察人格发展的各种影响因素，还可以对人格和创造性人格发展的过程产生更清晰的认识。另外，以历史人物为研究对象，可以从终生发展的观点考察创造性人格的纵向发展特点，为毕生发展心理学和生命全程观提供进一步的研究证据。

3. 可以充实个性和社会性发展的理论

对创造性心理及其发展特点的研究在总体上属于个性和社会性发展研究领域，进行这种研究，显然可以加深人们对心理和心理发展本质的认识，尤其可以加深人们对创造性心理与环境、文化和价值观等因素的关系的认识。

另外，这类研究还可以推动历史科学研究，深化人们对历史人物的认识。它不仅可以为历史人物研究提供方法论的启示，促进跨学科的建设，而且可以澄清和验证历史学家的有关理论或观点。

(二) 实践意义

在总体上，对社会创造性人格结构、发展特点及其影响因素的研究对创造性培养和创造教育具有重要意义。同时，也可以促进对中国近现代历史和历史人物的理解。

如前所述，创造性人格是创造性系统中的一个重要子系统。但是，在创造教育中，我们通常重视创造性思维的训练，而相对忽视创造性人格品质的培养。这可能影响创造教育的长期效果。对创造性人格的研究可以促进全面的创造教育，避免创造教育的弊端。

另一方面，长期以来，心理学研究者和实际的教育工作者一直重视对一般的创造性品质（如创造性思维品质）的研究和培养，而忽视了儿童现实的创造性和潜在创造性的多样性，而对创造性的领域特殊性却不够重视，这在一定程度上影响了人们对创造性本质的深入理解，在现实中则妨碍了我们对儿童在多个领域所表现的创造性的发现、评价和培养，阻碍了儿童多元创造才能的发展，对社会活动领域表现的创造性尤其如此。因而，对社会创造性的研究可以在一定程度上矫正教育中的这种偏差，为科学的创造教育提供一定的依据。

另外，对历史人物社会创造性人格的研究也有助于人们认识创造性在历史发展和民族进步中的巨大作用，可以推动我国当前企业创新、教育创新等社会改革运动和民族进步。中国近现代史实际上是一场轰轰烈烈的社会改革运动，是社会领域的根本性"创新"，在这场运动中，杰出的社会创造性人物就是这场创新运

动的发起者、推动者和领导者，他们的创造性最终促成了中国社
会的彻底更新。当前我们的时代正经历着一场空前的改革，这场
改革同样是一场浩大的"社会创造运动"，需要高度的社会创造
性。在此意义上，对社会创造性的考察可以在一定程度上为社会
创造性活动提供某种参考。

三　中国领袖人物创造性人格研究的内容和方法

（一）研究内容

本书的研究内容包括以下几个方面。

1. 社会创造性人格具有什么样的发展特点？在不同的年龄
阶段，社会创造性人格各自表现出怎样的特点，在总体上又表现
出怎样的发展趋势？

2. 社会创造性人格发展的相关因素有哪些？它与家庭背景
（家庭环境、家庭教养方式、出生次序、家庭的规模和社会经济
地位、父母宗教信仰以及父母去世时子女的年龄）、受教育经历
（早熟性、正规受教育水平、职业训练、是否获得过某些荣誉）、
事业或职业经历（首次参与重大社会活动的年龄、首次担任重要
职务或承担重要任务的年龄、开始担任一生中最高职务的年龄、
担任最高职务的实际任期）、社会参与经验（社会参与的频繁性、
重大社会参与行为的数量）的相关性如何？上述各种因素对社会
创造性人格的影响是怎样的？

3. 中国社会创造性人格具有怎样的结构特点？其最典型的
特征是什么？与国外（尤其是西方）社会创造性人物的人格结构
相比，具有哪些文化特点？与其他领域（科学、艺术）的创造性
人格相比，社会创造性人格又具有怎样的领域特点？

在回答这些问题的基础上，我们将尝试提出社会创造性人格
发展的基本理论，开拓新的研究领域，并提出建立一门新兴学

科——社会创造心理学的想法。

（二）研究方法的选择

我们主要运用历史测量学方法和心理历史学的个案分析两种研究方法，从分支学科的意义上，我们也可以把它看做是历史测量学方法与心理历史学方法的结合。对中国近现代历史上的社会名人的人格特点进行考察。如前所述，两种方法的结合，有效地避免了单独使用其中方法的劣势，而发挥了两种方法的优势，做到了"相得益彰"。

在这里，历史测量学方法主要用来考察两个问题，其一是不同时期的社会创造性人格的主要特点及其发展趋势，其中前者考察的实际上是社会创造性人格的年龄特征，后者则是社会创造性人格的总体变化方向或不同年龄段之间的比较；其二是考察人物不同时期的人格特点与家庭环境、受教育经历、事业经历、早期社会参与经历的关系，或者说考察上述各种因素对社会创造性人格的影响。

心理历史学的个案分析或个案研究主要用来深化和验证上述历史测量学研究得出的基本结论，根据对典型的社会创造性人物的分析，形象、具体地揭示社会创造性人格发展的基本规律。这里，我们可以把这种对历史人物进行的个案分析看做一种扩展的心理历史学研究，因为在分析过程中，它抛弃了以精神分析理论为主要分析依据的做法，从人物的历史事实出发进行客观的剖析，而不局限于某一种具体的理论或假设。可以说，这里的个案研究是问题定向或问题中心的，而不是理论定向或理论中心的，是从解决特殊的心理学问题出发选择、运用理论，而不是从特定的理论或假设出发去解决心理学问题的（详见第九章）。下面着重介绍历史测量学研究部分的研究工具和研究程序，关于个案研究方法的细节参见第九章的内容。

（三）研究对象

我们所选取的研究对象是人类的一个"特殊群体"，综合心理学家关于创造性的定义和领域特点，我们可以将社会创造性看做一种系统性的心理品质，它包含了个体对待社会性问题情境的特定人格倾向和认知能力，是在日常的社会生活、社会交往和重大的社会活动中表现出来的创造性，是个体以新颖、独特、适当而有效的方式提出和解决社会问题的一种品质。我们可以把社会创造性看作与科学创造性、艺术创造性相对的特殊创造性。作为社会创造性系统的重要子系统，社会创造性人格是在社会生活和社会问题解决过程中发展和表现出来的、相对稳定的行为方式以及内部过程，它是社会创造性能力、气质和性格等特征的统一体，使个体对特定的社会性问题情境表现出具有动力性、整体性、稳定性或一致性的创造性适应行为。

在此基础上，可以这样来描述我们要选取的社会创造性人物的基本特征：他们是在社会活动领域和社会生活中稳定地表现出创造性的人格倾向与认知能力，能够以新颖、独特、适当而有效的方式提出和解决社会问题的人物，他们在处理社会问题尤其是重大社会问题的过程中所表现的创造性是为历史所公认的。当然，这或许不是一种至为严格、为所有的心理学家所认可的对社会创造性人物的界定方式，但这样的描述方法却是实用的，它结合了历史学意义上的社会评价标准与心理学的评价标准，在很大程度上保证了研究对象与研究目的的一致性。

按照上述标准，首先从多部中国近现代（1840 年以后去世）社会名人大辞典中搜集到 300 位（已故的）社会名人，然后，根据社会创造性标准从中筛选出 80 位典型的社会领袖人物（见附录三），其中包括著名的政治家、军事家、社会活动家。剔除那些没有表现出显著的社会创造性的、不典型的人物，其中包括主要因为个别的奇闻逸事、道德品质、失败的社会活动经历（如无能的政治决策、军事战略战术）而出名的人物，主要从事工商业活动、文学艺术活动、人文学术活动、科学研究活动的人物。从中选取 30 名历史资料相对充分、比较典型的人物作为研究对象（见附录三）。

（四）历史测量学研究方法

我们采用包括 253 个人格形容词的人格形容词检测表，对上述人物的人格特点进行检测。本检测表是在黄希庭等人编制和精简而成（黄希庭等，1992；郑剑虹、黄希庭等，2003）的人格形容词检测表基础上形成的。在使用前，我们根据研究目的进行了一些修订。采取 7 级评定，分别为"完全不符合"、"比较不符合"、"有点不符合"、"不能确定"（或在该特征上不明显）、"有点符合"、"比较符合"、"完全符合"。请评定者根据人物的实际情况，核对每个形容词符合每个人物的程度（见附录二）。

在评价人格发展的相关因素时，我们从家庭环境量表中文版（FES—CV）的各个维度，包括亲密度、情感表达、矛盾性、独立性、成功性、知识性、娱乐性、道德宗教观、组织性、控制性10 个维度，对近现代社会创造性人物的家庭环境进行总体评价，每个项目后设有"从不、偶尔、经常、总是"4 个选项，主要由研究者依据历史人物的有关资料进行评定（见附录一）。对本量表进行的探索性因素分析结果详见第三章第二节。

类似地，我们从父母养育方式评价量表（EMBU）修订版的各个维度，即情感温暖、理解，惩罚、严厉，过分干涉、保护，拒绝、否认，偏爱 5 个方面（在原量表中，父亲的教养方式包括情感温暖、理解，惩罚、严厉，过分干涉，偏爱，拒绝、否认，过度保护六个维度，母亲的情感温暖、理解，过干涉、过保护，拒绝、否认，惩罚、严厉，偏爱五个维度，我们根据研究对象的特点进行了简化），对上述人物的父亲与母亲的教养方式进行总体评价，具体评价方法同上（见附录一）。对上述父母教养方式进行的探索性因素分析结果详见第三章第二节。

我们还根据有关的历史资料，整理了家庭环境、受教育经历、事业经历、社会参与经历等方面的信息，其中家庭基本特征包括人物的排行、父母的宗教信仰、父母去世时儿童的年龄、家庭的社会经济地位、家庭的规模 7 个变量，受教育经历包括个体是否早熟，个体的正规受教育水平，是否接受过职业训练，在受教育过程中是否接受荣誉 4 个变量，事业经历包括首次参加重大社会活动的年龄、首次承担重要职务或任务的实际年龄、开始担任一生中最高职务的实际年龄、最高职务的实际任期，社会参与经历包括社会参与的频繁性、重大社会参与行为的数量 2 个变量（见附录一）。

我们搜集的研究资料以自传和纪实性的名人传记为主，同时包括人物本人的日记、作文等档案资料以及亲属、朋友或相关人员的回忆录等。排除史实性不强的杂记、传说。如果同时具有多种传记材料，则根据纪实性程度、作者情况及其所掌握的材料的来源、充分性和真实性适当选用，对不一致的记录以大多数资料为准。我们根据发展心理学的年龄分期以及研究对象的主要经历，将个体一生分为 4 个时期：童年和青少年时期（0—20 岁）、成年初期（20—40 岁）、成年中期（40—60 岁）、成年晚期（60 岁以后），分时期进行评定。另外需要说明的是，由于版面的限制，我们删除了一些统计表格和烦琐的数据分析过程。

第 二 章

领袖人物童年和青少年
时期人格的发展

在我们所考察的历史人物中，他们的童年和青少年时期基本上是在内忧外患接踵而至、民主独立呼声不断的动荡社会背景下度过的。这种特殊的社会现实使他们在深刻体验了时代的苦难之后，逐渐觉醒过来。他们开始把握时代的脉搏，试图迎合时代的要求，在中国近代社会的无边黑暗中开始了最初的摸索，想要为中国人找到一条通向独立、民主、富强的光明大道。

第一节 领袖人物童年和青少年
时期的人格特点

我们可以从两个侧面来描绘这些历史英雄们早年的人格倾向，其一是他们童年和青少年时期表现的人格基本特点，其二是童年和青少年时期的人格和谐性的发展状况。前者是对他们人格特点的总体说明，后者则是从不同人格特点之间的关系上进行分析。

一　童年和青少年时期人格的基本特点

为了确定在测量学意义上可以进行有效分析的人格形容词，首先对各形容词项的适用性进行检验。适用于描述该群体的一般人格特征的形容词必须符合以下三个标准：其一，具有较高的评分者信度，信度系数均达到显著性水平；其二，平均数不能太低，因为分数太低意味着该群体不符合某种人格描述的程度较高；其三，标准差不能太大，因为标准差太大意味着该形容词所描述的人格特征在该群体中的分布比较分散，不能代表该群体的一般特点。成年期人格特征分析的方法与此相同。

在童年和青少年时期同时符合上述三个标准（参见第二章第二节）的人格形容词包括：知耻，严肃，稳重，善良，出众，侠义，竞争，合群，倔强，机智，勇敢，有为，细心，独立，温和，激进，真诚，坚定，上进，外向，天真，自尊，友好，果断，能干，平凡，坦率，冷静，自觉，爱国，诚实，自信，豪爽，坚强，尚武，有恒，坦然，直率，好斗，超前，泼辣，认真，创新，反抗，大度，理智，力行，圆滑，热情，勤奋，条理，深刻，冒险，沉着，刻苦，敌对，谦让，实事求是，理想主义，坚忍不拔，精力充沛。

社会创造性人物在童年和青少年时期最突出的人格特征包括合群，机智，勇敢，激进，真诚，上进，自尊，友好，聪明，坦率，爱国，诚实，自信，坚强，认真，泼辣，力行，勤奋，刻苦，充沛，理想主义。同时，在这一时期，他们在严肃、稳重、平凡、好斗、敌对、圆滑、谦让、深刻、实事求是、大度等方面表现出某种程度的和谐性。

另一方面，不适于描述这一时期人格的形容词包括时髦，势利，自责，拘束，性感，挑剔，贪婪，多欲，粗野，狠毒，消极，变态，多疑，自夸，畏难，骄傲，狂妄，懒惰，可怜，可笑，健忘，保守，调侃，空虚，依赖，疲惫，武断，自怜，阴险，疯狂，矛盾，优柔，奴性，下流，欺压，荒唐，虚伪，糊涂，悲观，奢侈，消沉，失意，呆板，马虎，鲁莽，落后，闲散，讨厌，爱哭，堕落，吝啬，欺骗，偏心，无礼，自卑，空谈，无能，嫉妒，胆小，浅薄，麻木，庸俗，浮夸，疲沓，紧张，丑恶，冷漠，残酷，无助，迟钝，古怪，卑贱，玩忽，刻薄，愚蠢，献媚，粗心，软弱，妄想，摆阔，其中绝大部分为消极的人格特征，这一方面说明了社会创造性人格的时代性，另一方面说明了早期人格的单纯性和人格本身的发展性。他们这一时期的人格正处于发展变化之中。

运用主成分分析法对上述平均数在 5.00 以上（有点符合、比较符合或完全符合）的人格特征进行因素分析，根据因素解释率和陡阶图，从中抽取 5 个主因素，依次命名为尽责有为性、探索性、兴奋性、外向性、稳定性，其累积方差解释率为61.37％。其中尽责有为性基本上包含了"大五"人格因素中的尽责性（Conscientiousness）的含义，同时包括了出众、有为、超前、创新等智力、能力的出众性以及坚强、有恒、坚韧、沉着等相关品质的优越性，探索性涵盖了竞争、倔强、勇敢、反抗、冒险等方面，主要反映了该群体勇于探索、求新以及竞争好胜的倾向，涉及了"大五"人格中的求新性或开放性（Openness）、随和性（Agreeableness）两个因素。兴奋性主要反映了坦率、泼辣、尚武等追求自由和成就的倾向。外向性类似于"大五"人格中的外向性因素（Extraversion），反映了合群、乐观、热情、自信的一面。至于稳定性，主要反映了该群体人格中情绪沉稳、坦然直率等神经质特点与心境的平静健康程度，因而可以认为它反映了"大五"人格中神经质（Neuroticism）的一面。

从总体上看，社会创造性人物早期的人格结构呈现出以下特点。

1. 尽责有为性在其早期人格结构中处于最重要位置，其特征值最大。尽责性主要揭示个体的自我控制或自律的倾向，尽责性较强的人在工作中能够认真负责，谨慎细心，严格自律，表现出较强的条理性以及随和、自尊、诚实和意志坚强等促进合作的品质，它从一个侧面反映了个体较强的成就动机。

2. 探索性、兴奋性、外向性 3 个维度主要反映了该群体在人际关系和社会问题情境中的主动合作和探索倾向，结合以上分析不难得出，社会创造性人格在总体上呈现出高度的活跃性。他们倔强、豪爽，勇于反抗陈旧的社会传统和习俗，积极参加各种社会竞争；他们坦率、泼辣、精明能干，拥有强烈的成就动机和自我表现欲；同时，自信，待人真诚、热情，精力充沛，则为他们创造了充分接触和探索社会情境，解决各种社会问题的机会。概括而言，在童年和青少年时期，具有社会创造性倾向的领袖人物对己自尊、自信，对人热诚、合群、豪爽、坦率而又不乏竞争好胜之心，对社会现实则充满挑战性和自我牺牲精神。

3. 这些领袖人物早期的人格显示了明显的时代性。如前所述，他们在各种为社会传统所认同的积极人格特征（如真诚、上进、友好、爱国、诚实、勤奋、刻苦）上的平均值都非常高，而在各种为社会传统所贬抑的消极人格特征（如势利、贪婪、多欲、狠毒、消极、奴性、下流）上的平均值都非常低。在上述人格主因素中，传统的人格特征同样占有十分突出的位置，例如，尽责有为性中的知耻、自觉、爱国、诚实、勤奋，探索性维度中的侠义、勇敢、豪爽，兴奋性中的尚武，外向性中的合群、真诚、热情、自信等，都带有鲜明的传统性和时代性，其中知耻、自觉、爱国、诚实等反映了人格的传统伦理倾向。

二　童年和青少年时期的人格和谐性

早期人格表现出较低程度的和谐性特征。我们在第二章提到，和谐性是指相互对立的人格特征在同一个体身上相互融合的现象，或个体在特定人格维度上的趋中性或"去极化"倾向（趋向表现出某种中间程度而不是极端化的人格特征）。在一般情况下，从个体符合某种人格特征的程度与两个极端（完全符合与完全不符合）的绝对距离，或相互对立的人格特征得分之间的绝对差异，可以看到人格和谐性的发展特点。

在本研究中，根据同义词（反义词）词典和形容词所表示的具体人格含义，筛选出 22 对典型的对立性人格特征：严肃—温和、外向—内向、合群—孤独、坦率—含蓄、直率—深沉、热情—冷漠、真诚—虚伪、独立—合作、友好—敌对、倔强—随和、诚实—圆滑、善良—残酷、超前—踏实、激进—中庸、竞争—谦让、出众—平凡、顺从—反抗、挑剔—宽容、泼辣—文静、克己—豪爽、稳重—冒险、理想主义—实事求是。由于个体在两种相互对立的人格特征上都不符合或符合的程度都很低时，其得分的绝对值之差虽然较小，但并不能说明人格和谐性发展的程度较高，因而，下文在分析人格和谐性时，将个体在两种对立性人格特征上得分都很低（在"不能确定"以下）的情况排除在外。

从各种人格特征的描述统计量看，一方面，该群体总体上表现出中等程度的严肃、稳重、平凡、好斗、敌对、圆滑、谦让、深刻、实事求是、大度等人格特征，另一方面，某些看似相互对立的人格特征，包括克己、细心与豪爽，独立与合作、合群，倔强与随和，冒险与冷静，理智与激进，文静与泼辣，超前、创新与踏实，它们的平均值均大于 5.00，即在平均水平上该群体同时符合上述人格特征，而且理智与激进（0.10），独立与合作

（0.27），严肃与温和（0.56），超前与踏实（0.53.），文静与泼辣（0.08）等特征之间也呈现出正相关关系（括号内为相关系数）。

但是，这种和谐性程度是比较低的，主要表现在两个方面，其一，人格的和谐性程度不高，在对立性人格的一极（如外向）的符合程度往往高于在另一极（如内向）的符合程度，从两种人格特征得分的平均值之差可以清晰地看到这一点。其二，从人格结构的整体来看，符合传统伦理价值标准的人格特征居多，与传统价值观相冲突的人格特征则相对较少，许多对立性的人格特征之间呈显著或不显著的负相关关系，这些特征包括内向与外向（－0.43），倔强与随和（－0.54），竞争与谦让（－0.37），细心、克己与豪爽（－0.23，－0.13），稳重与冒险（－0.53），诚实与圆滑（－0.01），友好与好斗、敌对（－0.22，－0.06）。这说明，他们的人格仍然具有某种"极端化"或"单极化"特点。

为了探明人格和谐性的结构及其年龄特征，运用主成分分析法对童年和青少年时期的人格和谐性变量进行探索性因素分析。剔除因素解释率很低和不易解释的变量。依据因素解释率和陡阶图，从中抽取 4 个主因素，依次命名为外倾探索——内倾沉静和谐性、热诚宽大—冷酷严厉和谐性、乐群谦和—自主倔强和谐性、尽责克制—豪放进取和谐性。其累积方差解释率为57.15％。外倾探索—内倾沉静和谐性主要反映了内倾性与外倾性、兴奋性与沉稳性之间的中和或平衡倾向，热诚宽大—冷酷严厉和谐性主要反映了热情、真诚、善良、谦让、宽容与冷漠、虚伪、冷酷、竞争、挑剔之间的中和或平衡倾向，乐群谦和—自主倔强和谐性主要反映了社会亲和性与倔强自主之间的平衡或中和倾向，尽责克制—豪放进取和谐性则主要反映了独立豪放与自制务实之间的中和或平衡倾向。可见，上述因素整合了这一时期人格的各个侧面，包括尽责有为性、探索性、兴奋性、外向性、稳定性。

显然，在童年和青少年时期，气质的和谐性占相对主要的地位，其次是对待他人、社会、工作的态度倾向的和谐性，这种结构特点在一定程度上说明，早期人格发展的社会化程度或职业化程度较低，但这种人格的中和化或和谐性倾向却奠定了此后各个时期发展的基础。

三　童年和青少年时期社会创造性人格发展的意义

（一）童年和青少年时期人格发展的基本特点

上述结果显示，在童年和青少年时期，个体在积极的人格倾向上的得分较高，而在消极的人格倾向上的得分较低。这一时期最突出的人格特征包括合群、机智、勇敢、激进、真诚、上进、自尊、友好、聪明、坦率、爱国、诚实、自信、坚强、认真、泼辣、力行、勤奋、刻苦、充沛、理想主义等。这与科学和艺术创造领域的研究结论具有某种一致性。林崇德（1999）概括指出，高创造性儿童通常具有高度的自觉性和独立性，求知欲旺盛，聪明好学，喜欢探索，意志坚强，工作尽责。显然，高度的有为性、探索性、兴奋性可能是一般的创造性人格与社会创造性人格在早期的相似之处。另一方面，外向性则可能是社会创造性人物所特有的人格特征。有关研究表明，领导和社交类创造性儿童往往积极参与社会活动，适应性强，能负责，喜欢自我表现，受人欢迎。该研究进一步证明了这一点。

因素分析结果还显示，这一时期的人格主要表现在尽责有为性、探索性、兴奋性、外向性、稳定性五个方面，其中尽责有为性最为突出。这说明，自律性和成就动机在社会创造性人格发展的早期阶段就已经成为一个十分重要的维度。同时，才能的杰出性和卓越性、思想行为的超前性也构成社会创造性人格的重要特征，这也可能是其不同于一般群体的关键所在。另外，社会创造性人格中所特有的"外向性"构成了他们人格终生发展的起点和基础，同时也为他们将来参与社会创造活动，从事需要高度社会创造性的职业起到极大的促进作用。

在发展意义上，人格较强的"单极性"也说明了他们早期人格的发展性，说明此时正处于人格发展的特殊时期，个体尚缺乏对复杂的情境做出灵活反应的能力。同时，历史传记和有关的历史资料也表明，许多领袖人物之所以走上救国和革命的道路，参与到轰轰烈烈的社会运动中，与这种体现高度的爱国主义精神、进取精神以及伦理观的人格倾向密切相关，而他们的社会活动经验又进一步加强了这种人格倾向。

人本主义心理学家马斯洛发现，按照筛选自我实现者的"积极标准"，一般情况下，只有在年纪较大的人群中才能发现真正的自我实现者，高度的自我实现者通常在 60 岁以上，自我实现不会出现在年轻人身上，但自我实现的过程却是从年轻时开始的。年轻人可能处于趋向自我实现的过程中，但是，"至少在我们的文化中，年轻人的个性或者独立性尚不完备，他们还未曾有足够的时间来体验一种持久的、忠贞不渝的、超越了罗曼蒂克阶段的爱情关系，他们一般还没有找到自己的神圣责任，一个可以将自己奉献上去的祭坛。他们也还没有建立起自己的价值体系；没有足够的经历（对他人的责任、悲剧、失败、成就、成功）能使自己抛弃凡事要尽善尽美的幻想，从而变得现实起来；他们一般也不能平心静气地对待死亡；他们不懂得怎样才能有忍耐精神；他们在自己和别人身上所见的邪恶甚少，还不足以使他们学会怜悯；他们所经历的短暂岁月还无法使他们超越对父母和长辈，对权力和权威的矛盾心理；他们也没有足够的知识和教养来展现获得智慧的可能性；他们一般还没有足够的勇气不随大流，对坚守道德不感到羞羞答答等等"（马斯洛，1987，pp. 14－15）。马斯洛看到了自我实现的"发展性"，他曾经在 3000 名大学生中进行筛选，发现只有一名大学生可直接作为研究对象，有一、二十名也许将来可作为研究对象。当然，马斯洛筛选自我实现者的标准与我们筛选研究对象的标准并不相同，但是，在自我实现者与具有高度社会创造性的人物之间却可能具有许多相似之处，至少他们的人格都具有一个由微弱到明显、由简单到相对完备的发展过程。

（二）童年和青少年时期人格的时代性

尤其需要指出的是，这里所考察的社会人物的人格具有明显的时代性。这与中国的爱国主义传统与伦理价值观密切相关，同时又是为中国近现代充满内忧外患的社会背景所促成的。以1840年鸦片战争为标志，中国就开始逐步陷入半殖民地半封建社会，西方列强的侵入，清朝统治的腐败，人民为争取独立、民主、富强、统一而进行的反抗斗争和不懈探索，构成了中国近现代历史的主题。西方列强的炮火给中国人带来了深重的灾难，随战败而来的是一系列的不平等条约以及割地、赔款、鸦片、商品的肆意侵入。1840年6月至1842年8月的第一次鸦片战争，1856年至1860年的第二次鸦片战争，都以清政府接受割地、赔款、开放通商口岸等屈辱条件而告终。19世纪下半叶，列强开始疯狂侵略中国的边疆地区，美、日侵略台湾，英国侵略云南、西藏等西南地区，俄国侵略新疆，中国出现了严重的边疆危机。由于清廷的腐败无能，1894年7月至1895年3月间的中日甲午战争又以中国的惨败而告终，清政府被迫签订了丧权辱国的《马关条约》，割让台湾、辽东半岛、澎湖列岛，赔款二万万两。甲午战争以后，美、日、英、法、俄、德等列强掀起了瓜分中国的狂潮，它们垄断和控制中国的财政经济，争夺"租借地"，划分势力范围，导致了空前的民族危机。中华民族所遭遇的一系列灾难，激起了各阶层人民的极大愤怒和激烈抗争。从林则徐的禁烟运动和抗英战争开始，太平天国起义、戊戌维新、义和团运动、辛亥革命，直到后来的护法运动，都是为了争取民族独立、人民解放、国家富强而进行的抗争。

另一方面，西方列强的入侵也促进了中国人民的觉醒，促进了中国文化、经济、思想的变革。鸦片战争以后，林则徐、魏源等开明的官吏和知识分子开始"睁眼看世界"，他们主张"经世致用"，了解外国，改革国内政治，变法革新，主张"师夷长技以制夷"。在"中学为体、西学为用"的旗帜下，第二次鸦片战争后兴起的洋务派开始学习西方近代科技，兴起洋务运动，在一定程度上促进了中国近代工业的发展。尤其需要指出的是，西方的入侵导致了中国爱国主义思想的高涨和爱国主义作品的大量涌现，也促进了"西学东渐"的进程和中西文化的交流。救亡图存的呼声，民主革命的号召，促成了我们所考察的这些人物早期的抗争意志和爱国主义激情；西方思想的传入，则极大地冲击了中国旧有的文化传统，不断更新着中国人的头脑，这也成为这些社会人物成长的文化背景，为他们早年的成长提供了丰富的思想"营养"。

虽然已经觉醒的中国人致力于救亡图存的抗争，但是，中国当时的社会氛围并不容乐观，封建文化传统仍然根深蒂固，在中国人的民族性格结构中沉淀了许多消极的"特质"。近代文学家林语堂在其名为《中国人》的著作中，阐述了对中国人的民族性格的看法。他认为，老成温厚、遇事忍耐、消极避世、超脱老滑、和平主义、知足常乐、幽默滑稽、因循守旧是中国人典型的性格特点，明哲保身的思维，具体、实用、形象的女性化思维，缺乏科学和分析性思维，崇尚直觉，不重逻辑重人情，富于想象力，则是中国人典型的思维方式。他们过分忍耐而失去了竞争精神，明哲保身而失去了参与公共事业的热情，过分注重实利而缺乏理想主义，不思进取、麻木不仁，失去了改革的欲望、理想和行动，家庭制度窒息了青年人的事业心、胆略和独创精神。林语堂认为，中国人不希望改革，大多数人仍墨守成规，这不是出于自觉的信仰而是出于一种民族本能。中国人的保守性与他们盲目的民族自豪感有关，在民族自豪感被西方先进文明摧垮以后，又促成了他们对外国人的本能恐惧和胆怯，促成了对欧洲人的羡慕与对他们侵略性的恐惧。尽管当时勤于思考的年青一代立志促进政治思想制度的巨大变革，但以军阀和政客为代表的统治阶层却正在掀起保守与反动的逆流（林语堂，2000，pp. 55－108）。林语堂的评论实际上是针对中国近代社会的现状而言的，虽然有言过其实之处，但却反映了当时众多中国人的消极心态和改革的艰难。鲁迅（1930）也曾针砭时弊："体质和精神都已硬化了的人民，对于极小的一点改革，也无不加以阻挠。""假如竟有'好人政府'，出令改革乎，不多久，就早被他们拉回旧道上去了。"我们可以看出，在当时的中国社会环境下，急需致力于社会改革或革命的"英雄"出世，这样的英雄也必须具有叛逆、勇敢、激进、理想主义的人格，才能打破封建旧制和低迷的民族情绪织就的罗网，才能除旧布新，引领中国人进入一个崭新的时代。法国文学家罗曼·罗兰（Romain Rolland，1866—1944）曾充满热情地预言，"中国的巨大身躯，一方面麻木在使他瘫痪的沉睡中，另一方面在痉挛中骚动。……它等待着新的秩序。它等待着它的新的睿智的人们。这样的人早晚会出现。我比中国人自己更有把握，知道这样的人们必然来到。我感觉到正在渐渐觉醒的黄色巨人的极大脉搏在跳动"（罗大冈，1984，pp. 416－417）。

　　美国传教士史密斯（Smith，1894）曾生动地描绘了 19 世纪末中国人的人格特点，认为他们既具有勤劳、节俭、忍耐、任劳任怨、生命力强劲、注重孝心和伦理道德等积极的人格倾向，又有爱面子、礼节繁多、缺乏时间观念、麻木不仁、知足常乐、泛神论倾向、盲目自大、顽固等消极的人格倾向。史密斯指出，当时对于中国的社会改革有三种主要观点，第一，认为改革没有必要；第二，认为改革不可能进行，在改革实施前就有足够的机会了解到，每一次真正的持久的改革都必定面临着巨大的障碍，改革者得出了这一悲哀的结论，认为对中国这样一个庞大的国家实行彻底的改革，就如同给埃及的木乃伊注入生命一样，是毫无希望的；第三，认为在中国实行改革不仅必要而且可能，改革是一个关乎生死存亡的大问题。中国近代社会迫切需要既能继承中国积极的传统人格，又能独立于普遍低迷的社会心理氛围的社会改革家，本研究所涉及的领袖人物就是在这种时代背景下应运而生的。在我们所选取的研究对象中，所有的人都接受过儒家传统和封建伦理思想以及抵御外侮、救亡图存思想的教育，受到资产阶级民主革命思想、社会改良思想、资本主义政治制度的影响的人分别占90％（27人），90％（27人），76.7％（23人）。在中国近现代教育内容中，传统思想仍然占有极为重要的地位，但是，由于民族矛盾的上升，救亡图存思想、民主革命思想等也成为当时思想教育的主题。这些都促进了个体早期"积极"人格品质的发展。

（三）童年和青少年时期人格和谐性的发展

从以上结果我们可以看到，童年和青少年时期的人格和谐性程度是比较低的，对立性的人格特征的和谐性不高，绝大部分对立性人格特征的符合程度之间具有显著差异；个体符合传统伦理和价值标准的人格特征居多，与传统价值相冲突的人格特征则较少。因素分析结果进一步显示，早期的人格和谐性主要表现在外倾探索—内倾沉静和谐性、热诚宽大—冷酷严厉和谐性、乐群谦和—自主倔强和谐性、尽责克制—豪放进取和谐性四个方面，其中气质的和谐性占重要地位。

在普通人早期的人格发展中，我们常常可以见到"全或无"

现象，即个体在具备某种人格倾向的同时不能同时具备另一种与之相反的人格倾向，人格缺乏随情境变化而灵活变通的能力，或者说人格的和谐性程度比较低，一个人要么 A，要么非 A，而不能既 A 又非 A。在领袖人物群体中也存在着类似的现象，积极的人格特征十分突出，"消极"的人格特征则几乎不存在，人格的两极相互排斥，这实际上是否定了二者在特定的情境中相互中和融通的可能性，再次说明了早期人格的单纯性说明了个体早期所处的特殊时代背景。对传统伦理价值观和社会发展需要的重视促进了个体"积极"人格倾向的发展，而抑制了"消极"人格倾向的发展。同时，能够保证个体积极参与社会革新的气质特点在早期也可能表现得十分明显，使个体表现出"烈性"的人格倾向。

由于早期人格发展的社会化程度或职业化程度较低，个体的气质尚未受到社会环境的高度"掩蔽"，致使气质的和谐性得到比较充分的展现；另一方面，由于气质主要决定于个体的生物学特征，尤其是高级神经类型，因而气质和谐性显著本身就说明了个体人格的某种遗传性，也就是说，个体所具有的某些气质特点使之更倾向于参与到特定的社会活动中去，并发挥特定的领导作用，表现出某种社会创造性。这种气质的中和化或和谐化倾向奠定了此后各个时期发展的基础。

第二节　童年和青少年时期人格 发展的相关因素

毫无疑问，影响领袖人物早年人格特点的因素是多种多样的，我们在这里只探讨几种与个人生活最为密切、最可能影响他们人格发展的因素，其中包括客观的家庭环境特点、父母教养方式、个人受教育的经历、社会参与经历等因素。他们不仅影响着个体基本人格倾向的发展，而且影响着各种人格特征的相对关系即人格和谐性的发展。

一　领袖人物早期的家庭环境与父母教养方式

我们首先考察了领袖人物的早期成长环境，包括早期的家庭环境与父母教养方式特点，以更好地揭示社会创造性与家庭因素的关系。关于研究工具、研究对象、研究资料的详细情况参见第二章内容。

（一）领袖人物早期的家庭环境

领袖人物的早期家庭环境表现出以下基本的特征。首先，这些家庭一般具有很强的控制性、组织性和明确的道德宗教观，家庭成员之间的亲密度也很高，它们在这些维度上的得分比较集中，平均分均在 3.90 以上，其中控制性得分最高。同时，这些家庭的成员还表现出较高的独立性。其次，这些家庭的矛盾性很低，家庭成员很少公开表露自己的愤怒和攻击，这与家庭亲密度较高是一致的。

为了进一步探明这些家庭的突出特点，我们以主成分分析法对家庭环境量表的各个维度进行探索性因素分析。根据特征值和陡阶图，可以从中抽取 3 个主因素，累积解释率为 62.21%。进行方差最大性正交旋转（Varimax with Kaiser Normalization）后的因素负荷矩阵和因素解释率见表 2.1（只呈现绝对值在 0.50 以上的数值）。综合有关项目的意义，因素 1 可以命名为家庭价值观和人际关系，因素 2 可以命名为家庭秩序性，因素 3 可以命名为家庭活跃性。

表 2.1   家庭环境各变量的因素负荷与因素解释率

	因素 1 .	因素 2	因素 3
成功性	0.85		
道德宗教观	0.72		
娱乐性	0.71		
亲密度	0.68		
矛盾性	- 0.60		
独立性	0.51		
组织性		0.86	
控制性		0.85	
情感表达			- 0.83
知识性			0.76
方差解释率（%）	28.83	17.11	16.27

　　显然，社会创造性人物的家庭环境特点主要表现在上述三个方面，其中家庭价值观和人际关系最为重要，其次是家庭秩序性与家庭活跃性。相对而言，这些家庭比较强调成员的成就动机和独立性以及道德伦理品质。另一方面，以严格的家规加强对家庭成员的控制和家庭生活的组织，家庭生活缺乏活跃性和宽松性，对政治、社会活动表现出比较浓厚的兴趣，则充分反映了这些家庭的时代特征。

（二）领袖人物早期的父母教养方式

　　在领袖人物早期的成长过程中，父亲与母亲的教养方式既有共同之处，又呈现出各自不同的特点。父亲和母亲在情感温暖、理解，过分干涉、保护，偏爱维度上的得分均较高（均在 3 分以上，即"经常"或"总是"如此）。但相对而言，父亲在严厉、惩罚维度上的得分较高，母亲在拒绝、否认与严厉、惩罚上的得分均较低。显然，它们在总体上表现为"严父慈母"这一传统的家庭教养模式。

我们采用主成分分析法，分别对上述父母教养方式进行探索性因素分析，结果表明，父亲和母亲教养方式各抽取出两个主因素，累积解释率分别为 71.05％与 65.51％。各因素负荷及其方差解释率见表 2.2（只显示绝对值在 0.50 以上的数值）。

表 2.2　　父母教养方式各变量的因素负荷与因素解释率

	因素 1	因素 2
父亲的拒绝、否认	0.91	
父亲的情感温暖、理解	-0.77	
父亲的干涉	0.75	
父亲的严厉、惩罚	0.69	
父亲的偏爱		0.98
方差解释率（％）	49.29	21.76
母亲的情感温暖、理解	-0.87	
母亲的严厉、惩罚	0.82	
母亲的干涉	0.64	
母亲的拒绝、否认	0.58	
母亲的偏爱		0.84
方差解释率（％）	40.97	24.54

显然，无论父亲还是母亲，他们的教养方式都呈现出基本共同的结构特征，两个主因素的意义基本相同。拒绝、否认，情感温暖、理解，干涉，严厉、惩罚，都隶属于因素 1，可以命名为严厉性，而偏爱都各自构成一个独立的维度，可以命名为慈爱性。另一方面，各维度在每个主因素上的负荷或重要性有所不同。对父亲而言，拒绝、否认占有十分重要的位置，对

母亲而言，情感温暖、理解则占有最为重要的位置，拒绝、否认并不是主要的母亲教养方式。父母教养方式的这种结构特点再次验证了中国近现代家庭中父严母慈的典型教养模式，也说明了评价近现代社会领袖人物早期的父母教养方式时所应考虑的基本方面。

（三）早期家庭环境和父母教养方式的基本类型

由以上分析可知，不同的人物，其家庭环境与父母教养方式表现出某些共同的特征，但他们也可能具有各自不同的特征。根据他们在各家庭环境变量和父母教养方式变量的得分，我们可以将他们区分为若干类型。

分别以家庭价值观与人际关系、家庭秩序性、家庭活跃性 3 个家庭环境变量，父亲与母亲的严厉性、慈爱性 4 个教养方式变量为聚类变量（均经过标准化），采用快速聚类法（K-Means Clustering）对 30 位历史人物进行聚类分析。结果表明，根据上述两种标准都可以将被试分为两类，他们在各个聚类变量上的均值见图 2.1。

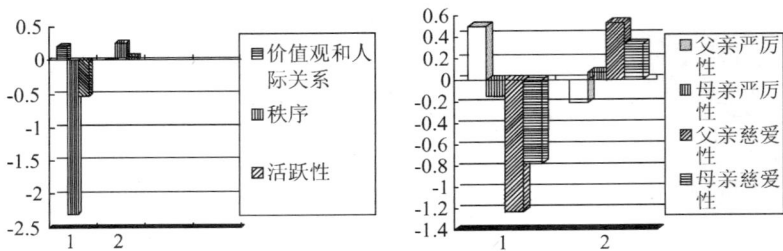

图 2.1　两类领袖人物在家庭环境变量与父母教养方式
变量上的均值（依据最终聚类中心绘制）

由图 2.1 可知, 第一类人物成长的家庭环境以较低的组织性和控制性为特点, 可以称之为低控传统型家庭, 该类人数偏少, 只包括 3 人; 第二类人物成长的家庭环境则以较高的组织性和控制性为特点, 可以称之为高控传统型家庭, 该类包括 27 人。类似的, 第一类人物的父母教养方式以较高的严厉性和较低的偏爱性为特点, 可以称之为严厉型教养方式, 该类包括 9 人; 与此相反, 第二类人物的父母教养方式以较低的严厉性和较高的偏爱性为特点, 可以称之为温暖型或慈爱型教养方式, 该类包括 21 人。

二 领袖人物的基本人格倾向发展的相关因素

(一) 与家庭环境变量的关系

我们已经知道, 童年期和青少年时期的人格特征则主要表现在尽责有为性、探索性、兴奋性、外向性、稳定性 5 个方面, 而通过探索性因素分析, 从诸家庭环境变量中抽取 3 个主因素: 家庭价值观和人际关系、家庭秩序性、家庭活跃性。下面分别考察领袖人物童年和青少年时期的人格特点与其成长的家庭环境变量的关系。相关分析表明, 在上述 5 个维度中, 除探索性与家庭活跃性呈显著负相关、兴奋性与家庭价值观和人际关系呈显著正相关外, 其余人格维度与家庭环境变量之间的相关均不显著。

分别以 5 个人格维度为因变量, 3 个家庭环境变量为自变量或预测变量, 进行回归分析。结果表明, 家庭活跃性对个体早期探索性人格倾向的发展具有显著的负向预测作用, 而家庭价值观与人际关系对个体兴奋性人格倾向的发展具有显著的正向预测作用。

我们进一步计算了各人格维度与 10 个家庭环境变量的相关, 结果显示, 尽责有为性与娱乐性, 探索性与知识性均呈显著负相关, 兴奋性与家庭亲密度、成功性、娱乐性之间呈显著正相关,但兴奋性与亲密度、成功性、娱乐性变量（控制亲密度、成功性、娱乐性变量中的其中 2 个变量）的偏相关均不显著，这说明，亲密度、成功性、娱乐性之间较高的相关性影响了它们与兴奋性人格倾向的相关。通过聚类分析将家庭环境划分为两类，即低控传统型家庭环境与高控传统型家庭环境，结果表明，两类家庭中成长起来的个体在上述人格维度上没有显著差异。

我们分别以上述人格维度为因变量，以 10 个家庭环境变量为自变量或预测变量，进行回归分析。结果显示，家庭环境可以显著预测这些人物童年和青少年时期的尽责有为性、探索性与兴奋性等人格倾向，其中娱乐性对尽责有为性的预测作用、知识性对探索性的预测作用、成功性对兴奋性的预测作用均达到显著性水平。

（二）与家庭教养方式的关系

我们对领袖人物早期父亲与母亲的教养方式进行了比较。结果显示，在情感温暖和理解维度上，母亲得分显著高于父亲，母亲与孩子表现出更为密切的情感联系；在偏爱维度上，母亲的得分也显著地高于父亲；在惩罚、严厉维度上，父亲的得分显著地高于母亲，相似的，在拒绝、否认维度上，父亲的得分也显著地高于母亲；在过分干涉和保护维度上，父亲的得分与母亲的得分不存在显著差异。这进一步说明，领袖人物早期生活的家庭总体上表现出"严父慈母"的传统教养方式，父亲的拒绝和否认、严厉和惩罚较多，而母亲的情感温暖和理解、偏爱较多，但他们对孩子都倾向于较多地关注、保护或干涉孩子的成长。

如前所述，通过探索性因素分析，父亲和母亲教养方式各抽取出两个主因素：严厉性与慈爱性。相关分析表明，在童年和青少年时期的人格特征中，除了尽责有为性与母亲的严厉性呈显著负相关，稳定性与父亲的慈爱性、母亲的慈爱性均呈显著正相关之外，其余人格维度与父母教养方式的相关均未达到显著性水平。

　　分别以上述人格维度为因变量，以父母教养方式为自变量或预测变量，进行回归分析。结果显示，尽责有为性与稳定性人格倾向对母亲教养方式的回归方程均达到显著性水平，而其余3个维度均不显著，其中母亲严厉性对尽责有为性、母亲慈爱性对稳定性均具有显著的预测作用，父亲的慈爱性对个体早期稳定性人格倾向具有显著的预测作用。

　　我们分别考察了童年和青少年时期的人格与父母严厉性维度诸变量之间的相关。结果表明，除探索性与父亲的惩罚、严厉呈显著正相关，与父亲的拒绝之间也呈边缘显著的相关之外，其他人格维度与父母教养方式均未发现显著相关。在母亲的严厉性维度诸变量中，只有情感温暖和理解、拒绝与尽责有为性具有显著负相关，干涉与外向性具有显著负相关，与探索性呈边缘显著水平的负相关。通过聚类分析将父母教养方式区分为两类，即严厉型教养方式与温暖型教养方式，检验表明，两类教养方式下发展起来的人格并无显著差异。

（三）与家庭基本特征的关系

　　前面所考察的家庭环境特征和父母教养方式主要是就家庭教育环境而言的。与此相对，人物的性别、排行、父母的宗教信仰、父母去世时的儿童年龄、家庭的社会经济地位、家庭的规模则是客观的家庭环境变量，它们可能直接或间接地影响着儿童人格的发展。

　　对这些变量与童年和青少年时期的人格特点的关系进行分析，结果表明，童年和青少年时期的人格与家庭规模或人口数量、父母去世时儿童的年龄不存在显著相关，而尽责有为性与社会经济地位，外向性与父母宗教信仰、社会经济地位，稳定性与人物排行、母亲宗教信仰之间的相关系数均达到显著或边缘显著水平。分别以上述人格维度为因变量，以客观的家庭环境变量为自变量或预测变量，进行回归分析。结果表明，在以探索性与兴奋性为因变量的回归分析中，各家庭环境变量均未进入方程，而以尽责有为性、外向性与稳定性为因变量的回归方程均达到显著性水平。

除了社会经济地位可以正向预测尽责有为之外，其他预测变量都可以负向预测外向性或稳定性。也就是说，家庭社会经济地位越低，个体在童年和青少年时期所表现的尽责有为性越强；其父亲具有某种宗教信仰的孩子外向性较低；母亲具有某种宗教信仰的孩子的稳定性可能较低，而且，个体在家庭子女中的排行越靠后，其人格的稳定性越不明显。相反，家庭规模、父母去世时儿童的年龄对童年和青少年时期人格的影响似乎并不明显。

（四）与个体受教育经历的关系

这里的受教育经历主要包括下列几个方面：个体的早熟性，即是否在童年和青少年时期表现出比较杰出的社会创造性，正规受教育水平，早期是否接受过后来所从事的职业方面的专业训练，受教育过程中是否接受某种荣誉。相关分析表明，社会创造性人物早期的人格与早熟性、受教育水平的相关都比较低，只有探索性与正规受教育水平的负相关达到边缘显著水平；另外，除了尽责有为性、探索性、兴奋性与是否接受过职业训练，探索性、兴奋性与接受的荣誉之间呈显著或边缘显著的相关外，其他相关系数均未达到显著性水平。分别以各人格维度为因变量，以个体的受教育经历为自变量，进行逐步回归分析。结果显示，除外向性、稳定性对各变量的回归方程不显著外，其余3个人格维度的回归方程均达到显著性水平，而且，职业训练对3种人格倾向均具有显著的预测作用。

进一步检验表明，接受过职业训练者在探索性和兴奋性上的得分显著高于没有接受过职业训练者，但后者在尽责有为性上的得分却显著地高于前者。进一步将受教育过程中所接受的荣誉区分为接受过和未接受过两种情况，考察接受者与未接受者早期人格的差异，结果表明，除了在兴奋性维度上未接受者显著高于接受者外，两类人在其他人格维度上均不存在显著差异。

（五）与个体事业经历的关系

本研究考察的事业经历主要包括个体首先参与重大社会活动的年龄、首次担任重要职务或承担重要任务的年龄、开始担任一生中最高职务的年龄、最高职务的实际任期。相关分析结果表明，各人格维度与事业经历的相关系数均未达到显著性水平，只有尽责有为性与开始担任一生中最高职务的年龄的相关达到边缘显著水平。进一步分析表明，上述各人格变量对个体事业经历的回归方程均不显著。该相关模式在一定程度上揭示了中国近现代领袖人物的事业经历与其早期人格发展的特殊关系，说明早期只是个体事业的开端，事业经历与其人格尚未显示出明显的联系。

（六）与个体社会参与经验的关系

以社会参与的频繁性、重大社会参与行为的数量作为个体早期社会参与经验的主要指标，考察它们与人格发展的关系。相关分析表明，早期的社会创造性人格特点与个体的社会参与经验的相关并不高，除了探索性与重大社会参与行为的数量呈显著正相关之外，各人格变量与社会参与的频繁性和数量的相关均不显著。进一步以各人格维度为因变量，以重大社会参与行为的数量为自变量，进行回归分析。由于社会参与的频繁性与重大社会参与的数量存在显著相关，且前者可以由后者线性

表出，因而在分析过程中只以重大社会参与行为的数量为社会
参与经验的指标。结果表明，只有探索性对重大社会参与行为
的数量的回归方程达到显著性水平，即个体重大社会参与的数
量对探索性具有显著的预测作用。这与上述相关分析的结果是
一致的。

三　童年和青少年时期人格和谐性发展的相关因素

(一) 与家庭环境变量的关系

童年和青少年时期的人格和谐性与 3 个家庭环境维度之间
的相关分析表明，乐观谦和—自主倔强和谐性得分与家庭价值
观和人际关系呈显著负相关，外倾探索—内倾沉静和谐性得分
与家庭价值观和人际关系、家庭活跃性呈边缘显著的相关。具
体分析表明，含蓄—坦率性、激进—中庸性得分与家庭活跃性
之间呈显著负相关，激进—中庸性、易变—坚定性得分与家庭
价值观和人际关系呈显著负相关。内向—外向性得分与家庭秩
序性、细心—豪爽性得分与家庭价值观和人际关系呈边缘显著
的相关。此外的各对相关系数均不显著。需要指出，各和谐性
变量的得分与和谐性程度相反，也就是说，得分越高，表示和
谐性程度越低。

分析结果显示，家庭活跃性可以显著地（负向）预测含蓄—
坦率性、激进—中庸性，家庭价值观与人际关系可以显著地预测
乐观谦和—自主倔强和谐性、易变—坚定性。也就是说，在个体
早期的人格发展过程中，家庭环境越注重情感表达和知识性，个
体含蓄—坦率、激进—中庸的差异就越大，越可能偏向某一端，
和谐性就越低。同理，家庭的伦理价值观念和成就动机越强，人
际关系的亲密度越高，乐观谦和—自主倔强和谐性、易变—坚定
性的得分越低，和谐性越高。

（二）与家庭教养方式的关系

对童年和青少年时期人格和谐性与家庭教养方式进行相关分析，结果表明，乐观谦和—自主倔强和谐性得分与父亲严厉性呈显著相关，与母亲严厉性呈边缘显著的相关。两类家庭方式下的个体的人格和谐性在早期未发现显著性差异。

分析结果进一步表明，母亲的严厉性倾向越强，个体早期的乐观谦和—自主倔强和谐性及合群—孤独和谐性得分越低，而倔强—随和、理想主义—实事求是的和谐性得分越高；父亲的严厉性倾向越强，个体早期乐观谦和—自主倔强和谐性及出众—平凡、反抗—顺从的和谐性得分越高；母亲的慈爱性倾向越强，个体早期深沉—直率、创新—保守的和谐性得分则越高。另外，父亲慈爱性可以显著地正向预测诚实—圆滑和谐性的得分。同时，各个预测变量的作用又是与其他变量相互影响的。

（三）与家庭基本特征的关系

相关分析结果显示，热诚宽大—冷酷严厉和谐性得分与家庭规模、家庭的社会经济地位、母亲去世时子女的年龄呈显著或边缘显著的相关。从总体上看，个体在兄弟姐妹中的排行越靠后，含蓄—坦率、理想主义—实事求是的和谐性越高；母亲具有某种宗教信仰的个体，其热情—冷漠、多情—无情的和谐性要高于母亲无宗教信仰的个体，而竞争—谦让的和谐性要低于母亲无宗教信仰的个体；母亲去世时子女的年龄越大，个体热情—冷漠的和谐性越低，多情—无情的和谐性越高，而父亲去世时子女的年龄越大，理想主义—实事求是的和谐性越高；家庭社会经济地位越低，家庭规模越大，个体早期热诚宽大—冷酷严厉和谐性及真诚—虚伪、宽容—挑剔的和谐性越低，而随着家庭社会经济地位的降低，个体竞争—谦让、理想主义—实事求是的和谐性呈上升趋势。各个预测变量的作用又是相互影响的。

（四）与个体受教育经历、事业经历、社会参与经验的关系

我们分析发现，受过后来所从事的职业训练者合群—孤独、易变—坚定和谐性要高于未受过职业训练者。正规受教育水平越低，超前—踏实和谐性越高。接受荣誉者的竞争—谦让和谐性高于未接受荣誉者，而在早期没有接受荣誉的早熟者的正规受教育水平越低，其泼辣—文静和谐性就越强。分析结果进一步表明，首次承担重要职务或任务的实际年龄可以显著地预测外倾探索—内倾沉静和谐性以及深沉—直率性、独立—合作性、友好—敌对性得分。显然，首次承担重要职务或任务的实际年龄越大，外倾探索—内倾沉静和谐性以及深沉—直率和谐性就越高，而独立—合作、友好—敌对和谐性则越低。而且，个体在这一时期的重大社会参与行为的数量可以显著预测其人格的外倾探索—内倾沉静和谐性、善良—残酷、友好—敌对和谐性。

四　家庭环境在英雄早期人格发展中的意义

近代思想家梁启超曾说："古之天民者与大人者，必有其所养。观其所养，而其所树立可知也；观其所树立，而其所养可知也。"（参见梁启超《王荆公传》）又说："泰西之社会，以人为单位；泰东之社会，以家为单位"（参见梁启超《管子传》）。毫无疑问，家庭是儿童最初的社会化场所。是最早"得其所养"之处。迄今进行的有关研究一致表明，家庭环境的性质和特点直接或间接地影响着儿童早期认知能力、社会性情感及各种人格品质的发展（张文新，1999，pp. 89—104）。良好的家庭人际关系和家庭气氛有利于个体早期人格的健康成长；反之，不良的亲子关系，家庭成员关系紧张，缺乏对子女的监管，以及过分严格、易

变或宽容的家庭约束方式，则可能导致儿童青少年时期的各种问题行为。

　　在各种家庭因素中，父母教养方式尤为重要。克如塞克等人（Crusec & Lytton，1988，pp. 161－212）概括指出，对父母影响进行的心理学研究可以分为四种：在精神分析理论指导下进行的、侧重亲子之间的情感联系的研究；将学习理论的原则融合于精神分析理论，侧重奖赏与惩罚的影响的研究；在社会学习理论指导下，侧重父母的行为榜样作用的研究；在习性学理论指导下，侧重亲子互动的生态性的研究。这些研究从不同的角度考察了亲子互动的本质。20 世纪六七十年代起，一些研究者开始从运用分类的方法，比较广泛地考察了父母教养行为与亲子交往的不同风格，如鲍姆琳德（Baumrind，D.）从温情与控制两个维度，将父母教养方式划分为权威型、专制型和放任型三种类型（Crusec & Lytton，1988，pp. 161－212）。近年来中国学者也开展了大量的有关研究，划分出适合中国文化特点的父母教养类型，探讨了父母教养方式、教养观念和行为与各种心理品质之间的关系。

　　家庭对创造性人才的发展同样起着至关重要的作用。研究表明（董奇，1993，pp. 174－179；俞国良，2002，pp. 283－288；张庆林，2002，pp. 353－363），创造性个体成长的家庭环境一般具有较多的独立和自由及解决问题的机会，父母多采取民主型的家庭教养方式，具有民主、宽容而不是专断的行为风格，对孩子具有较高的期望。Feldman（1999，pp. 169－186）概括指出，在家庭环境诸因素中，家庭的遗传史、父母的生育年龄、儿童的出生次序和性别、父母的职业或职位、家庭资源的数量和种类、宗教信仰都会影响到父母对孩子才能的认同、鼓励、训练和指导，进而导致创造性发展的差异。西蒙顿总结了有关的历史测量学研究，得到类似的结论，他发现，出生次序、智力的早熟、童年期的创伤、家庭背景、教育和专门的训练以及角色榜样和导师是六种影响创造性发展的常见因素（Simonton，1999，pp. 117—133）。通常情况下，那些能够为个体提供经验和创造活动的机会，保护儿童的好奇心和求知欲，并注意发展儿童独立性的环境，往往能更好地促进儿童创造性人格的发展。综上所述，无论对一般个体还是高创造性的个体，家庭环境与父母教养方式都发挥着无可替代的作用。

上述结果表明，社会创造性人物的早期家庭环境特点主要体现在家庭的价值观和家庭成员关系、家庭秩序性、家庭活跃性三个方面，总体而言，这些家庭一般具有较强的控制性、组织性和亲密度，表现出对道德伦理的高度重视。这反映了中国近现代家庭的一般状况。自汉代以来，中国就深受儒家思想的影响，修身、齐家、治国、平天下的政治理想构成了历代中国人生活的基本动力，家国同构、由内而外的建设模式也一直是中国人构筑家庭生活的基本思路。因此，在深受儒家思想影响的中国近现代家庭中，高度重视家庭成员之间的团结，重视家庭成员的道德修养，可谓中国历史传统的充分反映。同时，这也可能是家庭环境的中西差异所在。

与近年来比较开放、民主、宽松的家庭环境相比，中国近现代社会制度下的家庭显得比较闭塞、沉闷，比较注重严格的家规和家庭价值观的统一，家庭生活缺少活跃性；从类型上看，90%的人物所在的家庭都属于组织性和控制性均较强的高控传统型家庭。这充分说明了家庭环境的时代性和历史制约性。但需要指出的是，在领袖人物成长的家庭环境中，家庭成员既表现出较高的亲和性，又具有较强的独立性，这可能是"社会创造型"家庭与一般家庭的区别所在，同时也可能是所有"创造型家庭"的共同之处。另一方面，"社会创造型"家庭对政治、社会活动的兴趣比较浓厚（知识性），并鼓励家庭成员在学业和工作中不断取得成就（成功性），这又可能是它们区别于其他"创造型家庭"的独特之处。

在父母教养方式上，我们的研究显示，在领袖人物的早期成长过程中，"严父慈母"这一传统的家庭教养方式总体上占主要地位，而从类型上看，样本中有70％的人物，其早期的父母教养方式属于严厉性较低和偏爱性较高的温暖型或慈爱型教养方式，与之相反的严厉型教养方式只占30％。显然，这种教养方式与家庭秩序性较强（主要表现在控制性和组织性两个方面）、亲密度较高以及高度重视伦理和成就等家庭环境特点是一致的，在中国传统家庭中，父亲一般对孩子的学业成绩与行为表现抱有较高的期望，因而常对孩子采取比较严厉的态度和必要的惩罚。

鲍姆令德（Baumrind，1973）指出，权威型的父母既严格控制孩子，又鼓励孩子独立性的发展，他们注重以讲道理的方式为孩子制定合理的行为标准，同时也尊重孩子的自主与个性；与专制型、放任型教养方式相比，权威型教养方式最为有效。与此相似。在慈爱型教养方式下，父母能够给孩子较多的情感温暖和理解，同时又能对他们施加相应的约束。显然，与权威型教养方式一样，这种严慈相济的教养方式更符合中国的文化传统。研究表明（张文新，1999，pp. 89－104），与西方相比，在中国文化背景下，强调理性和严格要求的教养方式较多，但它未必会对儿童的发展产生消极影响。与过分强调严厉管教的专制型或严厉型教养方式不同，它可以有力地促进儿童创造性人格的发展。如前所述，父母尊重孩子的独立、自主，能够给孩子较多的情感温暖和理解，是创造型家庭的共同特征。本研究结果再次支持了这一研究结论。

在普遍强调父母在家庭中的绝对权威的近现代社会背景下，专制型的教养方式更符合一般的社会传统和期望。在这种情况下，父母能够为孩子创设一种慈爱型的家庭教养环境，显然是难能可贵的。这表明，社会创造型的家庭教养方式既具有明显的传统性和时代性，又具有较强的革新性和反传统性。它适应了社会发展的必然趋势和儿童创造性人格发展的要求，表现出某种预见性，为社会创造性人物的成长创造了有利的环境条件。随着独生子女的增多和人们生活水平的提高，在当前的中国家庭中，父母教养方式和教育观念已经发生了巨大变化，更多的父母能够给孩子较多的情感温暖和理解，这有力地促进了儿童人格的健康发展。显然，上述"反传统"性的教养方式与当前的父母教养方式具有某种"共通性"，它在一定程度上揭示了"社会创造型"教养方式与一般教养方式的根本区别所在。

另外，父母教养方式虽然是家庭环境的重要组成部分，但并不完全等同于客观的家庭环境。研究结果也证明了这一点。在研究中，采用家庭环境量表（FES—CV）考察客观的家庭环境氛围，包括家庭成员之间的关系、家庭的价值观、家庭成员互动的方式和家庭组织状况，而父母养育（教养）方式评价量表（EM-BU）则主要用以考察家庭环境中亲子互动的特点，考察作为养育者的父母对待孩子的特定方式。将二者明确地区分开来，有利于考察不同性质的家庭环境对个体心理发展的直接影响与间接影响。

需要指出的是，我们对英雄早期成长的家庭环境的考察，弥补了以往有关研究的缺憾。这种缺憾主要表现在以下几个方面。（1）以往研究对象主要限于一般的儿童及父母群体，对创造型家庭环境与父母教养方式的研究则主要是针对艺术和科学领域的创造性个体进行的。相对而言，对社会活动和社交领域表现出杰出创造性的个体，即社会创造性人物开展的有关研究较少。（2）对社会创造性人物进行的历史测量学研究主要限于国外（尤其是美国等西方国家），国内尚未开展有关的研究。中国历史传统影响下的家庭背景很可能会表现出独特的文化特点，采用历史测量学方法，对中国近现代社会创造性人物成长的家庭环境与父母教养方式进行考察，有助于揭示这种文化特点。(3)有关社会创造性人物的家庭环境与父母教养方式的研究比较肤浅，内容过于简略，很少涉及具体的家庭环境特征（如家庭的和睦性、伦理性、控制性），也缺乏对父母教养方式的具体内涵的深入探讨。我们的研究在一定程度上加深了人们对社会英雄早期成长环境的理解。

五　各种因素对早期人格的影响机制分析

上述研究结果表明，在童年和青少年时期，人格与各种因素之间的相关和预测模式是不同的。家庭活跃性对早期的探索性人格倾向具有显著的负向预测作用，而家庭价值观与人际关系对个体兴奋性人格倾向的发展具有显著的正向预测作用；母亲严厉性对尽责有为性（负向）、父亲和母亲的慈爱性对稳定性均具有显著的预测作用；家庭社会经济地位可以正向预测尽责有为，父亲宗教信仰可以预测个体的外向性，而母亲宗教信仰和个体排行可以负向预测其稳定性；职业训练可以显著预测尽责有为性（负向）、兴奋性，它与受教育水平（负向）可以显著预测探索性；个体重大社会参与的数量也对探索性具有显著的预测作用。这再次证明了创造性和创造性人格的发展与家庭、学校等因素之间的密切关系。

影响创造性人格形成和发展的因素是多样的，其中包括家庭遗传素质（Simonton，2002）、家庭环境气氛（Gardner，1993）、父母教养方式（Radin，1982）、受教育经历（Simonton，1999）等，对社会创造性人格也是如此，但与一般的创造性又有所不同。研究表明，民主、宽松、活跃的家庭气氛，例如，在家庭中为孩子提供丰富的玩具，允许孩子自由表达，父母兴趣爱好广泛，不注重正式的宗教活动。可以促进儿童创造性的发展。这与本研究的某些结论似乎是矛盾的，其实不然，这种不一致性恰恰说明了社会创造性人格的领域特殊性以及本研究对象所处的历史时代的特殊性。

就家庭环境与早期人格的关系而言，在中国近现代社会背景下，知识性、娱乐性程度比较高的家庭多是社会地位比较高、生活条件比较好的地主、富农或官僚家庭，社交和文化、娱乐活动多是物质生活满足以后的精神"消遣"，这可能会在一定程度上提高个体早年对社会生活的满意度，削弱他们自我奋斗的动力和探索、冒险、进取的意志，而社会经济地位比较低、文化和娱乐活动比较少的家庭环境则可能增强个体早年探索奋斗的愿望和改变社会现实的动机，进而促成能力的出众性或高度的冒险、进取心。也就是说，在娱乐性、知识性与人格发展之间可能还存在着某种"中介变量"，即个体对家庭生活和社会现实的认识以及自我感受。另一方面，家庭成员之间相互承诺、帮助和支持的程度越高，在日常生活和工作中追求成就的倾向或竞争性越强，社交和娱乐活动越多，个体早年自我表达的愿望、追求自由的倾向和成就动机则越强。显然，家庭关系的亲密性、家庭生活的活跃性有利于个体早年的健康情绪和外向气质的发展，家庭环境对成就的高度重视则强化了个体早年对成就的向往。

就父母教养方式与早期人格发展的关系而言，在中国近现代家庭中，母亲的拒绝、干涉、严厉和惩罚等行为越多，个体的意志力和对工作的尽责性可能越低，能力尤其是社会能力越差，越内向，或者说，在母亲比较严厉的教养方式下不易培养出具有负责精神，乐观自信，能力超群的孩子。该结果与当前的某些研究结论基本一致（张文新，1999；Oliva et al. 2000；Saltaris, et al. 2004）。它反映了中国近现代家庭的一般特点。一方面，在当时的社会背景下，比较严厉的教养方式仍然占相对主导地位，"父为子纲"的传统观念仍然直接或间接地影响着人们的头脑，父母过分严厉是专制型教养方式的典型特征，在这种家庭中，儿童与成人相对立，他们不易从成人的态度或行为中受益。大量研究表明，专制型教养方式下成长起来的儿童缺乏责任感和明确的行为标准。另一方面，在个体生命的早期阶段，母亲在情感上的温暖、在行为上的支持和鼓励可以促进儿童的自信、对他人的信任感和社会责任感，无条件的积极关注则可以促进儿童自我的健康成长，培养起他们较强的成就动机及其相应的行为和态度。反之，母亲过分严厉的行为则容易损害儿童的自信心和自主性，导致儿童的退缩行为和社会能力的低下。

需要指出的是，专制型教养方式下的严厉性与权威型教养方式下的严厉性有所不同，在权威型教养方式下，母亲的严厉性更主要的是用来表明某种鲜明的价值观，她们倾向于以当时社会的传统价值观念，包括工作尽责和奋发有为等观念，规范儿童的态度和行为，当儿童的行为与这些传统标准不符时，她们则可能表现出情感上的冷漠，即爱的回收。父母在表现其严厉性的时候一般都能借用说理的方式使儿童明白其行为的错误，以比较合理的方式惩罚、拒绝和干涉孩子不当的行为。加德纳（Gardner，1993）研究发现，高创造性人物的家庭在支持和鼓励儿童的同时，通常还注重培养儿童的道德价值观。在传统的伦理观、"功德观"影响下的权威型教养方式更可能培养出具有明确是非观念，行为合乎社会标准，成就动机较强的儿童。

人格稳定性与父母的慈爱性之间的相关则说明，慈爱型的家庭教养方式下更容易培养起儿童健康的人格，父母对儿童表现的慈爱越多，儿童人格的健康程度越高。需要指出，父母所表现的这种慈爱并不是对儿童的溺爱，而是对儿童的接受、理解、信任和关爱，在这种教养态度下，儿童能够享受到充分的自由表达、自由活动以及自我接受的机会。

就家庭基本特征与人格的关系而言，较低的家庭社会经济地位更可能促成个体改变自身和家庭现状的愿望，较早地承担起家庭生活的重担，参与社会活动，并在此过程中培养起较强的社会责任感、出众的意志和社会能力；同时，这种家庭中的儿童对团结他人的意义的认识也可能更为深刻，寻求他人支持的愿望也可能更为强烈，因而表现出较明显的合群、乐观、热情、自信等人格倾向。相反，相对优越的家庭生活环境一方面可能为个体的身心发展创造了良好的条件，包括受教育机会和物质生活条件，另一方面则可能促成个体贪图安逸、自私保守、意志脆弱等不良的人格倾向，他们的乐群性也可能较差。"自古英雄多磨难，从来纨绔少伟男"，说的就是这个道理。与以往研究一样，该研究再次证明了社会经济地位对个体心理发展的重要意义。本研究样本中的绝大多数人物在父辈以后的家庭经济地位都相对较低，或者由地主、官僚家庭逐渐走向衰败，贫困低微的家境及早期生活的挫折往往是个体在青少年时期走上革命或反叛道路的重要原因。

父母作为儿童的直接抚养者，其宗教信仰和价值观念对孩子人格的发展具有直接或间接的影响。本研究结果表明，在儿童青少年时期，父母一方或双方无宗教信仰的个体往往在外向性、稳定性上的得分比较高，这在某种程度上反映了家庭信仰氛围对儿童人格发展的意义。具有宗教信仰的家庭往往更强调明确而严格的伦理观念，在家庭环境量表的道德宗教观方面得分较高，倾向于以比较严格的家规和宗教观念规范孩子的行为，或者说具有较强的控制性。这种在思想和行为上都相对"高控"的家庭环境更容易削弱儿童自由表达、自由探索，坦率自发的人格倾向，而强化其遵从、温顺、内向的人格特点，并可能在一定程度上削弱个体的成就动机和社会能力。无宗教信仰的家庭在这方面的影响则可能相对较弱。

大量研究表明，儿童在家庭子女中的排行对其人格的发展具有重要影响，新精神分析主义者阿德勒就十分强调出生次序或排行的作用。本研究结果显示，个体在家庭子女中的排行越靠后，其人格的稳定性越不明显。这说明，在中国近现代家庭中，较小的子女更容易受家庭规范的约束，同时也更容易受到父母的宠爱或兄弟姐妹们的保护，而缺乏果断、冷静、坦率等明显的人格倾向，排行越靠后，这种影响可能越明显。另外，家庭规模、父母去世时儿童的年龄与个体童年青少年时期人格的关系似乎并不密切，这与以往的某些研究结果有所不同（Simonton，1999）。这可能反映了本研究对象的时代特点，在中国近现代社会背景下，人口众多的大家庭相对较多，在本研究样本中就有90％的人物生活在6人以上的家庭中，因而家庭规模的差异较小，这可能是家庭规模对个体早期人格发展的关系或影响不太明显的重要原因。另外，在本研究样本中，大多数人物（70％以上）的父母都是在他们成年期去世的，因而父母亡故的影响相对较弱，父母亡故的时间与儿童人格的关系也不明显。

就个体受教育经历与其早期人格发展的关系，个体所接受的职业训练可能在很大程度上提高了其人格的探索性和兴奋性。大量研究表明，个体早期所接受的特定领域的专业训练是其创造性发展和展现的必要条件（Feldman，1999）。在本研究样本中，56.7％的人接受过后来所从事的职业方面的专门训练，其中又包括81.3％的军事家与36.4％的政治家。从有关资料来看，专业训练或较高水平的教育一方面增强了他们的社会活动技能，另一方面也锻炼或培养了他们勇敢、冒险、竞争、倔强等探索求新的人格倾向，增强了他们的尚武、泼辣、坦率等"职业精神"，军事家尤其如此。但是，专业训练经验似乎未能增强个体的尽责有为性，反而可能发挥了某种"消极"影响，专业训练尤其是军事训练高度强调个体对纪律或规则的遵从性，这种经验虽然可以增强个体的意志，但也可能在一定时期内减少了个体解决社会问题和表现社会活动能力的机会，使接受训练者的尽责有为性得不到充分的展示。实际上，上述各方面的差异在某种程度上反映了军事家与非军事家（包括政治家与社会活动家）之间的差异，在接受过专业训练的人物中，军事家相对较多（占 76.5％）。分析表明，军事家在探索性、兴奋性与外向性人格维度上的得分都显著地高于政治家和社会活动家。该结果从某种意义上说明，通过某种专业训练，社会创造性人格在个体早期就已呈现出某种"职业化"的倾向。

另外，探索性因个体所接受的荣誉而降低，这在某种程度上说明了荣誉对社会创造性人格发展的"消极"影响，即在受教育过程中接受的荣誉强化了个体的道德自我及对当时社会体制（荣誉授予者）的某种认同感，它使个体倾向于保持为社会所认可的现实自我，从而削弱了其反抗、竞争、冒险、倔强等探索求新的倾向与自由开放的人格倾向。探索性与正规受教育水平之间的负相关也在一定程度上说明了这一点，个体所受的教育程度越高，对自身的道德修养的要求越高，自律性越强，受伦理价值观的影响也可能越深，因而，其外显的竞争好胜的探索性人格倾向可能会受到某种削弱。需要指出的是，个体因其行为表现符合传统的学校或社会标准而获得某种荣誉，因而这种荣誉本身就说明了个体身上具有某种为学校或社会所认可的人格倾向，而在传统思想影响深重的近现代社会背景下，更可能得到社会赞许的往往是顺从、谦让、沉稳、随和等符合传统伦理标准的"内向性"人格特点，而不是探索求新和自由开放的"外向性"人格特点。

就人格与社会参与经历的关系而言，探索性与社会参与呈正相关。也就是说，个体越是频繁地参与各种社会活动，其人格的探索性倾向就可能越强。该结果在一定程度上揭示了人格与社会参与之间的"双向预测"关系。一方面，个体所具有的某种探索性以及激进、直率等"反叛性"人格倾向与中国近现代动荡的社会环境、社会变革的客观需要一起，共同促成了他们频繁的社会参与经验；另一方面，频繁地参与社会活动的经验也促成和增强了他们探索、求新、竞争好胜的倾向及激进、直率等"反叛"倾向。以往的研究表明（Youniss, et al., 1997, 1998），个体的社会参与经验会极大地改变个体的人生观和社会价值观，增强其社会责任感、公民身份感和道德同一性。根据有关的传记资料，在真正地参与社会活动之前，个体虽然也可能表现出某些气质特点，但真正的竞争、倔强、勇敢、反抗、冒险以及坦率、泼辣、激进、尚武等人格倾向还是在后天的社会活动中逐渐形成的，某种遗传性的气质倾向在后来的社会参与中得到充分的体现和发展。相对而言，在中国近现代内忧外患交集、社会变革的要求十分强烈的社会背景下，社会参与在很大程度上意味着斗争、冒险和反叛，有时甚至要付出生命，因而要求个体具有某种极强的"反叛性"人格倾向，其实也只有具备这种"烈性"的人格特征，才能在特定的历史时期担负起变革社会的历史使命。

如前所述，人格和谐性的发展反映了相互对立的人格倾向之间的相对变化。因此，人格和谐性与各种因素之间的关系实际上是人格基本倾向与各种因素关系的反映，前者主要从各种人格倾向的单向变化上考察，后者则主要从人格连续体两端的相对变化上去考察，它反映了人格结构和谐性的变化。例如，在童年和青少年时期，家庭活跃性对早期的探索性人格倾向具有显著的负向预测作用，而家庭价值观与人际关系对个体兴奋性人格倾向的发展具有显著的正向预测作用。反映在人格和谐性的变化上就表现为，家庭环境越注重情感表达和知识性，个体含蓄—坦率、激进—中庸的差异就越大，和谐性就越低；家庭的伦理价值观念和成就动机越强，人际关系的亲密度越高，乐观谦和—自主倔强和谐性、易变—坚定的和谐性越高。

在多数情况下，人格和谐性程度的提高意味着相对对立的人格倾向的"同时"或"同向"提高或增强，反之，人格和谐性程度较低则意味着对立性人格倾向的"非对称"变化。就家庭环境与父母教养方式的影响而言，家庭的伦理价值观念和成就意识越强，人际关系的亲密度越高，母亲越严厉，个体早期越可能同时发展起乐观谦和的道德品质与自主倔强的行为倾向，而母亲的慈爱性越高，个体早期越可能获得自由的发展，其直率、创新倾向就可能越突出，父亲较多的慈爱性则可能使个体按照父亲的期望形成诚实而不是虚伪或圆滑的品质。许多研究发现，在创造性儿童成长的家庭中，父母通常能够给孩子较多的自主性，支持、鼓励和尊重他们的合理选择。这种家庭环境促进了个体早期创造性的发展（Feldman，1999）。

就个体与家庭的基本特征而言，在兄弟姐妹中的排行越靠后，个体在家庭规范的约束和父母的宠爱下更容易同时发展起含蓄与坦率、理想主义与实事求是的人格和谐性倾向。有研究表明，政治家通常是长子，这主要与长子通常有较高的成就动机有关，在社会创造性发展的早期阶段，成就动机的作用更为重要，可以提高其理想主义倾向。母亲的宗教信仰则可能削弱竞争倾向，而增强谦让的人格倾向，从而提高竞争—谦让的和谐性。家庭社会经济地位越低，家庭规模越大，生活的艰辛与和谐的家庭人际关系越容易促成个体早期的热诚宽大及真诚、宽容等人格倾向，而削弱冷酷严厉、虚伪、挑剔等倾向，增强个体的谦让和实事求是等品质。研究发现（Simonton，1986），在大家庭中成长起来的政治家通常具有明显的适度性或温和性、谨慎性、灵活性，行动魄力较小等人格特点，这可能是因为幼年时兄弟姐妹较多，在一定程度上缓和了他们的人际关系。另外，父母去世时子女的年龄也可能对个体的某些人格倾向，尤其是情绪、情感品质以及相应的和谐性倾向的发展起到一定的影响。这与以往的有关研究结论基本一致（Simonton，1999）。

就受教育经历与早期人格发展的关系而言，早期的职业训练可能在一定程度上增强人格的"职业化"倾向，提高合群—孤独、易变—坚定的和谐性；在当时的社会背景下，正规受教育水平与家庭经济状况往往是相应的，在社会经济地位较低的家庭中，孩子所受的教育往往是有限的，因而他们在表现出超前"觉醒"的行为或思想倾向的同时，也往往能够脚踏实地，进而提高了超前—踏实的和谐性；在早期接受某种荣誉的领袖人物的行为往往符合传统伦理标准，同时表现出竞争与谦让的人格倾向。如前所述，自然科学和艺术领域的创造性的发展与早期的职业训练密切相关。相对而言，早期人格的"社会"创造性程度与职业训练的关系并不如其他领域那样密切，或者说，早期人格的职业化程度尚很低。另外，首次承担重要职务或任务的实际年龄越大，社会阅历越深，其早期外倾探索—内倾沉静、深沉—直率和谐性以及独立、友好的倾向就可能越高。同时，早期重大社会行为的数量越多，所经历的社会问题情境越丰富，其外倾探索性以及善良—残酷、友好—敌对和谐性就可能越明显。这与前面提到的社会参与经验对人格基本倾向的影响是一致的。

总体而言，童年和青少年时期的人格发展与家庭环境的关系较为密切，但社会经验尤其是职业活动经验相对缺乏，这可能是早期人格和谐性程度较低的重要原因。因为职业化的社会创造活动客观上需要个体具备和谐的人格。

第三节 青少年时期的英雄梦：从蒙昧到觉醒

对许多人来说，英雄们的早年生活充满了神秘的色彩，但是，如果我们如果认真分析一下的话，就会发现，他们的早年生活是平凡的，与常人并无十分明显的差别。尽管如此，我们仍然不能忽视他们早年就已经表现出某些可贵的人格倾向，这些人格倾向构成他们成年期人格发展的基础，同时又逐渐使他们在人格上与"常人"区别开来。他们在思想上经历了一个逐渐觉醒的过程，在人格上经历了一个逐渐明朗和清晰化的过程。

一   英雄的神话

在中国传统文化中，英雄往往有一种被神化的倾向。大凡在某一领域有杰出贡献的人，他们非凡的创造性一旦得到认可，英雄的神化过程就开始了。在中国文化中，对于领袖人物——在社会活动和社交领域（尤其是在关系国计民生的政治和军事领域），这种现象尤为明显。宗教界人物自不必说。历史上的政治家，尤其是历代帝王，都被认为是神，被推上神龛接受供奉，因为他们是"天子"——天之骄子，代表上天治理天下的百姓，自然与"凡人"不同。他们的出生或"降世"被认为是上天的旨意，他们的一举一动也被认为是上天意志的反映，而辅佐他们完成治国平天下大业的那些臣宰或政治家们也自是"奉天承运"，执行或帮助"天子"完成上天交给的任务。因此，他们的使命也是预订的。他们的降生以及降生后表现的"非凡"的行为或克里斯玛特质（charismatic traits）也都是神秘的、天赋的，他们政治地位的升降或浮沉皆受到冥冥的安排。在这种"神秘的社会创造论"的支配下，人们倾向于认为，任何社会领袖人物或社会名人，必有不同寻常的童年和青少年时期，必有早期非凡的创造性生活，必有某些与众不同的神秘特质。也就是说，其成年后的杰出性必有其不寻常的早期表现。许多人甚至设想，通过观察个体早期非凡的行为表现或创造性举动，通过查验个体是否有过非凡的神秘经验或经历，就可以"鉴定"出秉承天命的伟大英雄，他们认为，伟人的降世必有非同寻常的"天象"，他们早期的行为举止甚至就可以控制或影响周围的环境。

中国的英雄神化倾向典型地表现为：英雄生前皆神迹，英雄身后皆成神。只要看一下中国近代家庭中供奉的神像，即不难得知。直到现代（尤其是"文化大革命"期间），"造神运动"仍绵亘不绝。英雄的早年被赋予了神秘的色彩，许多人甚至至今仍然津津乐道于伟人早年的"神话"。这种早年神话突出地表现为"神秘降世论"和"神秘早慧论"，前者突出英雄降世时的神秘天象感应以及降生对周围世界的影响，或者突出伟人的降生与某种先知式预言的暗合；后者则强调英雄早年若有神助，表现出超乎寻常的智慧和解决社会问题的能力，或者强调早期的人格形成环境（生活的磨难或优越）的神秘性。无论哪一种情况，牵强附会，都是神话制作的逻辑，不断进行添枝加叶式的夸张、修饰则是神话传播的逻辑。结果，凭借深入中国人骨髓的、天人合一的哲学思想，一切能够增强神话色彩的自然因素和社会因素，都被直接或间接地融入进来，为英雄创世的合理性建造了牢不可破的社会心理屏障。

在我们所考察的社会创造性人物中，不少都有浓厚的神话色彩，其早年生活被罩上了一层诱人的神秘的光环。据传说，孙中山出生时发生了"紫气东来"的"瑞象"；李立三降生的那一年，他家里的铁树开了花；贺龙降生后，家乡遭遇罕见的龙卷风，石龙坠落门前，仇人遭雷击致死。这些天象与人事的巧合，在他们成名后得到了更为广泛的传播，非凡的创造性成就似乎为人们对其早期神秘性的猜测和对其非凡未来的预测提供了无可否定、不可推翻的佐证。

二 英雄早年生活的平凡性

实际上，他们在出生时以及出生后相当长的时期内，与"凡人"并无明显差别。这意味着，与其他心理倾向和心理特征一样，社会创造性也具有一个发生、发展、成长的过程，而不是生而有之的。在某种意义上，我们可以说，是他们成年后非凡的社会成就，带来了某种"晕轮效应"，使人们在评价和看待其一生的时候，在高度赞扬其辉煌成就的同时，突出了其早期生活和社会行为的"非凡性"，或者说，是推崇其成就的后人或评论家，为他们的早期生活赋予了某种神话色彩，而不是历史事实本身就是如此（具有非凡性或神圣性）。在这里，人们遵循的是一种回溯式的"预测逻辑"，遵循的是由后推前、由结果推前因的思维方式。而历史传记的作者或人物评论家在此有意无意地扮演了"事后诸葛亮"的角色。

大多数领袖人物早期并无杰出的表现，或者说，并没有显示出可以预测后来社会成就的、引人注目的、杰出的社会创造性，而是与周围的同龄人一样，过着平淡无奇的生活：像其他的孩子一样玩耍、游戏，与成绩平平的兄弟姐妹一样遵守着族规家法和封建礼教，与同伴们一起读《四书》、《五经》，并经受着各种新潮流、新思想的冲击。在比较贫困的家庭背景下，其中许多人则像其他穷苦的孩子一样，怀着对幸福生活的憧憬，上山打柴，下地耕种，与父母一起劳作，勉强维持家庭成员的生活。周恩来生于"师爷"（县官的秘书）之家，十岁前的生活可以说是比较顺利的，与有钱人家的公子一样，吃穿住行都无太大的负担，在家中接受母亲的早期教育。在此期间，除了一些较为聪慧、为众人所喜欢的记载外，并无太多的"非凡"事迹可以证明其卓越的社会创造性。翻开《周恩来年谱》，我们可以看到这样一些平凡的记载："1898 年诞生。3 月 5 日，出生于江苏省淮安府山阳县（今淮安市）城内的驸马巷，幼名大鸾。……1902 年，4 岁，在嗣母的教育下，开始认字和背诵唐诗。1903 年，5 岁，进家塾读书。……1908 年，十岁，七月嗣母病故。……1910 年，十二岁，春到奉天省银州（今辽宁省铁岭县）堂伯父周贻谦家寄居，入银岗书院读书"（中共中央文献办公室，1998，pp. 1－9）。

　　毛泽东早年的记录同样平淡无奇。1893 年出生于湖南湘潭县韶山冲，精明的父亲通过自己的努力，逐渐使家庭由贫农转变为中农，继而成为富农。他将自己的儿子们驱赶到田里劳作，希望他们像自己一样勤劳致富。因此，毛泽东 6 岁便开始了"耕作"生活，7 岁起在本村私塾读书，一直到 13 岁。此后，白日在田里做工，晚上代父亲记账。16 岁进入湘乡县东山小学堂，半年后转入湘乡驻省中学就读，20 岁那年入湖南第四师范学校（后改为湖南一师）学习，历时五年。在此期间，其政治观念开始确立，同时积累了一些社会活动经验。显然，在他早期平淡无奇的生活中，似乎并未显示出可以预测将来辉煌成就的"预兆"。在婴幼儿和童年时期，尤其如此。翻阅孙中山和一些著名政治家、军事家的早期生活记录，同样难以找到"与众不同"的社会创造性。孙中山幼年在村中像其他孩子一样，一边读书，一边帮父母劳作。后来，在长兄帮助下，到檀香山读书，开始接受初步的西方思想教育。由于刻苦攻读，成就优异，多次受到学校的嘉奖。蒋介石（在国共分裂前，蒋介石可以说是一个比较出色的革命家）幼年丧父，与寡母一起生活，由于生性愚顽，在乡里名声很臭。后在母亲与乡人的撮合下，结婚生子，在此期间，开始接受封建启蒙教育，读《四书》、《五经》，并在一定程度上受到西方思想的影响。

　　与此相似，中国的十大元帅和叶挺、陈赓等著名的将军们，也经历了平淡无奇的、或快乐或痛苦、或反抗或"顺服"、或愚顽不化或"乖巧伶俐"的童年时期。由于军事活动的特殊性，他们后来所取得的成就与其早期的生活似乎更为"遥远"，而与他们在军事院校接受的专业教育、军事训练以及后来参与的实际的军事活动密切相关。必须指出，在19世纪末20世纪初那样一个特殊的历史时期，只要具备一定的生活条件和物质生活保障，任何人都可能接受与他们相近的启蒙教育，并表现出与之相似的行为。可以说，我们所考察的人物，都有过一个充满幻想但却平平常常的童年时代，虽然各人生活的家庭背景不尽相同，其童年生活轨迹也各有特色，但相似之处在于，从早年生活我们尚不能清晰地看到他们非凡的创造性成就的影子。

除此之外，其平凡性还表现于早期生活的愿望和学习的动机上。对许多人来说，他们最初学习和接受教育的动机是基本相似的。父母们都希望孩子将来有一个美好的前途，确切地说，父母们送孩子读书的目的，大多是想通过教育改变或改善当时家庭的生活，使家庭摆脱困境，或者为取得较高的社会地位做准备。这也是当时中国家庭的普遍愿望和心态。在一些贫困的家庭中（如彭德怀早年生活的家庭），子女接受教育则是为了满足最低限度的生活需要——维持生存，养家糊口。实际上，这类家庭中子女早年的活动基本上是围绕这一核心愿望展开的。尽管这些子女在受教育过程中往往违背了父辈的初衷，以维持生存为主要目的的活动逐渐被赋予"社会改造"意义，改造社会成为其社会活动的主要目的，但家庭最初的愿望却反映了某种时代的"共性"，这在很大程度上决定了他们早期生活的平凡性。

三　日益凸显的自我

自命不凡是社会领袖人物早期的显著特征。它反映了个体相对于一般社会群体的边缘感和自我优越感，也就是说，它使个体卓然独立于（至少在心理上是如此）一般的同伴群体和所处的时代，不与世人"同流合污"，认为自己应该领导世人走出"泥潭"，引领时代，做世人的领袖。这成为他们领导或试图领导各种社会活动的重要心理因素。在一定意义上，我们可以把它理解为个人的领袖欲。在个体生活的早期，这种领袖欲往往已经具备了萌芽、成长的条件。

首先是关于英雄早年的某些传说或偶合促成了这种领袖欲。例如，贺龙出生时的"特殊气象"无疑给父母、家人以及周围的人留下了十分深刻的影响。在"天人合一"、"吉人天相"等思想的操纵下，很难想象这种"天象"不让人们对孩子的未来产生一定的联想和猜测。尽管人们并不能确定孩子将来会成为一个什么样的人物，但许多人自然地会想到，这个孩子的降生秉承了某种天意，因而他有可能成为"惊天动地"的英雄人物。我们所考察的许多人都有过这样的经历。周围人们的这种最初的期望和预测促成了孩子早期发展的社会"微环境"。在家庭中，父母对孩子寄予厚望，既关爱又严厉，慈母的庇护、父亲的严厉管教双双呵护着孩子的成长。同时，父母由于对孩子寄予厚望，自然颇为重视孩子的教育，孩子很小的时候往往就被送进私塾读书识字，接受正规的教师指导和行为训练。除了这种"不寻常"的家庭待遇外，周围的社会环境也起到推波助澜的作用。人们会有意无意地通过惊奇、关爱、接近、褒扬或排斥、妒忌等方式将自己的预测或期望传达给孩子。贺龙早年在家庭中备受父母姐妹的宠爱自不必说，在邻里和亲戚们看来，他也是一个不寻常的孩子。本村的一位乡绅曾试图破坏贺家的风水，并以欺骗的方式让贺龙在外露宿，这种置之死地而后快的嫉妒心理，不仅未能损害贺龙的安全和健康成长，而且起到相反的促进作用，增强了贺龙的自命不凡。亲戚们也对他寄予厚望，认为他"命大"，日后必有大成就。

孙中山、李立三、周恩来等人也有过类似的早期经历。周恩来幼名"大鸾"，学名"翔宇"，这与其出生时母亲夜梦一只大鸟有关。由于这种吉祥的预兆，全家人对周恩来宠爱有加，而且施以较早的启蒙教育。亲戚朋友们也非常喜爱他，同龄伙伴也非常愿意亲近他。李立三出生那年铁树开花，无疑被家人和邻里乡亲看作孩子会功成名就的预兆，母亲的宠爱与父亲的精心栽培，都与他们对孩子未来的期望和朦胧的预感有关。孙中山出生时"紫气东来"，被父母取名为"帝象"，自然人们对他的看法也"非同一般"。所有这些，显然都增强了个体的自我优越感或自命不凡感，也增强了他们的社会边缘感，为某些人格倾向的发展创造了"心理条件"。在某种意义上，我们可以把它的产生看作社会与家庭中的"皮格马利翁效应"或"英雄神话效应"。这种"自命不凡"的形成模式可以表示为：

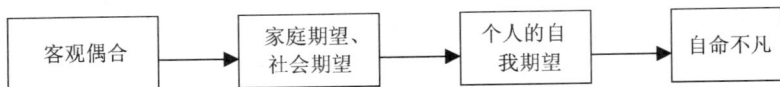

```
┌──────────┐      ┌──────────────┐      ┌──────────────┐      ┌──────────┐
│  客观偶合  │ ───> │ 家庭期望、    │ ───> │ 个人的自      │ ───> │ 自命不凡  │
│          │      │ 社会期望      │      │ 我期望        │      │          │
└──────────┘      └──────────────┘      └──────────────┘      └──────────┘
```

自命不凡也可以由个人的"自我提升"或历史使命感所促成，这是自命不凡形成的另一途径。个体所处的历史时代客观上呼唤具有社会创造性的人物。中国近现代社会，尤其是19世纪与20世纪两个世纪之交，吏治腐败，民生涂炭，群情躁动，秩序混乱，内战外侮接连不断，此情此景，急需"英雄降世"，以扭转乾坤。国家和社会发展的客观要求及其促成的普遍的社会情绪，很容易激起个体的历史使命感和社会责任感。与他们生活于其中的社会氛围一样，他们所受的早期教育也无不在传达对新生一代的社会期望或要求。当这种期望或要求被个体所领会或"内化"时，个人的社会使命感就产生了，其自我同一性或自我身份感就得到了增强或提升，具体表现为某种建功立业、再造时势的宏伟的社会理想的产生，表现为理想自我或"社会大我"的诞生。从此，以革新"天下"为己任的"英雄理想"便成为个体各种社会活动的动力。另一方面，社会对历史英雄的神化，也极易激起年幼儿童的英雄崇拜，促成他们最初模糊的英雄主义理想。英雄们革旧布新、引领潮流的壮举，成为他们的行为榜样，英雄们不怕牺牲、追求自由平等的精神和价值观，也往往"内化"为他们行动的动力。孙中山早年十分崇拜太平天国起义领袖洪秀全，自称"洪秀全第二"；彭德怀也十分崇拜家乡被奉为神灵的农民起义领袖；周恩来则极为尊崇古今圣贤和忠臣义士，这种朴素的英雄崇拜与他们的某些优势的遗传素质相结合，促成了个人早期的某些"社会创造性的萌芽"。这种自命不凡的生成模式可以表示为：

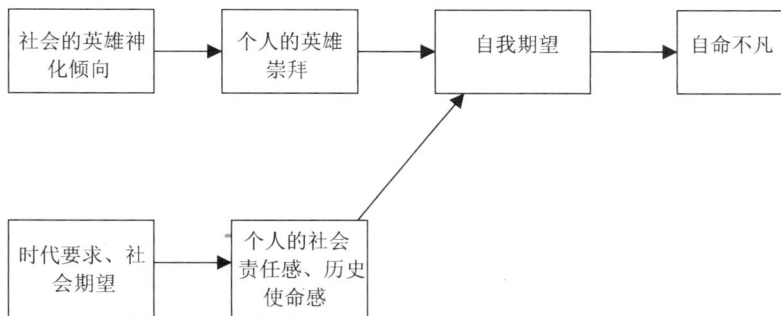

```
┌─────────┐    ┌─────────┐    ┌─────────┐    ┌─────────┐
│社会的英雄神│ → │个人的英雄│ → │自我期望  │ → │自命不凡  │
│化倾向    │    │崇拜     │    │         │    │         │
└─────────┘    └─────────┘    └─────────┘    └─────────┘
                                    ↑
┌─────────┐    ┌─────────┐          │
│时代要求、社│ → │个人的社会│ ─────────┘
│会期望    │    │责任感、历史│
│         │    │使命感    │
└─────────┘    └─────────┘
```

　　从总体上看，客观的偶合或关于自我的"神话"，可以促成个体人格或个性的健康发展，促进社会创造性的发展和提高，为个体"创造"相对充分的受教育机会和提高、展现社会创造性的机会，而在某些方面（如学业、社会活动）取得的成功或优异成绩常常又进一步强化了他们的自命不凡或优越感。另一方面，英雄崇拜则发挥了榜样学习或观察学习的作用，增强了个体进行"非凡行动"的倾向。

　　自命不凡使个体的社会生活和人际关系发生了奇妙的变化。他们自认为是与众不同的，应该与一般的民众或"群氓"区别开来的，这就导致了其与社会、与他人、与一般民众的某种"隔离"，使个体被置于"一般民众"的社会生活的边缘。边缘化的生活方式表现为，有意识地改造一般民众的观念或思维方式，革新周围社会的风俗、习惯、规范，创造或倡导某种新的观念、新的规范系统或行为方式。这构成了他们生活的主要内容。与时代发展相契合的、相对先进的意识使他们日益凸显出来。这不仅表现在实际的社会生活中，影响着周围民众的意识，而且表现在他们的自我意识中，从而造就了一个日益凸显的"自我"。毛泽东曾经回忆说，湖南发生的一系列群众造反、抢米运动以及教师振兴教育、摧毁迷信的某些举动，都给他留下了永久的印象，促成了他某种程度的政治意识和救国救民的社会责任感；早期读过的《岳飞传》、《水浒传》、《隋唐演义》、《西游记》以及《世界大英雄传》等书籍激起了他强烈的英雄崇拜，而当时流传的旨在唤醒民众的《盛世危言》、《新民丛报》等书刊，则唤醒了他的民族意识，促成了他的"英雄自居作用"。可以说，民族危机是其英雄自居作用产生的土壤，英雄崇拜与民族危机共同促成了英雄自居作用的"现实化"，促成了他实现自身的英雄理想的社会行动。起初是反对父亲的专制和家庭独裁，包括对父亲当众侮辱自己人格的行为进行反抗，疏远母亲所营造的迷信神佛的环境，钦慕和赞同一位"激烈"的小学教员改庙宇为学校的反叛行动，声援和支持康有为、梁启超的社会改良运动。这些观念和行动，一方面使他逐渐疏远了旧式的家庭生活，在心理上被家庭成员所隔离，被认为是与别人格格不入的，或者说，被置于家庭生活的边缘，这可以看作他脱离家庭母体的第二次诞生，是一次观念和心理上的新生；另一方面，他也由此逐渐被置于世俗的社会生活边缘，在心理上逐渐脱离了旧有的"社会母体"，而站到了社会边缘群体——由社会改良派、造反派或革命派等构成的"英雄群体"或社会改革群体的一方。相应的，未觉醒的民众，麻木、陈旧而世俗的社会制度和社会生活模式则成了被改造、被革新的对象，也搭建了实践其英雄理想的社会舞台。

与优异的学业成绩和社会活动成就可以增强个体的自命不凡一样，家世的变故、家庭生活的贫困，也往往会加速自我凸显或边缘化的进程。周恩来出生于"师爷世家"，本是"小康家庭"中养尊处优的公子，可随着祖父、外祖父等家庭"支柱"的陆续"倒塌"，家庭生活日渐恶化，尤其是十岁左右，两位母亲（生母万氏与嗣母陈氏）相继病故，彻底改变了他一帆风顺的早年生活，迫使他独立面对世俗，承担起处理家庭内外事务的责任，对各种封建陋习的深刻体察和对家世衰落、社会地位下降的亲身体验，一起促成了他变革社会、"为中华之崛起而读书"的英雄之志，在这种特殊的时代和家庭背景下，他的理想自我日益"现实化"，转化为现实的社会改造行动，"社会边缘化"也不可避免地发生了。他学业优秀，屡受学校嘉奖，积极组织、领导学校的各种社团活动，参与示威、游行等社会改革运动，在他周围逐渐凝聚了一群以"革新旧制、唤醒民众、振兴中华民族"为己任的热血青年，形成了一个与一般民众相隔离、超越于麻木民众之上的边缘化的社会团体。在心理上，他们自认为是那个时代要求的代表者或体现者，是民众的社会启蒙者和引领者。他们要革新而不是融入或顺应旧的生活模式、社会制度和观念体系。

彭德怀是另一个典型的例子。他出身贫寒，有时要靠讨饭才能过年过节或维持生活。童年时期艰苦而屈辱的生活磨炼了他坚强的意志和勤奋、吃苦耐劳的性格，也使他深刻地认识到，只有推翻当时的社会制度和"阶级压迫"，才能彻底改变自己、家庭以及贫困百姓的现状，摆脱苦难的朴素愿望、反抗压迫的意识与英雄崇拜，共同促成了他后来反抗地主、外出打工和参军、闹军饷等一系列"社会改革行动"。这正是自我日益凸显、日益边缘化的典型表现，它使个体日渐疏远和抛弃一般民众的世俗生活方式，而开始形成某种新的生活模式，趋向某种新的观念、价值和社会制度。

早年因家庭生活的贫困或变故而趋向边缘化的社会人物有周恩来、朱德、彭德怀、刘伯承、叶挺、冯玉祥、李宗仁等。在边缘化的过程中，他们优越的学业成绩、社会表现在一定范围内（家长、教师、同学群体等）所引起的社会关注，往往也起到某种促进作用，在这一类人中，有周恩来、陈毅、毛泽东、任弼时、孙中山、叶剑英、蔡元培、梁启超、李宗仁等。如果我们从社会学习理论来分析的话，那么，就具体的心理过程或机制来看，英雄崇拜是个体以历史或现实中的英雄人物为榜样进行学习的结果，榜样所得到的社会认可、社会赞赏、社会关注对个体构成了替代强化作用，增强了个体早期的模仿行为或模仿倾向，而个体在某些活动中（包括学习活动和社会活动）的成功则提高了其践行社会理想的自我效能感，对于实现自己的"英雄理想"的能力充满自信，参与和领导社会行动的"必胜"信念逐渐增强。值得注意的是，个体的某些气质、性格、能力等人格特征，对于上述心理机制的形成及其后来取得的社会成就都起到至关重要的影响。

四　早期的人格倾向：气质特点

童年和青少年时期是个体人格逐渐形成和发展的时期，同样也是社会创造性人格的"诞生期"。从总体上看，社会创造性人物在出生之后即表现出某些有利于社会活动的明显的气质特点，随后，在特定的家庭、学校和社会教育环境中又形成了某些典型的性格和能力特征。尽管这些气质、能力、性格特征在一般同龄人身上也或多或少地存在，或者说，它们尚不足以将早期的"社会创造性人物"与其同龄儿童明显地区分开来，但这些方面的发展却构成了系统的社会创造性发展的一部分，是社会创造性发展的早期表现，为成年期社会创造性的进一步发展奠定了基础，确定了最初的发展方向，或者说，起到了早期定向作用。

相对而言，作为心理活动的动力特点，早期的气质促成了个体对社会活动或社会性问题情境的敏感性和兴趣。从总体上看，外向性是社会创造性群体的突出特点。它意味着，个体喜欢探索外部世界，热情乐观，主动面对和解决各种社会问题，尤其是能主动地与人交往，表现出合群、自信、坦率等行为倾向。对社会交往的敏感性促进了随后的"社交性"性格的进一步发展。这些性格特征包括合群、勇敢、激进、上进、友好、坦诚、泼辣、力行、勤奋、精力充沛、理想主义等。彭德怀、陈毅、叶剑英、刘伯承、陈赓、罗瑞卿、贺龙等军事家早年表现的外向性尤其明显，而任弼时、蒋介石、冯玉祥、李宗仁、孙中山等政治家对社会活动的浓厚兴趣也说明了这一点。

另一方面，有一些人在早年并未表现出突出的外向性，只表现出中等程度的外向性，甚至表现出明显的内向性气质特点，在这些人中，包括毛泽东、周恩来、林彪、罗荣桓、徐向前、叶挺等。但是，这并未对他们参与社会活动的兴趣和积极性带来太大的消极影响，也没有削弱他们早年参与和组织领导社会活动、解决各种社会问题的热情，中等程度的外向性在外界环境（包括社会的鼓励和期望、家长的认可和强化等）的影响下，往往得到增强，而某些人的内向气质也往往为随后的性格发展所掩蔽，其中，内向气质中对社会、对人或事的敏感性保留下来。我们可以推测，内向性气质的敏感性导致了个体对外部社会事件（尤其是消极事件）的强烈反应（更可能是内部的心理反应），进而促成了个体主动改造外部世界、革新社会和控制环境的愿望或行为倾向。在此意义上，我们可以清楚地看到，外部环境和经验对个体气质的"塑造"作用以及特定气质倾向对个体性格形成的影响。显然，我们不能断言，社会创造性人物一定是具有外向性气质的人，同样也不能断言，具有内向性气质的人必然会发展起对社会活动或社会问题情境的兴趣。早期的气质特征与成年的社会创造性之间可能并不存在必然的线性因果关系。

但是，事实表明，无论早年的气质是外向还是内向，个体在随后的生活环境中都可能发展起对社会问题情境的敏感性，发展起社会交往和社会活动的积极性，形成对外部世界的探索欲和革新、开拓社会环境的愿望。早年内向的军事家们（如林彪、罗荣桓、叶挺）由于认识到军事改造社会的巨大力量，发展起对军事活动的浓厚兴趣，内向或没有典型的外向性气质的政治家往往对社会的不公平和民族的苦难有更深刻的认识和体验，这激发了他们改造社会现状、深入唤醒民众的愿望，而对普通民众的强大的社会改造力量的认识，则增强了他们创造性地参与社会交往、领导社会活动的积极性。周恩来从团结同学抵御他人欺负的成功事件中，理解了合群和社会交往的意义，对社会和时代需要的深刻体察则促成了毛泽东联合"同道"、唤醒和组织群众斗争的激情。

五　反叛性、冒险性和高成就动机

从他们早期的人格倾向来看，人格的和谐性程度是相当低的，或者说，他们主要处于人格和谐性的萌芽阶段。这意味着，在童年和青少年时代，个体在特定人格维度上往往表现出"极端化"的倾向，显示了外向而非内向、坦率而非含蓄、直率而非深沉、激进而非中庸、竞争而非谦让等一系列"单极化"的人格特征。相对而言，反抗、冒险、高成就动机是社会创造性群体的早期表现最为突出。

（一）反叛性

从早期生活的记录中，我们很容易发现他们反抗或叛逆行为的迹象。毛泽东十三岁时，曾为反抗管教严厉、时常责打学生的塾师，从学校出走；在家里反抗父亲当众责骂、侮辱人格的行为，反对父亲苛刻的管教和落后的世俗观念。平时，他喜欢阅读中国古代的传奇小说，尤其是关于造反的故事，同情穷人的抢米行动以及反抗地主和当时政府的造反英雄，钦慕改庙宇为学校的"激烈教员"。在美国记者埃德加·斯诺的采访中，毛泽东曾这样回忆道："这些密切发生在一起的事件（指上述'造反'事件），给予我这已经有着反叛性的青年头脑以一个永久的印象。在这个时期，我开始有了某种程度的政治意识，尤其是在我读了一个谈论（列强）瓜分中国的小册子之后"（埃德加·斯诺，2001，p.13）。显然，反叛逐渐由家庭、学校扩展到更广泛的社会，从反抗家庭中父母的专制权威和学校教师的无理管教，逐渐发展为对不合理的社会制度的反抗，这主要是在认识到国家和民族的危难及其与自身的关系，形成社会责任感之后才出现的。其他人物也表现出类似的反叛行为。刘少奇、林彪反对家庭的传统观念和父母包办婚姻的做法，抛弃温馨的家庭生活，而投入高涨的社会运动浪潮中；周恩来在家庭中虽然表现"温顺"，似乎并无太多的反抗，其实不然。在两位母亲相继病故、自己佐理家务的过程中，产生了对陈规陋习的厌恶和憎恨；痛恨清朝的腐败统治，辛亥革命后率先剪去象征清朝臣民的辫子；在南开中学，发起组织敬业乐群会，在《敬业》与《校风》等刊物上连篇发表文章针砭时弊，抨击社会制度的腐败和官场的黑暗；激烈反对袁世凯接受日本政府企图独占中国的"二十一条"修正案；参加天津各界群众举行的救国储金募款大会，并发表演说，号召群众誓雪国耻，坚决不当亡国奴。显然，周恩来早期的反抗意识和反叛行为主要是指向当时的社会制度和腐败统治的。

除了对动荡的社会现实的深刻体察以及对反叛行动的观察学习之外，个体早期的反叛意识和行为主要是由两种因素激发出来的。其一是家庭生活的贫困。个体家庭环境的变化，尤其是家道衰落、家庭变故所带来的深刻的心理体验，构成了其反叛性的情感基础。周恩来是其中的一个典型例子。两位母亲病故、家道中落所带来的家庭环境的巨大变化让他深刻体会到世态炎凉，认识到各种陈规陋习的毒害。彭德怀、刘伯承的早年家庭生活尤为贫困，父亲或母亲的亡故、难于糊口的生活景况，自然地激起他们强烈的社会不公平感，进而激发了对当时社会现实和社会制度的强烈不满和反抗。叶挺也有类似的经历。其二是社会先进力量的唤醒。就中国近代半殖民地半封建社会而言，可谓内忧外患、国耻家仇接踵而至，开明人士大力宣传各种进步的思想，以唤醒民众，救亡图存，富家强国，从清末的维新变法、洋务运动，到后来各种形式的社会改良，再到辛亥革命和新文化运动，谋求民族独立富强的呼声不绝于耳。在 19 世纪末 20 世纪初开办的各级各类学校中，民主、科学、革命、改良的思想以各种方式传播着。我们所考察的人物几乎都在某种程度上受到这些进步思想的影响和感染。毛泽东十三岁时即读过主张革新的小册子《盛世危言》，在湘乡和长沙读书期间，又深受"西学"、社会改良思想、民族民主革命思想的影响，经常阅读梁启超主办的《新民丛报》和革命党人主办的《民力》报，最后又认识并接受了共产主义思想。这些思想直接促成了他的反叛性或改变社会现实的愿望，促成了他参与、组织和领导各种社会改造行动的激情。周恩来也是如此。十岁那年，他在表舅龚荫逊的家塾寄读，就已经受到革新派人物表舅的政治启蒙，入小学和中学后，在具有进步思想的教师影响下，他先后阅读过陈天华的《警世钟》、《猛回头》和邹容的《革命军》等宣传革命的著作，尤其是在天津南开学校，不仅深受进步教师的影响，而且自己平日关心时事，经常阅读具有爱国民主思想的书刊（如《民权报》、《大公报》）以及西方启蒙思想家的著作（如卢梭的《民约论》、孟德斯鸠的《法意》、赫胥黎的《天演论》）。可以说，对腐败的社会现实的体察奠定了他们反叛的感情基础，社会进步力量和先进思想的启蒙和渗透则进一步强化了他们的反抗意识，深化了他们对社会现实的理性思考，直接促成了他们社会参与的激情和反叛行为。这种参与和反抗行动反过来又进一步增强了他们的反抗性人格倾向。

　　作为行为的后果或对行为的反馈，反抗的成功或社会活动中所取得的成绩无疑起到了某种强化作用。毛泽东曾经回忆，在读私塾期间，他格外反感塾师的严厉管教和父亲的不通情理的做法，曾离家出走，但首次"罢课"后，"出乎我的意料之外，情形反而好了一点。""一向严厉的父亲比较能体谅我了，而塾师也较前来得温和。我这次反抗行为的结果，给我的印象极深。这是我第一次胜利的'罢课'"（埃德加·斯诺，2001，p. 5）。学校里的反抗与家庭中的反抗几乎同时发生，而且取得了类似的胜利。毛泽东回忆说，十三岁左右，有一天父亲请了许多客人到家中来，"父亲当众骂我，说我懒惰无用。这使我大发其火。我愤恨他，离开了家。我的母亲在后面追我，想劝我回去。我的父亲也追我，同时骂我，命令我回去。我走到一个池塘的边上，对他威胁，如果他再走近一步，我便跳下去。在这个情形之下，双方互相提出要求，以期停止'内战'。我的父亲一定要我赔不是，并且要磕头赔礼，我同意如果他答应不再打我，我可以屈一膝下跪"（埃德加·斯诺，2001，p. 7）。结果，父子互相妥协，结束了"战事"。这次反叛斗争的胜利产生了父亲没有预料到的"心理效应"，毛泽东后来说，"从这一次事件中，我明白了当我以公开反抗来保卫我的权利时，我的父亲就客气一点；当我怯懦屈服时，他骂打得更厉害"（埃德加·斯诺，2001，p. 7）。少年毛泽东总结出来的这一"反抗成功律"，即公开反抗导致对方的妥协或客气，而怯懦屈服导致对方的压迫加剧这一"公式"，影响了他随后的生活。终其一生，毛泽东充满了反抗精神，这与他早期反抗成功的经验和"反抗成功律"的影响密不可分。他后来所领导的一系列罢工、罢课以及农民起义，几乎就是早年所总结的"反抗成功律"的实际应用或拓展。李立三、叶剑英等均有过与少年毛泽东类似的经历。反抗成功所带来的巨大强化作用往往促成了个体更深层的、更广泛的反抗斗争或"叛逆"。虽然他们后来的反叛行动成败参半，有的甚至因行动失败而无法保证正常的个人和家庭生活，但这些失败并未削弱反而增强了他们反叛性的人格倾向，其中一个主要原因在于，早期反抗成功的强化增强了他们的自我效能感，促成了他们对反抗的成功后果的期待，一方面，他们对自己领导或参与的反抗行动抱有充分的信心和坚定的信念，预期正义的反抗将取得最终的胜利；另一方面，他们对自己领导或参与反抗行动的能力具有高度的自信。

需要指出的是，在他们的早期生活中，这种反叛性最经常、最典型地出现于青少年时期。发展心理学研究表明，青少年时期是生理发育日趋成熟的时期和"心理断乳期"。这一时期，个体的自我意识开始觉醒并趋于高涨，表现出强烈的独立性和摆脱父母束缚的愿望，表现出较强的合群性以及对同伴群体的价值观的认同。显然，青少年身心的急剧变化在一定程度上促成和强化了这些人物早期的反抗性。虽然在当时社会中，一般的青少年也可能在家庭中表现出某种不顺从行为，但由于当时传统价值观的限制，他们更可能抑制或削弱了自身的反抗性。相对而言，社会创造性人物的反抗性往往更为突出，他们敢于挑战传统的价值观。在家庭中如此，在社会中尤其如此。在家庭中的反抗很大程度上是对传统的家庭价值观的反抗，对社会的反抗则是对封闭、沉闷、压抑的社会体制和社会价值体系的反抗。可以说，他们进行的反抗是一种与时代要求相应的、更广泛的反抗，它同时表现于家庭、学校与社会中。另一方面，他们并未形成对同龄群体的"庸俗"价值观的认同，因为与之同时代的许多青少年过早地融入了旧式的生活模式，接纳了各种传统的价值观念。他们"超越"了一般的同伴关系，与一些志同道合、具有社会责任感和历史使命感的"爱国者"和"进步者"结成密友。我们可以从毛泽东、周恩来、刘少奇、孙中山等人的青少年时期十分清晰地看到这一点。这种不寻常的同伴关系是与青少年时期普遍的交友或结群需要有关，而更主要的是由社会进步的需要、与旧的社会制度进行抗争的需要所促成的。在此意义上，他们早期的反抗性也表现为对同龄群体的"低迷"价值观和行为方式的背叛和疏远。

（二）冒险性

冒险性是社会创造性人物早期的另一重要特征。它是指个体为了达到某种有个人或社会价值的目标而勇于面对危险情境或主动解决特定问题的行为倾向或性格特征。在这种危险情境或社会问题情境中，个体可能会获得某种非同寻常的成功（在一般情况下难以取得的成功或成就），从而在很大程度上改善自身的境况或社会环境，赢得极大的社会荣誉；也可能彻底失败或无法解决社会问题，而带来痛苦体验和消极的社会评价，乃至为个人的生命和正常的生活带来严重的威胁。一般说来，成功的概率与冒险的程度呈"反比"关系，也就是说，获得成功的可能性越小，所需要的冒险性越大，反之，冒险性则越小。早期生活中表现的冒险行为反映了他们对社会性问题情境的探索性，换句话说，冒险性是探索性人格的一个重要方面。

他们的冒险性表现于各种社会情境中，不仅包括为了探求更好的受教育机会和自我发展机会而进行的"学业冒险",而且包括为了实现某种抱负或理想而进行的"革命冒险"。另外,还有为了创造性解决社会问题而进行的"改革性冒险"。据毛泽东回忆,他就曾经在学业上进行过几次冒险。第一次冒险是因反对塾师的严厉管教而离校出走,在外"漂流"三日方才回家,这次冒险最直接的目的是摆脱教师与家长的束缚,少年毛泽东此时所面临的危险在于,可能受到父亲和教师更严厉的惩罚,丧失学习机会,幸运的是,他的第一次冒险就获得了成功:回家之后,情形好了一点,"父亲比较能体谅我了,而塾师也较前来得温和"(埃德加·斯诺,2001,p. 5)。第二次学业上的冒险是争取父亲和其他亲戚的支持进湘乡县东山小学堂。父亲起初坚决反对,他准备让毛泽东到湘潭的一家米店当学徒。毛泽东向亲戚朋友"游说",通过他们打动父亲,赢得了他的同意,而且从亲戚那里筹措到了入学的膳宿费和学杂费,如愿以偿。这次冒险行动的危险在于,它可能使毛泽东失去良好的职业或工作机会。第三次学业冒险是18岁那年立志到长沙读书。对长期生活在农村的毛泽东来说,进长沙这样的大城市无疑是一种新鲜的经验,也是对新的生活方式和事业前途的一次探索,它意味着,他将失去相对稳定、安适的家庭生活和职业,而选择前途未卜、流离动荡的求学生涯。在当时动荡的社会背景下,这样的求学本身就是一次冒险。同样,在长沙这样的大城市,对于进什么样的学校、在学校中会获得什么样的成绩、毕业后能从事什么样的职业或前途,他并不明确。毛泽东先进入湘乡驻省中学、省立第一中学,后又报考湖南第四师范学校(后与第一师范合并),在那里进行了长达五年的学习。学业上的多次冒险伴随着与家庭、与学校乃至与社会的多次决裂或冲突,伴随着对旧的传统价值观的多次背叛和抗争。毛泽东早年的读书生活常常遭到父亲的反对和阻挠,他往往要做大量的"思想疏通工作",才能获得家庭的某种认同和支持。即使在学校中，毛泽东也常常有一些非同寻常的举动，如反对东山学堂校长，在湘乡驻省中学带头剪去象征清朝统治的辫子，抗议师范学校当局乱收学杂费，而每一次反叛都可能受到学校当局的压制而失去求学机会和良好的工作机会。在此意义上，反叛本身就是冒险，个体的反抗性本身就是一种冒险性的人格倾向。

如果说，家庭贫困导致许多人在早期就丧失了良好的受教育机会，因而未表现出某种学业冒险的话，那么，政治冒险则是领袖人物最典型、最普遍的冒险形式。毛泽东、周恩来、孙中山等人都有过带头剪发辫的革命行动。这可以说是他们人生中较早的政治冒险，因为这可能招致习俗势力的嘲弄、政府和学校当局的压制和打击。随之而来的往往是一系列更激烈、更富有热情和反抗性的政治参与行动，包括在青少年学生和群众中组建各种反对旧思想、旧文化、旧习俗的进步团体，参与辛亥革命、新文化运动等颠覆当时社会制度和文化的重大改革运动，组织反对地主、富农的剥削和压迫的活动等。

这种更高层次上的冒险使个体不仅要面临某种机会（求学、谋生、职业机会）丧失的危险，不能得到传统家庭和世俗社会的认同，而且更要面临地位、荣誉、前途乃至生命丧失的危险，因为反对政府当局或当时的社会制度，他们随时可能遭到逮捕、拘禁、毒打甚至枪杀。就其自身而言，青少年时期的冒险是个体在事业、前途的冒险，是对自身生活道路的重大选择，它为成年后的生活模式奠定了基础，成为职业革命家、职业政治家、职业军事家和社会活动家的"训练营"，他们开始尝试创造性地面对和解决社会问题。

六 自我身份感的确立

埃里克森（Erikson，E. H.）从毕生发展的意义上将人格的发展划分为前后相继的八个阶段，每个阶段都面临着一种主要的人格发展危机，解决这一危机，发展起良好的人格品质，是该阶段的主要任务。其中第五个阶段，即青年时期的危机是自我同一性或自我身份感（self-identity）对角色混乱，主要任务是确立自我身份感（自我同一性），避免自我同一性混乱。自我同一性是衡量一个人，尤其是青少年人格发展的重要指标。自我同一性可以指一个人对他的个人身份的自觉意识，对自己性格发展保持连续性的无意识追求，也可以指对某一群体理想和特征的内心趋同。简单地说，我们可以把自我同一性理解为一个人对自己的本质（自己之与他人的独特性）的统一性意识。如果一个人能够清楚地了解现实中的自己，了解自己的外貌、个性、信仰、民族、职业等，了解现在的自己与过去的自己之间的连续性或统一性，并在此基础上形成将来的自我的形象，即知道自己将来会成为一个什么样的人，具有明确的理想和行动目标，那么，我们就可以说，他的自我同一性获得了较好的发展，反之，就可能导致角色混乱。青少年时期是个体通过各种探索，努力确立自我同一性的重要时期。

　　我们所考察的对象在青少年时期同样面临自我同一性形成的任务和危机，但他们中的大多数人最终形成了良好的自我同一性。他们不仅能客观地认识和对待自己的过去，而且能客观评价和接受现实中的自我，自信、自觉、独立，更重要的是，他们往往能够形成对未来自我形象的设计，形成良好的理想自我，实现由"个我"向"社会我"、由"小我"到"大我"、由"私我"向"公我"的转变。

　　从毛泽东对自己思想、性格的发展历程的回顾，我们可以发现，他在青少年时期经历了一个明显的自我身份感形成或自我角色整合的过程，从读《四书》、《五经》到读各种"杂书"、"闲书"（如《岳飞传》、《水浒传》、《三国》），从反抗父亲和教师的严厉压制到反抗社会的不公平，从崇拜各种历史英雄和民间造反志士到向往、赞同和拥护当时的社会改良主义者和革命者，从认同英雄主义到相信自由主义、民主改良主义、空想社会主义以及无政府主义，再到信仰马克思主义，成为一个真正的马克思主义者（于 1920 年左右，即成年初期，才真正确立自己的信仰和社会理想）。很显然，这是不断摸索前进和自我整合的过程，是日益意识到自己的社会责任和历史使命的过程，也是其生活理想逐渐确立的过程。

　　早在青少年初期，毛泽东就通过对政治腐败、列强入侵、官逼民反以及新潮思想运动形成了深刻的印象。他说，"在这个时期，我开始有了某种程度的政治意识，尤其是在我读了一个谈论（列强）瓜分中国的小册子之后。""我为中国的将来痛心，开始明了大家都有救国的责任"（埃德加·斯诺，2001，p. 13）。在这种"政治意识"和"救国责任感"的驱动下，毛泽东拒绝了父亲让他到一家米店当学徒的安排，选择了进新式学校、求学读书的道路，在新思潮的冲击和影响下，他又"参加"了辛亥革命，领导了反对军阀当局统治的斗争。经过这样的摸索，到 1920 年夏，他"在理论上和某种程度的行动上，变成马克思主义者"，建立了对马克思主义的信仰，而且"一旦接受它是历史的正确解释后，此后丝毫没有动摇过"（埃德加·斯诺，2001，pp. 35—36）。至此，他完成了由个我到社会我的转变，实现了清晰的自我同一性或自我身份感，而此后的一系列职业化的政治和革命活动，都是其理想自我、大我或社会我"现实化"的结果或具体表现。

　　青少年时期的周恩来也具有类似的经历。他十岁左右即得到政治上的启蒙，受到民主革命思想的影响，后于奉天府小学读了不少宣传进步思想的书刊，十三岁（1911 年）即有了"为中华之崛起而读书"的志向，这促成了他勤勉的学习和优异的学习成绩，也推动着他积极参与各种社会活动，发动、组织和领导各种社会团体，乃至到日本留学。在此过程中，他的"大我"或"社会我"逐渐形成。他目睹"社会之鄙陋，闻政府之黑暗"，深感气愤；对穷苦百姓充满了同情："踯躅途中，睹乞丐成群也，则思推己及人，视天下饥如己饥，溺如己溺"（中共中央文献办公室，1998，p. 3）；在日本留学期间，他强调要有"真正立身的根本与这个恶劣社会交战"（中共中央文献办公室，1998，p. 25），认为"有大志向的人，便想去救国，尽力社会"，"要随着进化的轨道，去做那最新最近于大同理想的事情"（中共中央文献办公室，1998，p. 26）。相似的，在对各种思潮（社会改良主义、无政府主义、基尔特社会主义、日本新村主义、工团主义等）进行思考、甄别的基础上，最终于1921年（23岁）左右确立了对共产主义的信仰。由早期的"英雄主义自我"向"共产主义自我"、由"私我"向"公我"的转变以及相应的政治行动，在很大程度上标志着周恩来自我同一性或自我身份感的正式确立。

可以说，绝大多数社会创造性人物在他们的青少年时期都确立了自己的"社会自我"，虽然在自我同一性形成的时间上有早有晚，有的甚至直到成年初期才得以确立，但可以肯定的是，他们对自我同一性或自我身份感的探索却从未停止过，通过各种各样大胆的"社会试验"——参与、组织或领导各种社会活动，他们逐渐确立了比较牢固、积极、富有创造性的自我身份感，一般是在成年初期之前找到了自己的这种"身份感"。这构成了他们成年期人格健康发展的基础，而避免了角色混乱的消极影响。

相反，不能确立自我同一性的个体往往出现角色混乱或自我同一性扩散，他们或者高度认同和热衷于传统价值观，注重与传统家庭的联系，从而过早地停止了对自我身份感或同一性的探索，将"自我意象"固定下来，或者无法清楚地界定自我，不知道自己究竟是一个什么样的人，想要成为什么样的人，既不能积极地反思和探求自己的内心世界，也不愿积极地投入外部的社会活动，陷入茫然失措、无所适从的状态。显然，在家庭和社会的压力下，与这些领袖人物同时代的众多青少年可能较早地停止了自我同一性的探索，而认同或屈从了传统的社会价值观，另一些青少年则可能处于同一性扩散或角色混乱状态。两种不同的生活道路由此形成了。

第 三 章

领袖人物成年初期创造
人格的发展

进入成年初期后，这些社会领袖人物的社会理想逐渐牢固地确立，他们开始为理想而奋斗，在理想主义的促动下兢兢业业地工作、活动，在此过程中，他们人格的创造性得到进一步的增强，他们的人生由此进入了一个崭新的阶段。

第一节　成年初期人格发展的特点

与童年和青少年时期一样，成年初期的人格发展也可以从基本特点和人格和谐性两个侧面加以分析和描绘。但是，这一时期，他们的人格呈现出许多与前一时期不同的特点。

一　成年初期人格的基本特点

在成年初期，同时符合上述三个标准的人格形容词包括：知耻，善良，严肃，克己，出众，合群，竞争，倔强，勇敢，有为，细心，独立，激进，真诚，稳重，坚定，宽容，上进，外向，沉着，自尊，随和，果断，能干，坦率，冷静，泼辣，敏感，自觉，爱国，自信，豪爽，坚强，尚武，有恒，直率，好斗，圆滑，超前，踏实，认真，创新，反抗，理智，力行，顺从，热情，勤奋，合作，敌对，冒险，深刻，谦让，礼貌，条理，理想主义，坚韧不拔，富有心计，实事求是。

　　与童年和青少年期相比，进入成年初期后，社会创造性人物的人格发生了更为深刻的变化。这主要表现在两个方面，一是显著人格特征的多样化与人格结构的丰富化，一是人格特征显著程度的增强。他们不仅表现出丰富多彩的积极的人格特征，包括知耻、克己，出众，勇敢，有为，细心，独立，真诚，坚定，上进，沉着，自尊，果断，能干，聪明，冷静，自觉，爱国，自信，坚强，认真，敏感，有恒，踏实，创新，理智，力行，勤奋，深刻，条理，富有心计，坚韧不拔，礼貌，而且，在一些消极的人格特征，包括小心、顺从、中庸、残酷、虚伪、孤独、挑剔、无情等词项上的得分也有提高。同时，与早期相比，成年初期在原有的各种人格特征上的平均得分也明显提高。

　　运用主成分分析法对上述人格特征变量进行因素分析，根据因素解释率和陡阶图，从中抽取 5 个主因素，依次命名为坚定有为性、尽责性、自我完善性、开拓求新性、外向独立性，累积方差解释率为 62.63％。其中，坚定有为性包括乐群性、外向性、敢为性和出众性等方面，反映了个体自我表达、乐群协作、务实践行的倾向；尽责性主要反映了个体在工作中所表现的成就动机、有恒性及理智、冷静等兴奋性特点；自我完善性主要反映个体的道德自律和自我激励倾向；开拓求新性主要反映了个体刻意求新和理想化的倾向；外向独立性包含了外向性、随和性、独立性等方面，反映了个体在社会情境中的主动探索倾向以及对待社会规则和他人的态度。显然，社会创造性人物在成年初期的人格结构虽然与"大五"人格没有十分严格的对应关系，但上述各因素基本上考察了"大五"人格结构的各个侧面，即开放性或求新性（Openness）、尽责性（conscientiousness）、内外向性（extroversion/introversion）、悦人性（agreeableness）、神经质（neuroticism）。而且，这一时期的人格结构与前一时期即童年和青少年时期具有明显的一致性。

从总体上看，成年初期的社会创造性人格呈现某些新的特点，主要表现在以下几个方面。

1. 人格结构相对均衡化，各个维度在人格结构中所占的比重呈现"趋同化"特点，主要表现为上述各个维度的特征值和因素解释率相差不大。与早期相比，在成年初期的人格结构中，不是某个因素或维度占主要地位，其他因素居次要地位，而是"优势均衡"，各人格维度在其中均处于较重要的位置。结合前面的分析，不难看出，高度的独立性，对社会现实的批判性和挑战性，对他人的友善性或随和性，对自我的道德约束和激励，自尊、自信的生活态度，高度的成就动机和自制力，与坚定有为性一起，成为成年初期社会创造性人格发展的基本内容。

2. 相对而言，坚定有为性仍然居于"相对"重要地位。这意味着，在成年初期，能否勇敢有为，主动探索各种社会情境，解决各种社会性问题，充分地展现自我，开始成为评价这些社会领袖人物的基本标准。而作为"人格力"的反映，毅力、胆略在成年初期人格中的地位显著上升，显然，它对个体创造性的发展和表现都具有重要的促进作用。

另一方面，在各个人格维度上，不同人格变量所占的"比重"也是不同的。由表4—2可见，在坚定有为性上，坚韧不拔、力行、坚强、豪爽、合群等人格变量的负荷较高；在尽责性上，勤奋、条理、认真、有恒、理智等变量的负荷较高；在自我完善性上，知耻、上进、爱国等变量的负荷较高；在开拓求新性上，激进、理想主义等变量的负荷较高，而在外向独立性上，竞争、反抗、自信的负荷（绝对值）较高。这再次说明，自制、自强、自立、自信是成年初期社会创造性人格的显著特点，同时也是社会创造性人格日趋完善的重要标志。

二　成年初期的人格和谐性

成年初期人格和谐性的程度提高，并呈现出某些新的特点。从平均水平上，该群体同时表现出较高的严肃与温和、含蓄与坦率、深沉与直率、独立与合作、倔强与随和、超前与踏实、竞争与谦让、实事求是与理想主义、克己与豪爽、理智与激进、稳重与冒险等人格特点，它们的平均值均在 5.00 分以上，即该群体在总体上"有点符合"、"比较符合"或"完全符合"上述人格描述，而且表现出某些中等符合水平（处于"不能确定"与"比较符合"之间）的人格品质，其中包括平凡、挑剔、无情、内向等。它说明，进入成年初期后，随着生活和工作环境性质的转变，社会创造性群体的社会化程度进一步提高，人格开始表现出职业化的倾向。而且，与前一时期相似，严肃与温和、坦率与含蓄、超前与踏实、出众与平凡、泼辣与文静、克己与豪爽等看似相互对立的人格特征之间也呈现出不显著的正相关关系。

与前期相比，个体符合对立性人格特征的程度之间的差异发生了进一步的变化。一方面，差异不显著的对立性人格特征的数量有所增加，其中包括严肃与温和、直率与深沉、独立与合作、超前与踏实、竞争与谦让。另一方面，上述和谐性程度的变化主要是由个体的严肃性、敏感性、深沉、踏实、谦让、实事求是等人格倾向的增强导致的，从对立性人格特征均值之差的前后变化可以看到这一点。

与前一时期相似，以主成分分析法对成年初期的人格和谐性变量进行因素分析，可以从中抽取 4 个主因素，分别可以命名为亲和友善—攻击冷酷和谐性、谦和沉静—探索求新和谐性、外倾豪放—内倾自制和谐性、刚强自立—随和沉稳和谐性，其中，亲和友善—攻击冷酷和谐性主要反映了合群、热情、真诚、友好、善良等亲和友善性与孤独、冷漠、虚伪、敌对、残酷等攻击冷酷性之间的中和或平衡倾向，其特征值和因素解释率最高；谦和沉静—探索求新和谐性主要反映了温和、中庸、平凡、谦让、顺从、文静等谦和沉静性与严肃、激进、出众、竞争、反抗、泼辣等探索求新性的中和或平衡倾向；外倾豪放—内倾自制和谐性主要反映了外向、坦率、直率、独立、豪爽等外倾豪放性与内向、含蓄、深沉、合作、克己等内倾自制性之间的平衡或中和倾向，反映了气质特征的和谐性；刚强自立—随和沉稳和谐性则主要反映了倔强、圆滑、冒险等刚强自立性与随和、诚实、稳重等随和沉稳性之间的平衡或中和倾向。上述因素较好地整合了成年初期表现突出的人格维度，包括坚定有为性、尽责性、自我完善性、开拓求新性、外向独立性。

三　成年初期人格发展的意义

（一）成年初期的基本人格倾向

由以上结果我们可以发现，成年初期的人格呈现两大变化，一是显著人格特征的多样化与人格结构的丰富化，一是人格特征显著程度的增强，这同时表现在"积极"的人格特征与"消极"的人格特征两个方面。这一方面说明，随着社会经验的丰富和社会生活情境的多样化，社会创造性人格逐渐呈现出两极化的发展趋势，人格结构本身变得日益复杂；另一方面说明，随着年龄的增长，社会创造性人格的和谐性、灵活性得到发展，各种人格特征之间的整合程度大大提高，人格的适应性大大增强了。各种人格特征的"明显化"进一步印证了社会创造性人格的发展性和可塑性。

　　结果表明，成年初期的人格主要表现在坚定有为性、尽责性、自我完善性、开拓求新性、外向独立性五个方面，其中坚定有为性居于首要地位，但从总体上看各个维度的特征值和因素解释率之间相差不大，人格结构相对均衡。显然，进入成年初期后，个体社会活动的职业化进程加快，人格的发展也呈现职业化和"角色化"特点，相应的，勇敢有为、主动探索、自制、自强、自立、自信、毅力和胆略开始成为个体适应社会创造职业、参与频繁的社会活动的基本条件。另一方面，进入成年初期后，个体对复杂多变的社会环境的适应性增强了，社会创造性人格的各个侧面都得到一定的发展，人格结构日益完善，人格特征日益丰富化和全面化。

　　上述研究结论与艾森克的观点（Eysenck，1997）在很大程度上是一致的，尤其是在坚定有为性、开拓求新性、外向独立性方面。艾森克将内部动机、信心、非遵从性、创造性特质看作创造性人格的核心成分，他总结指出，自我的力量，包括坚强的意志、有主见、自恃、独立等，是创造性人格的重要品质。就人格的领域特殊性而言，成年初期所表现的外向独立性人格倾向与科学家、艺术家较低的社会性或社交能力构成鲜明的对比。

　　成年初期人格的发展还呈现出与早期的某种连续性。这种连续性不仅表现为前后两个时期的人格结构基本相似，而且表现在人格的传统性、时代性上，例如，知耻、爱国、上进、勤奋等变量，在人格结构中都占有重要地位，它说明，某些优良的传统价值观在社会创造性人格的发展中仍然发挥着不可低估的影响，而且，在某种意义上，它构成了个体人格发展的社会基础。

（二）成年初期人格的和谐性

我们的研究结果表明，成年初期人格和谐性的程度提高，与前期相比，个体在对立性人格特征上的得分之间的差异发生了进一步的变化，差异不显著的对立性人格特征的数量有所增加。进入成年初期后，随着生活和工作环境性质的转变，社会创造性群体的社会化程度进一步提高，人格开始表现出职业化的倾向，政治、军事以及有关的社会活动中所需要的各种"积极"和"消极"的人格特征逐渐增多、增强。而且，与前一时期相似，严肃与温和、坦率与含蓄、超前与踏实、出众与平凡、泼辣与文静、克己与豪爽等看似相互对立的人格特征之间也呈现出不显著的正相关关系，这说明了成年初期人格成熟程度的进一步提高和人格结构的进一步改善。

在人格和谐性因素结构中，反映个体对待他人和社会的态度的亲和友善—攻击冷酷和谐性在人格和谐性结构中占据最主要的地位，其次才是对待事业、工作环境的态度和谐性以及气质和谐性。与前一时期不同，成年初期是个体逐渐走向职业化的阶段，是逐渐适应社会创造性职业环境，并形成特定的反应模式的阶段。这一时期人格的和谐性结构开始受到个体社会经验的深刻影响，适应社会活动的要求，社会化或职业化程度不断提高，以人际交往和人际关系问题的解决为基本要素的社会创造性职业客观上要求个体具备变通性更强、更灵活的反应倾向。在此意义上，成年初期实际上也是人格发展的重要转折期或过渡期。

第二节　成年初期人格发展的相关因素

成年初期的人格特点与上述各种因素的关系发生了进一步的

变化，在某些方面又呈现出与前一时期的相似之处。显然，这与成年初期人格的变化是密切相关的。

一　成年初期的人格基本倾向的相关因素

（一）与家庭环境变量的关系

我们分别考察了成年初期各个人格侧面，包括坚定有为性、尽责性、自我完善性、开拓求新性、外向独立性，与个体成长的家庭环境变量的关系。结果表明，家庭价值观和人际关系对成年初期的开拓求新性具有显著的负向预测作用，而家庭秩序性对外向独立性具有显著的正向预测作用。

进一步分析发现，早年家庭的传统价值观念越强，家庭关系越亲密，家庭成员思想、行为的一致性越高，个体在成年初期的尽责性就可能越高；家庭对社会、智力和文化活动的兴趣越大，家庭关系越亲密，个体开拓求新性就可能越低。另一方面，家庭控制性越强，家庭关系的亲密性越低，个体的外向独立性就可能越强，社会创造性人物在成年初期的人格特点充分证明了这一点。

（二）与家庭教养方式、家庭基本特征的关系

我们的分析显示，在早期母亲的拒绝越多，个体在成年初期的自我完善性，包括知耻、细心、坚定、上进、自尊、自觉、爱国等人格倾向，就可能越不明显，而母亲的接纳可能对其自我完善性的发展具有促进作用。而且，家庭环境可以预测成年初期的尽责有为性、外向性与稳定性人格倾向。母亲具有某种宗教信仰的个体在成年初期的坚定有为性比较低，社会经济地位越低，成年初期的自我完善性倾向就越明显，而且，家庭规模越大，个体的外向性就越不明显。

（三） 与个体受教育经历的关系

成年初期的人格倾向与其受教育经历的关系分析表明，职业训练对个体成年初期的开拓求新性、是否接受荣誉对外向独立性人格倾向均具有显著的预测作用。进一步检验表明，未受过后来所从事的职业训练的个体在成年初期的开拓求新性显著高于接受者，未接受荣誉者的外向独立性显著高于接受者。

不可否认，随着年龄的增长，个体激进、冒险、理想主义等人格倾向会有所缓和或减弱，但系统的职业训练（尤其是军事训练）同样可以提高个体的务实、稳重及合作倾向，以适应职业的要求，从而在一定程度上降低个体的激进、竞争倾向。与前一时期相比，职业训练的作用似乎发生了某种变化，即由早期的"正向增强"作用变为"负向减弱"作用，这种变化也许反映了职业化的影响或人格职业化的过程。另一方面，在成年初期，荣誉对人格倾向的影响与早期基本一致。

（四） 与个体事业经历、社会参与经验的关系

相关分析表明，在成年初期的人格与事业经历的相关中，除坚定有为性与最高职务的实际任期、自我完善性与开始担任一生中最高职务的实际年龄的相关系数达到显著或边缘显著水平之外，其他变量之间的相关均不显著，人格对事业经历变量的回归方程也均不显著。这种相关或预测模式与早期相似。以社会参与的频繁性、重大社会参与行为的数量作为个体早期社会参与经验的主要指标，考察它们与成年初期人格发展的关系，结果显示，重大社会参与数量可以显著预测成年初期的尽责性、外向独立性。而且，从关系的密切程度来看，在成年初期，个体参与重大的社会活动，与他们高度的尽责性或稳重、冷静、踏实、理智等人格倾向具有更为密切的关系。本结果与前一时期的有关结论是

一致的。

二　成年初期人格和谐性发展的相关因素

（一）与家庭环境变量的关系

到了成年初期，在低控传统型家庭环境中成长起来的个体在泼辣—文静性上的得分显著高于高控传统型家庭中成长起来的个体。家庭价值观与人际关系可以显著地预测成年初期的亲和友善—攻击冷酷和谐性、谦和沉静—探索求新和谐性以及合群—孤独性、热情—冷漠性、真诚—虚伪性、激进—中庸性、出众—平凡性，家庭活跃性可以显著地预测深沉—直率性、倔强—随和性、创新—保守性。也就是说，在成年初期的人格发展过程中，家庭的伦理价值观念和成就动机越强，家庭成员之间的一致性或亲密度越高，亲和友善—攻击冷酷和谐性、谦和沉静—探索求新和谐性及合群—孤独性、热情—冷漠性、真诚—虚伪性、激进—中庸性及出众—平凡性的得分就可能越低；相似的，早期的家庭环境越注重情感表达和知识性，深沉—直率性、倔强—随和性、创新—保守性的得分就可能越低。另外，随着家庭价值观和人际关系、家庭秩序性的增强，泼辣—文静性的得分也有所降低。这说明，价值观明确、人际关系和谐和相对活跃的家庭环境可以促进成年初期的某些人格和谐性倾向的发展。

（二）与家庭教养方式的关系

我们对成年初期的各种人格和谐性与早期的家庭教养方式进行了分析，结果表明，父亲的慈爱性可以显著地预测刚强自立—随和沉稳和谐性及倔强—随和性、宽容—挑剔性的得分，母亲的严厉性可以显著地预测创新—保守性、敏感—侠义性的得分，父亲的严厉性则可以显著地预测出众—平凡性的得分。也就是说，父亲在早期的慈爱性倾向越强，成年初期的倔强—随和、宽容—挑剔的和谐性倾向就越低；母亲在早期的严厉性倾向越强，个体成年初期的创新—保守的和谐性就越高。而父亲越严厉，成年初期的出众—平凡和谐性倾向就可能越弱。

（三） 与家庭基本特征的关系

到成年初期以后，在弟兄姐妹中排行又靠后、母亲具有某种宗教信仰的个体，其外倾豪放—内倾自制和谐性比较明显；而且，母亲具有某种宗教信仰的个体在合群—孤独性、含蓄—坦率性、宽容—挑剔性的得分要低于母亲无宗教信仰的个体，而在独立—合作性、克己—豪爽性上相反，也就是说，他们的合群—孤独性、含蓄—坦率性、宽容—挑剔的和谐性倾向较强，而独立—合作性、克己—豪爽的和谐性倾向较弱（合作性而不是独立性较高，克己性而不是豪爽性较高）。类似的，父亲具有某种宗教信仰的个体，其倔强—随和、稳重—冒险的和谐性倾向较强，而刚强自立—随和沉稳和谐性倾向较低。另外，家庭经济地位越低，成年初期的多情—无情和谐性就可能越明显。

（四） 与个体受教育经历的关系

分析显示，受过后来所从事的职业训练的人物在亲和友善—攻击冷酷和谐性及合群—孤独性、真诚—虚伪性、激进—中庸性、易变—坚定性的得分要低于未受过职业训练者，或者说前者在这些方面的和谐性倾向上要高于后者；类似的，正规受教育水平越高，个体的外倾豪放—内倾自制和谐性及含蓄—坦率、热情—冷漠和谐性越高。另外，与非早熟者相比，早熟者的天真—成熟和谐性倾向较强。对非早熟者而言，正规受教育水平越高，泼辣—文静的和谐性倾向越高。

（五）与个体事业经历、社会参与经验的关系

我们发现，首次参与重大社会活动的实际年龄越大，含蓄—坦率性、深沉—直率性、泼辣—文静性的得分就越低，在这些方面的和谐性倾向就越明显，而首次承担重要职务或任务的实际年龄越大，天真—成熟性得分就越高，其和谐性倾向就越不明显，个体的成熟性就可能越明显。而且，一个人参与重大社会活动的数量可以预测其善良—残酷、泼辣—文静和谐性的得分。

三　各种因素对成年初期人格的影响机制分析

加德纳研究发现（Gardner，1993），在高创造性者早期的家庭中，伦理价值观念比较强，家庭气氛未必特别温暖，但能够满足儿童的需要。社会创造性人格的发展与此不同。本研究发现，家庭价值观念越强，家庭关系越亲密，个体的开拓求新性就可能越低。这说明，在中国近现代社会背景下，亲密的家庭关系对成年初期的人格发展可能会起到某种制约和"弱化"作用，而较高的娱乐性主要反映家庭对各种文化活动的追求，说明了个体所拥有的家庭物质生活条件的相对优越性，它未必能增强个体成年后在政治和社会活动中的开拓求新性。另一方面，家庭控制性越强，家庭关系的亲密性越低，个体的外向独立性就可能越强。社会创造性人物在成年初期的人格特点充分证明了这一点，它意味着，早期亲密的家庭关系可能会导致个体人格的依附性，而削弱其独立性，严格的家庭管束则可能及其个体强烈的反抗或背叛，从而疏离家庭价值观而走向独立。

我们的研究还发现，在早期母亲的拒绝越多，个体在成年初期的自我完善性，包括知耻、细心、坚定、上进、自尊、自觉、爱国等人格倾向，就可能越不明显，这再次证明了有关研究的结论。如前所述，高创造性者早期生活的家庭往往能够支持孩子的创造活动，满足孩子的合理需要，接纳孩子。这显然有利于孩子人格的发展。本研究结论也说明了这一点，母亲早期对个体的接纳可能对孩子自我完善性的发展具有促进作用。

如前所述，在高创造性者早期生活的家庭中，父母往往并不注重让孩子参加正式的宗教活动。这意味着，过早地向孩子灌输宗教思想可能会限制他们的自由探索活动，妨碍创造性的发展。本研究也在一定程度上证明了这一点：母亲具有某种宗教信仰的个体在成年初期的坚定有为性比较低。另外，与前一时期的研究结论相似，在中国近现代社会背景下，家庭社会经济地位和家庭规模对人格发展的影响在成年初期表现为，社会经济地位越低，个体的自我完善性倾向就越明显；家庭规模越大，个体的外向独立性倾向越不明显。这再次说明，较低的家庭地位对一个人的人格具有激励和磨炼作用，大家庭的人际关系可以对人格的发展起到某种缓和作用。

另外，职业训练对个体成年初期的开拓求新性、是否接受荣誉对外向独立性人格倾向均具有显著的负向预测作用，个体重大社会参与的数量对尽责性（负向）与外向独立性具有显著的预测作用。显然，职业训练（尤其是军事训练）、荣誉虽然可以增强个体的某些人格品质，但也可能培养起个体高度的遵从性，促成个体对特定社会群体的认可，进而削弱其开拓求新性、外向独立性；频繁地参与社会活动，可以增强个体的外向独立性或对社会问题情境的探索性，但未必能增强其尽责性或对群体规范的遵从性。结合有关研究可知，职业训练更主要的是增强了个体在特定领域的创造性才能，而社会参与更主要的是促进了外向探索性的发展。

上述结果反映在成年初期人格和谐性的发展上，则主要表现为在各种因素的影响下人格和谐性的变化。在早期，家庭的伦理价值观念和成就动机越强，家庭成员之间的一致性或亲密度越高，个体在成年初期越可能表现出亲和友善、谦和沉静、合群、热情、真诚、激进、出众等传统道德品质和才能的杰出性，同时，在高成就动机所促成的社会参与过程中，则可能表现出攻击冷酷、探索求新、孤独、冷漠、虚伪、中庸、平凡等人格倾向。相似的，早期的家庭环境越注重情感表达和知识性，深沉与直率、倔强与随和、创新与保守则可能同时得到发展。另外，随着家庭价值观和人际关系、家庭秩序性的提高或增强，个体可能同时发展起泼辣与文静的人格倾向。这说明，价值观明确、人际关系和谐、相对活跃的家庭环境可以促进成年初期的某些人格和谐性的发展。米哈伊·奇凯岑特米哈伊在对各个领域的创造性人物进行的访谈研究中也发现，家长的作用并非仅限于为他们的孩子介绍职业选择的机会，使他们容易进入某个领域，他们最重要的贡献在于塑造孩子的性格。许多人都提到父亲或母亲对他们价值观的形成是如何重要（米哈伊·奇凯岑特米哈伊，2001）。

就父母教养方式的影响而言，父亲在早期的慈爱性倾向越强，个体在成年初期的倔强、挑剔性就可能越明显；母亲在早期的严厉性倾向越强，个体成年初期的创新—保守的和谐性就越高，而父亲的严厉性倾向越强，成年初期的出众—平凡和谐性就可能越不明显。显然，如果说早期的父母教养方式对成年后的人格和谐性有所影响的话，那么这种影响既可能是积极的，也可能是消极的。父母的慈爱性与严厉性都可能促进人格特点的"单极化"，使之倾向于特定人格维度的某一端，而不是呈两极化发展。对上述人格和谐性变量的影响即是如此。研究发现，许多有创造性的人（尤其是有创造性的男人）很早就失去了父亲，这可以使他们因摆脱了父亲的束缚而获得一种巨大的解放感和生存自由，使他们有机会塑造自我（米哈伊·奇凯岑特米哈伊，2001）。在人格发展的过程中，父亲的慈爱可以起到类似的作用。

本研究还发现，母亲具有某种宗教信仰、在兄弟姐妹中排行又靠后的个体，其外倾豪放—内倾自制和谐性比较明显；而且，母亲具有某种宗教信仰的个体的合群—孤独、含蓄—坦率、宽容—挑剔和谐性以及合作、克己倾向比较明显。类似的，父亲具有某种宗教信仰的个体，其倔强—随和、稳重—冒险的和谐性以及刚强自立的倾向比较明显。显然，家庭宗教信仰对人格发展的这种缓和作用在成年初期仍很突出。另外，家庭经济地位越低，个体成年初期越可能同时表现出对较低社会阶层的同情与对斗争对象的无情倾向，进而促成了多情—无情和谐性的发展。

显然，到成年初期后，个体人格的职业化程度提高，职业训练的影响相应增强，受过后来所从事的职业训练者的亲和友善—攻击冷酷和谐性及合群—孤独、真诚—虚伪、激进—中庸、易变—坚定的和谐性要高于未受过职业训练者。丰富的受教育经历和早熟性对人格和谐性的发展也具有积极的影响，受教育水平较高的个体的外倾豪放—内倾自制和谐性及含蓄—坦率、热情—冷漠、泼辣—文静的和谐性倾向也较高，同时，与非早熟者相比，早熟者的天真—成熟和谐性较强。另外，成年初期的事业经历也会影响到人格结构的和谐性，首次参与重大社会活动或首次承担重要职务的实际年龄越大，影响个体人格发展的社会经验越丰富，其含蓄—坦率、深沉—直率、泼辣—文静的和谐性倾向以及成熟的倾向就越明显。另外，重大社会参与行为的数量可以显著预测善良—残酷、泼辣—文静（负向）的和谐性。这与前一时期的研究结论基本相似。

第三节　理想与实践：成年初期最突出的人格特征

心理学家一般认为，成年初期是一个人的人格逐渐趋于稳定或相对稳定的时期。在此之前，则可以看作人格的萌芽、发展、渐成时期。显然，社会交往和社会活动领域的创造性人物也没有超越这一人格发展的基本规律。在童年和青少年时期，他们也有一些稳定的人格特征，当然，这些呈现于人们面前的稳定人格倾向可能主要是一些气质倾向，例如，有的人安静、内向，有的人则相对暴躁、外向。根据生理心理学家的研究，我们知道，这种气质特征与人们先天的遗传机制密切相关，也就是说，它主要是由父母的遗传素质特别是高级神经活动类型的性质决定的。虽然它也会受到出生后的生活环境的影响而发生某些改变，但它更主要的不是通过后天学习得来的。

随着年龄的增长，尤其是进入成年初期后，领袖人物在生理与心理上都成为一个成年人，他们的性格相对稳定。作为对待生活和自身的态度与行为方式，性格的形成和相对稳定是成年初期的一个突出特点。这些性格特征包括知耻、爱国、善良、严肃、克己、合群、竞争、倔强、勇敢、细心、独立、激进、真诚、稳重、坚定、宽容、上进、沉着、自尊、随和、果断、坦率、冷静、自觉、自信、豪爽、坚强、有恒、直率、好斗、圆滑、超前、踏实、认真、创新、反抗、理智、力行、顺从、热情、勤奋、合作、冒险、谦让、礼貌、条理、理想主义、坚韧不拔、实事求是等。另一方面，他们也逐渐显示了出众的能力，尤其是解决社会问题的能力。从总体上看，高度的成就欲或者成就动机、力行、冒险和理想主义是成年初期最为突出的人格特点。

一　高度的成就欲或成就动机

这里的成就欲不仅指一个人在某件具体的事情上力求发挥自己的最大潜能、取得最优成绩的动机，而且指个体在某个领域获得最高成就的人格倾向。前一种成就欲是具体的、微观的，而后者是整体的、宏观的，对一个人行为的支配性也是最强的。成就欲一方面反映了个体对获得社会认可，实现自身的社会价值的期望，另一方面也反映了个体对社会性事物的强烈兴趣、解决社会问题的挑战性和好奇心。在成年初期，社会创造领域的创造性人物高度的成就欲主要体现在上述两个层次上：一是在每一件具体的社会工作或解决每一社会性问题的过程中，获得最优的成绩，找到最佳的解决方案；二是力所能及地取得最高的社会成就，对社会发挥最大的作用或影响，即渴望"建功立业"，取得宏观的社会成就。我们可以从他们这一时期的典型行为上，清晰地看到这种强烈的成就欲。

作为中国民主革命的"先行者"，孙中山身上表现的成就欲尤其突出。1878 年，孙中山 12 岁，即由香港远赴檀香山（即夏威夷）读书。其间刻苦攻读，后以"最优异"的学习成绩毕业于香港西医书院，获得医学硕士学位。在西方文化的熏陶下，孙中山萌发了进行民主革命、推翻清朝封建政权的思想。在读书期间，他就有"大逆不道"的表现，经常发表对清朝政府不满的言论，鼓动"勿敬朝廷"，被列为"四大寇"之一。怀着一腔救国救民、振兴中华的雄心壮志，他放弃了行医这一当时收入优厚、被认为是"前途无量"的职业，而从医生转变为一个"医国手"，借行医的机会宣传自己的民主、共和思想。1894 年，也就是 28 岁时，他向当时的权臣李鸿章呈上了《上李鸿章书》，表达了自己"人能尽其才，地能尽其利，物能尽其用，货能尽其流"的社会改革理想。在自己的理想受挫之后，他领导成立了第一个中国民主革命党——兴中会，决心以武力革命的方式推翻清朝的腐朽统治。此后，孙中山到处为革命奔走呼号，先后策划、组织、发动了香港起义、广州起义等，其结果是，多次起义均遭到惨痛的失败，孙中山本人也成为"罪魁祸首"而遭到清政府的缉捕，在国内无法立足，多年漂泊海外。如果说，孙中山求学时期的优秀成绩可以说明他在学业上具有较高的成就动机，那么，他对清政府的反叛行为以及屡败屡战的行动则可以说明，他在社会活动方面具有高度的成就欲，或者说，为社会和民族的生存发展建功立业已经成为这一时期孙中山强大的内驱力。放弃可以为个人带来舒适生活的行医职业，而选择充满艰险、苦难的革命职业，这种在当时极不寻常的举动也足以证明，孙中山追求的是获得轰轰烈烈的"社会成就"，而不是狭隘、自私的"个人成就"，他要立的是名垂青史的不世之功，而不是保障个人和家庭生活的"自我之功"。他的成就动机直接指向革新社会、推翻封建王朝这一宏大的社会问题，这种成就欲反映了他对社会改革和解决社会问题的挑战性，也促成了他对社会问题的浓厚兴趣。

　　与孙中山以建立民国为主要目标有所不同，成年初期的周恩来面对的历史任务是，从军阀混战、四分五裂的"混沌"中拯救中国。他的成就欲与这一特殊的历史背景密切相连。1917年，周恩来从天津南开学校毕业，同年9月，由天津登轮东渡日本留学。他踌躇满志，意欲一飞冲天，给同学留下了这样的临别赠言："愿相会于中华腾飞世界时"。在东渡前夕，他还写下了一首著名的诗篇："大江歌罢掉头东，邃密群科济世穷，面壁十年图破壁，难酬蹈海亦英雄"（周恩来手迹选，1988，pp. 3－4）。抒发了他誓做济世救民、建功立业的伟大英雄的宏伟抱负。周恩来积极投入轰轰烈烈的"五四运动"，组织觉悟社，常常对周围的朋友说："一个青年，不以国家民族的存亡为念，只追求个人享受，是不对的"（中共中央文献办公室，1998，p. 61）。1920年又赴欧求学，其"主要意旨，唯在求实学以谋自立，虔心考查以求了解彼邦社会真相暨解决诸道，而思所以应用之于吾民族间者"（周恩来书信选集，1988，pp. 23－24）。宏图大志溢于言辞之间。

　　对每一件具体的工作，周恩来都兢兢业业，尽心尽力，不辞劳苦。在旅欧期间，他组织领导了旅欧中国共产主义青年团，担任执行委员会书记。学习和甄别各种思想，开展调查研究，组织勤工俭学学生和华工的斗争，办杂志，搞论战，他都能投入全副精力。在回国时，旅欧中国共产主义青年团执行委员会对他写下了这样的评语："周恩来——浙江，年二十六，诚恳温和，活动能力富足，说话动听，作文敏捷，对主义有深刻的研究，故能完全无产阶级化。英文较好，法文、德文亦可以看书看报。本区成立的发起人，他是其中的一个。曾任本区三届执行委员，热心耐苦，成绩卓著"（参见1924年7月20日旅欧共青团执委会向团中央的报告）。该评语客观地评价了周恩来在旅欧期间的社会活动。回国后，从第一次国共合作、担任黄埔军官学校的政治部主任到成功地领导上海工人第三次武装起义，从领导南昌起义到组织开展中共中央的地下工作，从长征到西安事变，都可以看到他坚决果断、细致周密、从容沉着的身影。很显然，高度的尽责性、卓越的工作成绩反映了他高度的成就动机。

毛泽东成年初期的成就欲的表现形式更为多样化。他的文学修养，使他善于而且惯于熟练地运用中国的文字符号表达内心的激情和凌云壮志，产生众多气势恢弘的诗篇。在少年时期，毛泽东就曾经为尧舜、秦始皇、汉武帝、拿破仑、彼得大帝、林肯等中外英雄的事迹所倾倒，充满倾慕和模仿之心。在湖南一师读书时，他的这种英雄志向和建功立业、永垂青史的成就欲得到进一步增强。当年的同班同学罗章龙曾回忆说，"他常语人：'丈夫安为天下奇，即读奇书、交奇友、著奇文、创奇迹，作个奇男子。'伊本人近所写日记，亦有惊人语，如云：'夫力拔山气盖世，猛烈而已；不斩楼兰誓不还，不畏而已；化家为国，敢为而已；八年地外，三过其门而不入，耐久而已'。合而观之，此君可谓奇特之士。因此同学中戏称为毛奇，且语双意关。"毛奇是普法战争中功绩显赫的普鲁士名将。"毛奇"的雅号表明，在同学的眼里，成年初期的毛泽东具有远大而坚定的奋斗目标，那就是要成为一个明志致远的伟人。1925年写作的《沁园春·长沙》一词可以较好地抒发他当时的一腔豪情："独立寒秋，湘江北去，橘子洲头。看万山红遍，层林尽染，漫江碧透，百舸争流。鹰击长空，鱼翔浅底，万类霜天竞自由。怅寥廓，问苍茫大地，谁主沉浮？携来百侣曾游，忆往昔峥嵘岁月稠。恰同学少年，风华正茂，书生意气，挥斥方遒。指点江山，激扬文字，粪土当年万户侯。曾记否，到中流击水，浪遏飞舟。"英雄意气跃然纸上。

　　与一群志同道合的青年在一起的时候，他还倡导和遵循严格的"生活原则"。毛泽东在接受美国记者埃德加·斯诺采访时回忆说，那时除了不谈女人——谈论女人，通常是那个年龄的青年人生活中的一件占有重要位置的事情——以外，他与同伴连日常生活中的琐事都不谈的，"有一次在一个青年的家里，他和我谈起'买肉'的事情，并且当面叫用人来和他商量，叫他去买。我动怒了，以后就不和他来往。我和朋友只谈大事，只谈修身齐家治国平天下的事！"（埃德加·斯诺，2001，p. 29）而且，他们为锻炼坚强的意志和强健的体魄，还进行日光浴、雨浴、风浴、冷水浴等。用毛泽东的话说，就是"与天奋斗，其乐无穷；与地奋斗，其乐无穷；与人奋斗，其乐无穷！"高度的成就欲、建功立业的激情、对政治和社会活动的浓厚兴趣显露无遗。

　　毛泽东随后的行动为这一点提供了有力的证据。发起组织"新民学会"，领导群众驱逐湖南督军，参加中国共产党成立大会，指导煤矿工人大罢工，组织农民协会，开展土地改革，乃至1927年发动秋收起义，创建井冈山革命根据地，并指挥红军打退蒋介石的多次"围剿"等等，每一个行动都可以看作这种强大的内驱力推动的结果，是"社会运动"激情的自然流露。毛泽东当时的一位朋友说，"我心底认为毛是这样一个人：他费尽心力非常仔细地计划他所要干的一切事情，他是一个伟大的阴谋家，一个伟大的组织家。第二，他能够非常精确地估计他的对手的力量。第三，他能征服他的听众，使他们着迷。他具有一种说服别人的可怕的力量，很少有人能不被他的话语所打动。你要是同意的话，你就是他的朋友，否则，你就是他的敌人"（迪克·威尔逊，2000，p. 92）。很明显，毛泽东少年时期模糊的"宏图大志"在这个时期已经转化为他挑战和解决各种社会问题的具体行动。

我们可以把成年初期的成就欲理解为某种强烈的"事业心"，虽然在不同的历史时期，它的表现形式不尽相同，但它对个体行为的导向和驱动作用却是相同的。它指引着个体通过实际的、具体而微的解决社会问题的行为，奔向某种宏大的、总体的社会目标。在这里，这种成就欲发挥着"动力燃料"的作用。

二　理想主义、力行

梁启超在《管子传》中说："凡大人物之任事也，必先定其目的。三日於菟，其气如牛；江河发源，势已吞海。欲以小成小就而自安，未有不终于失败者也。"寥寥数言，可谓点出了历史英雄成年后的理想主义"情结"。从我们所考察的这些社会名人的生命全程来看，青少年时期是他们人生理想的探索时期，成年初期则是他们人生理想的确立时期。这符合埃里克森的自我同一性发展理论。青少年时期充满了各种困惑和迷茫，在职业方向的选择上，在爱情、婚姻、政治立场、社会角色的选择上，可以说，他们都处于"未明"状态，在积极地进行各种尝试。到了成年初期，这些人物的自我同一性逐渐确立，他们明确了自己的理想或奋斗方向。可以说，这一时期的言语和行为处处显示着理想主义的特点。不仅如此，在理想确立后的漫长时期，他们都在通过脚踏实地的行动实践着自己的诺言，追求着自己的理想，努力实现理想中的"社会大我"。从这里，我们可以看到，他们自我实现的需要尤其强烈，而且，实现自我潜能和价值的每一个行动都掷地有声。

孙中山早在1885年，就立下了"决覆清廷"的志愿。如果说，这时的志向还是成年后理想的萌芽的话，那么，1894年在檀香山成立兴中会时的誓言则表达了他真正的政治理想。1894年，孙中山怀着济世救民的梦想，洋洋洒洒写下了表达自己经世理想的万言书——《上李鸿章书》，自信"以中国之人民财力，而能步武泰西，参行新法，其时不过二十年，必能驾欧洲而上之"，其强烈的理想主义溢于言表。上书的失败，意味着通过改良革新社会的梦想的破灭。经过长期以行医为媒进行革命活动的准备之后，在孙中山的倡议、组织和领导下，中国第一个民主革命团体——檀香山兴中会正式成立，会员入会誓词是："驱逐鞑虏，恢复中华，创立合众政府，倘有二心，神明鉴察"。次年初，又在香港成立兴中会总会。创立会党本身就是成年后的孙中山实践自己的政治理想的行动。

随后，在兴中会的领导下，孙中山可谓不遗余力地实践自己的革命主张，宣传革命，筹集经费，组织革命活动。香港起义、广州起义等起义活动使孙中山名声大噪，但起义的屡屡失败却使孙中山自己在国内几无立锥之地。他的革命活动并没有因他的漂泊而中断，他推翻清政府的决心反而愈加坚定，他四处宣讲自己的革命主张，甚至在漂洋过海的轮船上，也要抓住机会向人宣传。孙中山在香港中医书院的同学、因反对清政府与孙中山一起被称为"四大寇"之一的陈少白回忆说，孙先生那时革命思想很厉害，碰到一个人，就要说这些话（指宣传革命，推翻清朝政府的话），就是和一个做买卖的人，也会说到革命。香港兴中会的早期会员、辅仁会社的创始人之一谢缵泰对当时的孙中山印象极坏，在1895年6月23日的日记中写道，"孙念念不忘'革命'，而且有时全神贯注，以致一言一行都显得奇奇怪怪！他早晚会发疯的。"

在漂泊欧洲期间（约在 1896—1897 年），孙中山深入思考了"民族、民权、民生"问题，开始形成"三民主义"思想。经过不断完善，到 1905 年在日本东京成立中国同盟会的时候，"三民主义"思想进一步被作为誓言，成为中国民主革命的正式纲领：驱逐鞑虏，恢复中华，创立民国，平均地权。这是孙中山的一个更为庄严、神圣、成熟、理性的社会理想。他分秒必争地为之奋斗、至死念念不忘的就是这样一种理想。理想和践行理想的努力构成了孙中山成年初期生活的主题。

与孙中山推翻清朝封建专制的革命理想不同，毛泽东、刘少奇、周恩来等共产党人在成年初期所确立的社会政治理想主要是实现共产主义。他们的青少年时期基本上是在孙中山领导的民主革命的炮声中度过的，但他们在成年初期所面对的不再是腐败的清朝专制皇权，而是帝国主义列强对中国的压迫，还有孙中山逝世之后的国民党右倾势力（以蒋介石为首）的倾轧。这样的社会背景促成了他们特殊的社会理想。与孙中山一样，在确立终生为之奋斗的政治理想之前，他们都拥有一个"野心勃勃"的英雄梦想，都有过为这种梦想而奋斗的早期经历。

毛泽东在湖南第一师范学校读书期间，就开始在长沙报纸上登征友广告，征集"坚强不屈，愿意为国牺牲的青年"，以共同实践改造社会的梦想。但这个时期，他的头脑中还是"自由主义、民主改良主义及空想社会主义的有趣的混合物"（埃德加·斯诺，2001，pp. 28，30）。直到 20 世纪 20 年代初期，在深入研究了苏联革命、阅读了《共产党宣言》、《阶级斗争》、《社会主义史》等著作之后，毛泽东的共产主义理想才真正牢固地确立起来，而且，一经确立，就成为指导其行动的坚定信仰。用他自己的话说就是，对苏联革命和有关著作的研究，"建立了我对于马克思主义的信仰，我一旦接受它是历史的正确解释后，此后丝毫没有动摇过","一九二零年夏,我在理论上和某种程度的行动上,变成马克思主义者,并且自此以后,我自认为是一个马克思主义者了"(埃德加·斯诺,2001,pp. 35—36)。

与毛泽东的经历有所不同,刘少奇的理想是1921—1922年在苏联留学期间确立的,周恩来是在对多种思潮经过了谨慎而相对漫长的"推求比较"之后才最终确立的,朱德则是在痛恨无休止的军阀混战、感到没有出路的情况下,于留法期间接受马克思主义思想的。尽管如此,他们对理想的刻苦践行却是相似的。像孙中山、毛泽东一样,他们的理想一旦确立,就成为一种坚定不移的信仰,他们自己则成为万分忠实的"信徒",不但勤勤恳恳、不遗余力地宣传自己的信仰,而且将包括爱情、婚姻在内的一切日常事务都融入实践这种信仰的行动中。

如果认真察看一下的话,我们不难发现,他们当中许多人都有过"抗婚"的经历。刘少奇、毛泽东、林彪等都曾经曾经坚决地拒绝了父母为他们包办的婚姻。他们自主决定的婚姻则是与实现自己理想的革命行动密切联系在一起的,是建立在共同的理想和信仰之上的。毛泽东与贺子珍的结合、刘少奇与何葆贞的结合等,都是由共同的革命需要促成的。周恩来与邓颖超的婚姻则更为典型。周恩来在天津南开学校读书的时候,邓颖超则是天津第一女子师范学校的学生。由于都参加了"五四"运动和组建爱国团体"觉悟社",他们得以相识、相知,并在长达六年(1919—1925年)的交往中产生了真诚的爱情。1925年,二人在广州结婚,正式成为"互爱、互敬、互助、互勉、互商、互谅、互信、互识"的夫妻。三十多年后,周恩来曾经回忆了他的爱情经历:在旅欧期间,他曾经与一个美丽的姑娘交往,她对革命也很同情,但是终因周恩来对革命理想的考虑而未能走到一起。周恩来说:"当我决定献身革命时,我就觉得,作为革命的终身伴侣,她不合适。"他所需要的是"能一辈子从事革命"、"经受得了革命的艰难险阻和惊涛骇浪"的伴侣(周恩来同侄女周秉德的谈话记录,1956年)。周恩来与邓颖超则建立了"共同的革命理想,要为共产主义奋斗"。邓颖超后来回忆说:"我们定约后的通信,还是以革命的活动、彼此的学习、革命的道理、今后的事业为主要内容,找不出我爱你、你爱我的字眼"(邓颖超,1997)。

为理想而力行,突出地表现于他们的英勇、果断、冒险行为。由于与占社会统治地位的势力为敌,孙中山、毛泽东、周恩来、刘少奇、朱德以及其他的政治家、军事家和社会活动家,几乎都有过九死一生的冒险经历。在组织、领导重大的起义或从事地下革命活动时尤其如此。可以说,在当时极端险恶的社会背景下,每一个重大的决策都是一种可怕的冒险,都面临牺牲或死亡的考验。但是,凭着勇敢、果断和机智,他们硬是闯过了一道道鬼门关,毫无畏惧地奔向自己的社会理想。在此过程中,他们也积累了极为丰富的社会活动经验,练就了杰出的社会活动能力,也形成了相对稳定的创造性人格。

梁启超在《南海康先生传》中曾将历史上的英雄分为"应时之人物"与"先时之人物",他认为,"先时人物者,社会之原动力,而应时人物所从出也。质而言之,则应时人物者,时势所造之英雄;先时人物者,造时势之英雄也。""应时而生者,则其所志就,其所事成,而其及身亦复尊荣安富,名誉洋溢;先时而生者,其所志无一不拂戾,其所事无一不挫折,而其及身亦复穷愁潦倒,奇险殊辱,举国欲杀,千夫唾骂,甚乃身死绝域,血溅市朝"(梁启超,2002,pp. 371—372)。我们很难严格地确定我们所考察的这些英雄们到底是造时势的英雄还是为时势所造的英雄,但可以肯定的是,他们都是顺应时代发展的要求而涌现的,而他们的诞生又为时代提供了引领者或先驱者。在此意义上,我们可以说,他们既属于"应时"之英雄,又属于"先时"之英雄。梁启超归纳了"先时"英雄的三种"最不可缺之德性":理想、热诚、胆气，认为"三者为本，自余则皆枝叶焉耳"（梁启超，2002，pp. 372—373）。可以说，梁启超所说的这三种品质，正是我们所考察的英雄们在成年初期表现的突出人格特征。作为近代社会的"越轨者"，他们不遗余力地反抗着、改变着陈旧的规范和价值体系。正如法国学者让·梅松纳夫（1997）所说的那样，这些显得比较孤立的越轨者不仅是富有想象力的先驱，而且是比其他对变革有些紧迫感的人更为敏感的人。尽管他们倡导的变革起初不可避免地遭到守旧传统的反对，但这些代表民主、解放、独立的时代精神的少数派将不可避免地成为社会的领导者。

第 四 章

领袖人物成年中期创造性
人格的发展

成年中期是领袖人物们人格发展的重要转折期，在注重建功立业的同时，他们逐渐开始关注自身道德的完善，在关注外界社会的同时，开始关注自己的内心世界。这是与人类心理发展的一般规律相符的。在职业生涯的磨砺中，他们开始寻求理想与现实的和谐。

第一节　成年中期人格发展的特点

进入成年中期后，社会领袖人物的人格结构和人格和谐性呈现出某些独特之处。从总体上看，在这一时期，他们的人格既与前一时期保持了某种连续性或一致性，又具有了某些新的特点。

一　成年中期的人格基本结构分析

在成年中期，同时符合上述三个标准的人格形容词包括知耻，善良，竞争，严肃，克己，出众，合群，机智，倔强，挑剔，勇敢，有为，细心，独立，温和，激进，真诚，稳重，坚定，顺从，宽容，上进，外向，沉着，自尊，随和，尽职，友好，果断，能干，坦率，冷静，泼辣，敏感，自觉，爱国，自信，豪爽，坚强，尚武，有恒，直率，圆滑，超前，踏实，深沉，创新，反抗，理智，力行，热情，中庸，振奋，礼貌，含蓄，合作，敌对，冒险，体谅，深刻，谦让，条理，理想主义，坚韧不拔，富有心计，实事求是。相比之下，进入成年中期后，领袖人物群体在知耻、克己、出众、勇敢、有为、细心、独立、真诚、坚定、上进、沉着、自尊、果断、能干、聪明、冷静、自觉、爱国、自信、坚强、认真、敏感、有恒、踏实、创新、理智、力行、勤奋、礼貌、深刻、条理、富有心计、坚韧不拔等积极的人格特征上的得分仍然较高；同时，前一时期表现不明显的人格品质（包括顺从、中庸、挑剔等人格特征）的得分有所提高，含蓄、深沉、实事求是等人格特征也更为突出。

　　运用主成分分析法对上述人格特征变量进行因素分析，从中抽取 5 个主因素，其累积方差解释率为 68.03%。第一个主因素包括自觉、爱国、知耻、克己、坚定、坚强等自我完善的人格倾向与真诚、合群、热情、谦让、礼貌等促进合作的人格倾向，可以命名为自律乐群性，它同时考察了"大五"人格中的随和性与尽责性两个侧面；第二个主因素包括能干、尽职、上进等自立、负责的人格倾向，可以命名为尽责有为性，它主要反映了个体对工作的负责精神和"成就意志"（渴望获得成就并为之付出高度的意志努力）；第三个主因素包括挑剔、细心、条理等职业素质和自尊、自信、振奋等情绪稳定性倾向，可以命名为敬业稳定性。不难看出，第二、三个因素都涉及工作维度，前者侧重成就动机，后者侧重工作素质，因而可以看作它们共同反映了"大五"人格中的"尽责性"维度，第三个主因素还同时反映了"大五"人格中的神经质倾向。第四个主因素包括直率、激进、反抗、冒险等"扩张性"人格倾向与理想主义倾向，可以命名为开拓求新性，它类似于"大五"人格中的求新性维度，主要反映个体对经验（尤其是社会经验）的开放探求态度、对传统和社会现实的批判革新倾向；第五个因素可以命名为随和性，主要考察了人格中社会亲和性的一面。

概括而言，成年中期的人格特点主要表现在以下两个方面。

1. 从因素特征值和解释率上看，自律乐群性都是最高的，它充分体现了成年中期人格的传统性。另一方面，敬业稳定性、开拓求新性与随和性三个因素的解释率基本相似，说明在这一时期的人格结构中，从事社会活动所需要的职业能力和相应的品质，与勇于开拓创新、富于理想和想象、倔强泼辣的外向性品质获得了同样的重要性。较高的职业素质是事业成功的基本条件，而思维和行为的开拓、冒险和批判性则是在事业中取得创造性成就的必要条件，因而也更能体现社会创造性人格的本质。

2. 人格的"内向性"特点更加明显。如前所述，含蓄、深沉、实事求是等人格特点更为突出。从因素分析结果来看，一方面，开拓性的人格倾向占有极为重要的位置，另一方面，稳重、理智、冷静、踏实、实事求是等"成熟"变量在人格中的作用上升，随和性成为一个重要的人格维度。

二　成年中期人格和谐性的发展

成年中期人格的和谐性呈现出某些新的特点。这不仅表现为和谐性程度的提高，而且表现为人格和谐性结构的变化。从程度上看，个体在对立性人格特征的得分的差异发生了进一步的变化。成年初期的人格和谐性在这一时期仍然保持了较高的连续性，同时，差异不显著的、呈"两极对立"的人格特征的数量也有所增加，除了原有的严肃与温和、直率与深沉、独立与合作、超前与踏实、竞争与谦让这些对立性人格的得分没有差异之外，诚实与圆滑、激进与中庸、理想主义与实事求是、泼辣与文静之间的差异也基本消失。从人格和谐性的整体结构来看，"内向性"人格特征与"外向性"人格特征之间的平衡化趋势日益明显，这是人格和谐性发展的重要变化之一。与前一时期相似，在超前与踏实、出众与平凡、顺从与反抗、泼辣与文静、理想主义与实事求是、克己与豪爽、稳重与冒险等看似相互对立的人格特征之间，也呈现出显著或不显著的正相关关系。而且，随和性成为人格的一个重要维度，克己、知耻、合群、谦让、礼貌、沉着、自觉、冷静、理智、中庸、踏实、稳重、实事求是等人格变量与激进、反抗、创新、独立、上进、坚定、豪爽、勇敢、坚强、力行、理想主义等人格变量，均在成年中期的人格结构中具有较高的因素负荷。这也就是说，成年中期的这些人格特征显得更为突出。

从平均值来看，这一时期表现出与前一时期相似的特点，同时表现出较高的严肃与温和、含蓄与坦率、深沉与直率、独立与合作、倔强与随和、超前与踏实、竞争与谦让、实事求是与理想主义、克己与豪爽、稳重与冒险、激进与中庸、宽容与挑剔等看似相互对立的人格倾向，它们的平均值均在 5.00 分以上（包括"有点符合"、"比较符合"或"完全符合"）。显然，成年中期的人格是前一时期的延续和发展。

我们通过因素分析，从成年中期人格的和谐性中抽取 4 个主因素，依次命名为外倾泼辣—内倾沉稳和谐性、乐群谦和—自主进取和谐性、友善合作—冷漠严肃和谐性、诚实恭顺—灵活严厉和谐性。其中因素 1 主要反映了严肃、坦率、冒险、泼辣、豪爽等外向探索性与温和、含蓄、稳重、文静、克己等内向沉静性的中和或平衡，因素 2 主要反映了合群、善良、踏实、顺从、谦让等谦和合群性与孤独、残酷、反抗、竞争等自主进取性的中和或平衡，因素 3 主要反映了直率、热情、合作、友好等友善合作性与深沉、冷漠、独立、敌对等冷漠严肃性的中和或平衡，因素 4 则主要反映了真诚、诚实、宽容、中庸等忠诚守中性与虚伪、圆滑、挑剔、激进等成熟进取性的中和或平衡。它们整合了成年中期主要的人格侧面，包括自律乐群性、尽责有为性、敬业稳定性、开拓求新性、随和性。其累积方差解释率为 56.79％。

不难看出，外倾泼辣—内倾沉稳和谐性与乐群谦和—自主进取和谐性两个维度所占的比重基本相同，而友善合作—冷漠严肃和谐性、诚实恭顺—灵活严厉和谐性两个维度所占的比重基本相同。与成年初期相比，这一时期的人格和谐性结构呈现出相对均衡的特点。它说明，进入社会活动频繁、事业蓬勃发展的成年中期后，各种人格和谐性均开始发挥重要的作用，在人格结构中占据重要的地位。

三　成年中期人格发展的意义

(一) 成年中期人格发展的基本特点

从总体上看，进入成年中期后，社会创造性群体继承了前一时期的某些人格特点，保持了前期较强的竞争、倔强、激进等"外向性"特征。同时，在人格的结构、性质和显著程度上也发生了一些新的变化，顺从、中庸、挑剔、含蓄、深沉、实事求是等"成熟性"的人格特征也变得更为突出。与前两个时期相似，成年中期的人格主要表现在自律乐群性、尽责有为性、敬业稳定性、开拓求新性、随和性五个维度上，其中自律乐群性的特征值和解释率最高。成年中期的这种变化是符合人类心理发展的一般规律的。新精神分析学家荣格认为，中年以后，个体的心理发展倾向发生逆转，由外倾转为内倾，青年期的暴风骤雨般的激情逐渐消失，而代之以老成持重的内省、反思和对生活目标的重新调整。社会创造性人格在成年中期的"内向化"说明，作为一个特殊的人类群体，社会创造性人物仍然遵循心理发展的一般规律。

上述结果一方面说明，无论在个体水平上，还是在群体水平上，人格的发展都具有较强的连续性，后期的发展以前期的发展为基础；另一方面则说明，在人格发展的每一阶段，都会产生某些与社会环境相应的变化。埃里克森从人格发展阶段渐成论的观点出发，将成年中期看作人格发展的第七阶段，这一阶段发展的主要任务是获得创生感或繁殖感，避免停滞感，从而形成关怀和创造的品质，达到自我实现。社会创造性人物所表现的自律乐群性、尽责有为性、敬业稳定性、开拓求新性实际上就是这种自我实现的人格倾向。成年中期是个体真正意义上的职业化阶段，作为职业政治家、职业军事家或社会活动家，个体不仅要面对需要"外向性"人格倾向的社会情境，还要解决各种需要"内向性"或"成熟性"人格倾向的社会问题，即使相同的情境也可能要求个体同时做出多种性质不同的反应。随着社会生活环境的复杂化、问题情境的高度变化及其对心理适应要求的提高，成年中期的人格呈现出更明显的复杂性和职业化特点，尤其是某些"内向性"的人格品质更加突出。

同时，上述结果表明，领袖人物的人格在成年中期发生了某些明显的"转折"。在前两个时期，有为性都居于首要位置，说明奋发有为、刚健力行是青年时期的显著人格特点，建功立业是这一时期追求的目标和行为的根本动力，或者说他们更注重"立功"。到成年中期后，个人的成就动机仍然十分重要，尽责有为性的因素解释率位居第二，但相对而言，他们似乎更注重个人的道德修养和自我完善，注重建立和谐的人际关系，或者说这一时期开始同时注重"扬名"与"立功"。

一方面，事业的成功可能促成了个体更高层次的社会需要，同时，取得更高的社会创造性成就的期望也可能对个体的自律乐群性提出更高的适应性要求，人们对功成名就者的道德自律性的要求也有所提高，追求社会认可所带来的外部压力和自我完善的内部需要同时促成了成年中期人格"道德性"地位的提高。另一方面，如前所述，进入成年中期后，复杂多变的政治和军事活动客观上需要更加成熟的创造性人格，日益重要的社会职务提供了更为丰富的社会活动经验，同时也创设了更为复杂的社会性问题情境和人际关系情境，单纯"外向性"的人格倾向已不能满足创新和守成（保持前期取得的成果）的"双重"需要。相对而言，人格的外向化发展更利于促成创新，人格的内向化发展则有利于消除创新可能产生的消极影响，使创新和创新的结果实现最佳化。

从总体上看，成年中期的人格仍然保持了与此前各个时期的连续性，仍然可以从"大五"人格理论所涉及的基本维度描述这一时期的人格结构。而且，在这一时期，尽责性或尽责有为性仍然占有至关重要的地位，反映道德自律性的人格变量（如克己、知耻、自觉、爱国等）在相应维度上仍然占有十分突出的比重。

（二）成年中期人格和谐性的发展

成年中期人格和谐性的程度有所提高，和谐性人格的结构和性质也发生了某些变化，除了成年初期的和谐性人格特征外，差异不显著的人格"两极项"的数量也有所增加，诚实与圆滑、激进与中庸、理想主义与实事求是、泼辣与文静之间的差异基本消失。而且，"内向性"人格特征与"外向性"人格特征之间的平衡化倾向进一步增强，随和性成为一个重要的人格维度。该结果再次证明了人格发展的连续性和变化性，这一时期的人格和谐性是前期的延续，同时又增加了新的内容。圆滑、中庸、实事求是、文静等人格倾向的增强说明，成年中期是个体真正的"职业化"时期,"社会创造"或创造性地解决社会问题开始成为个体适应工作环境的必要形式,随着社会知识和经验的积累、社会认知能力的高度发展,个体的世故性、自律性日益明显,外向性、神经质、幻想性、恃强性则有所削弱。上述结果还反映了这一时期人格灵活性的增强,面对不同的问题情境,个体可能会表现出不同的反应倾向,而面对相似的情境,个体既可能表现出相似的反应倾向,也可能表现出迥然相异的反应倾向。可以说,在成年中期,相同的人格倾向因不同的创新要求而获得了丰富多彩的表现形式,而这种变化在很大程度上是人格"职业化"的结果。

因素分析结果显示,这一时期的人格和谐性主因素呈现相对均衡的特点,外倾泼辣—内倾沉稳和谐性与乐群谦和—自主进取和谐性、友善合作—冷漠严肃和谐性与诚实恭顺—灵活严厉和谐性所占的比重均基本相同。进入社会活动频繁、事业蓬勃发展的成年中期后,个体所承担的社会角色更加复杂,所面对的社会期望更为系统而多样,例如,在家庭中所承担的角色系统(妻子的丈夫、孩子的父母或祖父母,父母的儿子或女儿等),在工作环境中所承担的角色系统(创造性的领导者或管理者、同事或工作人员等),在各种具体的社会活动中所承担的角色系统(朋友或敌人、决策者或合作者等)等等。社会期望的复杂化对个体提出了更高的角色适应要求,这客观上促成了不同的人格和谐性发展的相对均衡化。

第二节　成年中期人格发展的相关因素

进入成年中期后,社会领袖人物的人格倾向出现了新的变化,它们与家庭以及其他环境因素、个体因素之间的关系也发生了相应的变化。

一 成年中期人格基本倾向的相关因素

（一）与家庭环境变量的关系

由前面的分析可知，成年中期的社会创造性人格特征可以抽取自律乐群性、尽责有为性、敬业稳定性、开拓求新性、随和性5个主因素。分析表明，家庭价值观和人际关系可以显著地预测成年中期的开拓求新性。这也就是说，在成年中期，家庭的伦理价值观越明确，家庭成员的关系越是和谐，个体的直率、激进、反抗、冒险等"扩张性"人格倾向与理想主义倾向就越不明显。而且，家庭中越是强调家庭成员的独立性，个体在成年中期的挑剔、细心、条理等职业素质和自尊、自信、振奋等情绪稳定性倾向就越突出；而家庭的娱乐性倾向越强，个体在成年中期所表现的直率、激进、反抗、冒险等"扩张性"人格倾向就越不明显，或者说个体含蓄、谦和、顺从、稳重等传统性倾向就越明显，这可能与他们早期成长的家庭中政治、文化、娱乐活动的传统性或伦理性比较突出有关，也可能与他们心目中榜样的影响有关，当他们在成年后遇到与早期的榜样所处环境类似的环境时，他们就可能表现出与榜样类似的"传统"行为。

（二）与家庭教养方式、家庭基本特征的关系

分析显示，母亲早期的严厉性可以预测个体在成年中期的尽责有为性、开拓求新性。而且，母亲在早期所给予的情感温暖与理解越多，个体在成年中期的尽责有为性、敬业稳定性倾向越明显；而母亲的干涉越多，个体在成年中期的开拓求新性倾向就越不明显。本研究的结果在一定程度上说明，母亲的情感温暖和理解对他们人格的发展可能产生持久的影响。另外，母亲具有宗教信仰的个体，其成年中期的自律乐群性倾向可能并不明显，而家

庭社会经济地位越低，个体在成年中期的尽责有为性或自立、负责的人格倾向越明显。

（三）与个体受教育经历、事业经历、社会参与经验的相关分析

在成年中期，是否接受过后来所从事的职业方面的训练可以显著地预测个体成年中期的随和性倾向，未接受专业训练者在成年中期的随和性倾向显著低于接受专业训练者。这说明，到成年中期后，人格的职业化特点更为明显，接受训练者的合作或社会亲和倾向增强。

个体开始担任最高职务的实际年龄及首次承担重要职务或任务的年龄越大，其成年中期的敬业稳定性倾向可能就越明显；开始担任最高职务的实际年龄越大，其成年中期的尽责有为性、开拓求新性倾向就可能越明显。另外，参与或领导的社会运动的数量可以显著地预测成年中期的随和性倾向。也就是说，个体早年参与或领导的社会运动越多，成年中期的社会亲和性倾向就越强，早期的社会参与经验可能对个体后期的合作性具有积极的影响。

二　成年中期人格和谐性发展的相关因素

（一）与家庭环境变量、家庭教养方式的关系

我们的分析显示，早年家庭的伦理价值观念和成就动机越强，家庭成员之间的一致性或亲密度越高，个体在成年中期的含蓄—坦率性、反抗—顺从性得分就可能越低，而含蓄—坦率、反抗—顺从的和谐性特点就越明显。类似的，早年家庭的组织性和控制性越高，成年中期出众—平凡、泼辣—文静的和谐性就越明显。另一方面，早期的母亲教养方式越严厉，个体在成年中期的内向—外向的和谐性倾向越高，而多情—无情、克己—豪爽的和谐性越低，而母亲的慈爱性倾向越高，成年中期的友善合作—冷漠严肃和谐性及热情—冷漠和谐性倾向就越明显。在早期父亲的教养方式越严厉，成年中期的真诚—虚伪的和谐性倾向就越明显；同时，在父母皆严厉的情况下，个体深沉—直率的和谐性倾向一般都较低。显然，父母的严厉性与慈爱性既可能促进个体人格的"单极化"，也可能促进其人格的中和化或和谐化。

（二）与家庭基本特征的关系

在成年中期，母亲具有某种宗教信仰的个体，其合群—孤独的和谐性较为明显，乐群谦和—自主进取和谐性及竞争—谦让、克己—豪爽的和谐性则较低，在个体排行比较靠后的情况下尤其如此。家庭规模越大，宽容—挑剔的和谐性倾向就越不明显，而家庭的社会经济地位越低，个体诚实—圆滑的和谐性就越明显；母亲去世时子女的年龄越大，个体多情—无情的和谐性就越明显。父母的宗教信仰可能会产生某种"弱化"作用，削弱个体的竞争、豪爽、独立等外向性人格倾向，而增强个体成年中期的细心、谦让、克己、合作等人格倾向。家庭规模较大，则可能使个体在成年中期表现出较强的宽容性人格倾向。

（三）与个体受教育经历、事业经历、社会参与经验的关系

在成年中期，正规受教育水平越高，个体的外倾泼辣—内倾沉稳和谐性及含蓄—坦率的和谐性倾向越高，而善良—残酷的和谐性越低。受过后来所从事的职业训练者深沉—直率的和谐性倾向要高于未受职业训练者，友善合作—冷漠严肃和谐性恰恰相反。早年获得过荣誉者的反抗—顺从和谐性较高。早熟者天真—成熟的和谐性较高，而内向—外向和谐性较低，在正规受教育水平较低时尤其如此。

而且，首次参与重大社会活动的实际年龄越大，成年中期含蓄—坦率的和谐性倾向越明显；首次承担重要职务或任务的实际年龄越大，成年中期的诚实恭顺—灵活严厉和谐性及深沉—直率、诚实—圆滑的和谐性倾向就越明显，而友善合作—冷漠严肃和谐性及独立—合作和谐性就越低。

另外，早期参与的重大社会活动越多，个体在成年中期的友善合作—冷漠严肃和谐性及热情—冷漠、倔强—随和、友好—敌对和谐性就越明显，这在一定程度上说明了早期社会参与经验对人格和谐性发展的持久影响。

三　各种因素对成年中期人格的影响机制分析

（一）成年中期的人格基本倾向的相关因素

如前所述，成年中期是社会创造性人格发展的"职业化"阶段，家庭因素对成年中期人格发展的影响具有更强的内隐性和深刻性，而事业经历和社会参与经历的影响相对更为直接。我们发现，早期的家庭价值观和人际关系可以显著地负向预测开拓求新性，家庭的伦理价值观越明确，家庭成员的关系越是和谐，个体的直率、激进、反抗、冒险等"扩张性"人格倾向与理想主义倾向就越不明显。同时，母亲早年所给予的情感温暖与理解越多，个体在成年中期的尽责有为性、敬业稳定性倾向越明显，而母亲的干涉越多，个体在成年中期的开拓求新性倾向就越不明显。这与前一时期的研究结论基本相似，它说明了家庭温暖对"扩张性"人格倾向的缓和作用，说明了父母教养方式尤其是慈爱性和温暖性的父母教养方式的持久影响。

如前几个时期相比，成年中期是更为关键、更为成熟的一个时期。哈韦戈斯特（Havighurst，1974）认为，中年期是个体对社会影响最大的时期，也是社会对个体要求最多、最大的时期，个体要承担多种社会角色，履行成年人的公民责任与社会责任。在这种情况下，成年中期的一般人格倾向也发生了一系列相应的变化。我们发现，甚至到了中年，领袖人物们的人格特点也与早期成长的经历有关。例如，早年家庭的社会经济地位越低，成年中期的尽责有为性或自立、负责的人格倾向越明显；职业训练变量可以显著地预测成年中期的随和性倾向；个体开始担任一生中最高职务的实际年龄及首次承担重要职务或任务的年龄越大，其敬业稳定性倾向可能就越明显；开始担任最高职务的实际年龄越大，其尽责有为性、开拓求新性倾向就可能越明显。同时，个体早期所参与或领导的社会运动越多，成年中期的社会亲和性倾向就越强。这与前一时期的研究结果是基本一致的。到了中年期以后，早年艰苦的家庭生活经历可能使个体能够更深刻地认识到自身的社会责任；所接受的职业训练和社会参与经历更可能使个体认识到合群、亲和的重要性；首次担任重要职务的年龄及个体开始担任一生中最高职务的实际年龄越大，人格职业化的程度就越高，其社会能力和意志的出众性越明显，社会责任感也可能越强。通过中国近现代社会创造性人物的传记可以清楚地看到这一点。

（二）成年中期人格和谐性的相关因素

我们的研究结果显示，在成年中期，家庭的伦理价值观念和成就动机越强，家庭成员之间的一致性或亲密度越高，个体含蓄—坦率、反抗—顺从的和谐性特点就越明显。类似的，家庭的组织性和控制性越高，成年中期出众—平凡、泼辣—文静的和谐性就越明显。另一方面，早期的母亲教养方式越严厉，个体在成年中期的内向—外向的和谐性倾向就越高，多情—无情、克己—豪爽的和谐性则越低，反之，母亲早年越慈爱，个体成年中期友善合作—冷漠严肃和谐性及热情—冷漠和谐性倾向就越明显。父亲越严厉，个体真诚—虚伪的和谐性就越高，而深沉—直率的和谐性就越低。显然，伦理观念较强和和睦的家庭中成长起来的个体可能更注重人际关系的和谐性，在中年更容易发展起含蓄、顺从的倾向，进而增强含蓄—坦率、反抗—顺从的和谐性；较高的家庭组织性和控制性可能使个体注重生活的秩序性，使之形成泼辣而又平凡的生活风格；母亲的严厉性可能导致"内向性"人格的发展，在母亲的慈爱性教养方式下形成的友善、合作、热情等品质与中年丰富的社会活动经验所促成的冷漠、严肃等品质相结合，则可能提高中年期人格的和谐性；父亲严厉性的影响与中年期社会经验的结合可能促成个体的真诚、灵活和深沉等人格特点。因此，父母的严厉性与慈爱性既可能促进个体人格的"单极化"，也可能促进其人格的中和化。

与成年早期相似，母亲的宗教信仰、家庭规模、排行对成年中期人格的发展仍然可能具有某种缓和性或"抑制性"的影响。在成年中期，母亲具有某种宗教信仰的个体，其合群—孤独的和谐性较为明显，乐群谦和—自主进取和谐性及竞争—谦让、克己—豪爽和谐性则较低，在个体排行比较靠后的情况下尤其如此。早年家庭的规模越大，宽容—挑剔的和谐性倾向就越不明显，而家庭的社会经济地位越低，个体诚实—圆滑的和谐性就越明显；母亲去世时子女的年龄越大，个体多情—无情的和谐性就越明显。显然，父母的宗教信仰可能会产生某种"弱化"作用，削弱个体的竞争、豪爽、独立等外向性人格倾向，而增强他们中年期的细心、谦让、克己、合作等人格倾向；在家庭中人口数量较多尤其是兄弟姐妹的数量较多的情况下，建立和谐的家庭人际关系就可能成为十分重要的任务，在此过程中，更可能要求个体表现出宽容的态度，以解决各种各样的人际冲突，这种早年生活经历孕育的宽容性就有可能发展为中年期较强的宽容性人格倾向。另外，较低的家庭经济地位所促成的诚实性与丰富的社会活动经历所促成的灵活性则可能提高了他们的诚实—圆滑和谐性。

就受教育经历与社会参与经历的影响而言，与成年初期相似，正规受教育水平越高，个体成年中期的外倾泼辣—内倾沉稳和谐性及含蓄—坦率的和谐性就越明显，善良—残酷的和谐性则越低；受过后来所从事的职业方面的训练的领袖人物深沉—直率的和谐性较高，友善合作—冷漠严肃和谐性则反之；获得过荣誉者的反抗—顺从和谐性较高，未早熟者尤其如此；早熟者天真—成熟的和谐性较高，而内向—外向和谐性较低，在正规受教育水平较低时尤其如此。另一方面，首次参与重大社会活动的实际年龄越大，成年中期含蓄—坦率的和谐性倾向越明显；首次承担重要职务或任务的实际年龄越大，成年中期的诚实恭顺—灵活严厉和谐性及深沉—直率、诚实—圆滑的和谐性就越明显，而友善合作—冷漠严肃和谐性及独立—合作和谐性就越低；早期参与的重大社会活动越多，个体在成年中期的友善合作—冷漠严肃和谐性及热情—冷漠、倔强—随和、友好—敌对的和谐性就越明显。这再次说明了早期受教育经历与社会参与经验对人格和谐性发展的持久影响。相对来说，成年中期的社会问题解决经验更为丰富，社会创造性表现的领域化或职业化程度更高，他们的自我意识和人格开始呈现内向化的特点。他们在延续前期某些"外向化"人格倾向的同时，也发展了"内向化"的人格倾向，进而促进了人格和谐性的不断提高。当然，人格和谐性与其他因素的关系也受到了这种年龄阶段特点的影响。

第 五 章

领袖人物成年晚期创造
人格的发展

　　天意怜幽草，人间重晚晴。人们一般把晚年看作老来无事、无所作为、安享静修的时期。但是，社会领袖们的晚年却是老当益壮、自律谨严、不懈进取的时期。他们一方面变得更加务实，"现实主义"倾向更明显，另一方面，他们又保持了此前各个时期积极奋发的精神，继续建功立业，为他们的社会理想而奋斗。

第一节　领袖人物成年晚期人格发展的特点

　　进入成年晚期后，英雄们自律、乐群和尽责、有为的人格倾向仍然十分突出，他们人格的和谐性也更为明显。这说明，他们对社会生活的适应性进一步增强了，解决各种社会问题的能力进一步提高了。可以说，这是"内修"与"外铄"的结果。

一　成年晚期的人格基本倾向

　　在成年晚期，同时符合前面所提到的三个标准的人格形容词包括：知耻，善良，竞争，严肃，克己，敏感，出众，合群，机智，倔强，挑剔，勇敢，有为，勤奋，细心，开明，独立，温和，激进，真诚，稳重，坚定，顺从，宽容，大度，上进，外向，沉着，自尊，随和，尽职，友好，果断，能干，坦率，平凡，冷静，泼辣，自觉，爱国，豪爽，自信，坚强，尚武，有恒，直率，圆滑，镇定，文静，超前，踏实，创新，深沉，振奋，反抗，理智，认真，力行，热情，中庸，振奋，尚武，随俗，礼貌，含蓄，合作，敌对，冒险，体谅，深刻，谦让，条理，理想主义，坚韧不拔，实事求是，富有心计。

与以前的各个时期相比，成年晚期的人格拥有了更丰富的内容，"比较符合"、"比较符合"和"完全符合"的人格特征在数量上有所增加，而且性质上也有所变化，其中包括大度、客观、体谅等积极的人格倾向，也包括虚伪、振奋、敌对等看似消极的人格倾向。这在一定程度上反映了领袖人物晚年的行为模式与世界观的深层变化。许多积极的人格特征在这一时期达到"最高水平"。从总体上看，成年晚期的人格特征仍然呈现出明显的"双极化"特点，即在某些"外向性"人格特征与"内向性"人格特征的得分均较高，整体上相互对立而又基本"持衡"。不难看出，成年晚期在许多人格特征（包括"内向性"与"外向性"人格特征）上都与成年中时期基本相同，它说明了成年后人格发展的连续性或一致性。

类似的，我们运用探索性因素分析，从这一时期的人格特征中抽取 5 个主因素，其累积方差解释率为 80.77%。与成年中期相似，知耻、克己、自觉、爱国、踏实、勤奋等自我完善性的人格特点与宽容、合群、友好、热情、体谅等合作性的人格倾向在第一个主因素上具有较高的负荷，因而因素 1 仍可命名为自律乐群性；第二个主因素主要考察了"成就意志"和积极有为的人格倾向，仍可以命名为尽责有为性；第三个主因素主要反映了理智、稳重等"内向化"或成熟的人格特点，可以命名为成熟性。这是成年晚期人格的重要特点，它在一定程度上反映了人格中情绪稳定的一面。第四个主因素主要包括沉着、坚强、独立、自尊、冷静等反映个体意志特点的人格倾向，可以命名为意志力；第五个因素可以命名为务实性，主要反映了坚韧、力行的人格倾向。显然，上述因素虽然与"大五"人格的各个维度不存在一一对应关系，但从总体上看，它们仍然可以反映"大五"人格的基本内涵（尽责性、外向性、随和性、求新性、神经质性），其中自律乐群性、尽责有为性反映了尽责性、外向性、随和性以及求新性，成熟性、意志力则在一定程度上反映了情绪稳定性或神经质倾向。

与前几个时期相似，这一时期秉承了前一时期人格的某些特点，并在此基础上获得新的发展。这主要表现在以下几个方面。

1. 尽责性仍然在人格结构中占据显要位置。这是对前期人格的继承和延续。在前几个时期，尽责性和有为性都是最重要的人格维度。进入晚年后，表示尽责性人格倾向的自律乐群性与尽责有为性两个维度的特征值和因素解释率远高于其他维度。

2. 与成年中期一样，自我完善性、随和性、乐群性成为这一时期最重要的人格因素。它说明，进入成年晚期后，个体的"自我整合"倾向增强，在刚健有为的同时，更为注重道德的自我完善、人际关系的和谐。

3. 成年晚期的人格表现出高度的成熟性或老练性。由前面的分析可知，这一时期，意志力与务实性成为两个独立的人格维度，沉着、坚强、独立、自尊、冷静、坚韧、力行等成为十分突出的人格特点。

二　成年晚期人格和谐性的发展

成年晚期人格的和谐性发生了进一步的变化。这一时期，差异不显著的对立性人格特征显著增加，其中包括原有的严肃与温和、直率与深沉、独立与合作、超前与踏实、竞争与谦让、诚实与圆滑、泼辣与文静、激进与中庸、竞争与谦让，还包括外向与内向、坦率与含蓄、真诚与虚伪、友好与敌对、倔强与随和、善良与残酷、挑剔与宽容、顺从与反抗等，严肃与温和、倔强与随和、直率与深沉、超前与踏实、善良与残酷、克己与豪爽等人格特征的得分之间还呈显著或不显著的正相关关系。这说明，人格和谐性的内容更为丰富了，人格的结构更为和谐，更适应从事社会创造活动的要求。

通过因素分析，从上述变量中可以抽取 4 个主因素，其累积方差解释率为 59.35%。其中，因素 1 主要反映了温和、友好、真诚、诚实、善良、谦让等友善谦和性与严肃、敌对、虚伪、圆滑、残酷、竞争等敌意冷酷之间的平衡或中和，可以命名为友善谦和—敌意冷酷和谐性；因素 2 主要反映了稳重、宽容、顺从、踏实、实事求是等沉稳务实性与冒险、挑剔、反抗、超前、理想主义等探索超越性之间的平衡或中和，可以命名为沉稳务实—探索超越和谐性；因素 3 主要反映了外向、坦率、直率、泼辣、合群等外倾亲和性与内向、含蓄、深沉、文静、孤独等内倾沉静性之间的平衡或中和，可以命名为外倾亲和—内倾沉静和谐性；因素 4 则主要反映了热情、合作、中庸、克己等热诚自制性与冷漠、独立、激进、豪爽等进取自立性之间的平衡或中和，可以命名为热诚自制—进取自立和谐性。

与前几个时期不同，友善谦和—敌意冷酷和谐性在成年晚期的人格和谐性结构中所占的比重最高，它整合了乐群性与敌对性、随和性与严肃性、自律乐群性与尽责有为性等多个人格维度。沉稳务实—探索超越和谐性、外倾亲和—内倾沉静和谐性、热诚自制—进取自立和谐性三个维度的解释率相对均衡，它们整合了成年晚期的各个人格侧面，包括自律乐群性、尽责有为性、成熟性、务实性等。这种人格和谐性的"分布"在一定程度上说明，进入成年晚期后，个体对他人和群体的态度开始占据相对重要的位置。

三　领袖人物成年晚期人格发展的意义

（一）成年晚期人格基本倾向的发展

从总体上看，成年晚期的人格特征仍然呈现出明显的"双极化"特点，即在某些"外向性"人格特征与"内向性"人格特征上的得分均较高，整体上相互对立而又基本"持衡"。成年晚期在许多人格特征（包括"内向性"与外向性人格特征）上都与前一时期相似，但又增加了新的内容。这一方面说明了成年后人格发展的连续性或一致性，另一方面则反映了成年晚期生活环境的变化。因素分析结果进一步显示，自律乐群性、尽责有为性、成熟性、意志力、务实性构成了成年晚期人格的主要侧面，其中反映自我完善性、随和性、乐群性倾向的自律乐群性的因素解释率和特征值最大，而且尽责性仍然居于显要位置。

与一般老年群体不同，进取性、创新性是社会创造性人格的突出特点。有研究表明，进入老年期后，人们往往表现出自我中心、内向、保守、猜疑、嫉妒、刻板、急躁、依赖等"退化性"的人格特点（林崇德，1995）。与此相反，社会创造性群体尽管也可能在生理和认知机能方面出现某些衰退，但他们却表现出"老当益壮"的人格特点：自律乐群、尽责有为、成熟性、意志力。事实上，老年期往往是他们社会经验最为丰富、事业最为鼎盛的时期，也是社会创造性得到充分表现的时期。如果说谨慎是一般老年群体的普遍人格倾向，那么，务实性则是领袖人物老年期的突出特点。与早期的竞争、激进、直率、好斗等人格倾向不同，他们成年晚期的人格表现出高度的成熟性或老练性，晚年人格的"内向化"是他们的社会创造性人格更加成熟而不是衰退的标志。可以说，成年晚期不仅延续了前期顽强的意志力与不屈不挠的探索精神，而且表现出更加务实、稳重、坚韧的倾向，这既是个体社会经验积累的结果，又与职业发展的需要息息相关。

埃里克森认为，老年期的发展任务是自我整合，避免绝望感。社会领袖人物在对人生进行总结、回顾和评价的基础上，为晚年赋予了更深刻的发展意义，使之成为自我实现的"最后一站"和"历史生命"的新开端。我们在研究中所涉及的社会创造性人物主要是中国共产党的领导者和民主人士，新中国成立后，尤其是在晚年，他们都担任重要的国家领导职务，因而，尽责性在人格结构中的显著地位实际上反映了他们鞠躬尽瘁、死而后已的奉献精神和老当益壮、奋发有为的革命风格。另一方面，从有关传记来看，他们在晚年往往关注身后的"荣誉"和历史评价问题，对自身的工作成就和社会关系的要求也更高，因而能力的提高和道德的自我完善就变得更为重要。与早期相比，晚年的"立德"动机与"立功"动机（成就动机）占据同样重要的地位。这再次说明，中国近现代社会创造性人物的人格具有深刻的时代性和传统性，而晚年尤甚。

（二）成年晚期人格和谐性的发展

我们在研究中发现，成年晚期人格的和谐性发生了进一步的变化，差异不显著的对立性人格特征显著增加，其中包括外向与内向、坦率与含蓄、真诚与虚伪、友好与敌对、倔强与随和、善良与残酷、挑剔与宽容、顺从与反抗等。上述人格"对立项"之间的和谐性由不显著到显著的变化，主要是由内向、含蓄等人格倾向的增强和外向、坦率等人格倾向的相应减弱而导致的，其中虚伪、敌对、残酷、反抗这些看似"消极"的人格特征恰恰说明了人格的情境性，即对于不同的情境，个体会表现出相应的人格倾向，例如，一个人既可能对朋友表现出高度的真诚、友好、坦率、善良，又可能对敌人表现出虚伪、敌对、含蓄、残酷，既可能对领袖人物正确的领导表现出真诚的顺从性，又可能对不正确的领导表现出强烈的反抗和近似"虚伪"的敷衍行为，尽管这些人格特点的表现形式差异很大。在此意义上，上述看似消极的人格特征并不具有真正的贬抑性，而是证明了成年晚期人格适应性的增强。

　　成年晚期人格和谐性的另一变化在于，前期差异不显著的克己与豪爽（童年与青少年时期）、稳重与冒险、理想主义与实事求是（成年中期）等人格特征，在这一时期却变得显著了。从表面上看，似乎是到成年中期后，人格的和谐性反而降低了，其实不然。上述人格差异由不显著到显著的变化说明，豪爽、侠义、冒险、理想主义等人格倾向在晚年明显削弱，克己、敏感、稳重、实事求是等人格倾向却相对增强，而这恰恰显示了晚年人格的高度成熟性，说明了社会创造性人格从"年轻气盛"到稳重务实的发展趋势。克己、稳重、实事求是等本身即是和谐性的人格特征，个体符合这些人格特征的程度的提高本身即是人格和谐性增强的表现。因素分析的结果进一步证明了这一点。

　　上述分析结果在一定程度上说明，人格本身具有双极性或"矛盾性"的特点，这与新精神分析主义者卡尔·荣格的观点是一致的。他认为，在许多人的人格结构中，每一种突出的人格特点往往都存在着与之相对的另一种人格特点，而与一般人人格的"单极化"倾向不同，社会领袖人物人格的双极性是相互对立的人格倾向的更成熟、更和谐的整合，是社会创造性人格的完美表现。通过以上分析，我们可以这样认为，个体早期的人格特点尚未呈现高度的成熟性和创造性，进入成年期后，个体的人格才显示出真正的社会创造性人格特点。本研究结果与奇凯岑特米哈伊等人的研究结论（Csikszentmihalyi，1996；Eysenck，1997）也具有某种一致性。

第二节　成年晚期人格发展的相关因素

按照一般的生活印象，许多人可能认为，领袖人物们早年成长的家庭环境、个人早年的经历已经"远去"，对于他们晚年的人格已经无法产生"预测效应"了。然而，我们的研究却出乎这种意料之外。结果显示，领袖人物们晚年的某些人格倾向仍然与上述各种因素"保持着"某些联系。这一方面说明了人格发展本身的某种连续性，另一方面则说明了早期生活对于人格毕生发展的影响。

一　成年晚期人格基本倾向发展的相关因素

（一）与家庭因素的关系

我们的研究发现，从总体上看，在自律乐群性、尽责有为性、成熟性、意志力、务实性 5 个人格维度中，家庭价值观和人际关系、活跃性可以显著地预测成年晚期的意志力。这说明，家庭的伦理价值观越明确，家庭成员的一致性程度越高，家庭环境越严肃或严谨，个体在成年晚期的沉着、坚强、独立、自尊、冷静等意志品质就越突出。而且，早年生活中母亲的严厉性可以显著地预测晚年的尽责有为性，相似的，早年生活中母亲的情感温暖与理解可以预测晚年的尽责有为性。本结果说明，母亲在早年越严厉，个体在成年晚期的尽责有为性就越不明显，而母亲提供的情感温暖与理解越多，个体在成年晚期的尽责有为性倾向就越明显，也就是说，母亲早年给予孩子的情感温暖与理解甚至可以预测他们在晚年的尽责有为性。

我们还发现，在成年晚期，母亲的宗教信仰可以显著预测晚年的自律乐群性、务实性。这意味着，母亲具有宗教信仰的个体，其成年晚期的自律乐群性和务实性倾向可能低于母亲无宗教信仰的个体。

（二）与个人经历的关系

分析显示，个体的受教育水平可以显著地预测其成年晚期的成熟性倾向。这意味着，领袖人物早年的受教育水平越高，他们在成年晚期的理智、稳重等"内向化"或成熟化的人格特点越明显。他们开始担任最高职务的实际年龄、最高职务的实际任期可以显著地预测他们晚年的尽责有为性，这就是说，个体开始担任最高职务的实际年龄越大，最高职务的实际任期越长，其进入晚年后尽责有为性倾向就越明显。

成年晚期的人格倾向与个体早期的社会参与经验，包括社会参与的频繁性、重大社会参与行为的数量，均不存在显著的相关，早期的社会参与经验并不能显著地预测成年后期的各种人格倾向。该结果在一定程度上说明，个体早期的社会参与经验所产生的影响到老年期后可能大大减弱，而与前几个时期相比，进入老年期后，领袖人物的上述人格倾向也可能发生了相当大的变化，这都可能大大降低了他们晚年的人格与其早期社会参与经验的相关。

二　成年晚期人格和谐性发展的相关因素

（一）与家庭因素的关系

我们发现，在成年晚期的各种人格和谐性倾向中，在低控传统型家庭环境中成长起来的个体在超前——踏实性、宽容——挑剔性、稳重——冒险性上的得分显著高于高控传统型家庭中成长起来的个体。早年家庭的伦理价值观念和成就动机越强，家庭成员之间的一致性或亲密度越高，领袖人物晚年的独立—合作和谐性倾向就越明显，在家庭的秩序性较高的情况下尤其如此。类似的，家庭的组织性和控制性越高，他们晚年的稳重—冒险的和谐性倾向就越明显。

另一方面，在严厉型教养方式下成长起来的领袖人物晚年的出众—平凡性得分显著高于温暖型教养方式下成长起来的人物。而且，早期的母亲教养方式越严厉，领袖人物在成年晚期的理想主义—实事求是的和谐性倾向越不明显，创新—保守的和谐性倾向也越高；母亲早年的慈爱性越高，个体激进—中庸的和谐性倾向就越明显；类似的，母亲的慈爱性越高，父亲的严厉性越低，个体在成年晚期的独立—合作和谐性就越明显。显然，与前几个时期相似，父母的严厉性与慈爱性既可能增强其人格的中和化，也可能削弱人格的中和化，使某些人格特征过于突出，而另一些人格特征相对减弱。

进一步分析显示，母亲去世越早，母亲去世时子女的年龄越小，个体成年晚期的合群—孤独的和谐性越高，沉稳务实—探索超越和谐性、外倾亲和—内倾沉静和谐性及含蓄—坦率、反抗—顺从的和谐性倾向就越低；类似地，父亲去世时子女的年龄越小，克己—豪爽的和谐性倾向越低。其母亲具有宗教信仰的个体独立—合作、竞争—谦让、天真—成熟的和谐性要低于母亲无宗教信仰者，而父亲有宗教信仰者，其热诚自制—进取自立和谐性倾向要低于父亲无宗教信仰者。家庭社会经济地位越低，个体的友善谦和—敌意冷酷和谐性以及诚实—圆滑、友好—敌对的和谐性倾向越明显。另外，在大家庭中成长起来的个体的倔强—随和的和谐性较低，其随和性倾向可能更为明显；而在兄弟姐妹中排行越靠后，其泼辣—文静的和谐性倾向越明显。显然，领袖人物早期成长的家庭特征可能会对他们的人格产生持续终生的影响。

(二) 与个人经历的关系

我们的分析表明，领袖人物早年的受教育经历还可以显著地预测成年晚期的某些人格和谐性，在成年晚期，受过后来所从事的职业训练者深沉—直率的和谐性倾向要高于未受职业训练者，这与前一时期基本相似。同时，在这一时期，早年的正规受教育水平越高，他们的超前—踏实和谐性也越明显。他们的事业经历还可以显著地预测他们在晚年的人格和谐性特点。也就是说，领袖人物首次参与重大社会活动的实际年龄越大，他们在成年晚期的外倾亲和—内倾沉静和谐性及内向—外向、泼辣—文静的和谐性倾向就越明显。与前一时期相同，开始担任一生中最高职务的实际年龄越大，其诚实—圆滑的和谐性倾向就越明显；开始担任一生中最高职务的实际年龄越大，最高职务的实际任期越长，超前—踏实的和谐性倾向就越明显。早年参与重大社会行动的数量可以显著地预测领袖人物晚年的某些方面的人格和谐性，例如，早期参与的重大社会活动越多，个体在成年晚期的热情—冷漠的和谐性就越明显，这意味着，早年的社会参与经验有可能影响他们人格结构或人格和谐性的变化。

三 各种因素对成年晚期人格的影响机制

(一) 成年晚期人格基本倾向发展的相关因素

成年晚期是一个人进行自我整合的时期。与以前的各个时期相比，这一时期的人格也会发生很大的变化，但总体而言，人格的持续稳定多于变化（林崇德，1995）。正是在这个意义上，晚年的人格倾向与上述各种因素的关系也在相当程度上保持了与前期的某种一致性。我们发现，领袖人物早年的家庭价值观和人际关系、家庭的活跃性可以显著地预测他们晚年的意志力，家庭的伦理价值观越明确，家庭成员的一致性程度越高，他们在成年晚期的沉着、坚强、独立、自尊、冷静等意志品质越突出；母亲在早年给予的情感温暖与理解越多，他们的尽责有为性倾向就越明显；早年的受教育水平越高，他们晚年的理智、稳重等"内向化"或成熟化的人格特点就越明显；个体开始担任最高职务的实际年龄越大，最高职务的实际任期越长，其尽责有为性倾向就越明显。可见，领袖人物在成年晚期人格的"内向化"发展仍然可能会受到早年的家庭环境、父母教养方式、受教育水平以及事业经历的影响，换句话说，领袖人物成年晚期的社会创造性人格与他们早年较强的家庭价值观及和谐活跃的人际关系、母亲的情感温暖和理解、较高的受教育水平以及丰富的社会活动经验密切相关。显然，早年家庭环境的这些特点可以对他们儿童青少年时期的人格发展带来深刻的影响，而这种影响又可能进一步延伸到成年后的各个时期，包括成年晚期，而无论哪个时期的人格，都带有当时的传统伦理和价值观的深深烙印。领袖人物晚年人格的内向化恰恰反映了这种发展特点。

（二）成年晚期人格和谐性发展的相关因素

在人格和谐性与上述各种因素的关系上，得到与前期基本一致的结论，但也呈现出成年晚期的特殊规律。就家庭环境、父母教养方式与人格和谐性的关系而言，早年家庭的伦理价值观念和成就动机越强，家庭成员之间的一致性或亲密度越高，个体在成年晚期独立—合作的和谐性倾向就越明显，在家庭秩序性较强的情况下尤其如此；早年家庭的组织性和控制性越高，个体晚年稳重—冒险的和谐性倾向就越明显；早期的母亲教养方式越严厉，晚年的理想主义—实事求是的和谐性就越低，而创新—保守的和谐性越明显；母亲早年的慈爱性越明显，个体晚年的激进—中庸、独立—合作和谐性越明显。显然，与前几个时期相似，父母的严厉性与慈爱性既可能增强其人格的中和化，也可能削弱人格的中和化，使某些人格特征更为突出。相对而言，在同样的家庭条件下，晚年人格和谐性的变化主要表现在独立—合作性、稳重—冒险性、创新—保守性、激进—中庸性等方面，而这又主要反映了在上述因素影响下个体的合作、稳重、保守、中庸等人格倾向的变化，这与前述的有关研究结论基本一致。

在人格和谐性与家庭基本特征的关系上，也得到了与前一时期基本相同的结论。例如，母亲去世越早，母亲去世时子女的年龄越小，领袖人物晚年合群—孤独的和谐性倾向就越高，沉稳务实—探索超越和谐性、外倾亲和—内倾沉静和谐性及含蓄—坦率、反抗—顺从的和谐性倾向越低；父亲去世时子女的年龄越小，他们晚年的克己—豪爽和谐性越低；其母亲具有宗教信仰的个体的独立—合作、竞争—谦让、天真—成熟的和谐性较低，而父亲有宗教信仰者的热诚自制—进取自立和谐性较低；早年的家庭社会经济地位越低，个体晚年的友善谦和—敌意冷酷和谐性以及诚实—圆滑、友好—敌对的和谐性也越低，其诚实、友好的倾向可能更为明显；在大家庭中成长起来的个体的倔强—随和的和谐性较低，其随和性倾向可能更为明显；而在兄弟姐妹中排行越靠后，其泼辣—文静的和谐性倾向越明显。与前几个时期相似，受教育水平、事业经历、社会参与经历对成年晚期不同的和谐性变量表现出不同程度的影响。早年的正规受教育水平越高，开始担任一生中最高职务的实际年龄越大，最高职务的实际任期越长，领袖人物晚年超前—踏实、诚实—圆滑的和谐性倾向就越明显；首次参与重大社会活动的实际年龄越大，他们晚年的外倾亲和—内倾沉静和谐性及内向—外向、泼辣—文静和谐性就越明显；早年参与的重大社会活动越多，个体晚年的热情—冷漠和谐性越明显。这说明了成年晚期之于成年中期的高度连续性，这可能与这两个时期职业活动的高度连续性或相似性密切相关。

相比之下，成年晚期的人格与各种因素之间的关系模式与成年中期更为相似，综合考虑成年中晚期的人格结构及其发展特点的相似性，不难得出，领袖人物后半生的人格与前半生的人格可能具有某种根本性的差异，成年中期可能是社会创造性人格发展的重要转折期。前半生即成年中期之前，主要是社会创造性人格的初步形成和发展期，在儿童青少年时期和成年初期，人格与各种因素之间呈现出各自不同的关系；后半生即成年中期之后，则主要是社会创造性人格的成熟和完善期，在成年中期和成年晚期这两个年龄阶段，社会创造性人格与各种因素则呈现出基本相似或一致的关系模式。当然，这里的成熟是相对意义上的成熟，是与前期的人格发展状况相比较而言的。

与前几个时期尤其是童年和青少年时期、成年初期相比，成年晚期的内省倾向可能对其人格的发展产生了重要的影响，对自身的社会经历（包括对早期家庭的生活、成年后的社会生活）的深刻反省或自我整合倾向可能促成了这一时期深刻而持久的情感体验，促成了这一时期人格的高度"内向化"，深深地影响着他们的基本人格倾向及其和谐性。同时，这种反省倾向也可能成为上述各种因素影响晚年人格发展的"中介变量"。早期经历与晚年人格的这种关系再次说明，早年的家庭特征可能会对领袖人物人格的影响可能会持续终生。

四　小结

如前所述，在不同的年龄阶段，领袖创造性人格的发展既有相似之处，又有各自不同的特点。同样，人格的发展与家庭、学校教育以及社会参与等因素的关系也是如此，在不同的年龄阶段，既呈现出某些共同的规律，又呈现出某些独特的关系模式。一方面，在同一年龄阶段，不同的因素与人格变量的相关模式和密切程度是有所不同的；另一方面，在不同的年龄阶段，相同的因素与人格变量的相关模式和密切程度也是有所不同的。这充分说明，社会创造性人格是不断发展变化的，而与之相关的各种因素也是不断发展变化的，二者复杂的交互作用决定了人格与各种因素的关系模式的动态变化性或"毕生发展性"。

概括而言，不同阶段的研究结论在不同程度上验证了我们的假设。有研究者概括指出（Feldman，1999），创造性人格发展的影响因素及其影响方式是复杂多样的。其中，早期成长的家庭构成领袖人物创造性发展的物质环境和"观念"环境，个体的受教育经历尤其是所接受的专业教育为创造性发展提供了必要的知识、能力基础以及接受系统训练的机会，活动经历和社会参与经历为创造性发展提供了必要的经验基础。在我们提到的各种因素中，早熟性代表了个体从家族继承的遗传素质，它影响着个体成为特定领域的创造性人才的机会或概率；早年父母去世则常常是家庭社会经济地位低下的标志，它既可能为孩子成为"代理"成人，实现理想自我，做出杰出成就提供某种机会，又可能激起个体对情感剥夺的感伤或对社会不公正的不满（Elsenstadt，1978）。另外，布朗芬布伦纳（U. Bronfenbrenner）的人类发展生态学模型认为，某些具有转折意义的重要事件（如升学、就业）对人格的发展具有重要的意义，本研究涉及的"事业经历"即考察了某些"转折性"事件的影响。

在我们的研究中，各种因素影响社会创造性人格的方式主要包括两类：一是直接的影响，即早期的家庭环境、父母教养方式、个体受教育经历、事业经历以及社会参与经验直接影响个体不同时期尤其是早期的人格发展；二是间接的影响，即上述因素通过个体的认知、反省或者其他的中介变量而间接作用于不同时期的人格倾向，例如，早年家庭的社会经济地位可以通过个体的受教育条件间接影响人格的发展，家庭早年的社会经济地位越高，父母为个体提供的受教育条件可能越好，对个体知识的学习、价值观的形成影响也越大。而且，上述各种因素之间也可能存在相互影响，某些变量甚至可能是另一些变量影响人格的"中介变量"。

另一方面，上述各种因素影响社会创造性人格的路线也可以分为两类。一是不同的因素直接影响相应时期的社会创造性人格倾向，例如，早年的家庭环境和父母教养方式、社会参与经验影响着童年和青少年时期的人格发展，而成年后的事业经历又影响着成年期人格的发展（当然，其中可能存在"中介变量"）；二是各种因素可以发挥"循序性"影响，通过影响前一时期的人格发展，进而影响随后一个时期的人格发展，也就是说，不同因素对前一时期的人格发展的影响构成了后一时期人格发展的基础，这些因素首先影响童年和青少年时期的人格特点，而童年和青少年时期的人格发展结果又影响着成年后的各个时期。我们还可以看到，在各个时期的人格变异中，一方面包含了各种因素对人格的影响部分，另一方面则包含了由前一时期的人格延续下来的部分，它反映了人格发展的相对稳定性或连续性。在某些时期，人格与各种因素的关系模式之所以呈现某种相似性或一致性，人格发展的这种相对稳定性可能是重要原因之一。

第三节　中老年:人格发展的转折时期

进入中老年时期之后，社会领袖人物的人格发生了一次明显的转折。可以说，成年初期的主要任务是确立以实现自身的社会价值为目的的人生理想，个人奋斗的目标主要是"立功"，改革社会传统，以产生重大的社会影响。进入中年或成年中期之后，他们的人格发生了进一步的变化，在建功立业的同时，"立德"，成就"身后名"，也逐渐成为占主导地位的价值取向。简单地说，立德、立功同时成为推动中年和老年人格发展的主要动力。

在青少年时期和成年初期，个体的人格呈现出明显的外向性特点，通过极力地自我表现和持续的社会参与活动展示、检验和锻炼自己的领导才能，通过持续的探索和挑战行动，满足自身对社会活动的浓厚兴趣、好奇心、求知欲，获得社会的认可和同志团体的认可。其中，个体得到社会认可的重要标志是获得能够实现自身社会价值的"职位"。进入中老年期，特别是进入老年期以后，个体建功立业、获得社会认可的愿望已在很大程度上实现，更高层次的自我实现的需要开始占据主要地位。在它的驱使下，个体不仅致力于建立体现自身理想的"外在"的社会功业，而且对革新"内在"的心理世界进行了高度的"自我投入"。自我反省、自我约束、自我完善，成为个体后半生人格发展的一大主题。这似乎验证了荣格的人格理论。这些社会领袖人物也未能摆脱人类心理发展的一般规律。由此看来，中老年是人格由外向到内向的"内化建设"时期。

很明显，如果将他们终生的发展作为一个整体来看的话，他们的前半生与后半生可以说相互"中和"的，前两个时期倾向于"外化建设"，后两个时期则倾向于"内化建设"；如果从不同的时期来看的话，他们的人格发展则是一个逐渐中和化的过程，前两个时期人格的中和化程度相对较低，后两个时期人格的中和化程度相对较高。下面我们具体来看一下中老年人格的突出特点。

一 自律乐群

进入中老年之后，这些社会人物最突出的人格特点是自我约束加强。他们自觉、克己、爱国、合群、热情，自律性和乐群性的增强也说明，人格的"中和化"程度进一步提高了。

中国共产党领袖人物的自律性可以说是人尽皆知的，当然，这一点与他们的信仰密切相关。1949年新中国成立后，毛泽东成为中华人民共和国第一任主席，他严格遵循一个"平凡公民"的生活标准，不愿过那种"国家主席"的生活。50年代，他的月薪能拿600元，60年代初，月薪是430元，70年代初期他又从月薪中裁减20%。在他死后，他的卫士们感叹说："您住的是旧房子，解放20多年一直不让修缮。您的衬衣、皮鞋，都穿了多年，已经破旧，我们几次劝您换一换，您都不同意"（参见8341部队：毛主席啊，我们永远怀念您。人民日报，1976年9月14日）。他的一床被子从1942年一直用到1962年，然后被送进博物馆；进入北京时穿上的一双系带皮鞋，穿了近30年，他的浴衣肘部打着显眼的补丁，当年被毛泽东接见的一些外国的外交官也曾"见证"了毛泽东的简朴。

毛泽东的这一生活作风同样体现在其他的共产党人身上。1959年，刘少奇继任中华人民共和国主席，他身居高位，却从不高高在上，一直把自己看作一个普通的公民。他从不让身边的人以官职称呼自己，他曾对工作人员说，在中央领导人中，只有三人可以称官衔，就是毛主席、周总理和朱总司令，我们大家称他们主席、总理、总司令已经习惯了，就不必改了，对他自己则是一律称作"少奇同志"。50年代，刘少奇坚持平民化的生活，对自己的子女和亲戚要求很严格，多次强调，绝不能打着他的旗号搞特殊，搞官位，甚至他的一个侄女请他帮忙买一只价值60元的上海牌手表，都遭到了他的拒绝。这种"不近人情"的态度在中老年时期的周恩来、董必武等人身上也屡见不鲜。周恩来曾坚决反对为他在中南海西花厅住的房子进行装修，董必武外出视察时则多次拒绝吃地方专门为他摆设的宴席。自律之严由此可见一斑。

　　国民党领袖孙中山也是如此。1921 年 5 月，孙中山在广州就任"中华民国"非常大总统，他的一个外甥从海外来到广州，想在政府中谋职，遭到孙中山的断然拒绝，后来孙中山帮助他在广州开了一家裁缝店，让他以自己的特长生活。孙中山谆谆告诫党内同志："天下者，天下人之天下，非一二人所独占。"

　　除此之外，平易近人也是这些社会名人的突出特征，这种平易近人的态度，不仅表现为对周围的干部、同志、朋友的理解和照顾，而且表现为对下级干部、普通群众的热情、关怀和帮助。孙中山在就任"中华民国"非常大总统期间，工作之余上街散步，从来没有军警护卫和保镖开道，市民争相围观，他总是微笑着点头示意。在总统府的墙边，儿童可以照样捉蟋蟀，玩耍追逐；卖小吃的照样打着搭板吆喝。在广西桂林，一次为了赶去参加会议，雇了一抬竹轿，在路上，他听见轿夫大口喘气的声音，感到很不安，随即让轿子停了下来。孙中山问了两个轿夫的年龄，在了解到他们都已年过六十的时候，他感到非常内疚，拒绝再坐轿子，并随手送给他们一把银元。当时，桂林郊外有一武装团伙，很多人主张严厉打击，痛剿不贷，孙中山考虑再三，说："彼等与我辈都是同胞，何必剿灭，互相残杀，戕害我种族，可持我名片一张，邀他们下山，共同北伐。"这伙人为孙中山的真诚和豁达大度所感动，便集体投入革命军，参加北伐。

　　周恩来的乐群性可以说是最为中国人所熟知的。他平易近人的行事态度一直到现在仍旧为人们所传颂。在他去世后，人们写了大量的文章来回忆他在世时爱群众、爱朋友的事迹。在"文化大革命"期间，在自身不断受到林彪、江青"四人帮"攻击的情况下，他仍想尽一切办法保护党中央的元帅和众多的干部、民主人士。如果我们把"文化大革命"看作一个特殊时期的话，那么在"正常"时期，他对身边工作人员、朋友以及普通大众的关心，也是让人感动的。他多次视察工厂和矿山，同工人们一起吃饭、交谈，还进工人们的地窝子。1963 年 6 月，周恩来第二次视察大庆油田，他一下车就直奔钻井队井场，热情地与钻井队工人们握手，有的工人满手油污来不及擦手，不好意思与他握手，他总是说，"不用擦"，"你们的手很干净"。1966 年 3 月 8 日，河北邢台地区发生强烈地震，在余震不断的第二天，周恩来就赶到灾区，在残垣断壁之间，一个个地查看、慰问灾民。如此等等，不胜枚举。董必武也是如此。新中国成立初期，他担任政务院副总理、政务院政法委员会主任。他十分讲究民主，尊重党外人士，从来不搞"一言堂"，有一次，政法委员会机关搬家，董必武要工作人员分别向各位行政首长征询意见。就连政法学会筹备会什么时间开会好，他也嘱咐工作人员分别征求意见。他记挂着党内和党外的朋友，关心他们的生活和工作。管理机关事务的同志要他搬进中南海，他总是一再婉言辞谢，最后一次催他搬家，言辞殷切，他仍不同意。他对身边的工作人员说，我若搬进中南海，原重庆、上海时期往来的许多老朋友，要找我就没有这样方便了，这对工作不利。朱德、陈毅、叶剑英、刘少奇等人也保持着这样的生活作风。跨入中老年之后，合群、交友成为他们最基本的需要之一。

二　尽责有为

高度的上进心、尽职尽责、奋发有为，同样是中老年十分典型的人格特点。这说明，在中老年时期，他们同样具有立功的强烈需要或高度的成就动机。如果把青少年时期和成年初期看成领袖人物探索和确立他们的社会理想的时期，那么，我们就可以把中老年时期看作实施他们的社会理想，使之现实化的时期。进入中老年时期之后，这些领袖人物开始将主要的精力投入更为实际的工作中去，真正实现从"个人小我"到"社会大我"的转变。仅举数例，我们就不难看出他们兢兢业业、尽职尽责的品格。

周恩来担任政府总理，真可谓"日理万机"，用他自己的话说，他是中国这个大家庭的总管家。1958年开始的"大跃进"运动，1959—1960年严重的自然灾害等，促成了50年代末60年代初粮食短缺的严重困难。在那些艰难的岁月里，周恩来日夜操劳，呕心沥血。有人统计了当时的历史档案，从1960—1962年9月两年零四个月里，周恩来关于粮食问题的谈话有115次，从总理办公室退给粮食部办公厅的、保存至今的三十二张报表中，周恩来的笔迹有994处，仅《一九六二年至一九六三年度粮食包产产量和征购的估算》这张表上，周恩来用红蓝铅笔做的标记就有145处，调整和修改数字40处，在表格边上进行计算6处，批注数字70处，批注文字7处（杨少桥、赵发生，1987，p. 232）。他自己曾经对一位外国客人说："三年来（指1959—1961年）我就没有休息过。一九五九年，我参加苏共二十一大，当时病了一场，回来后也没有休息，很难抽出时间，所以只能让我在家半天休息"，"每天都有外宾来，你不来我也做事情，看文件，每天都要超过八小时"（参见1961年6月25日周恩来同苏联驻华大使契尔沃年科谈话记录）。可见，这"半天休息"也没有做到。他的辛勤工作帮助中国人度过了那段十分艰难的岁月。

董必武新中国成立后已是年过花甲，他主持新中国的法制建设工作，他执法如山，不徇私情；处处以身作则，不搞特殊化。甚至他的日常住行都在为"工作"服务。董必武传记作者这样写道："我国建国初期即已着手的法制建设，由于宪法的制定而进入一个新的发展阶段，一届人大一次会议重新制订了有关国家机关的一批重要法律，包括全国人民代表大会组织法、国务院组织法等等。这些法律中凝聚了董必武的心血"（董必武，1997，p. 356）。在他的主持和领导下，中国的法制日益健全。他主持司法工作，也能脚踏实地、成就卓著，确立了司法工作为经济建设服务的方针。以1954年的司法工作为例，当年共设立294个公证处，当年办理的公证达12.3万多件，县级人民法院设立巡回法庭3800多个，后来逐步改为人民法庭；在不少厂矿企业中设立了同志审判会，在城市街道和农村普遍设立了调解委员会，这对经济建设案件的审理起到积极的促进作用，仅据1954年1月至9月的统计，各省市法院审理的有关经济建设的案件就达15.8万余件，有力地贯彻了司法为经济建设服务的方针。

叶剑英多年在最高统帅部从事参谋工作，办理任何一件大事，都要深思熟虑、明察秋毫。"文化大革命"期间，他已年近八旬，仍然每天从电波里收集各种信息，亲自翻阅能看到的各种文献、报刊和资料，同时，发动办公室的所有工作人员，收集各种资料、研究各种问题，了解国内、国外形势。不论怎么忙，他每天都要听取一、两次汇报，有时在吃饭时也在听工作人员的汇报，边吃边听边谈。有一段时间，他患便秘，就专门制作了一个小桌子，上面摆好各种文件和笔、墨、纸，坐在厕所里"办公"，批阅文件。勤奋、尽责的品格由此可见一斑。

相对而言，成年中期的敬业性和开拓创新性似乎更为明显，这些杰出的中年人自尊、自信、直率，而且性格中还具有某种程度的理想主义，他们在工作上细心而挑剔，热情而勤奋。进入成年晚期后，他们的性格则显示了更为明显的成熟性、务实性，显示了更为坚强的意志力，在日常生活和工作中，表现得更加理智、稳重、坚韧、独立、沉着、冷静。刘少奇、周恩来、董必武、朱德、叶剑英等人对毛泽东发动的"文化大革命"的态度和应对方式就是一个明证。他们中的大多数人虽然认识到这场运动的错误，但他们并没有做出针锋相对的对抗毛泽东的轻率举动，而是忍辱负重，委曲求全，静待时变。当然，成年晚期的这种人格特征与特定的社会环境有关，但它更主要地反映了社会创造领域的创造性人格发展的一般规律，即因时制宜或高度的适应性。换句话说，到成年晚期后，这些社会领袖人物人格的和谐性显著增强了。

三　创造性的伦理原则：领袖人物"立德"背后的意义

社会领袖人物们晚年建功立业的人格倾向提高了他们的历史成就，也提高了人们对他们的杰出性的历史评价。"重德"、"立德"这种"内倾性"的人格倾向同样具有十分重要的意义。尼克森（Nickerson，1999. p. 397）认为，创造性既可以服务于善的或好的目的，也可以服务于恶的或坏的目的，因此，如果我们站在"价值中立"的立场上培养人的创造性的话，那么，就会像教一个孩子如何打枪时，既不告诉他该打什么又不告诉他不该打什么一样。他的知识既可能用于对付坏人，维持社会的稳定和他人的福利，又可能给别人乃至社会造成难以预料的危害。有的学者甚至主张将道德追求（ethical desirability）列为创造性的内涵之一（Cropley，1992，p. 49）。

古今中外，不乏那些曾经是聪明秀出、胆力过人的英雄，后来却倾其所能实现其卑劣目的的人，不乏曾经表现出杰出的社会创造性、害人害己、身败名裂的"奸雄"，他们曾经凭着自己过人的聪明才智显赫一时，但因人格中道德的"严重缺失"，最终被钉在历史的耻辱柱上。最典型的要数第二次世界大战的罪魁祸首、法西斯头子希特勒，从某种意义上说，他的创造性或社会创造性不可谓不高，但是，他的这种创造性不仅没有增进人类的福祉，而且使人类陷入极其深重的灾难。因此，创造性可以催开人类文明之花，也可以摧毁人类文明，制造血泪历史。正是在此意义上，具有社会创造性的领袖们在中晚年的"修德"倾向，才显得至为可贵。如果没有这种"德"作为前提，他们所建之功、所立之业则可能是"罪功、孽业"，他们本人也可能不是流芳千古的英雄，而是遗臭万年的"奸臣贼子"。晚年的林彪在某种意义上可以作为一个明证，早年是反清英雄、后来却沦为民族败类的汪精卫当然也是一个典型的例子。领袖人物自律谨严的人格特点，构成其创造性得以发挥的重要保障，同时也成为这种创造性赢得人类历史的认可的重要条件。我们不能苛求一个领袖人物多么完美，但只要其创造性能量能以"为人民服务"、"为社会服务"的正义方式宣泄，我们就应该为他们欢呼、跳跃。

精神分析学家弗洛伊德将人的本能分为生本能与死本能，悲观地认为由于死本能的驱使，人类的战争和侵略不可避免。但是，他也"乐观地"认为，人的本我的性欲可以通过合法的、为社会所接受的方式（即升华）发泄出来，升华为丰富多彩的人类文明成果。不论这种理论的科学性如何，我们都不应对人类的创造性感到悲观。相反，我们应为推动人类历史前进、增进人类幸福的社会创造性感到骄傲，应该积极地促进这种创造性的发展。不过，在此过程中，我们时刻不应忘记创造性与道德伦理的辩证关系。毕竟，我们的社会需要的是"有道德的创造"。

第 六 章

领袖人物创造性人格的毕生发展

第一节 领袖人物不同时期人格的
共性与差异

我们已经知道，在不同的年龄阶段，领袖人物的创造性人格呈现出不同的结构特点，这不仅表现为相同的人格特征在不同年龄阶段的表现或分布形式的差异，而且表现为不同的人格维度在人格结构中所占的比重的差异。另一方面，不同时期的人格特征又具有出某些相似之处，表现出人格发展的连续性。因此，可以说，领袖人物各个时期的社会创造性人格既有共同之处，又具有各自的年龄特征。这种共性和差异意味着，与一般群体的人格模式相比，社会创造性人格具有独特之处，同时又具有一个连续发展的过程。中国近现代社会领袖人物在不同时期的人格的共同特点大体上可以概括为以下几个方面。

一 传统性和时代性

人格的传统性是个体人格结构中所体现的与中国文化传统相

一致的倾向或特点，在中国，尤其是在近现代的中国文化中，人们对那些历史上形成的理想人格模式仍然抱有强烈的认同。刚健有为、自强不息、明德修身、和谐务实等人格倾向在以上各个年龄阶段都很突出，"立功、立德、立言"的人格模式十分明显，尤其是自我完善性在其一生中尤其是在成年后的各个时期都是重要的人格维度之一。这也可能是中国的社会创造性人格与西方文化中的社会创造性人格的重要差异所在。

二　高度的成就动机与才能的出众性

从以上分析不难看出，表示成就动机或成就意志的尽责性和有为性在各个时期都占有重要位置，它反映了个体对工作高度负责的态度和建功立业的雄心壮志。同时，能干、出众、有为、超前、创新等表示才能出众性的特征也构成了各个时期人格的重要内容。成就动机意味着个体追求成就的强烈意向，它是创造性的动机条件；出众性则意味着个体在特定活动中的现实成就，它是个体创造性的能力条件，也是社会创造性的重要内容。

在"大五"人格因素中，尽责性是指个体自我控制、自我激励，对工作负责或追求成就的人格倾向。在此意义上，上述成就动机其实是尽责性的重要内容，毋庸赘言，揭示高度尽责性的自律、克己、条理、可靠、工作计划性强、谨慎细心在各个时期都具有突出的表现。

三　求新性和意志力

求新性突出地表现于冒险性和挑战性上。冒险性是指个体勇于尝试、探索或实验，勇于承担各种可能后果的倾向，挑战性则是指个体勇于承担复杂任务，并力求洞察和寻求问题解决方法的倾向性。由以上分析可知，在社会创造性人格发展过程中，尤其是在童年和青少年时期、成年初期、成年中期，竞争、倔强、独立、勇敢、反抗、冒险、勇敢、上进等冒险性和挑战性的人格品质都占有重要位置，它们反映了个体独立自主、开拓进取、勇于接受新观念和新思想以及勇于反抗传统的倾向。除此之外，理想主义也是这一群体的重要特征，它揭示了个体充满理想和幻想，希望改变社会现实的一面。另一方面，坚强的意志力在各个时期都有突出的表现，在不同时期之间显示出高度的一致性和连续性。显然，有恒、坚韧不拔、坚定、坚强、果断、沉着等人格倾向构成了领袖人物坚持社会创造活动，探索社会问题情境的重要条件，是社会性创造得以延续并最终获得成功的保障。

四　外向性和随和性

正如前面的分析所表明的那样，外向性始终是领袖人物创造性人格的重要维度之一，精力充沛、友好、自尊、自信、坦率等始终是他们突出的人格特征。这些人格特征推动着他们积极地探索社会环境，解决各种社会问题。尽管不同时期的内外向程度有所不同，但从总体上看，合作、合群、同情、善良等随和性特点与竞争、上进等人格特点一起，构成了领袖人物独特的社会创造性人格模式。它说明了这个群体既为人随和又倔强好胜、既注重团结又渴望事业成功的一面。同时，拥有健康、积极的自我形象，自尊、自信、理智、冷静等低神经质特点也是各个年龄阶段共有的人格倾向。

综上所述，各个年龄阶段的人格模式基本上可以从随和性、求新性、尽责性、外向性以及神经质等方面加以概括。我们在研究中所涉及的社会领袖人物在上述各个人格维度上都有突出的、积极的表现，即都显示出较高的随和性、求新性、尽责性、外向性和较低的神经质倾向。我们还可以看到，在社会创造性人格结构中，看似"相互排斥"的尽责性与求新性相互"兼容"，独立、开放、探索倾向与认真负责、自律倾向和谐"共存"。

但是，在不同的年龄阶段，相同的社会创造性人格倾向也会呈现出程度上的差异，从而促成了各种鲜明的人格结构。这种发展性特点突出体现在人格和谐性的变化上。不同时期的人格和谐性结构呈现了不同的特点，这与各个时期的生活环境特点、社会经验的性质和丰富程度密切相关，反映了人格的职业化或社会化程度的差异。另一方面，各个时期的人格和谐性都较好地整合和囊括了相应时期的主要人格维度或侧面，或者说，各个时期的人格和谐性是相应时期的主要人格特征在和谐性维度上的重新整合。由于主要的人格特征在一生中是不断发展变化的，人格和谐性的结构也表现出毕生发展特点。

从总体上看，一方面，领袖人物的社会创造性人格具有创造性人格的某些"共性"，这些共性包括高度的自觉性和独立性、探索性，求知欲强，工作认真负责，严格条理，成就动机强，想象力丰富，机智敏锐，意志坚强，有冒险精神。可以说，我们的研究进一步证明了有关研究的结论（Csikszentmihalyi，2001；林崇德，1999）。另一方面，在随和性、求新性、外向性等方面，本研究结论也表现出与国外有关研究结论的高度一致性（董奇，1993）。这在一定程度上说明，领袖人物创造性人格的某些方面具有跨时间、跨空间的普遍性。

第二节　领袖人物社会创造性人格
发展的基本趋势

从各个时期的人格分析，我们可以看到人格发展的年龄特征。如果在不同的年龄阶段或时期，对相同的人格倾向或特征进行比较的话，我们可以更清晰地看到它们的变化趋势。

一　领袖人物人格和谐性的毕生发展

我们在前面提到，人格和谐性是指相互对立的人格特征在同一个体身上的相互融合，或个体在特定人格维度上的趋中性或"去极化"倾向。在此意义上，人格和谐性的发展既表现为结构的变化，又表现为相对对立的人格特征程度上的相对变化或某些人格特征趋中程度的变化，而这又可以体现在某些"和谐性"人格特征（如随和、友善）本身的变化上。下面首先对对立性人格特征的相对变化进行分析。

通过对立性人格特征之差的绝对值，可以说明在特定人格维度上的和谐性程度或在人格的两极连续体上所处的位置（排除在对立性人格特征上的得分均较低的情况），相互对立的人格特征的绝对值相差越大，说明个体在该人格连续体上的和谐性越低，反之，则越高；同理，如果从一个时期到另一个时期绝对值下降或上升越多，则两个时期之间和谐性的变化越大，反之，则越小。以时期或年龄段为组内因素，对上述各对人格特征进行单因素的重复测量方差分析。结果表明，除竞争与谦让达到边缘显著水平（P<0.10）之外，其他人格特征的绝对值变化的时期主效应均达到显著或极其显著水平，也就是说，不同时期的人格和谐性发生了显著或极其显著的变化。下列各对人格变量和谐性的方差分析结果如表6.1所示。

表 6.1   人格和谐性的重复测量方差分析结果（时期为组内变量）

特征	df	F	Sig.	不同时期的比较*
严肃—温和	3	9.75	.00	1，2，3＞4
外向—内向	3	15.16	.00	1＞2，3，4；2＞3
合群—孤独	3	20.74	.00	1＞2，3，4；2＞3，4
坦率—含蓄	3	36.08	.00	1＞2，3，4；2＞3；4＞3
直率—深沉	3	29.97	.00	1＞2，3，4；2＞3，4
热情—冷漠	3	64.66	.00	1＞2，3，4；2＞3，4；3＞4
真诚—虚伪	3	66.14	.00	1＞2，3，4；2＞3，4
独立—合作	3	11.60	.00	1＞2，3，4；2＞3，4
友好—敌对	3	29.52	.00	1＞2，3，4；2＞4
倔强—随和	3	8.48	.00	1＞2，3，4；3＞4
诚实—圆滑	3	12.84	.00	1＞2，3，4
善良—残酷	3	23.03	.00	1＞2，3，4；2＞3，4；3＞4
超前—踏实	3	4.95	.00	1＞2，4；3＞4
激进—中庸	3	27.70	.00	1＞2，3，4；2＞3，4；4＞3
竞争—谦让	3	2.40	.08	1＞4
出众—平凡	3	13.20	.00	1，2＞3，4；3＞4
顺从—反抗	3	21.89	.00	1＞2，3，4；2＞3，4；3＞4
泼辣—文静	3	4.06	.01	1，2＞3
宽容—挑剔	3	28.74	.00	1＞2，3，4；2＞3，4
克己—豪爽	3	2.18	.10	1＞4
稳重—冒险	3	9.07	.00	1＞2，3，4
理想主义—实事求是	3	9.07	.00	1＞2，3，4

注：* P＜0.05；上述 1，2，3，4 分别代表童年和青少年时期、成年初期、成年中期与成年晚期（下同）。

　　由表 6.1 可见，人格和谐性品质的形成并不是一蹴而就的，而是有一个逐渐发展的过程，各种人格和谐性都遵循由弱到强、由隐到显、由低到高的发展趋势。但是，就具体的人格特征而言，它们在各个时期的变化特点又有所不同。从不同时期之间的多重比较，可以看到这一点。从图 6.1 到图 6.22，我们可以更直观地看到各种对立性人格和谐性的发展趋势。

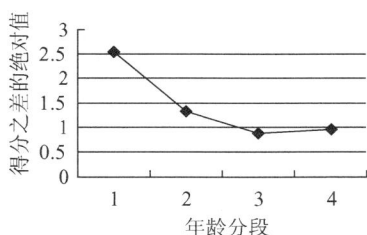

图 6.1　内向—外向中和性的发展趋势

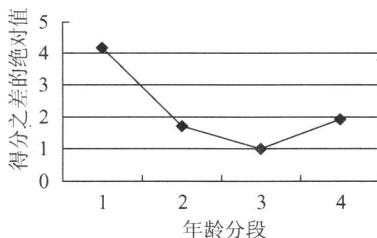

图 6.2　含蓄—坦率中和性的发展趋势

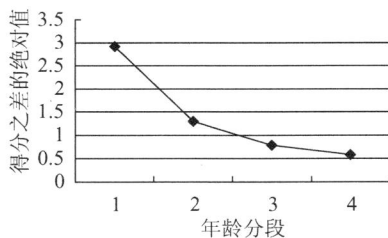

图 6.3　直率—深沉中和性的发展趋势

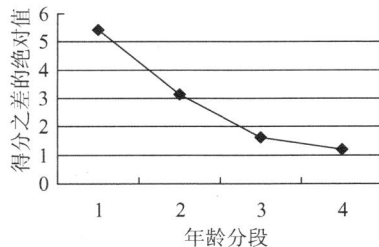

图 6.4　真诚—虚伪中和性的发展趋势

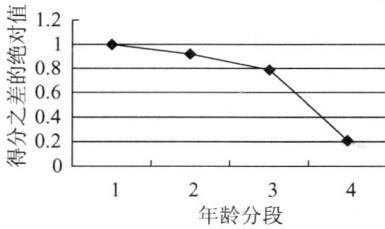

图 6.5   温和—严肃中和性的发展趋势

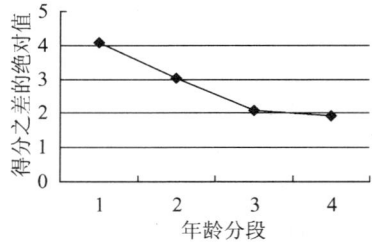

图 6.6   合群—孤独中和性的发展趋势

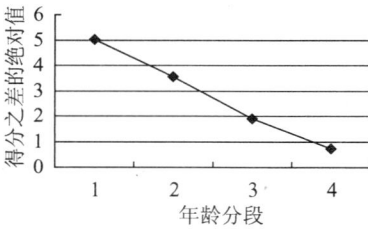

图 6.7   热情—冷漠中和性的发展趋势

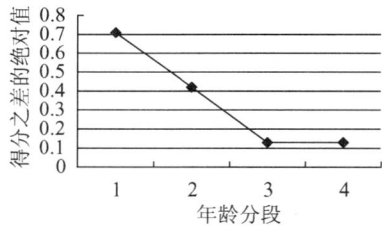

图 6.8   独立—合作中和性的发展趋势

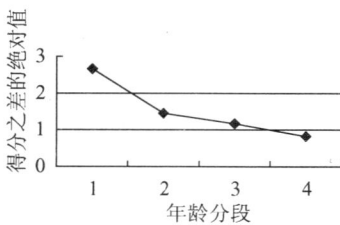

图 6.9   友好—敌对中和性的发展趋势

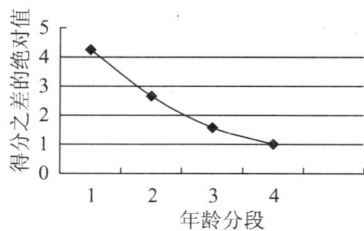

图 6.10   善良—残酷中和性的发展趋势

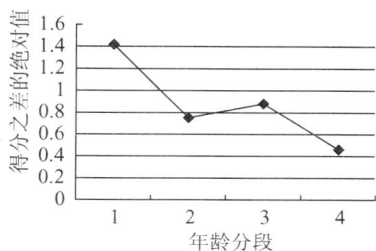

**图 6.11 倔强—随和中和性的
发展趋势**

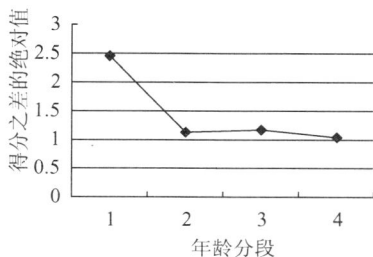

**图 6.12 诚实—圆滑中和性的
发展趋势**

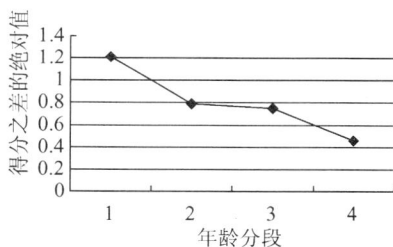

**图 6.13 超前—踏实中和性的
发展趋势**

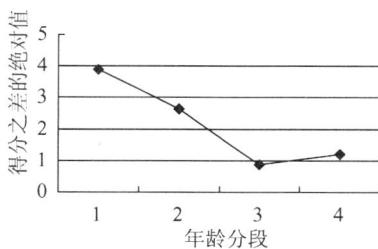

**图 6.14 激进—中庸中和性的
发展趋势**

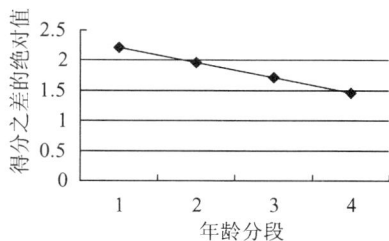

**图 6.15 竞争—谦让中和性的
发展趋势**

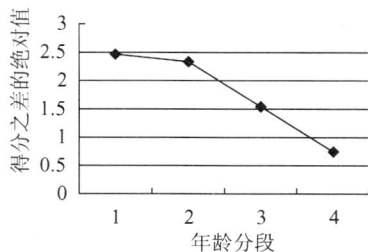

**图 6.16 出众—平凡中和性的
发展趋势**

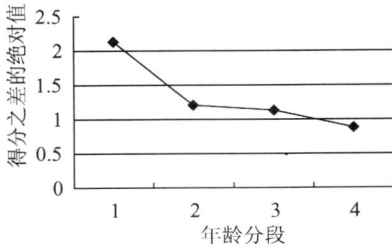

图 6.17   理想主义—实事求是中和性
　　　　　发展趋势

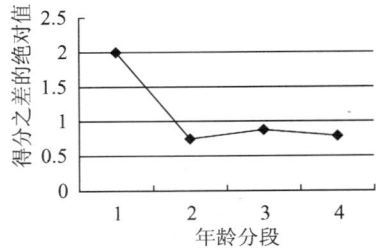

图 6.18   稳重—冒险中和性的
　　　　　发展趋势

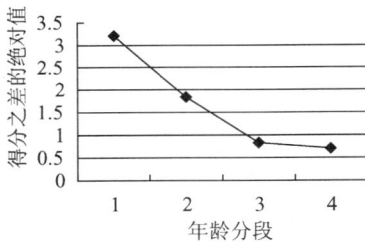

图 6.19   宽容—挑剔中和性的
　　　　　发展趋势

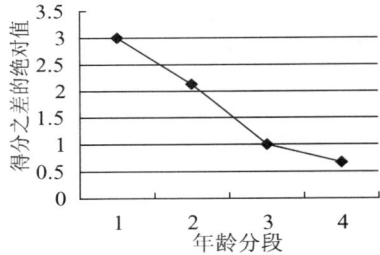

图 6.20   反抗—顺从中和性的
　　　　　发展趋势

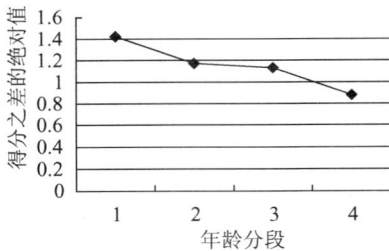

图 6.21   克己—豪爽中和性的
　　　　　发展趋势

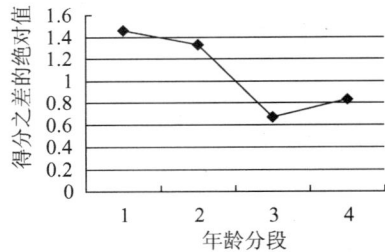

图 6.22   泼辣—文静中和性的
　　　　　发展趋势

从总体上看，尽管在不同的时期"人格差距"下降的幅度有所不同，但各种对立性人格特征得分之差的绝对值均呈现随年龄增长而下降的趋势。一般而言，在第一个时期，即童年和青少年时期，"人格差距"最大，显著高于随后的各个时期，而到第三个、第四个时期时，尤其是在第四个时期，即成年晚期，"人格差距"降至最低。这说明，个体早年在特定的人格维度上往往是偏向某一极端的，进入成年中期和晚期后，人格的"极化"倾向大大减弱，而"去极化"或和谐性倾向大大增强，人格结构呈现出较高的和谐性。

二　典型人格倾向的毕生发展

为了更具体地描述人格的变化，进一步考察各个时期均涉及的人格变量的发展趋势，对各种具体的人格变量进行重复测量方差分析。表6—2列出了（时期）组内效应显著的人格变量。

在各种"积极"的人格变量上，呈现出基本相同的发展趋势，即前低后高、逐渐增强的发展特点，除善良、外向、合群、诚实、直率、理想主义等几个变量呈现相对不同的发展趋势外，其他的变量，包括知耻、冷静、有为、细心、坚定、沉着、坚强、果断、温和、能干、自觉、有恒、孤独、坦率、创新、理智、宽容、挑剔、圆滑、深刻、条理、敏感、坚韧不拔、富有心计、严肃、内向、含蓄、深沉、热情、冷漠、虚伪、独立、合作、敌对、倔强、随和、礼貌、残酷、超前、激进、中庸、谦让、出众、顺从、成熟、实事求是、克己、文静、稳重等，在第一个时期即童年和青少年时期的得分都显著低于以后各个时期。

另一方面，方差分析结果表明，机智、爱国、自信、勇敢、有为、自尊、豪爽、侠义、冒险、上进、振奋、真诚、友好、尚武、竞争、反抗、泼辣等人格变量不存在显著的时期或年龄效应，即它们在不同的年龄阶段间差别不大，并没有随年龄的增长而发生显著的变化。

结合前面对人格和谐性发展趋势的分析，不难看出，其和谐性的不断增强主要是由对立性人格特征的相对变化导致的。这种变化模式主要有两类，一是对立性人格特征双方得分发生同时性的变化，主要是同时性上升，例如，在成年期，严肃—温和、倔强—随和和谐性增强分别是由严肃与温和、倔强与随和这两对变量得分的同时提高导致的；二是对立性人格特征一方得分发生显著变化，而另一方保持相对稳定，例如，稳重—冒险和谐性的变化主要是由稳重性的不断增强导致的，同样，真诚—虚伪、竞争—谦让、顺从—反抗、泼辣—文静等人格和谐性的变化则分别是由虚伪、礼貌、谦让、顺从、文静等人格变量的"上升倾向"导致的。另外，还存在这样一种情况，即两个变量呈反向变化，其中一种人格倾向随年龄增长而增强，与之相对的另一种人格倾向则呈逐渐减弱的趋势，例如，理想主义—实事求是呈反向变化，理想主义呈减弱趋势，实事求是则呈增强趋势。

三　领袖人物创造性人格的发展趋势说明了什么

人格和谐性主要反映了相互对立的人格特征之间的相对变化，或个体在特定人格维度连续体上所处位置的变化。由以上分析可知，在不同的年龄阶段，人格和谐性的结构以及人格中和化或和谐化的程度都有所不同，从童年和青少年时期一直到成年晚期，各对人格和谐性变量呈现出相对不同的发展趋势。人格和谐性的变化表现为相互对立的人格特征得分之间的差异的相对变化，它与典型的人格特征变量的变化密切相关，人格的发展可以同时反映在这两个方面。重复测量方差分析表明，除竞争与谦让和谐性之外，其他的人格和谐性变量的时期主效应均达到显著或极其显著性水平，后期的人格和谐性倾向均显著或极其显著地高于前者；尽管善良、外向、合群、诚实、直率、理想主义等几个变量呈现相对不同的发展趋势，机智、爱国、自信、勇敢、有为、自尊、豪爽、侠义、冒险、上进、振奋、真诚、友好、尚武、竞争、反抗、泼辣等变量不存在显著的时期或年龄效应，但其他"积极"的人格变量均表现出基本相同的变化特点，即前低后高、逐渐增强的发展趋势，尤其是童年和青少年时期的得分都显著低于此后的各个时期。通过对各个时期人格结构的分析，我们也可以清楚地看到这一点。它充分说明了社会创造性人格的发展性或可塑性。

加德纳认为，个体从 5 岁之前对领域和行业一无所知，到 10 岁以后开始了解和掌握特定领域的规则，再到 15—25 岁重视专业知识，创造性开始"成型"，创造性的发展经历了一个领域化倾向逐渐增强的过程，直到在 30—35 岁时，领域化的过程才真正完成（霍华德·加德纳，1999）。类似的，创造性人格的发展也经历了一个不断领域化或职业化的过程。在最初的"职业预备期"，个体的各种人格特征尚未获得充分的发展，或者说正处于旺盛的发展阶段，到成年初期后，个体进入需要充分展现社会创造性的职业活动期，特殊的职业活动环境促进了社会创造性人格的迅速发展。某些人格特征（如沉着、温和、宽容、文静）在进入成年期后也发生了显著的变化，它说明了人格和创造性人格的毕生发展性，体现了心理的毕生发展观。某些变量没有显著的年龄差异，并不意味着它们并没有发生任何变化，而是意味着从总体上看，中国近现代社会领袖人物毕生保持了上述积极向上、开拓进取的人格倾向，但在人格整体中，这些人格倾向因为其他人格倾向的变化而获得发展的意义，例如，在上述对立性人格特征中，其中一端的变化足以导致人格和谐性变量的相应变化，另一端即使相对稳定，也会在人格和谐性这一更高层次的整合中具有发展意义，使特定的人格和谐性发生相应的变化。

总之，社会创造性人格经历了一个不断"中和化"的发展过程，这主要表现在具体人格倾向的变化与对立性人格特征的相对变化，而且，这种发展具有不同的表现形式。在评价创造性人格的发展时，我们往往期望人格在积极方向上的发展，如"积极"的人格倾向的不断增强与"消极"的人格倾向的不断减弱，而忽视了某些看似"消极"的人格特征所蕴涵的积极意义。例如，挑剔可以反映一个人在"小是小非"或一些不重要的问题上吹毛求疵、过分苛刻，但也可以反映一个人对工作一丝不苟，反映领导者对身边工作人员的严格要求；同样，圆滑既可以说明一个人善于钻营取巧、不诚实的一面，又可以说明一个人头脑灵活、善于随机应变的人格倾向。社会创造性人格的发展并不是个体在特定人格维度上的"单极化"发展，而更多地表现为"双极化"的发展，即在"积极"与"消极"两个方向上同时发展。

从毕生发展的角度来看，人格的发展与人际关系的变化、生活结构的变化密切相关。沙利文（H. S. Sullivan）认为，人格是个体在人际关系情境中表现出来的相对稳定的生活方式，根据不同年龄阶段的人际关系特点，沙利文将人格发展分为七个阶段：婴儿期（0—1岁）、童年期（1—5岁）、少年期（6—8岁）、前青年期（9—12岁）、青年早期（13—17岁）、青年后期（18—20多岁）、成年期（20多岁以后）（郭永玉，2005）。在成年之前，一个人的人际关系范围是不断扩大的，从最初的家庭人际关系，扩展到同伴关系，再扩展到爱情和婚姻关系，相应的，也形成了与这些人际关系相应的人格特点。到成年后，一个人就会发展起与职业、家庭、婚姻中的人际关系相应的人格或生活方式。领袖人物的社会创造性人格与他们的职业、家庭以及婚姻中复杂的人际关系也是相应的，这在成年期以后表现得尤其明显。

莱文森（Daniel Levinson）的生命周期模型（life cycle model）表达了相似的观点，人的一生就像一年四季，其中，17—22岁、40—45岁、60—65岁是人生的三个转折期，其中，17—22岁是从儿童青少年时期向成年初期的转折期，这时一个人要形成关于未来的梦想或蓝图；40—45岁是中年转折期，这时人们会认识到生命的有限性，认识到自己不可能完成所有的人生目标，他们会产生中年期危机，生活充满不确定感，经常感到难以决策（Feldman，2005，pp. 552—557）。海尔森（Ravenna Helson）等人（Helson & Wink，1992）则强调，一个人生命过程中发生的重要事件而不是年龄阶段的影响，认为一个在21岁生孩子的妇女与一个39岁生孩子的妇女所产生的心理效应是类似的。而在领袖人物的创造性人格发展的过程中，我们发现，年龄阶段和在每个年龄阶段内发生的重要事件（如参与重大的社会运动、担任要职）都对他们人格的发展变化具有显著的影响。因此，领袖人格的发展更可能是机遇引起的"偶然"性变化与年龄阶段所引起的一般性变化的结合体。

从事业发展的历程来看，领袖人物的第一个时期正处于"职业预备期"，虽然也进行了较多的社会活动，但活动的性质和组织性都与随后的几个时期具有很大的差异；在第二个时期，即成年初期，他们一般开始进入正式的职业活动期，开始参与或领导正规的、有组织的政治活动、军事活动或其他重大的社会活动，活动的性质、形式和规模都发生了根本性的变化，作为适应环境的结果，他们的人格结构的和谐性显著增强，而到成年中晚期，他们往往成长为熟练的政治家、军事家或社会活动家，职业经验的积累促成了人格结构的高度复杂性，也促成了更高程度的人格和谐性。原有的"有或无"的人格模式逐渐转变成"既有且无，既无且有"，"大有大无"或"或有或无"的复杂人格模式。显然，人格和谐性的不断增强与个体的职业发展密切相关，职业的高度"社会化"构成了社会创造性人格赖以形成的重要根源。菲斯特（Feist，1999）总结了有关创造性的领域特殊性的研究，发现创造活动的专业性（包括艺术和自然科学）越强，其人格的领域特殊性或专业化特点也就越明显，这从另一个角度说明了创造性人格与职业之间的密切关系。

第 七 章

社会创造性的个案研究:周恩来
人格的发展历程

第一节　周恩来人格的发展与成因

一　引言

　　周恩来（1898—1976）是中国近现代历史上杰出的政治家、外交家、军事家。近年来，对周恩来这一历史人物的研究主要限于政治思想领域和历史学领域，在中国期刊网的查询结果表明，1994—2006 年间在各类期刊发表的 3863 篇有关周恩来的论文都属于一般的理论分析，运用心理历史学方法等心理科学的研究方法深入剖析周恩来人格发展的心理学研究十分罕见。况且，我国目前的心理学研究主要限于现实生活中的"生人"，而从心理学角度对历史人物心理特点的研究，或者说对历史人物进行的历史心理学研究尚未形成系统。在国外，虽然早在 20 世纪上半叶美国学者就开展过比较客观的历史测量学研究（其实，最早的历史测量学研究 19 世纪后期就产生了），但很少综合采用历史测量学方法和心理历史学方法，对历史人物的心理进行深入的分析。各个流派的心理学家，尤其是精神分析学家和人本主义学者，进行了大量的个案研究，但他们的研究尚主要是基于他们各自的理论假说进行的理论分析，或者说为了验证他们的理论假设，因此，对人物心理的解释难免有所偏颇。我们综合采用心理测量学的人格特征检测分析法和心理历史学分析方法，将横向分析与纵向分析相结合，分别考察了周恩来在童年和青少年时期（0—20岁）、成年初期（20—40岁）、成年中期（40—60岁）和成年晚期（60岁以后）四个时期的人格特点，描绘了周恩来人格的发展轨迹及其成因。由于他在世期间曾表现出典型的社会创造性，通过对他的人格及其发展的个案分析，可以窥见社会创造性人格的一斑。

二 研究方法

（一）研究对象

1. 人物选择的标准和程序

我们选择周恩来作为我们的研究对象，主要是依据社会创造性和社会创造性人格的定义或判断标准，在此过程中，结合采用了研究者个人鉴定和历史学专业研究人员鉴定两种方式，以保证人物的典型性。我们将社会创造性界定为：在日常的社会交往和社会活动中表现的创造性，是个体于社会交往和社会活动中以新颖、独特、适当而有效的方式提出和解决社会问题的一种品质，是包含个体对待社会性问题情境的特定人格倾向和认知能力在内的综合品质。稳定地表现出这些品质的人物我们称之为社会创造性人物，其中不包括那些主要因为个别的奇闻逸事、道德品质、失败的社会活动经历（如无能的政治决策、军事战略战术）而出名的人物，以及主要从事工商业活动、文学艺术活动、人文学术活动、科学研究活动的人物。社会创造性人格则是指在社会问题解决活动中培养和表现出来的一种稳定的行为方式及其人际过程,它使个体对社会交往和社会活动领域的问题情境或刺激表现出具有动力性、整体性、稳定性和一致性等特征的创造性适应行为,是社会创造性动机特征、气质特征和性格特征的统一。首先,我们让历史学专业人员根据上述定义或标准,从预先列出的300位中国近现代社会名人中筛选其中最典型的社会创造性人物,然后,由研究者本人依据有关资料做进一步比较,最终确定周恩来为最具有代表性、最合适的研究对象。

2. 个人简历

周恩来是中国乃至世界近现代史上公认的政治家、军事家、外交家,是中国共产党和中华人民共和国主要领导人之一,也是中国人民解放军创建人之一。他先后经历了第一次国共合作和国内革命战争时期、第二次国共合作和抗日战争时期、解放战争时期,建国后担任中华人民共和国总理兼外交部长,在总理任上共26年,1976年逝世。其简历如下。

1898年,周恩来出生于一个没落的封建"师爷之家"(祖父、外祖父都曾做师爷),祖籍浙江绍兴,生长于江苏淮安(一直到12岁)。周恩来共有兄弟三人,为家中长子,不到一岁即按照家族风俗过继给叔父,主要由婶母陈氏抚养,10岁左右生母和继母先后去世,早年即表现出突出的社会创造性。12岁离家去东北,先在沈阳,后到天津南开中学就读(12—14岁就读于奉天第六两等小学堂,即东关模范学校,15—19岁就读于天津南开中学),在校期间学习成绩优秀,品德和能力突出,多次受到学校奖励。此后曾到日本、欧洲留学、考察。在"五四运动"中成为天津学生界的领导人,并与其他活动分子共同组织觉悟社。1921年加入中国共产党,1922年和赵世炎等组织旅欧中国少年共产党(翌年改名为中国社会主义青年团旅欧支部),任中国社会主义青年团旅欧支部书记。1923年被国民党本部委任为国民党巴黎分部筹备员、国民党驻欧支部特派员和代理执行部长等职，主持国民党驻欧支部的工作。1924 年秋回国参加革命，成为职业革命家。在国共合作期间任黄埔军校政治部主任，国民革命军第一军政治部主任、第一军副党代表等职，并先后任中共广东区委员会委员长、常务委员兼军事部长，两次参加讨伐军阀陈炯明的东征，创建了行之有效的军队政治工作制度。1927 年 3 月在北伐的国民革命军临近上海的情况下，领导上海工人第三次武装起义，赶走了驻守上海的北洋军阀部队。同年 5 月在中共第五次全国代表大会上当选为中央委员，在中共五届一中全会上当选为中央政治局委员。7 月 12 日中共中央改组，他任中共中央政治局临时常务委员会委员。国共合作全面破裂后，和贺龙、叶挺、朱德、刘伯承等一起于 8 月 1 日在江西南昌领导武装起义，任中共前敌委员会书记。1928 年在中共六届一中全会上当选为中央政治局常务委员。后任中央组织部长、中央军委书记。为保证中共中央在上海秘密工作的安全，为联系和指导各地区共产党领导的武装斗争，为发展在国民党统治区的秘密工作起到了重要作用。在这一阶段的大部分时间内，他实际上是中共中央的主要主持者。

1931 年 12 月，周恩来离开上海到中央革命根据地，先后任中央苏区中央局书记、中国工农红军总政治委员兼第一方面军总政治委员、中央革命军事委员会副主席。1933 年春和朱德一起领导和指挥红军战胜了国民党军队对中央革命根据地的第四次"围剿"。1934 年 10 月参加长征。1935 年 1 月在贵州遵义举行的中共中央政治局扩大会议上，支持毛泽东的正确主张，对实际确立以毛泽东为代表的新中央的正确领导起了关键性的作用，并继续被选为中央主要军事领导人之一。1936 年 12 月张学良和杨虎城发动武力拘禁蒋介石的"西安事变"后，任中共全权代表与秦邦宪、叶剑英等去西安同蒋介石谈判，和张、杨一起迫使蒋介石接受"停止内战、一致抗日"的主张,促成了团结抗日局面的形成。

抗日战争时期,他代表中共长期在重庆及国民党控制的其他地区做统一战线工作,努力团结各方面主张抗日救国的力量,并先后领导中共中央长江局、南方局的工作。他坚持国共合作,积极团结民主党派、进步知识分子、爱国人士和国际友好人士,制止反共逆流,克服对日投降的危险。在1945年的中共七届一中全会上当选为中央政治局委员、中央书记处书记,和毛泽东、朱德、刘少奇、任弼时组成了以毛泽东为首的中共中央书记处。抗日战争胜利后,为制止内战,曾率中共代表团同国民党谈判,并领导了国民党统治区内党的工作、军事工作和统一战线工作。1946年后,任中共中央军委副主席兼代总参谋长,协助毛泽东组织和指挥解放战争,同时指导国民党统治区的革命运动。

中华人民共和国成立后,周恩来一直担任政府总理,1949—1958年曾兼任外交部长;当选为中共第八、九、十届中央政治局常委,第八、十届中央副主席,中央军委副主席;政协全国委员会第一届副主席,第二、三、四届主席。担负着处理党和国家日常工作的繁重任务。1949—1952年他成功地组织领导了国民经济的恢复工作,到1952年底,全国工农业总产值均达到历史的最高水平。1953—1957年"一五"计划期间,他领导了以156个建设项目为中心的工业建设,为中国工业化奠定了初步基础。1954年他提出建设现代工业、农业、交通运输业和国防的"四化"目标,组织制定了《1956年至1967年科学发展规划》,推动了国家科技事业的迅速发展。1961—1965年为纠正"大跃进"带来的失误,扭转经济困难局面,他和刘少奇、邓小平领导了国民经济的调整工作,使国民经济逐步得到恢复和发展。他强调,建设社会主义强国,关键在于实现科学技术现代化,主张经济建设必须实事求是,从中国的实际出发,积极稳妥,综合平衡。他特别关注水利建设和国防科技事业发展，并为此作出了巨大贡献。他对社会主义时期的统一战线工作、知识分子工作、文化工作和人民军队的现代化建设也给予特殊的关注，指导这些工作取得了重要成绩。

他参与制定和亲自执行重大的外交决策。1950年朝鲜战争爆发，他协助毛泽东指挥中国人民志愿军作战，并担负了后勤保障的组织工作，领导了中国代表团的停战谈判。1954年率中国代表团参加日内瓦会议，经过谈判达成协议，使越南（除南方外）、老挝、柬埔寨三国的独立获得国际承认。他代表中国政府提出作为国与国关系准则的和平共处五项原则，1955年在万隆会议上主张和平共处，反对殖民主义，提倡求同存异、协商一致，使中国独立自主的和平外交政策得到积极贯彻。他先后访问过亚洲、非洲、欧洲几十个国家，接待过大量来自世界各国的领导人和友好人士，为增进中国人民与世界人民的友谊，扩大中国的国际影响作出了重要贡献。

"文化大革命"期间，他在非常困难的处境中，为尽量减少"文化大革命"所造成的损失，使党和国家还能进行许多必要的工作，勉力维持国民经济建设；为保护大批领导干部和民主人士，恢复和落实党和国家的政策，作了坚持不懈的努力。他同林彪、江青集团进行了各种形式的斗争，在挫败林彪、江青集团种种分裂和夺权阴谋活动中，起到了控制和稳定局势的重要作用。他为开拓外交新局面，实现中美缓和、中日关系正常化和恢复中国在联合国的席位，作出了卓越贡献。

1972年他被诊断出患有膀胱癌后，仍然坚持工作。在1975年的第四届全国人民代表大会第一次会议上，代表中国共产党重新提出在中国实现工业、农业、国防和科学技术现代化的目标，鼓舞了人民战胜困难的信心。1976年1月8日在北京逝世。他的逝世受到极广泛的悼念。由于他一贯勤奋工作，严以律己，关心群众,被称为"人民的好总理"。(根据《中华人民共和国国史百科全书（1949—1999)》整理)。

(二) 有关的工具

1. 艾森克人格问卷

由龚耀先等（1983）主持修订的艾森克个性问卷（EPQ)。该量表包括四个维度,其中三个为个性或人格维度,即内外向（E)、神经质或情绪稳定性（P)、精神质（Q),一个为测谎维度（L)。成人版和儿童版的主要维度相同,量表手册中对成年人和儿童在四个维度上得分的含义进行了详细说明,并区分出六种典型的人格类型,即典型外向（E 分特高)、典型内向（E 分特低)、典型情绪不稳（N 分特高)、情绪稳定（N 分很低)、P分高的成人和 P 分高的儿童。我们采用了量表检测的形式,即依据量表对每个维度得分高低的具体说明和人物所表现的具体特点,确定周恩来在各个时期的典型行为特征或所属的人格类型。

2. 人格形容词检测表

参见第二章的相应说明。

3. "大五" 人格因素

伯格（Burger,1997)综合有关人格 "大五" 因素的研究,对五大人格因素,即神经质（Neuroticism)、外向性（Extraversion)、求新性（Openness)、随和性（Agreeableness)、尽责性（Conscientiousness) 进行了详细说明。我们在运用艾森克个性问卷从这五大因素分析周恩来在不同时期的人格特点。

4. 情绪、活跃性和交际性问卷

巴斯和普罗敏（Buss & Plomin,1984) 编制的 EAS（Emotionality,Activity,Sociability) 气质问卷维度,主要评价人们的情绪稳定性、活跃性和交际性三个方面的特点。我们用这个问卷评价周恩来成年初期的气质特征（Burger,1997)。

5. 信任他人量表（Survey Research Center，1969）

该量表用于测查受试者对一般人的可信性、诚实、善良、友爱等本性是否有信心。在我们的研究中，本量表被用来评价青少年时期的周恩来对人们的一般信任感。

6. 父母教养方式评价量表维度（EMBU）

该问卷包括情感温暖和理解、惩罚和严厉、过分干涉和保护（在父亲分量表中，本维度又分为过分干涉与过分保护两个维度）、拒绝和否认、偏爱5个维度。

（三）研究材料

在研究过程中，我们搜集了多方面的研究资料，主要包括人物传记、个人日记和作文、个人著作、家族史、年谱，以及周恩来的亲属和朋友、身边工作人员的回忆录，还有其他有关的历史记载。同时，还参考了有关的评论文章。

（四）评价方法

我们主要采取量表检测式的评价方式，包括人格形容词检测、量表维度检测、量表项目检测等。人格形容词检测主要是评定人物（周恩来）符合每个形容词所描述的人格特点的程度，量表维度检测主要是评定人物符合每种基本的人格倾向的程度或在每个人格维度连续体上所居的位置，量表项目检测则是直接估算人物在量表各个项目上的得分。

三 研究结果和分析

周恩来是新中国历史上政治家、外交家和军事家的杰出代表，作为"立功、立德、立言"的民族英雄、党的领袖、开国元勋、人民公仆，他表现出了杰出的社会创造性，他的气质、性格和能力典型地代表了社会创造性人物的人格特点或社会创造性人格模式。了解周恩来不同时期的人格特点及其发展机制,对于详细了解和透视其不同时期的行为、动机、思想、业绩非常必要。我们下面将分别考察周恩来在童年和青少年时期、成年初期、成年中期和成年晚期四个时期或年龄阶段的人格特点及其成因,并在此基础上揭示社会创造性和社会创造性人格的本质。

(一) 周恩来童年和青少年时期的人格特点

童年和青少年时期是人格迅速形成和发展的阶段。虽然与成年期相比,个体人格结构的稳定性、连续性还较差,社会化程度还较低,但它却构成了此后人格发展的基础。作为 20 世纪初期的儿童和青少年,周恩来的人格不可避免地带有某种时代性,但也表现出心理发展的一般规律,同时,作为社会创造性人物,他早年的人格特点又明显地表现出与众不同的一面。

1. 据艾森克个性问卷考察的人格特征

采用幼年版的艾森克个性问卷对周恩来早年的行为和心理特征进行核查。本问卷建构的基础主要是生物学倾向的人格理论,主要考察了内外向、神经质或情绪稳定性、精神质 3 个人格维度,测查了儿童反应的倾向性、平衡性、强度等心理动力特点或气质特征。依据在各个维度上的得分情况,可以将个体纳入典型外向、典型内向、典型情绪不稳、情绪稳定、高精神质成人和高精神质儿童等类型。由于不可能由儿童和青少年时代的周恩来本人进行填写问卷,我们主要根据周恩来的人物传记、日记、作文等历史资料,对他符合各个人格维度的程度进行评定。结果如下。

(1) 处于典型外向与典型内向之间。如果从气质类型上来看,则属于多血质占优势、处于多血质与黏液质之间的类型。这主要表现在以下几个方面。

　　周恩来好交际，不喜欢离群索居，自述"吾性恶静，而好交友"。这不仅表现为周恩来童年时代与兄弟姐妹及亲戚家的同龄表姐妹、表兄弟之间的深厚感情和友好相处，而且典型地表现为南开中学读书期间的行为。1914 年初，他和两个朋友发起成立敬业乐群会，创办会刊《敬业》。该会的宗旨是"以智育为主体，而归宿于道德，联同学之感情，补教科之不及"（《敬业乐群会简章》），显然，鼓励同学之间的交流，结识更多的朋友是其中的一个重要目的。他还建议与熟悉的同学分开居住，以便结识更多的同学和朋友。在 1916 年秋的一篇作文中写道，"余幼失怙恃，依于从父，津辽七载，所系梦寐者，亦仅思瞻我乡土，乐我兄弟，省我伯叔而已。乃境遇困人，卒难遂愿。余遂事从父母如昔日之事椿萱，以校为家，以同学为兄弟。"综观他的一生，这种好交友的典型人格倾向可以说始终支配着他的行为和活动。

　　也正因为如此，他的朋友很多，受到同学和朋友的拥戴。例如，1914 年，周恩来 16 岁，在敬业乐群会上，被全体会员推举为智育部长。同年，被推举为南开学校新剧团布景部副部长。1915 年，当选为南开学校演讲会副会长，同年暑假，被推举为由留校同学组成的暑假乐群会总干事。年末被推举为南开敬业乐群会会长。显然，他所获得的一系列拥戴和推举不仅与其出众的能力有关，而且与他所拥有的良好人缘是分不开的。他多次提到"合群"的重要性，认为"人群不合，无爱国之理"，"合人群而成良社会，聚良社会斯能成强国"，认为合作是人类社会存在的根本，"人之立于世，既不克效禽兽草木之自为生活，要必有赖于公众之扶持，而服役之事，乃为人类所不可免"（周恩来作文《论名誉》）。在假期中，他庆幸"留校人众，有乐群会之组织，终朝聚首，足解愁思。"足见他对于交往的强烈需要。1917 年 1 月，周恩来在《诸生于旧历年假中欲事何事，盍预言之》一文中，谈到自己在年假中的打算，"暇则报故人书；或约二三友人，围炉共话，达我幽情，倾吾素志，言不及乱。"连教师也禁不住嘉其多情，赞叹"翔宇弟本多才，孰知其情之笃竟如斯耶"（本作文的教师评语）。

同时，周恩来在青少年时期还具有随和、乐观、爱活动的特点。据周恩来的同班同学陈来博回忆，周恩来在学校（南开中学）里给他的印象是严肃活泼，办事认真严肃，平时爱活动，很有风趣（金冲及，1998，p. 17）。确实，爱活动是他最为明显的特征，在校期间，他先后担任过《校风》周刊总经理、演说会的副会长、国文学会干事、江浙同学会会长、新剧团布景部副部长、暑假乐群会总干事和班中干事。从他担任的这一系列职务可以看出，他参加的活动涉及文学、演说、编辑、组织、戏剧演出以及作文和数学比赛等各个方面，对学校和班上的各种公益活动，他都热心尽力，甘于默默无闻地去做那些为公众"服役"的事情，从不吝惜时间和精力，因而被公认为是一个值得信任的、聪明能干的人。毕业时南开学校《同学录》对他的评语是"君性温和诚实，最富于感情，挚于友谊，凡朋友及公益事，无不尽力"（南开学校《第十次毕业同学录》）。

另外，他还表现出思维和反应敏捷的特点，他在南开中学数学成绩很好，心算比一般同学的笔算还快，《校风》周刊曾记载他是四十八名学生中笔算速度最优者之一。上述这些足以证明他信息加工速度快、灵活敏捷的气质特点。

另一方面，周恩来又不是典型的外向者，他没有典型外向者所具有的那种容易冲动、做事莽撞和漫不经心、攻击性较强、情绪容易失控的特点。相反，他比较羞涩，喜欢读书，勤于读书，乐于沉思和研究，注重内省或自我反省，做事认真踏实，不轻浮，而且善于控制感情，不冲动。

周恩来可以说自幼博览群书，8岁时就在继母引导下，阅读了大量书籍，其中包括《西游记》、《水浒》、《三国演义》、《说岳全传》、《红楼梦》、《镜花缘》等。在南开中学时，涉猎广泛，阅读了《史记》等历史名著，顾炎武、王夫之等人的著作以及西方启蒙思想家的著作，包括卢梭的《民约论》、孟德斯鸠的《法意》、赫胥黎的《天演论》等。他一再强调要"惜时"、"好学"、"深思"，认为"吾人既以学为终身之业，尤应以思补济之于无穷。俾一举一动，皆本诸学问，无所虚掷。而大好光阴，一去不可复返者，亦不致追悔叹息于无穷矣！"（周恩来作文《诸生于旧历年假中欲事何事，盍预言之》）。从他早期作文中的旁征博引、渊博学识以及深邃的思考与独到的见解也可见一斑。例如，在1916 年 3 月周恩来的作文《老子主退让，赫胥黎主竞争，二说孰是，试言之》的教师评语是："苏子瞻云，凡作文必有一段不可磨灭之识，始能不朽。若拾人牙慧，不越宿而腐矣！是篇能将老赫二氏救世之心，曲曲传出，识解迥不犹人。至于波澜壮阔，议论崇闳，尤得昌黎先生《原道》篇之笔仗，诚杰构也。"足见其文思之深邃独到。

　　周恩来是个注重内省和自我反省的人。这不仅表现于他喜欢沉思的习惯，而且表现在他不断的自我监督和自勉自责上。在南开学校时，周恩来"初至英文非佳"，接连几篇作文教师评语也不很好，导致了他思想上的很大震动和深刻反省，他"发奋攻读，始同趋步"。他在 1914 年的《作文评语不佳感言》中写道："翔宇，翔宇，汝宜三思，须知凡人之所能为者，己即能为之。汉文落第，英文不及格，尚何面居于丁二班？若长此以往，恐降班有你，南开不久亦非汝插足之地矣！宏图壮志，竟将抛诸大海。活泼精神，亦将沉沦脑外。虽有同志同仇，亦将不汝答矣！岂不羞煞也哉！"周恩来十分强调个人的反省，"在普通的人以为事情太多，没有功夫去反省，殊不知所谓反省并不是极难的事，只要每发生一件事理的时候，自己总存着一种反省的态度，就可以制作事冒昧的病。"（由周恩来参与讨论、撰编并审订的觉悟社讨论《学生根本的觉悟》）。周恩来的这种内省倾向与他生活中好静的性格是一致的。

不仅如此，周恩来做事的态度也是严肃认真的，他办什么事都十分认真踏实。在南开新剧团里，他除了负责布景外，还在《一元钱》等新剧中扮演女性角色，常常同其他主角一起揣摩剧情，说是要"生活于剧中"（金冲及，1998，p. 21）。周恩来在南开学校担任如此之多的职务，相应地要担负相当多的责任，组织相当多的活动，处理和协调相当多的人际关系问题，得到了众多同学朋友的肯定和拥戴。显然，没有精确的头脑、高度的计划性和组织性，是难以想象的。其行为和思维的严谨性也可以从此期作文的精密构思和组织中反映出来。此外，周恩来还表现了出众的理智、稳重和自制品质，在众多的传记、回忆和档案材料中，都未发现有关早年周恩来冲动行为的记载。英国当代著名学者、中国问题专家迪克·威尔逊指出，"尽管周把时间都花在学习、体育锻炼及政治活动上，但却难以相信像周这样精力充沛、感情丰富、英俊潇洒的青年人能够回避女人的友谊。我们可以肯定，正如周的同学所坚持认为的那样，他在中学时代对具有浪漫色彩的感情是很害羞的，或者他当时在这方面是最谨慎的。总之，他是个具有判断力、具有主见的人，……一旦和别人相处了，他很善于克制自己的感情"（迪克·威尔逊，2000，p. 50）。事实也说明了这一点。南开学校的校董严修看重周恩来的人品和才学，曾有意把自己的女儿许配于他，但他理智地拒绝了。事后，他对人说："我是个穷学生，假如和严家结了亲，我的前途一定会受严家支配，因此辞却了。"在革命活动中，周恩来也反对感情用事，认为"感情作用非有理性和判决力伴着不能得当，感情作用是盲从的"（《学生根本的觉悟》）。

周恩来另一个引人注目的人格特点，是价值观念和伦理标准的明确性。这构成他人格结构的时代特色。自幼接受传统教育的周恩来在早年尚不能摆脱传统思想尤其是修身、齐家、治国、平天下的政治理想的影响，认为"平天下者，必先治国、齐家、修身、诚意、正心。正心者，万事之基也。"（周恩来作文《方今政体维新，贵由迹治心，试申其义》）。在 1919 年 10 月，由周恩来参与讨论、编撰并审订的觉悟社讨论《学生根本的觉悟》中，也把道德问题提到了一个十分重要的位置，希望社员克服自私、嫉妒、孤僻、虚荣、懒惰等一系列"心理上的弱点"。显然，修身或道德修养构成周恩来人格结构的重要组成部分，它同时反映了早年周恩来人格的内向性。

综上所述，周恩来早年在内外向维度上的表现是"和谐"的，既非极端的或典型的外向，也非典型的内向，而是恰当地调和、兼容了内向和外向两种人格特点，或者说在以典型外向与典型内向为两极的连续体上处于中间或接近中间的位置。这种人格特征，使他兼具随和、乐观、活泼、勇敢、机敏等外向性行为特征和踏实、理智、冷静、传统、严谨、谦和等内向行为特征。周恩来曾回忆说，自己分别从嗣母和生母身上继承了好静的性格和爽朗的性格（《周恩来谈个人与革命的历史——和美国记者李勃曼谈话记录》，1982，p. 5）。

（2）情绪稳定。这是周恩来在情绪稳定性或神经质维度上的特征。情绪不稳定或高神经质的个体常常感到焦虑、紧张、易怒，而且常常会感到抑郁，患有各种心身障碍，睡眠不好，情绪反应过分强烈，难以平静，他们容易激动和攻击，好抱有偏见和错误观点。从周恩来早期的日记、作文以及有关的传记材料，均未发现可以表明他具有高神经质倾向的证据。

从周恩来的早年经历来看，他自幼深受成人的关爱，在家庭中，10 岁之前有两位母亲（嗣母和生母）和奶妈的倾心爱护，此后有叔伯们和伯母、婶母的关怀。在学校里，则深受教师的关怀和爱护。究其原因，英俊的外表和仪态、杰出的才华和能力固然起到一定的作用，但人格的作用或人品应当是主要原因，其中平静的性情或稳定的情绪更为重要。周恩来 10 岁时两个母亲去世，家庭债台高筑，借贷无门，应酬繁多，而父亲和伯父在外谋生，收入微薄，叔父偏瘫，在这种沉重而又令人窒息的日子里，少年周恩来却能默默承受并承担起这一切，足以说明他的毅力和高级神经系统的平衡性、耐受性和灵活性。另一方面，从上述周恩来同学的回忆和传记材料来看，在学校里，他平时能做到严肃、活泼、认真、幽默风趣，为人热心，沉着冷静，这些行为正是情绪稳定性的表现。

从早年周恩来对挫折的反应可以更清晰地看到这一点。如前所述，周恩来在刚进入南开学校读书时，英文成绩和作文的教师评语都不佳，面对这种学业上的"挫折"，他不是暴跳如雷，怨天尤人，也没有自暴自弃，抑郁彷徨，而是反躬自问，自我激励，发奋攻读，终于取得优异成绩，由此不难看出周恩来早期性格中平静的一面。

显然，一个情绪很糟糕，神经质的人即使很有才华，也很难得到人品方面的赞赏和众人的拥戴。健康的情绪是树立自身良好形象，获得人们认可和喜欢的内在前提。同样，一个时常为情绪问题所困扰的人，也不可能取得和保持优异的学业成绩。

（3）低精神质。高精神质的儿童和青少年大多古怪、孤僻，具有各种麻烦和行为问题，对人和动物缺乏同情心和是非感，概而言之，这些儿童是充满敌意的高攻击性的人。从上述内外向特点的描述，我们可以看出周恩来较低的精神质倾向。从周恩来幼年乃至小学、中学时代的行为表现和内心世界的描述，不难发现，他的精神质倾向是很弱的，至少不是很强的或明显的。

首先，周恩来在早年具有很强的是非感，他嫉恶如仇，在作文中一再表现出对民族气节、爱国之心、尽职尽责品德的由衷赞赏和心理趋同，对卖国求荣、自私贪婪的切齿痛恨和极端厌恶。

可以说，早年周恩来是一个爱憎分明，有着振兴中华的雄心壮志的人。

其次，早年周恩来富有高度的同情心。在他看来，这种同情心似乎是与生俱来的，在《射阳忆旧》一文中，周恩来讲到这样一个故事：9岁时，一个杀死押解护兵潜逃的强盗被抓，将要被砍头，一个官员唤护兵的儿子近前，告诉他这就是他的杀父仇人，"童子且哭且视"，而强盗"愧赧之色，几不可状"，周恩来自述，"余不知何故，见彼童子哭痛，亦随之失声而号。""非悲盗悲童子，乃起于不自知耳。人生之弱点，固有根于性者"（周恩来早期文稿《射阳忆旧》）。年龄稍大，他又对旧中国的穷苦百姓充满同情和怜悯，"踽踽途中，睹乞丐成群也，则推己及人，视天下饥如己饥，溺如己溺"（周恩来作文《诸生于旧历年假中欲事何事，盍预言之》）。他的观点和态度是十分明确的，"人类在世界上互相联络主要的条件是仗着群性；而群性中最重要的作用是一种同情心。没有同情心的人，对着这个世界一定是缺少情感。""同情心是互助的起源，更应该普遍人心"，"那种'旁观冷热'、'漠然无动于衷'的态度，真是让人愤极"（《学生根本的觉悟》）。

同时，周恩来也是反对孤僻和离群索居的。这一点在上述分析中不难发现。他不仅一再强调合群和合作对于国家富强和社会存在的必要性，而且用自身的实际行动做出了表率。在1919年由周恩来参与讨论、撰编并审订的觉悟社讨论《学生根本的觉悟》中，就批评了学生中存在的孤僻、不合群的"心理弱点"。另外，周恩来在学校中尽管品学兼优，热心公益活动，但他从不骄傲和锋芒毕露，从不盛气凌人，出风头，而是谦虚自重，温和诚实。"周恩来性格中的自贬方面，与他的谦逊、羞涩的特点相联系，使他不容易有非分的抱负"（迪克·威尔逊，1999，p. 98）。这种人格特点恰恰是敌意和攻击性的反面。

2. 据人格形容词检测表评定的人格特征

采用经过修订的人格形容词检测表评定周恩来在童年和青少年时期的人格特点。该检测表主要是在黄希庭等人（1992）编制的人格形容词检测表基础上形成的，共包括253个描述人格的形容词，较好地兼容了目前各种人格量表所考察的人格维度。根据人物的实际情况，核对每个形容词符合该人物的程度，检测表共分"完全不符合"、"比较不符合"、"有点不符合"、"不能确定"（或在该特征上不明显）、"有点符合"、"比较符合"、"完全符合"7种情况。详情参见第二章的有关说明。

根据周恩来早期的日记、作文和有关其早期生活的记载进行的检测结果表明，早年周恩来的人格特征主要表现在如下一些方面。比较符合和完全符合的人格特征包括：知耻的、安分的、严肃的、多才的、孝顺的、温和的、客观的、纯洁的、健谈的、幽默的、爱国的、有恒的、怀旧的、纯情的、文静的、整洁的、钟情的、精力充沛的、善良的、克己的、合群的、节俭的、健康的、独立的、可靠的、大度的、潇洒的、随和的、诚实的、正常的、创新的、礼貌的、理想主义的、受人拥戴的、大方的、勇敢的、活泼的、英俊的、高尚的、出众的、有为的、细心的、虚心的、积极的、机智的、开朗的、可爱的、恭敬的、稳重的、感恩的、刻苦的、尽职的、果断的、能干的、坦率的、快乐的、坚强的、亲切的、反抗的、力行的、好问的、含蓄的、兴趣广泛的、真诚的、无私的、外向的、高雅的、自尊的、公正的、自信的、坦然的、理智的、爱美的、平静的、合作的、深刻的、坚韧不拔的、善于说服的、坚定的、上进的、沉着的、友好的、可敬的、聪明的、自觉的、尚武的、忠厚的、踏实的、认真的、热情的、勤奋的、振奋的、善感的、谦让的、体谅的、条理的、善于体察的、富有心计的。

周恩来这一时期比较不符合和完全不符合的人格特征包括：

变态的、自夸的、骄傲的、懒惰的、自怜的、无情的、荒唐的、寡情的、无信的、自卑的、嫉妒的、浅薄的、庸俗的、浮夸的、冷漠的、古怪的、放任的、粗心的、贪婪的、干巴的、粗野的、多疑的、狂妄的、健忘的、空虚的、武断的、好斗的、矛盾的、奴性的、下流的、好色的、消沉的、轻浮的、马虎的、欺骗的、空谈的、自私的、疲沓的、残酷的、唯我的、刻薄的、软弱的、腐化的、多欲的、狠毒的、阴险的、虚荣的、呆板的、鲁莽的、讨厌的、唠叨的、愚蠢的、畏难的、易怒的、暴躁的、虚伪的、奢侈的、落后的、麻木的、卑贱的、摆阔的、清高的、疯狂的、优柔的、欺压的、糊涂的、挑拨的、闲散的、无礼的、无能的、敌对的、迟钝的、玩忽的、献媚的。

由以上结果不难得出，周恩来早年的人格特征主要表现为情绪的稳定性、适度的外向性、随和性、尽责性、才能的出众性和创新性；另一方面，神经质、过分内向、道德堕落、骄傲自满等，是早年周恩来所不符合的人格特点。上述结果较好地涵盖了"大五"人格因素所考察的各个方面，即神经质性、外向性、求新性、随和性、尽责性，同时也较好地证明了上述艾森克个性问卷核查的效度。上述结果较充分地说明，儿童和青少年时期的周恩来是一个心理健康、积极上进、自尊自重、谦虚随和的人，同时也是一个才能出众、克勤克俭的人。在他的性格结构中，既有中国历代崇尚的传统美德，如谦虚、诚实、仁爱、含蓄，又有中国新一代青少年所特有的可贵品质，如开朗、创新、尚武、坦率、机智、活泼；既有同时代儿童青少年所共有的一些特点，如爱国、反抗，又有自己独特的一面，如德才出众、兴趣广泛、勤学好问、踏实力行、坚韧不拔，其中求新性是周恩来比较突出的人格特征之一。他在1918年2月11日的旅日日记中写道："我平生最烦恶的是平常人立了志向不去行。""今天我也立志了，但是我这志是早定了。""我先把它写出来，做个旧历年元旦的开笔篇吧:第一,想要想比现在还新的思想;第二,做要做比现在还新的事情;第三,学要学离现在最近的学问"(1918 年周恩来旅日日记)。

正是在这些特有的人格倾向的推动下,周恩来在学生时代就表现出超群的组织能力、社会活动能力和渊博的学识,显示了最初的社会创造性,赢得了师生的一致认可和拥戴,同时也为后来从事更复杂的社会工作,获得更大的社会成就奠定了基础。

3. 周恩来早年人格的时代特征

周恩来的儿童和青少年时期正值 20 世纪 20 年代以前,中国当时正处于半殖民地半封建社会,中国笼罩在封建主义和帝国主义的双重压迫之下,内忧外患接踵而至,救国图存、抵御外侮的思想盛行,同时西学东渐,中西思想相互冲撞交融。在这种时代背景下,周恩来的人格特征无疑也带上了一种时代特色。这主要表现在以下几个方面。

(1) 人格的传统性

在早年周恩来的人格结构中,传统思想的影响随处可见。从有关的传记资料,人们可以看到一个安分守己、聪明活泼、讨人喜欢、善解人意的儿童形象。从他在学生时代所留下的日记、作文以及同学、亲友的回忆材料,中国传统文人的人格痕迹到处可见,甚至可以说,学生时代的周恩来是一个传统人格比较典型的人。他在文风古朴的作文中不止一次地提到修身、齐家、治国、平天下的政治理想,讴歌天下兴亡,匹夫有责的传统爱国思想,颂扬孔孟尧舜的圣德和忠臣义士的高风亮节,主张"刚正不阿,严于褒贬,秉董狐之笔,执春秋之义"(周恩来作文《校风》报传),渴望扶危济困,扬善抑恶,除暴安良。

这种人格的传统性还突出地表现于他的人格观和名誉观。他认为,人之为人的根本在于他的"人格",圣贤所谓的仁、义、礼、信、忠、孝、廉、耻都属于人格的范畴,没有人格的生存是毫无意义的。"大道沦丧，人失其格，固无品评之价值也。"而人格的形成又是根植于良心或本性的。"夫人格之造就，端赖良心。人同此心，心同此理。大道所在，正理趋之。处世接物，苟不背乎正理，则良心斯安。良心安，人格立矣。"不知廉耻，"翻手为云，覆手为雨，暮四朝三，愚鼓黔首。忽而帝制，忽而共和，腾笑万邦，贻羞后世"（周恩来早期文稿《我之人格观》）。所有这些，都是丧失"人格"的表现，"人格"丧失的根本原因是教育的堕落，树立"人格"，必须依靠教化。可以说，"孔之忠恕，耶之性灵，释之博爱，回之十诫"都在周恩来早年的人格结构中得到比较充分的体现。

在中国传统道德中，名誉占有十分重要的地位。周恩来非常重视名誉，视之为"人生第二生命"，因为它"发生于生存竞争之场，其魔力足可比之日光之吸行星，绕之而不克离"（周恩来作文《论名誉》）。同时，早年的周恩来又极其厌恶欺世盗名，认为"举凡一切处理，窃勿幸存邀名之心，当以正义以绳其轻重。则一时之名誉，虽有不洽于时议者，然千载之下，兰台执笔，固自有公论也。若夫汲汲于名犹汲汲于利之徒，日惟名誉之是谋，不遑计及实事，虚声盗世，眩世眩俗，以淆乱风气者，是名誉之罪人也。"这种重名而不邀名的心理可能促成了早年周恩来青史留名的人生理想，也可能是其后来"鞠躬尽瘁，死而后已"的高尚人品的认知基础。

早年周恩来人格的传统性还表现于他的"诚"的品格。他从传统思想中继承了性善论和率性论的观点，认为人的本性是善的，只不过由于后天的习染而变坏。"夫人性本善，习于善则善，习于恶则恶"（周恩来作文《试论奢靡二说》）。因此，应率性而行，去伪存诚，"设众人皆各本其天性，相接以诚，则世界又何至有虚假诈伪现，而以诚为贵哉！""执政者苟于感人动物之事，注意及之，则返诚去伪，一转瞬耳，又何至日以干戈相寻，欺伪相诈哉！悲夫！"（周恩来早期文稿《诚能动物论》）。周恩来认为，治理国家必须遵循"诚"的精神，善于引导民众善的本性，才能达到长治久安，"故善治国者顺民性以求之，可措天下于泰山之安"（周恩来作文《孙阳识马驳义》）。无疑，这种传统的人性观构成了他对党忠诚、对人真诚、做人诚实等传统品格的认知基础。

（2）英雄主义

这是周恩来早年认知中尤为明显的一个方面，在学生时代的作文中，几乎随处可见对英雄业绩的赞美和崇拜，其中有立功异域、封万户侯的班超，鞠躬尽瘁、死而后已的诸葛武侯，以汉一余裔卒致中兴之志的光武帝，以亡国之君达沼吴之念的越王勾践。周恩来钦佩时势造就的英雄，更服膺造就时势的英雄，认为英雄与时势"相伴并举，以演成世界之进化，物质之文明。"而"造时势之英雄，诚非时势所造之英雄所可跻及。此项羽、拿破仑所以为天下之怪杰也哉！"（周恩来作文《项羽拿破仑优劣论》）。在他看来，立功扬名的英雄对于推动历史的进步和建国安邦至关重要，"有非常之英雄，然后建非常之功业。人有非常之功业，而名以立；国有非常之功业，而邦以兴。是故时势也、英雄也、功业也，立名之基础，兴邦之利器也。""既有非常之时势，要必有非常之功业，建之于国，以固邦本，始克成非常之英雄耳"（周恩来作文《或多难以固邦国论》）。在"英雄创世"理论的支配下，做流芳千古、大义凛然的英雄显然成为早年周恩来的人生理想。英雄主义也成为周恩来人格的一个组成部分。从周恩来早年作文中指点江山的气势可窥一斑。

（3）理想主义

周恩来早年人格具有明显的理想主义特征，这既符合当时的社会状况，又反映了当时青少年的普遍心理。对国家和自身的未来抱有美好的幻想，把建国立功看得过于简单，是青少年时代的周恩来性格相对简单的表现，也是他涉世不深的反映。他理想远大，早在13岁时，就有"为中华之崛起而读书"的雄心壮志，但这种缺乏实践经验支撑的志向在早年显得过于空洞，还认识不到实现国富民强的复杂性。他主张练海军强国，"以国家之税，练国家之军，又奚不可哉？至军港之佳固多，若秦皇、若葫芦、若象山，又何非吾国主权所及之地耶？果尔，则国之强，可操左券"（周恩来作文手稿《海军说》）。他还主张尚教育，兴实业，认为要实现民德民生，两利皆举，"一则崇尚教育，涤除恶习，使国民之德性日益张，而达于尧天舜日之境；一则振兴实业，厚培民生，使国民无不恒之产，国家有仓廪之余，而比隆于欧美"（周恩来作文《子舆氏不言利，司密氏好言利，二说孰是，能折衷言之欤》）。这种理想主义色彩浓厚的主张虽然犀利而深刻，但明显脱离了中国当时的实际，大有"少年壮志不言愁"的味道。

（4）对世人的不信任感

早年周恩来与其同龄朋友对民众明显缺乏信任感。根据有关文献资料，我们运用信任他人量表评价了青少年时期的周恩来对人们的一般信任感或信任程度，发现这种信任感很低。这并非不可思议。在充满内忧外患的社会背景中，人们更多地看到中国民族的贫弱，并极力追根溯源，以从根本上铲除民族的劣根性，救国家于危难之中，青少年时期的周恩来风华正茂，富于反抗、冒险、激进、独立思考精神，自然深受影响，"睹社会之腐陋，闻政府之黑暗"，常常气愤之极（周恩来年谱（1898—1949），1998，p. 22）。人们很容易将这些现象归因于国民的麻木和品行低劣，很容易激起对社会的不满，对世俗生活的厌恶。作为一名觉醒较早的进步青少年，周恩来产生对世人的不信任感，乃至产生愤世嫉俗之感，这并不奇怪，当然这种不信任感也反映了他对民族劣根性的某种洞察力。

在早期作文中，周恩来不止一次感叹社会道德败坏、世风日下的可悲局面，有时"历陈时事，尤有贾长沙痛哭流涕之情"（周恩来作文《或多难以固邦国论》教师评语）。在他看来，整个国家"文化黑暗，生活低微，举国痴顽，如入昏梦"，世人奢靡之风也十分严重，"世风浇漓，习俗日偷，故今之习恶者易于古之习恶者。习久成性，恶风遂被于社会，而世人亦不以为怪"（周恩来作文《试论奢靡二说》）。与同龄人一样，他目睹了国民的各种不良心理及其恶劣影响，认为"我们中国的民众，差不多全是'各人自扫门前雪，休管他人瓦上霜'的心理。""中国人一种最大的通病就是只知有私，而不知有公。即便就是知道仅为自己是不对的，无奈这种自私的心理是不能抑制，所以就不得不牺牲了大多数的公益来为自己。"这种思想也存在于学生群体中，"普通的学生做一件事，就惟恐怕自己受了损失，所以事事总要希望着前边有一个为我探险的人才好"（《学生根本的觉悟》）。官吏更是昏聩无道，千方百计谋取一己私利，乃至"世事日非，私之畏之有求之者，又不仅百里宰令，千里万户帝王已也。举国如狂，惟利是务；钻营狗苟，甚于满清。朝为牧奴，夕为朝贵。惟贿赂之是行，无勋望之足重"（周恩来作文《书曾涤生〈送谢吉人之官江左序〉》）。显然，早年自律甚严、抱负远大的周恩来对此不会不深受震动。事实证明，正是这种对国民的不信任感增强了他改造国民思想的决心。

上述分析说明，周恩来早年的人格并不是完美无瑕的，而是带有深刻的时代烙印，这一方面说明了人格本身的时代性，即不能脱离特定的时代而论人格，另一方面则说明了人格的发展性，说明周恩来早年的人格正处于不断发展的过程中。

（二）周恩来成年初期的人格特点

与儿童青少年时期相比，已届成年的周恩来人格的社会化程度提高，表现出某些与前期不同的特点。但是，作为前期发展的延续，周恩来的人格也显示了某些与前一时期相似的特点。

1. 据艾森克个性问卷考察的人格特征

如前所述，艾森克个性问卷所考察的主要维度是个体的气质特征。进入成年初期后，周恩来的气质特征并没有太大的变化。这进一步说明了气质本身的稳定性，说明了气质主要决定于高级神经系统的性质。

（1）内外向的中和

早期周恩来兼有多血质和黏液质的气质特点，中和了典型外向者和典型内向者的人格热点。同样，在成年初期，周恩来也是如此。某些"外向性"人格和"内向性"人格得到进一步发展，具体表现如下。

① 日常交际广泛而热烈，参加活动频繁而热烈。这既是早期的爱交际倾向的充分体现，也是出于时局发展的需要。1919年，他在南开与同学一起积极筹建觉悟社，并组织各种活动。1920年11月，周恩来远赴欧洲，此后在那里旅居了四年。在此期间，他把大量时间用于考察和参加工人运动和学生运动，以天津《益世报》记者身份报道当时欧洲的社会状况，他对聂荣臻说，自己不进工厂做工，可以扩大接触面，深入研究各方面的问题。依靠记者身份，他在法国、德国、英国、比利时等国到处活动，与华工、勤工俭学生、外国工人和学生等接触极为频繁。据资料记载，1921年3月到1922年3月，他给国内写了50多篇通信，共20多万字。这些通信详尽报道了欧洲的政治形势、工人运动状况、留法勤工俭学生和华工的生活斗争情况（聂荣臻，1988）。同时，他不仅与旅欧的中国学生来往极为密切，具有很大的影响，与旅欧学生一起成立旅欧中国少年共产党组织，而且与国内的朋友和同龄人保持着最密切的通信联系。他曾经穿上最好的衣服与朋友游玩照相，并将照片印在明信片上寄给世界各地的朋友。在黄埔军校期间，周恩来结识了更多的朋友，其中包括

国民党"左派",如廖仲恺及比较开明的孙中山的追随者,也包括后来成为红军领导人的共产党人,如林彪、罗瑞卿,而且还成为国民党高级顾问瓦西里·布留克尔将军的知己。在苏联,他与负责中国事务的帕费尔·米夫相处融洽。在成年初期,周恩来先后参加、组织或领导了包括第一次和第二次东征、南昌起义在内的重大活动,并恰当地处理西安事变,其活动的积极性和活跃性赢得了同时代人的广泛认可和赞扬。在此期间,"他几乎是一个闲不住的人"。这种爱交际、爱活动的特点在各个时期都得到极为充分的体现。

②　随和、乐观。在旅欧期间,他曾热情介绍曾被陈独秀拒绝的朱德加入中国共产党。在党内人士和共产国际严厉攻击、批评李立三的领导路线时,在共产国际代表威胁要解除张国焘政治局职务时,在王明等人代表的"二十八个布尔什维克"试图撤销毛泽东所有职务时,周恩来都耐心地为这些被攻击对象进行辩护,这一方面说明了他顾全大局、宽宏大量、深思熟虑的品质,另一方面也表现了他为人的随和性。埃德加·斯诺曾这样描绘20世纪30年代的周恩来,"周同各派之间的关系之广是无可比拟的。这使他能够充当各派间的调解人和平衡器,而不是通过在重大争论中运用种种压制手段来获得个人领导权"(迪克·威尔逊,2000,p. 158)。这种随和兴曾被贬低周恩来的人认为是"生性软弱"的表现,认为他为了少惹是非而总爱采取温和态度(迪克·威尔逊,2000,p. 153)。另一方面,他注重实际的工作,总是充满热情地投入工作。据人们回忆,他孜孜不倦地工作,不夸夸其谈,夜以继日地冷静处理大量复杂事务,对种种非难漠然视之,从而赢得了全体同志的爱戴和尊敬(迪克·威尔逊,2000,p. 132)。埃德加·斯诺所见到的30年代的周恩来"显得真的很轻松愉快,充满了对生命的热爱"(埃德加·斯诺录周恩来谈话)。

③具有比较明显的内向气质。喜欢阅读、思索，富于计划性，做事严谨、踏实、真诚可靠，注重伦理，这些品质在周恩来身上都有十分完美的体现。周恩来腼腆的气质在这一时期仍然未变。初次见过他的人，包括朱德、埃德加·斯诺都曾强调周恩来的这一特点。如埃德加·斯诺在 30 年代见到的周恩来"个子清瘦，中等身材，骨骼小而结实"，"外表仍不脱孩子气"，"他确乎有一种吸引力，似乎是羞怯、个人的魅力和领袖的自信的奇怪的结合物"，他"谈吐缓慢安详，深思熟虑，""头脑冷静，善于分析推理，讲究实际经验。"同时，"他态度温和地说出来的话，同国民党宣传九年来污蔑共产党人是什么'无知土匪'、'强盗'和其他爱用的骂人的话，形成了奇特的对照。"以至于在斯诺看来，"似乎很像在南开大学时期演戏时饰女角的那个青年——因为在那个时候，周恩来面目英俊，身材苗条，像个姑娘"（中共中央文献研究室，2002，p. 21）。

初到欧洲，语言不通，他在 1921 年 2 月 23 日致陈式周的信中说，"学外国文有两道，一求多读，一求多谈，弟则志在多读耳"（中共中央文献研究室，2002，p. 157）。在旅欧期间，周恩来不仅根据实地调查向国内写了大量的报道文章，而且阅读了大量马克思主义经典著作和各种报纸，在书上写满了自己的思考和心得。他对各种主义和思潮进行反复推求比较，并与觉悟社社员进行多次通信探讨，最终确定了自己的共产主义信仰，而在此之前却是"谈主义便心跳"。这既表现了周恩来人格中谨慎、严谨的一面，又说明了他善于阅读和思考的一面。

周恩来的生活极有计划性，这不仅表现在他处理各种重大事务的活动中，而且表现在日常生活的各个细节。例如，在旅欧期间，周恩来曾参加中国学生要求无条件开放里昂大学的斗争，在筹划最后一刻的行动方案时，还不忘让朋友带上一些报纸，以防在被捕后消磨时间（迪克·威尔逊，2000，p. 88）。埃德加·斯诺在 30 年代采访延安时,周恩来为他认真起草了旅程计划,其中开列了为时 92 天的旅程中的各个项目,由此可见周恩来做事的细心和踏实程度。

周恩来极为谨慎,在 1927—1931 年,周恩来作为中共中央政治局常委兼组织部长在国民党统治区领导开展了极端秘密的地下工作,其中所需要的谨慎可想而知。这种品质还表现于前述旅欧期间对各种主义和思潮的反复推究。在日常生活中,随处可见周恩来小心谨慎的一面,例如,在朱德入党后,在周恩来的安排下,他的党籍仍然对与他有联系的国民党保密,以防不测。

成年初期的周恩来始终保持着真诚可靠与注重伦理的人格倾向。周恩来曾自述,到法国后,为了邓颖超,他从没有结交过异性朋友,而且,今后也不打算那样做。以至于有同学说周恩来是个厌恶女人的人。事实证明,他们的婚姻是"中国夫妻生活中最成功、最忠诚、最持久、最具有说服力的婚姻,是两个具有类似背景和思想的共产主义革命者之间的生命结合"(迪克·威尔逊,2000,p. 117)。除了爱情之外,在其他方面,周恩来也表现出真诚乃至"天真"的一面,他一再低估蒋介石的虚伪狡诈就很好地说明了这一点。

显然,从有关此期周恩来生活的传记记载,我们可以看出他内外向兼而有之的性格特征。他举止轻快,走路很快,处理各种事务迅速而有效,但又不是冒昧鲁莽,漫不经心,而是十分小心谨慎;他随和乐观,而又不强争风头、居功自傲;他注重实际,不夸夸其谈,而又能进行深入耐心的思考。他喜欢交际而又注重价值伦理;热爱生活而不放纵,这都显示了周恩来内外向人格的和谐性。

(2)非神经质和非精神质倾向

总体而言,成年初期的周恩来情绪的稳定性是显而易见的。他沉静、自制,在各种危急关头,甚至在国民党统治区让人窒息的秘密工作期间，周恩来都保持着这种行为特征。在遭受重大挫折或遭到不公正的批评或打击时（如南昌起义遭到重大挫折时），周恩来虽然也会在短期内心情抑郁，乃至灰心丧气，但他的共产主义信念或对革命胜利的信心却从未动摇过，他始终保持一种乐观的心态，总是平静而耐心地对待一切逆境，理智地分析原因，总结经验教训，而不是急躁抱怨，暴跳如雷，并且他善于自我批评，主动承担责任。例如，由于多方面的历史原因，南昌起义失败，尽管失败的主要责任并不在于他，但他却在事后向中央作了自我批评（聂荣臻，1988）。在所有的传记中，都未发现周恩来为此类不顺心的境遇而极度焦虑、紧张或易怒的记载。恰恰相反，情势越是危急，处境越是险恶，他越是平静、镇定而沉着。

另一方面，他对亲人的去世和朋友惨遭杀害也表现出极度的悲伤或悲愤，对党内的各种叛变投敌、胆怯退缩和不负责任的行为也会怒不可遏，对反动军阀和国民党右派的各种反动行为切齿痛恨，但他并非毫无节制，任意发泄，以势压人，而是平静地以理服人，循循善诱，进行平静的开导，总是以理智战胜各种消极情绪的困扰，化悲痛或愤怒为前进的动力。例如，在旅欧期间，听说觉悟社社员黄爱被害，他极为悲愤，但他很快就将这种悲愤转化为向旧社会复仇的实际行动，确立并坚定了自己的共产主义信仰。在给朋友的信中，他写道："我们对于友谊的感念上，不免要有点悲伤；但对他的纪念，却只有一个努力！""我认的主义一定是不变了，并且很坚决地要为他宣传奔走。""无论如何，我总信我可以不负这个死友了"（周恩来早期书信《我认的主义一定是不变了——致李锡锦、郑季清》）。

再如，在周佛海想要退党时，他曾随手撕碎了周佛海的退党信，他随后进行了长达四五个小时的耐心说服。虽然他的努力一再遭受挫折，他仍然频繁地进行夜访，以争取更多的共产党员。在处理"西安事变"时，他能够忍住自己的真实感情，以谦恭平静而非恐吓、暴怒的态度与曾经悬赏捕杀自己的蒋介石进行谈判。在这种时刻，他总能将自己的愤怒情绪升华为符合既定目的、扭转时局的实际行动。周恩来并非"不为己悲，不为物喜"，只是他能够理智地控制自己的情绪，而不为大喜大悲所困扰。

在与一般人的接触中，周恩来是一个平静而温和的人。埃德加·斯诺这样描绘 30 年代的周恩来，他显得"轻松愉快，充满了对生命的热爱，神气活现地仿佛一个大人似的跟在他旁边走的'红小鬼'一样，他的胳膊爱护地搭在那个'红小鬼'的肩上"（中共中央文献研究室，2002，p. 21）。这充分说明，成年初期的周恩来始终保持了其早年形成的健康的情绪状态，而不是一个暴躁、易怒，动辄心情抑郁或烦恼不已的"神经质患者"，在日常生活中，即使产生比较激烈的情绪，他也能舍其两端而取其中，或者给以升华，或者努力保持平静。

在精神质维度上，周恩来在日常生活中表现的随和性足以说明他较低的攻击性。一方面，在一般的日常生活中，他总是对人谦让，而不是咄咄逼人。他曾经屡次支持自己的同志和朋友居于高级领导职位，而自己却甘居次要位置，他不愿在争夺最高领导权力上花费时间和精力，而更愿意进行建设性的劳动（迪克·威尔逊，2000，p. 88）。成年中期的周恩来仍然是一个十分重感情的人。他曾不止一次地为那些因犯错误而受到处罚的同志说情，他的热情、忠诚和坦率赢得了朋友和同志们的广泛认可和信任，他也因此而获得人们的拥戴。

另一方面，他并非无原则地热情、随和，缺乏是非感，对于破坏团结、影响大局的行为，他会毫不留情地反对、批评、谴责，乃至仇视。前面提到，他曾经批评周佛海的退党行为。他也曾毫不手软地下令处死叛变的朋友。这种无情和冷漠的"精神质"行为与他日常的热情、随和似乎是相互矛盾的。其实，这恰恰表明了周恩来人格中明确的价值观和原则性，他有效地将残忍、冷酷与热情、善良这些相互矛盾的品质比较完美地结合于一体，通过这种结合，两类截然相反的行为模式与两类行为情境对应起来，使他的人格呈现鲜明、独特而和谐的"对立性"。在此意义上，这种精神质特征也是周恩来舍其两端而取其中的人格倾向的表现。

我们根据已有资料，以巴斯和普罗敏（Buss & Plomin，1984）编制的 EAS 气质问卷评价了周恩来成年初期的气质特征。结果显示，与普通人相比，周恩来这一时期的交际性、活动性均十分突出，而悲伤、恐惧和生气的情绪性则较低。这再次说明，周恩来成年初期的气质特征总体上以情绪稳定、喜欢交际和活动为主。

2. 据人格形容词检测表评定的人格特征

我们根据有关记录材料，采用前述人格形容词检测表评定周恩来成年初期的人格特点，结果显示，周恩来完全符合或比较符合的人格品质包括知耻的、廉洁的、大方的、高尚的、善良的、小心的、积极的、严肃的、克己的、出众的、侠义的、多才的、合群的、倔强的、机智的、节俭的、勇敢的、有为的、开明的、孝顺的、健康的、细心的、独立的、英俊的、虚心的、开朗的、温和的、客观的、贤惠的、温柔的、天真的、健谈的、幽默的、爱国的、敏感的、有恒的、直率的、怀旧的、纯情的、文静的、中庸的、整洁的、钟情的、精力充沛的、自责的、可靠的、大度的、害羞的、潇洒的、随和的、知足的、多情的、诚实的、正常的、创新的、礼貌的、受人拥戴的、可爱的、恭敬的、稳重的、顺从的、感恩的、刻苦的、尽职的、果断的、能干的、坦率的、快乐的、坚强的、镇定的、亲切的、反抗的、力行的、含蓄的、实事求是的、真诚的、无私的、宽容的、外向的、高雅的、自尊的、公正的、冷静的、自信的、坦然的、成熟的、体贴的、理智的、爱美的、平静的、合作的、深刻的、坚韧不拔的、善于说服的、坚定的、上进的、沉着的、友好的、可敬的、聪明的、自觉的、尚武的、忠厚的、踏实的、认真的、热情的、勤奋的、振奋的、善感的、谦让的、体谅的、条理的、善于体察的、富有心计的、敌对的、冒险的、平凡的、循规蹈矩的、冷漠的、无情的。

周恩来在这一时期完全不符合或比较不符合的人格品质包括逞能的、时髦的、势利的、变态的、自夸的、骄傲的、懒惰的、自怜的、无信的、急躁的、吝啬的、自卑的、嫉妒的、浅薄的、庸俗的、浮夸的、古怪的、放任的、粗心的、贪婪的、干巴的、粗野的、多疑的、狂妄的、健忘的、空虚的、武断的、矛盾的、奴性的、下流的、寡言的、易变的、消沉的、轻浮的、马虎的、欺骗的、空谈的、自私的、疲沓的、唯我的、腐化的、安逸的、多欲的、保守的、阴险的、虚荣的、悲观的、呆板的、鲁莽的、讨厌的、偏心的、孤独的、无助的、愚蠢的、妄想的、畏难的、易怒的、依赖的、虚伪的、奢侈的、落后的、激动的、麻木的、固执的、丑恶的、迷信的、卑贱的、摆阔的、拘束的、性感的、消极的、偏激的、调侃的、优柔的、疯狂的、欺压的、烦躁的、糊涂的、挑拨的、闲散的、堕落的、无礼的、无能的、迟钝的、玩忽的、献媚的。

不难看出，周恩来成年初期的人格结构大致可以概括为以下几个方面：情绪的稳定性或健康性，外向性，随和性，尽责性，智慧性，对经验的开放性或求新性，除智慧性外，所涉及的人格维度基本上可以用"大五"人格因素概括。生活中的周恩来情绪稳定，平静而坦然，好交际，感情丰富，注重实际，独立自主，随和乐观，热情合作，自信忠诚，谨慎细心，恪守职责，勤奋自律。但是，周恩来的这些品质并不是绝对的。在许多人格维度上，周恩来都表现出与特定情境相应的两极性特征，在拥有某些积极的人格特征的同时也表现出与之截然相反的人格特征。准确地说，成年初期的周恩来情绪平静而又丰富，知足而又上进，爱好交际而又严肃分明，成熟而又纯洁，坚定而又灵活，务实而又求新，热情而又冷漠，诚恳随和而又爱憎分明，顺从而又自主，合作而又独立，谨慎而又大胆，自律而又勇敢。这些对立性人格特征的和谐统一一方面说明，人格本身不是绝对的、无条件的，而是与不同性质的情境相应的，个体在不同情境中表现的行为模式与内部认知、情感、动机过程可能是不同的，另一方面则说明，不同个体在各个人格维度的连续体上所处的位置或特定人格倾向的强度可能是不同的。作为具有高度的社会创造性的人，成年初期的周恩来最显著的特征表现在，他不仅能针对不同性质的情境灵活地表现出不同性质的反应倾向，而且能够根据情境的具体要求灵活、恰当地调整反应的强度。这种人格倾向可以从他在这一时期的日常生活和一系列重大活动得到充分的说明。

　　如前所述，周恩来做事十分谨慎。这并不意味着他是胆怯的，他参加组织和领导了旅欧中国少年共产党、黄埔学生军的两次东征、南昌起义以及中共中央的工作，这些都充分展现了他非凡的胆识和勇敢。他多次谦让，屈居下位，说明他能与人为善，不争名夺利。无论在哪个工作岗位上，他都以旺盛的斗志、振奋的精神和充沛的精力奉献自己的才智，踏踏实实地工作，不断开辟中共中央工作的新局面。他爱好交际，在日本留学时曾经因缺少朋友、缺少交际而倍感孤独。他每到一处，就结交很多知心朋友，其中有中国人，也有外国人，有同事，也有普通群众。周恩来"一个突出的长处是善于团结人。他确实能够做到团结一切应该团结和可以团结的人。他的这个特点，在党内早被承认，在党外更为著名。同他一起工作，很自然有一种安定团结的亲切气氛。长期以来，他并不赞成那种事事斗争、处处斗争的'斗争哲学'，有时还加以抵制"（李先念，1988）。同时，他与人交往并不是沆瀣一气，臭味相投，而是建立在共同的追求和价值观基础之上的，朋友之间往往是血肉相连，情投意合，视同兄弟，而对

"出格"的朋友也能毫不客气地翻脸，为了顾全大局甚至能毫不留情地处死叛变的朋友。他对人热情随和，善于接纳别人，赢得了人们的尊重，而对于那些损害党和人民革命事业而不思悔改的人却冷漠相待。他善于倾听党中央的各种指示，尽力与共产国际的决定保持一致，以维护大局，但在关键时刻，他仍能坚持自己的决定，独立地开展工作，在南昌起义中，他就排斥了共产国际的干扰，果断地执行了自己的意志，打响了反对国民党反动派的第一枪。他信念坚定，自尊自信，但在看到自己的错误或不足时又能及时反思、改正，他曾经坚持中国革命城市化的观点，而在这种观点在现实中被证明是错误的时候能自觉放弃它，在遵义会议那样的决定党和红军生死存亡的紧要关头，支持与自己有很大分歧的毛泽东掌握军事领导权。这些事实足以说明成年初期周恩来的人格的和谐性。这种和谐性程度的提高也是成年初期的周恩来人格更加"成熟"或完善的表现。

3. 成年初期周恩来人格的发展

与早期相比，此期周恩来人格的变化主要表现在两个方面，一是人格结构的复杂化，一是人格灵活性的增强。前者是就人格结构的发展而言的，后者是就人格品质的应用及其与情境的关系而言的。由前面的分析可知，由于年龄和经验等因素的限制，早期的周恩来人格结构相对简单，这主要表现在社会价值观的绝对性、单纯性和行为的"幼稚性"以及情感的热烈和真诚。周恩来早期的作文、日记主要反映了周恩来的社会理想、真诚的爱国热情以及对高尚先进的道德境界的向往，其中情感的成分占有十分重要的位置，这符合青少年时期的一般心理特征。但是，这些思想在很大程度上是缺乏经验基础的，是无法实现的空中楼阁。显然，在这种种近乎空洞的"设想"指导下的行为或行为倾向也带有理想主义的、英雄主义的色彩，对社会和世界的认识也缺乏实地调查的支持。可以说，对早年的周恩来而言，各种价值判断及其支配的行为倾向具有非此即彼的特点，爱国就是"天下兴亡，匹夫有责"的赤诚奉献，真诚就是毫无虚伪的坦率，取其一而舍其二。显然，这种人格的单极性限制了个体行为的多样性和反应的变通性。

总体而言，在成年初期，周恩来的气质和性格特点保持了儿童青少年时期的特点，例如，求新性、灵活性、交际性以及对朋友的真诚、忠厚等传统性。但相对而言，成年初期的周恩来拥有了丰富的社会经验，尤其是与敌人斗争、与同志合作的实践经验，这显然促成了周恩来认知结构的复杂化及其组织性的增强，促成了其反应倾向和行为模式的多样性和变通性。这一时期，周恩来先后经历了第一次国共合作、反抗国民党反动派的武装斗争和地下斗争、长征、西安事变等重大事件，他要与党际、党内各种友好的和不友好的、破坏与支持自己工作的各种力量打交道，生活范围和人际交往比早期更为广泛而复杂。他的人格特征开始"情境化"和"现实化"，与具体而微的现实要求密不可分，这主要表现为周恩来更加务实、讲究实事求是和灵活变通的倾向。情境的多样性和复杂性促成了人格建构的复杂化和中和化，原来相对立的人格品质与更为复杂的情境要求联系起来，在特定的情境中被整合为一体，变得和谐起来，人格的灵活性大大增强了。可以说，这一时期周恩来的人格倾向包含了更多的情境意义。这是创造性地适应和改变环境的要求，是周恩来社会创造性的重要表现和人格走向成熟的标志，同时也构成了他社会创造性进一步发展和表现的基础。

（三）周恩来成年中期的人格特点

在成年中期，周恩来先后经历了第二次国共合作、整风运动、解放战争、新中国成立和建设等重要时期，新的社会活动环境、新的人际关系和社会任务对其人格的适应性提出新的要求，为人格的发展也创造了更丰富的环境条件。可以说,这一时期,周恩来所表现的人格结构呈现了更鲜明的特点。同时,在许多方面他也保持了与前期的某种连续性。

这一时期,周恩来仍然爱好交际,而且交际的范围更为广泛,交际的性质也更加复杂多样。在抗日战争时期,周恩来大量的时间和精力用于争取一切可以争取的人,以建立最广泛的抗日民族统一战线;在解放战争时期,他则致力于建立反对国民党反动统治的新民主主义统一战线;建国之后,作为国务院总理,在国内他要团结一切可以团结的人建设国家,在国外则要团结一切可以团结的国家,与之和平共处,为国家建设创造最有利的国际环境。所有这些,都是以团结、和平为主题的,以友好、合作为原则的。在这一系列活动中,他努力淡化意识形态的差异,消除各种妨碍团结或协商的因素,以最大限度地赢得朋友,减少分歧。因此,在每一个阶段,他不仅总是赢得个人之间的亲密友谊,而且还使他所代表的中国共产党赢得广泛的支持。

周恩来许多时间都花费在谈判桌上,极力避免各种争端。他曾经无可奈何地哀叹自己"谈判都谈老了"。即使对谈判对手,周恩来也尽力以极大的耐心去接纳,去交流,去求同存异。英国学者迪克·威尔逊曾这样评价周恩来,无论是同国民党谈判,还是同外国人谈判,他的谈判才能都胜过党内其他人,他的性格特别适合于这类工作,"许多共产党人带着一种要争吵的架势来到谈判桌的,但周却保持着一种适当的理智"(迪克·威尔逊,2000,p. 215)。建国后,在他的努力下,中国与印度提出的和平共处五项原则成为所有不结盟国家共同遵奉的外交准则。这也成为周恩来热爱和平、广交朋友的典型例证。

在美国因支持蒋介石而遭到党内人士的极度反感的情况下,也只有他主张与美国人做进一步有效的接触。在延安时,他衣着整洁而合体,在宴会上,他关心每一件事,倾听每一个人所说的话，并时常拍拍与他谈话的人的肩膀或握握手。他的真诚甚至让参加万隆会议的亲西方代表都不得不承认，"我像以往一样强烈反对共产主义，但是我相信这个人"（迪克·威尔逊，2000，p. 290）。同时，周恩来还表现出高度的活跃性，他不仅以极其充沛的精力关心和处理各种大大小小的事情，参加各种必要的活动，而且具有比较广泛的兴趣。他喜欢跳舞、看电影，而无论有多忙，他都坚持打乒乓球。

与以往相同，建国之后的周恩来生活严谨，工作踏实，做事计划性极强，事事以身作则。他忠实地遵守自己与邓颖超结婚时所制定"互爱、互敬、互助、互商、互谅、互信、互识"的诺言，平时坚持平民化的生活，决不让自己的亲戚因自己而享有特权。同时，他的热情、随和也给人们留下了极为深刻的印象。

在日常生活中，周恩来与平常人一样具有自己的喜怒哀乐。在重庆，他为自己费尽心思阻止内战而不能如愿感到悲哀、沮丧；在延安，为朋友的惨死而感到悲伤，为国民党反动派的背信弃义和党内人士的违反原则、曲意献媚而感到愤怒，同时也为赢得各领域、各行业的朋友而感到高兴，为新中国的成立而感到激动。记者们发现，建国之初的周恩来在工作之余生气勃勃，变化万千，"好像在一个令人难忘的会谈中充当了所有的角色"（迪克·威尔逊，2000，p. 254）；在公共场合，他目光炯炯，双眼一刻不停地转动，"他会注意最细微的事情"（迪克·威尔逊，2000，p. 262）。在事务极端繁忙的情况下，他也可能容易烦躁，甚至有时让人感到性格多变。这与他对自己和别人工作的严格要求是分不开的。但是，在绝大多数情况下，他都平静而沉着地处理各种事情，关怀、爱护身边的工作人员，毫无偏见和冷漠。

因此，从周恩来成年中期的气质特征可以看到其气质的高度稳定性。在这一时期，他在很大程度上保持并发展了早年与成年初期所具有的交际性、活跃性和情绪性，而且使之服务于更崇高的目的，赋予它更深一层的意义，即不仅仅是满足个人的社交和活动需要、自由表达的需要，而且适应了建设良好的国内环境和国际关系的要求，并将气质的自然表现或情绪表达与日常的工作紧密结合起来，例如，他对工作中的某些不足所表现的愤怒、不满或烦躁对身边工作效果不佳的人会起到一定的教育和批评作用。

1. 据人格形容词检测表评定的人格特征

根据有关资料，我们采用前述人格形容词检测表对成年中期的周恩来进行评价，结果显示，完全符合和比较符合描述周恩来人格特征的形容词包括知耻的、廉洁的、大方的、高尚的、善良的、小心的、积极的、严肃的、克己的、出众的、侠义的、多才的、合群的、机智的、节俭的、勇敢的、有为的、开明的、孝顺的、健康的、细心的、独立的、守时的、英俊的、虚心的、开朗的、温和的、客观的、贤惠的、天真的、健谈的、幽默的、爱国的、敏感的、有恒的、直率的、怀旧的、文静的、中庸的、整洁的、钟情的、精力充沛的、自责的、可靠的、大度的、潇洒的、随和的、知足的、诚实的、正常的、创新的、礼貌的、受人拥戴的、恭敬的、稳重的、顺从的、感恩的、刻苦的、尽职的、果断的、能干的、坦率的、快乐的、坚强的、镇定的、亲切的、力行的、含蓄的、实事求是的、真诚的、无私的、宽容的、高雅的、自尊的、公正的、完美的、冷静的、自信的、坦然的、成熟的、体贴的、理智的、爱美的、平静的、合作的、深刻的、坚韧不拔的、善于说服的、坚定的、上进的、沉着的、友好的、可敬的、聪明的、自觉的、忠厚的、踏实的、认真的、热情的、勤奋的、振奋的、善感的、谦让的、体谅的、条理的、善于体察的、富有心计的、挑剔的、敌对的、平凡的、唠叨的。

周恩来这一时期完全不符合或比较不符合的人格品质包括逞能的、时髦的、势利的、变态的、自夸的、骄傲的、懒惰的、自怜的、无信的、急躁的、自卑的、嫉妒的、浅薄的、庸俗的、浮夸的、古怪的、放任的、粗心的、贪婪的、干巴的、粗野的、多疑的、狂妄的、健忘的、空虚的、武断的、矛盾的、奴性的、下流的、寡言的、消沉的、轻浮的、马虎的、欺骗的、空谈的、自私的、疲杳的、唯我的、腐化的、安逸的、多欲的、阴险的、虚荣的、悲观的、呆板的、鲁莽的、讨厌的、偏心的、孤独的、无助的、愚蠢的、妄想的、畏难的、依赖的、虚伪的、奢侈的、落后的、激动的、麻木的、固执的、丑恶的、迷信的、卑贱的、摆阔的、拘束的、性感的、消极的、偏激的、调侃的、优柔的、疯狂的、欺压的、糊涂的、挑拨的、闲散的、堕落的、无礼的、无能的、迟钝的、玩忽的。

在成年中期，周恩来表现出某些与成年初期相似的人格特点，这主要表现在以下几个方面。

（1）才能的出众性

这表现在第二次国共合作期间针对两党分歧斡旋调解，建立抗日民族统一战线，建国后组建人民政府和巩固人民民主专政，进行人民共和国的各项建设，开辟新中国的外交新局面等各个方面，所有这些，都需要协调各种群体的各种需要，考虑各种力量之间的对比，深刻体察和巧妙处理各种潜在的和明显的矛盾，在此过程中需要具有无比充沛的精力、高度的奉献精神、极为条理而灵活的思维，这些品质不是一般人所能具备的。

（2）创新性

在第二次国共合作期间，他将各种不支持共产党的力量转化为倾向共产党的联盟，较早地接受和宣传正确的毛泽东思想，努力与美国保持良好关系以对抗蒋介石的内战政策；在解放战争期间，他随中共中央转战陕北，成为毛泽东最得力的助手；建国后，他的创新性得到最大限度的展现，他不仅在国内成功地协调、建立起团结工人、农民以及一切爱国者和拥护社会主义的力量在内的联盟,而且在极端复杂的国际环境中,在和平共处五项原则的基础上开辟了崭新的外交环境,确立了新中国的国际地位。他创造性地处理了华侨问题,而且还是"党内同志中唯一尽力尝试将平等主义带到上层生活中来的人"(迪克·威尔逊,2000,pp. 257—258)。

(3)随和性

他无微不至地关怀恪守职责的工作人员,对支持新中国建设事业的朋友和同志和蔼可亲,平易近人,给人们留下了极为深刻的印象。

2. 周恩来成年中期人格的突出特征

与成年初期相比,成年中期的周恩来表现出某些更为突出的人格倾向。

(1)尽责性

尽责性在这一时期尤其是建国后表现得最为明显。作为新中国的"总管家",他可谓鞠躬尽瘁,一刻不停地处理各种大小事务,参加各种会议,而细节又分毫不差,他这种献身工作的精神一直坚持到他生命的最后一刻。而且,在共和国总理任上,他坚持从公办事,自律严谨,从不为个人和亲戚徇私情,捞好处,他曾经把自己在北京的侄子从北京调回家乡工作,批评他装饰住处,而且他反对奢侈腐化,购买各种物品公私分明,自己的生活极为简朴,甚至到了吝啬的程度。

(2)忠诚

其中包括对一般同志和朋友的忠诚,也包括对自己爱情和职业的忠诚,最明显的是对党和国家最高领袖毛泽东主席的忠诚。这种忠诚在第二次国共合作时期就得到充分的体现,建国后更为明显。在重庆谈判期间,他对毛泽东的吃穿住行都严加防备,以防反共分子的迫害;建国后,他对毛泽东的饮食起居照顾得无微不至,甚至在医生为毛泽东使用一种新眼药膏时,他也要自己先试用一下才放心。在一定意义上，这可以看作周恩来尽责性的重要表现。

（3）和谐性和灵活性

他不仅对不同的人和不同性质的情境表现出灵活多变的人格倾向，而且对相同的人表现出不同的态度，相同人格倾向的表现形式或内容也更加分化，同一人格品质对不同的人、在不同的情境中表现形式也可能不同；在外交活动和国内各派力量的合作问题上表现出更强的"中庸"或调和倾向。

中年的周恩来似乎更善于灵活地处理各种应激事件。曾经在第二次国共合作期间与周恩来进行谈判的一位国民党高级谈判代表这样说："他是我见过的最了不起的演员。他有时会笑，马上又会哭，同时会使观众跟着又哭又笑起来"（方钜成等，1989，p. 58）。灵活性是周恩来中年的人格具有高度适应性的表现。

在对自己家庭事务的处理中，周恩来表现出较强的传统性和保守性，表现出孝顺、爱护、感恩等伦理倾向，对涉及国家利益的事情则秉公办理，毫无私心，而且他刻意创新，在上层领导中倡导一种平民化的生活方式；随和是周恩来一贯的人格倾向，对身边工作人员的随和性则表现为无微不至的体贴、关怀，表现为倡导官民平等的行为（如不让站岗的士兵向他敬礼），而这种关怀也常常表现为对他们工作成绩的挑剔或对他们工作疏忽的严厉批评。

合群、好交友是周恩来非常引人注目的人格倾向，但在不同时期、对不同的人和群体表现也是不同的。在重庆，他对蒋介石为首的国民党反动派既对抗又团结，以争取最大限度的联合或合作。建国后，他对各民主党派及其民主人士既坦诚相待，谦虚谨慎，礼贤下士，又循循善诱，耐心热情；对党内同志严格要求，关心爱护，以身作则；对自己的"上级"则忠诚、体贴、关怀、坦率、谦卑、敬佩，有时甚至还会"赞美"几句。显然，表现形式灵活多样的合群倾向使周恩来赢得了毛泽东、党内外人士乃至国内外人士的信任和深厚友情。

在外交中，他强调求同存异，坚持不结盟、不侵略、避免对抗的和平原则。如果说，随和、灵活、中和在成年早期还主要局限于国内的生活和交往环境中，那么，进入成年中期后，周恩来这类人格倾向的表现范围就更为广阔，意义也更为丰富，在与国外朋友的交往中，在代表中国与其他国家的交往中，"中庸"开始成为一大原则。周恩来善于发现和挖掘各国利益和需要的"中和点"。但是，这种"中庸之道"主要是一种进取策略，以至于周恩来曾被一些欧洲人看作一个时时与他们讨价还价的人。

（四）周恩来成年晚期的人格特点

1958 年后，周恩来开始进入成年晚期或老年期。这一时期，中国先后发生了"大跃进"、三年经济困难、"文化大革命"和中美建交等一系列大事，他先后经历、参与和领导了在政治和经济上进行拨乱反正，访问亚非欧各国，反极"左"思潮，摧毁林彪和"四人帮"反革命集团，促成中美建交以及使新中国获得联合国席位等一系列重大活动。这一时期，在延续和发展了原有人格的基础上，他的行为模式及其相应的内部心理过程也呈现某些新的特点。

从人格的连续性来看，周恩来仍然保持甚至提高了气质的活动性、交际性。他人格的外向性一如既往。小到人民的吃穿住行，大到核武器的研制、国家经济发展计划和大政方针的制定，他都要亲自过问并认真负责，成为大家所公认的新中国"总管家"。这一方面表现了周恩来高度的尽责性，另一方面也体现了他对人对事的高度热情和积极应对的态度。这一时期，从国际范围来看，周恩来的外交活动极为频繁，在 1963 年至 1964 年之间，周恩来先后出访亚非欧十四国，70 年代初又与美国建立友好外交关系。他一生中在国外的时间比他同时代的党内所有同志在国外逗留的时间之和还多。在外交中周恩来也代表中国与一些国家建立了"共患难"的真诚友情。例如，在访问加纳前，加纳国内局势动荡，甚至总统克瓦米·恩克鲁玛也遭到行刺，周恩来仍然欣然接受加纳的邀请，与总统进行会谈，令加纳极为感动，而正在尼日利亚访问的印度总理尼赫鲁则取消了访问加纳的计划。在国内，他仍然十分重视友情，对朋友真诚、坦率，热情相助，甚至在遭到林彪和"四人帮"迫害和排挤、处境十分困难、身心极为疲惫的情况下，他仍然坚持工作，竭力保护身边的工作人员、党内外的老同志和老朋友，受他保护的人包括陈毅、谭震林等众多的元帅和将军、国务院的各部部长、身边的普通工作人员和干部、党外民主人士和外国友人。晚年的周恩来对朋友的情感也显得更深厚而真挚，在"文化大革命"期间，他为造反派对朋友和同志的迫害而感到十分沉痛和愤怒，例如，他曾对煤炭工业部部长张霖之的惨死而感到极端悲痛，愤怒谴责造反派。甚至在工作人员调离身边时，他也会伤心落泪。周恩来自建国以后即以少有的热情投入新中国的巩固和建设工作，邓颖超与身边的工作人员曾不止一次地对他提出"警告"，甚至贴出"大字报"，要求他注意休息，不要过度疲劳，但这丝毫没能降低他的工作热情，这种热情或"狂热"一直持续到他生命的最后一刻。

据当时访问中国的美国总统尼克松回忆，成年晚期的周恩来待人热情，开诚布公，善于自制又显然充满激情。尼克松说，他反应敏捷，他的机敏性"胜过我所认识的任何一位世界领导人，而且明显地带有中国人性格的特征"，他对细小的事情非常留神，但又不被琐事所缠住，在会谈过程中，他始终头脑敏锐，精神抖擞，聚精会神，从不要求休息（金冲及，1998，pp. 1106－1107）。当时的美国国务卿基辛格也认为，周恩来的警觉性极高，令人一见就感觉得到（迪克·威尔逊，2000，p. 391）。这种敏感性和兴奋性是周恩来一贯的特征。

成年晚期，尤其是在"文化大革命"期间特殊的历史形势下，周恩来显得容易焦虑、烦躁和激动，并且患上了心脏病。邓颖超曾反复叮嘱他，要力戒急躁和激动，以免影响心脏。但是，在重大事务的处理过程中，周恩来仍然保持了一贯的沉着、镇静、温和、热情，对同志和朋友仍然十分随和，保持着情绪的稳定性。另外，除了对林彪和江青反革命集团进行必要的还击，对严重违法的红卫兵进行愤怒的谴责以外，他也很少表现出明显的攻击性。这说明，周恩来继承和发展了其早期的许多人格特征，尤其是气质特征，这些人格倾向使周恩来能够更灵活地应对这一时期的各种攻击，维持自身的地位和声誉，同时也使他在最困难的时候仍能拥有众多的朋友。当然，在非常时期，这些人格特征已经高度情境化，其表现形式和具体意义已经发生了很大变化。

1. 据人格形容词检测表评定的人格特征

根据有关记录和传记材料，采用前述人格形容词检测表对成年晚期的周恩来进行评定，结果表明，完全符合和比较符合描述周恩来人格特征的形容词包括知耻的、廉洁的、大方的、高尚的、善良的、小心的、积极的、严肃的、克己的、出众的、侠义的、多才的、合群的、机智的、节俭的、勇敢的、有为的、开明的、孝顺的、细心的、独立的、守时的、虚心的、开朗的、客观的、贤惠的、健谈的、爱国的、敏感的、有恒的、直率的、深沉的、文静的、整洁的、钟情的、精力充沛的、可靠的、大度的、随和的、知足的、诚实的、创新的、礼貌的、受人拥戴的、恭敬的、稳重的、顺从的、感恩的、尽职的、果断的、能干的、坦率的、坚强的、镇定的、亲切的、力行的、含蓄的、实事求是的、真诚的、无私的、宽容的、高雅的、自尊的、公正的、冷静的、自信的、坦然的、成熟的、体贴的、理智的、合作的、深刻的、坚韧不拔的、善于说服的、坚定的、上进的、沉着的、友好的、可敬的、聪明的、自觉的、忠厚的、踏实的、认真的、热情的、勤奋的、善感的、谦让的、体谅的、条理的、善于体察的、富有心计的、激动的、矛盾的、挑剔的、敌对的、吝啬的、平凡的、急躁的、中庸的。

　　周恩来晚年完全不符合或比较不符合的人格品质包括逞能的、时髦的、势利的、变态的、自夸的、骄傲的、懒惰的、自怜的、无信的、自卑的、嫉妒的、浅薄的、庸俗的、浮夸的、古怪的、放任的、粗心的、贪婪的、粗野的、多疑的、狂妄的、健忘的、空虚的、武断的、奴性的、下流的、消沉的、轻浮的、马虎的、欺骗的、空谈的、自私的、疲沓的、唯我的、腐化的、安逸的、多欲的、阴险的、虚荣的、悲观的、呆板的、鲁莽的、讨厌的、偏心的、愚蠢的、妄想的、畏难的、虚伪的、奢侈的、落后的、麻木的、固执的、丑恶的、迷信的、卑贱的、摆阔的、拘束的、性感的、消极的、偏激的、调侃的、优柔的、疯狂的、欺压的、糊涂的、挑拨的、闲散的、堕落的、无礼的、无能的、迟钝的、玩忽的。

　　相对而言，周恩来成年晚期在以下几个方面表现得最为明显：廉洁、严肃、克己、机智、敏感、深沉、精力充沛、创新、受人拥戴、稳重、尽职、果断、能干、坦率，另一方面，周恩来在这一时期还表现出激动、顺从、献媚、矛盾、圆滑、急躁、中庸等人格特点。

　　2. 成年晚期周恩来人格的发展

　　虽然周恩来在成年晚期继承了前期的基本人格倾向，但这些人格倾向已经随着环境性质的改变而发生了不少适应性的变化。与前几个时期相比，周恩来在情绪性、随和性、求新性等人格维度的表现都变得更为丰富而灵活。这主要表现在以下几个方面。

（1）务实

周恩来这一时期更强调实事求是，早期人格的理想主义特点消失了。与 50 年代党内出现的"冒进"思想相反，他对脱离中国实际的过分理想化的发展计划持谨慎态度，并冷静地提出批评意见。1958 年掀起的"大跃进"以及随之而来的大炼钢铁和人民公社化运动，违背了经济和社会发展的客观规律，导致了极其严重的破坏性后果。周恩来对此始终保持十分谨慎的态度，极为重视调查研究。据周恩来身边的工作人员回忆，这一时期，周恩来一方面尊重毛泽东和党中央的决定，不给群众运动"泼冷水"，肯定人民群众的建设热情，另一方面又力所能及地根据实际情况，灵活地纠正一些"左"的做法，减少实际的损失（金冲及，1998，p. 441）。在他的内心世界中，那些急躁冒进的做法实际上是一相情愿的，那些理想主义者错误地判断了人类的本性，理想的共产主义社会的实现是一个漫长而艰巨的过程（迪克·威尔逊，2000，p. 328）。70 年代初，周恩来又冲破意识形态的束缚，不失时机地促成了中美建交，使新中国赢得了美国和国际社会的承认，同时也实现了他长久以来与美国建交的愿望。但是，在某些涉及大局的根本性问题上（如对台湾在联合国的席位问题），周恩来仍然是当仁不让，鲜明地表明自己对美国态度的看法。这种务实性意味着，他在社会政治、经济领域进行的一系列创新都是脚踏实地的，根据自身和他人、本国和他国的实际情况灵活促成的，而不是由某种理想主义的冲动所促成的。

（2）坚韧

这是周恩来在成年晚期最明显的人格特征。在许多情境中，坦率、能干、机智、深沉都可能成为坚韧性的表现形式。人格灵活性或和谐性恰恰是这种坚韧性的实质所在。周恩来与毛泽东之间的默契和相互信任是他自主处理重大事务、与毛泽东及其"冒进"思想的支持者和谐相处的关键，他深谙这一处世之道。在

"冒进"思想占上风时，他甚至为自己的反"冒进"态度而进行"不情愿"的自我批评。在成年晚期，尤其是在"文化大革命"期间，周恩来将这一处世之道加以扩充。他采取以退为进的方法，与林彪和"四人帮"集团周旋。一方面，在他们通过毛泽东所促成的斗争路线不可改变的情况下，周恩来表面上承认甚至公开声明支持这些"政策"，另一方面却以迂回的方式与之对抗，阻碍这些政策的执行。这突出地表现在"文化大革命"期间想方设法救护老干部这件事情上。

在林彪、江青反革命集团炙手可热，试图将其反对者统统打倒的情况下，周恩来极力寻找各种合适的理由保护老干部、老朋友，采用的保护策略包括巧妙利用毛泽东的"最高指示"，尽量多地列出需要加以保护的老干部名单；将北京和外省的一些领导人安排到中南海"休息"，保护起来；让受到冲击的老干部出席各类庆祝活动和纪念活动；在形势极端严峻的情况下，将已经被打倒或已"定性"的老同志分派到由中央警卫部队参加试点的几个工厂"下放劳动"、"接受再教育"；在不得已时，批准对某些干部进行"监护"等。周恩来所采取的这些策略和行为充分体现了他人格的坚韧性和灵活性。对错误倾向的公开而违心的"拥护"，恰恰是为了争取对抗这些倾向的有利条件，在执行这些政策的名义下抵制这些政策的实施。对毛泽东，他一面恭顺地服从，忠实地执行他的意志，一面在执行的过程中精心寻找可以缓冲的余地，或可以用来达到其他目的的机会。对"红卫兵"，他在耐心的说服教育中，几乎言必称"毛主席"，努力挖掘毛泽东著作中可以为老干部辩护、可以维护经济建设政策的言论，以其人之道还治其人之身。对林彪和江青集团的攻击，他一面坦率地承认自己在路线斗争中曾经犯过的"错误"，证明自己当前态度的正确性，一面待机进行果断的反击。例如，在"文革"初期江青反革命集团攻击外交部，疯狂"夺权"时，周恩来适时地通过杨成武将他们的情况反映给非常重视外交工作的毛泽东，逮捕了造反派头头王力、关锋、戚本禹等人，给江青集团以沉重打击。

正如埃德加·斯诺所说的那样，周恩来与毛泽东之间存在一种共生的关系，周恩来扮演着毛泽东思想意图和政策的忠实执行者。但是，对毛泽东因过于理想化和一些错误估计而发动的各种运动，周恩来总是采取表面顺从、乘机而变的策略进行抵制，努力缓解和消除由毛泽东的错误决策所导致的各种不良后果。如前所述，在毛泽东执意要进行"大跃进"运动、坚持"左"倾冒进路线的时候，周恩来也不得不为自己本来正确的态度做公开的"自我批评"，拥护毛泽东的路线，但在冒进路线造成严重后果、不得不改变的时候，周恩来就适时地站出，有理有据地说明纠正原有方针的必要性，并进行一场实际的改革行动。在毛泽东要发动"文化大革命"的时候，他深知其严重后果，但他仍然表示拥护，并在与国外友人的会谈中为"文革"进行辩护。当明白某种趋势已经不可改变时，周恩来就不再去公开地抵制它，成为无谓的牺牲者，而是待机而动，寻找可以扭转和补救局势的有利条件，表现出"无奈"的抗争。

如果说"大五"人格因素中的求新性主要表现为活跃的想象力、对新观念的自发接受、对新经验的开放和自主的探求，那么，成年晚期的周恩来在国家政治、经济建设活动中的求新性已经受到很大的限制，或者说，他的创新性已经发生了"转移"，从原来的"建设性"创新转移到对付各种攻击和破坏的防范行动中，在遵守他人命令的同时尽可能地进行某些变通，在顺从的前提下发挥自主性。在此意义上，周恩来的务实、坚韧倾向进一步体现了他的人格灵活性或和谐性的增强。同样，成年晚期的周恩来在随和性和外向性上的表现也更为丰富多彩。如果说在第一、二次国共合作期间周恩来曾对蒋介石表现出某种真诚（在反对蒋介石的内战政策的同时，信任蒋介石的抗日承诺，其中最明显的是，在 1940 年圣诞节蒋介石宴请周恩来，席间感谢其救命之恩的时候，周恩来表现出超越意识形态的感动情绪），同时又不断进行某种"明争"的话，那么，成年晚期的周恩来对江青和林彪集团则是彻底的反对、厌恶和敌视。但是，这种内在的真实态度被几乎完全相反的行为表现所掩盖，斗争形式也由"明争"转为"暗斗"。因此，在这一时期，要维持大局稳定，对于同一个人，周恩来也必须表现出多种迥然不同的行为和态度，其中包括猜疑和信任、热情和冷漠、合作和对抗、自主和顺从等。周恩来这种外在行为与内在态度的"分裂"或背离，有力地说明了他"外圆内方"、能屈能伸的人格特点，说明了人格发展的高度弹性化或高度灵活性。

（五）周恩来人格的基本特点及其发展

周恩来人格的基本特点是其和谐性，这种和谐性不同程度地表现在各个年龄阶段。其人格发展的基本趋势是和谐性和变通性不断增强的过程。概括而言，周恩来儿童和青少年时期的人格具有单纯性，成年初期的人格具有革命性或激进性，成年中期具有比较明显的和谐性，成年晚期则具有高度成熟的"弹性"或变通性。归根结底，人格和谐性和变通性发展的实质是适应性的不断增强。

在此，试举数例说明周恩来人格的和谐性或灵活性、变通性。周恩来早年受党内"左"倾错误思潮和共产国际的影响，曾经错误地估计革命形势，相信中国革命城市化的观点，认为中国革命应该走首先占领城市然后占领农村的道路，在这种思想影响下，他先后支持或配合了李立三、王明、博古等人为首的中共中央的领导，而反对毛泽东主张的农村包围城市的中国革命思想和游击战军事思想。随着革命形势的发展，特别是遵义会议后，周恩来逐渐认识到自己原来思想的错误，转而接受和支持毛泽东的正确战略和战术思想,他不仅适时地拥立毛泽东为党和军队的最高领袖,而且以身作则,树立了拥护毛泽东和毛泽东思想的榜样。在每一次思想转变中,他都能深刻反省,主动承担责任,坦诚地承认自己的错误。这种坦诚的态度屡次为他赢得了人们的谅解,同时也向人们表明了他毫无个人野心的磊落心态。

1942年全面开始的整风运动极大提高和巩固了毛泽东本人及毛泽东思想在党内的地位,在运动期间,他进行了深刻的自我批评和教训总结,检查了自己在几个关键历史时期的错误。他高度赞扬延安整风运动,说自己"做了廿年以上的工作,就根本没有这样反省过","经过这几年的实践,对毛泽东的领导确实心悦诚服地信服"(金冲及,1998,p. 693)。在日常生活中,周恩来对毛泽东的吃穿住行、安全健康都照顾得无微不至,建国后尤其如此。这种思想和行为转变的灵活性是其人格灵活性的重要表现,他对人没有固定的成见,能随着客观情势和对方思想、地位、影响的改变而及时地转换自己的认知和行为方式。而且,与以前人们认为他是一个"调和主义者"的印象不符合的是,他明确地攻击和批评了毛泽东过去的反对者,还勇敢地站出来对滥用职权、以不正当方式取悦毛泽东的康生进行抨击。显然,这些"攻击"都适应了当时形势的要求。另一方面,在颂扬毛泽东和毛泽东思想的同时,周恩来还试图降低对毛泽东的个人崇拜,他在1949年5月召开的中华全国青年第一次代表大会上说,毛泽东是一个伟人,但他并不是"一个偶然的、天生的、神秘的、无法学习的领袖",他与普通人没有什么两样。显然,周恩来对毛泽东表现得既敬重、爱戴、佩服、忠诚,又客观、坦率,给人以正直、理智而非曲意逢迎的印象。这足以说明,周恩来人格中存于内而发于外的和谐性,当然,这并不是说,周恩来是一个奸猾而不可捉摸的人,他人格的魅力是每一个人都无法否认的,正像他自己所说的那样,"我的本质还忠厚,诚实,耐心和热情"(金冲及，1998，p. 690)。显然，不能相机变化的忠厚、诚实、耐心和热情往往沦为迂腐、呆板和保守。

在"文革"期间，已届成年晚期的周恩来采取了置身其中、和而不同的策略，与林彪、"四人帮"势力周旋。一方面，他坚持自己的工作岗位，面对"红卫兵"和造反派的大肆攻击，他始终以"无论发生什么"、"决不离开中南海"的态度，不断参与和了解他们的动向，以"我不入苦海，谁入苦海"、"我不下地狱，谁下地狱"的奉献精神，解救同志、朋友，挽救局势，忍受着各种屈辱。他曾被"四人帮"攻击为拥护旧势力的折中主义者"当代的孔子"、"当代的大儒"，攻击为共产党的叛徒。他坦然处之，及时而适当地进行回击。在不得不表明态度的时候，对林彪、"四人帮"发布的各种指令和毛泽东错误的"最高指示"进行附和，在一般的会议场合或其他的公众场合则沉默寡言，少说为佳。这一时期，他的心态可以用他规劝"文革"期间愤而辞职的一位干部的话进行总结："第一，人家打倒你，不论怎么打，你自己不要倒；第二，人家要赶你，不管他怎样赶，你自己不要走；第三，人家整你，不管他怎样整，你自己不要死。"（金冲及，1998，p. 1130）这种处世态度显示了周恩来人格的高度韧性。正是依靠这种"宁弯不折"的人格弹性，使周恩来避开了许多宁折不弯的同志所遭受的毁灭性打击，既保全了自己，挽救了同志和朋友，又稳定了大局，打击了敌人。而且，处境愈是艰难，愈显出这种人格的魅力和顽强生命力。

有的学者认为，周恩来思想风格的发展先后经历了三个不同的层次或阶段：学生时代的调和风格，革命战争和统一战线工作中形成的协调风格以及后来的求同风格（裴默农，2002，pp. 443-464）。其实，无论是哪种"思想风格"，无论其成熟性或经验基础如何，都不能不说具有高度的适应性。

美国第 37 任总统理查德·尼克松 70 年代初访问中国，曾经同毛泽东、周恩来多次会谈。在《领导者》这一综合性传记著作中，他回忆了周恩来给他留下的深刻印象，高度评价了周恩来晚年的人格。他认为，周恩来不露锋芒，孜孜不倦地工作，他既是一个信仰共产主义的革命者，又是一个儒家君子，既是始终不渝的思想家，又是会权衡利害的现实主义者，既是内部政治斗争的能手，又是善得人心的和事佬，能力稍逊一筹的人，如果担任这种错综复杂的角色，思想和行动上都会不知所措。周恩来对任何一个角色都能胜任愉快，或融会贯通好几个角色，而丝毫不会显得优柔寡断或前后矛盾。"这是一个性格复杂，思想深邃的人多方面的表现，也足以很好地说明他的政治生涯之所以能如此长久和丰富多彩的原因"（方钜成等，1989，p. 50）。在尼克松看来，他注意细节，而又不身陷其中，恬静自如而又精巧机灵，"在我会晤过的世界领袖中，这种精巧机灵的品性，无人能望其项背"（方钜成等，1989，p. 235）。尼克松时期的美国国务卿亨利·基辛格20世纪70年代初曾经秘密访华，为中美建交做了大量工作，他曾与周恩来多次会谈。在后来的回忆录中，他写道："我生平所遇到的两三个给我印象最深刻的人中，周恩来是其中之一。他温文尔雅，耐心无尽，聪慧过人，机巧敏捷"（方钜成等，1989，p. 235）。这些著名的西方政治家们的评论从另一个侧面说明，在政治、外交生涯中，周恩来晚年的人格获得了更高层次的发展。

（六）周恩来人格形成和发展的成因分析

布朗芬布伦纳的人类发展生态学理论认为，影响儿童发展的环境具有系统性，它由一系列相互影响、相互镶嵌的系统及其子系统构成，一般包括微系统（microsystem）、中系统（mesosystem）、外系统（exosystem）和大系统（macrosystem）四个不同的层次。微系统指个体直接体验或经历到的、与个体关系最密切的环境，包括家庭、学校等；中系统指由微系统之间的相互联系和影响构成的环境系统；外环境指儿童没有直接参与却间接影响个体发展的环境系统，如父母的职业和工作环境；大系统指儿童所处的宏观的环境系统，包括社会政治、经济、文化和亚文化环境等；个体与环境都处于不断的发展变化之中。周恩来心理的发展、人格的形成和发展既深受家庭、学校教育以及各种社会关系的影响，又有着深刻的社会根源和时代根源。

1. 宏观的社会环境

周恩来的婴幼儿和童年时期正处于 19 世纪末、20 世纪初中国内忧外患交集的时刻。从政治环境来看，极端腐朽的封建专制极大阻碍了科学和民主的发展。1840 年以后，西方列强通过一系列侵略战争和不平等条约不断侵犯中国的主权和领土，中日甲午战争以后，帝国主义掀起了瓜分中国的狂潮，使中国陷入半殖民地半封建社会的深渊。从经济环境来看，长期的封建专制和闭关锁国造成了生产力发展的滞后，使中国远远落后于西方资本主义国家，巨额的战争赔款进一步将中国人民置于水深火热之中。在思想上，长期的文化专制压制了思想的发展，而另一方面近代西方资产阶级民主思想又不断渗入中国，西学东渐促进了国内资产阶级民主革命思想、社会改良思想的产生和发展，同时，传统思想仍然在很大程度上禁锢着人们的头脑。

显然，这种政治、经济、思想和文化环境给许多仁人志士以极大的思想震动，他们强烈呼吁抵抗外侮、变法图强，动荡的社会环境不仅影响着周恩来所处的家庭、学校环境，而且也直接影响了周恩来的早期思想，促成了他强烈的爱国主义倾向，这种爱国主义倾向伴随了他的一生。这种真诚的爱国主义与根深蒂固的儒家传统相结合，进一步促成了周恩来早期的英雄主义理想。从其人格的终生发展历程来看，周恩来正是以爱国主义为主线，逐渐形成了自己独特的人格结构。另一方面，儒家思想的深刻影响则促成了周恩来人格传统性的一面。

2. 家世传统与人文环境

在中国传统文化中,家庭对一个人的成长具有极端重要的作用,个人的发展始于家庭,而且料理家庭生活与修身也往往是个人事业的开端,所谓修身、齐家、治国、平天下这一由内而外、由家及国的从政途径即说明了这一点。家国同构的历史传统注重"君臣有义、父子有亲、夫妇有别、长幼有序、朋友有信"的信条。因此,以血缘关系为基础的家世传统构成了儿童成长的文化环境,构成了家庭教育环境的一个重要组成部分。它所崇尚的伦理和价值观也构成了人格发展的深层基础。透视周恩来的家世,不仅可以看到周恩来成长于其中的传统价值氛围,而且可以看到周恩来早期的社会关系与社会交往,由此可以更好地分析周恩来的某些人格特点。

周恩来祖籍浙江绍兴,至祖父周攀龙时,迁居江苏淮安,他本人出生于江苏淮安。周家家谱以被尊为理学鼻祖的宋代名儒周敦颐为始祖。在学术上,周敦颐创"太极图说",奠定了中国传统世界观和宇宙观的基础。同时,周敦颐还是一代廉吏,其廉政爱民、清洁自守的高风亮节被尊为中国传统道德的典范。周恩来属山阴(绍兴)周氏第二十一世。浙江绍兴古称于越,历史悠久,新中国成立后被首批定为中国历史文化名城。绍兴位于"良渚文化"与"河姆渡文化"两个文化遗址之间,这里还是历史上备受推崇的舜、禹活动频繁的地方,存有舜王庙、禹陵、禹庙等历史文化遗迹,另外,这里还是春秋战国时期越国所在地,"十年生聚,十年教训",卧薪尝胆的越王勾践的故事流传久远。到了近代,绍兴又诞生了"一腔热血勤珍重,洒去犹能化碧涛"的鉴湖女侠秋瑾和反清志士陶成章,还有"横眉冷对千夫指,俯首甘为孺子牛"的鲁迅。而且,周恩来的姑父王子余就是同盟会会员。周恩来与这些人有着直接或间接的联系,他们都是备受少年周恩来崇敬的榜样人物。

周恩来对故乡绍兴抱有很深的感情。一方面，这与周恩来的长辈与绍兴的情感联系有关，周恩来的祖父、二伯、四伯、六伯以及父亲都曾担任佐助县官的师爷（相当于秘书），他们虽然住在淮安，却都保持了绍兴人的思想和工作作风，保持了绍兴人的家庭气氛。另一方面，周恩来的外祖母是绍兴人，周恩来本人童年时到过绍兴，丰富多彩的地方戏曲给他留下了深刻的印象。他曾自述，自己的封建家庭的老根子在绍兴，1939年，周恩来曾经到绍兴老家祭祖、续谱和扫墓，并拜谒大禹陵（李海文，1998，p. 101）。周恩来与鲁迅同属周桥同宗。鲁迅的思想对学生时代的周恩来产生过深刻的影响，在以后的革命战争年代，周恩来对鲁迅也极为敬仰、信任，在鲁迅去世后，周恩来不止一次地高度评价鲁迅"倔强奋斗，至死不屈"的伟大精神，甚至建议国民党政府将绍兴县改名为"鲁迅县"。

周恩来祖父周起魁先做师爷，后来官至五品。他的才华和品格出众，为官清正廉洁，善于处理问题，办事公正得体，博得了上司和下属的爱戴，也是周氏兄弟崇拜的偶像。他十分重视孩子们的学业和教育，收入丰厚，却不置田产，热衷于为儿子们捐官衔，这种官本位的思想符合当时的社会主流思想，崇拜父亲的兄弟们显然继承了父亲的官本位思想，并深深地影响了周恩来。周恩来在南开学校读书时，曾因其出色的表演才能赢得人们的欢迎，但他的伯父却不支持他将来当演员，从这件事上足可看出家中对子女从政的期望。

绍兴人有做师爷的传统，周家也以从事师爷这一行业谋生救贫。在当时，做师爷的技能是从父、从兄、从姻亲进行家族传授的，周起魁将自己的从业经验传授给儿子们。显然，做师爷，既需要迎合上司的心意，为他们出谋划策，又要顾及下属与群众的期望和心态，要具备灵活、善变的能力和忠诚、勤快的品格。在家庭生活中,周恩来对这一行也耳濡目染。周恩来后来曾经向他的秘书介绍师爷的工作方法,介绍他们怎样为主管准备材料齐而全,并提出几种处理方案供主管选择等(李海文,1998,p. 101)。显然,这种特殊的"职业技能"或"为官之道"方面的家庭教育在一定程度上培养了周恩来的为人处世能力,周家的职业道德情操也对周恩来正直、忠诚、灵活等品格的塑造发挥了重要的影响。

除了与周恩来本人比较接近的家族传统的影响之外,荣耀的远祖,如周敦颐,无疑也给周恩来树立了治学、修身、做人、为官的榜样,周恩来经常说"生生不已",未尝不是周敦颐"太极图说"思想的反映。同时,在他青少年时代的作文日记中,曾不止一次地提到古代圣贤人物,而周家的始祖即是圣贤之一,它显然为周恩来树立了模仿的榜样。周敦颐爱莲花,曾做《爱莲说》,赞赏自己对其高尚、圣洁品格的向往;周恩来爱海棠花,他一生外圆内方,以忠诚、廉洁、尽责为核心的人格特征与周敦颐有很大相似之处。在此意义上,周恩来后来被当作"当代大儒"、"当代的孔子"加以批判,他所显示的具有明显儒学传统色彩的人格特征和行为方式是重要原因之一。

3. 家庭关系

周恩来出生于一个典型的封建家族,家庭成员很多,家庭关系十分复杂。早年的周恩来深受这种家庭关系的影响,但在不同的年龄阶段,各种家庭关系的影响是不同的。

(1)婴幼儿期和童年期(一直到10岁):母亲的影响

生母万冬儿对周恩来能力与性格发展的影响是很大的。她出身官宦人家,聪明漂亮,自幼备受父母宠爱,嫁到周家后,颇识大体,精明能干,性格倔强,争强好胜,而且,善于处理各种家族事务,据说当时无论是周万两府还是他们的亲友发生的疑难家务事,只要请她处理,马上就能迎刃而解。她首先耐心地听别人把情况说清，然后再发表意见，处理周到，入情入理，让人心服口服。处理这类事情时，她常常带着周恩来。周恩来深受生母的影响，他曾经自述，"我的生母是个爽朗的人，因此我的性格也有她的这一部分"（周恩来谈个人与革命的历史——和美国记者李勃曼谈话记录，1982，p. 5）。可以说，他从母亲那里继承了英俊的相貌和活泼、坦率、精明、上进、自信的品格，而从父亲那里继承了随和、忠厚的品格。同时，母亲处理内外事务的风格和能力也给周恩来留下深刻的印象，周恩来后来表现的出色的社会创造性显然与早期的这种耳濡目染有着密切的关系。

生母还注重对孩子们进行思想教育，对他们寄予殷切的期望。每年腊月二十三在堂屋挂祖宗容像时，母亲都指着容像向周恩来兄弟们一一讲述祖宗们的官阶、业绩，希望儿子们将来能建功立业，光宗耀祖。母亲的这种教育方式对周恩来保持对政治活动和革命事业的兴趣、树立崇高的政治理想起到重要作用，促成了他早年的英雄主义理想，提高了他进行社会创造或社会革新的动机，也在一定程度上促成了他对家族伦理的重视以及人格的传统性。

在周恩来的生活中，嗣母陈氏的影响也非常突出。她出身清贫的秀才之家，自幼接受私塾教育，能识文断字，背诵唐诗宋词，并能赋诗填词。她恪守封建伦理，在丈夫死后一直未改嫁，对抚育周恩来倾注了全部心血。她对周恩来的影响主要表现在以下几个方面：她自己年轻守寡，性格文静，不好外出，而且为了抚养周恩来，还雇了勤劳、善良、朴素、忠厚的乳母蒋江氏，对周恩来文静、温和、善良、友好、诚实等内向性人格特征的形成具有极为重要的影响；她注重对周恩来的早期教育，在周恩来四岁时，就开始以生动有趣的形式教他认字和背诵唐诗，促进了周恩来早期智力的开发；平时为防儿子发生意外，常常将周恩来整天关在房中，教他看书、背诗，对周恩来后来好静的人格倾向的形成具有一定作用;她文化素养较高,常常为早年的周恩来讲述各种历史和神话故事,像"岳飞朱仙镇大捷"、"关天培虎门殉国"、"梁红玉击鼓抗金"、"孙悟空大闹天空"等,还常常适时地为他讲述与各种名胜古迹和人文景观有关的故事。所有这些,不仅激起了幼年的周恩来对建功立业的英雄人物的神往,为他树立了可资仿效的最初的人生榜样,促成了周恩来早年具有浓厚英雄主义色彩的理想,而且,这些英雄人物爱憎分明、嫉恶如仇、英勇无畏、赤诚爱国的崇高品格也潜移默化地融进他的人格理想,在很大程度上促成了他勤奋、刻苦、好学的人格倾向,为其后来渊博的学识和出众的才华奠定了基础。

在家庭中,两位母亲的抚育使周恩来少了男性的野蛮和粗鲁,而多了女性的柔韧和温和。另一方面,家庭的各种变故和陈规陋习也使周恩来较早地体验到世态炎凉,较早地懂事,为人做事踏实,在童年时代就表现出超乎常人的社会创造性和反抗、独立、节俭、能干等人格品质。祖父母相继去世后,周恩来目睹了家境逐渐衰落的现实,亲眼看到母亲在置办家中红白喜事时,不惜举债和典当衣物,以维护封建家庭的虚荣和体面。周恩来曾回忆,母亲曾在买彩票时中了头彩,得了五千块钱,但中奖却给她带来了沉重压力,由于讲排场、爱面子,光是游玩、给人买东西送礼物就花去中奖的一半,为了逃避各种应酬,返回娘家居住,钱很快用完之后,又不得不重返淮安,周家的经济重新陷入困境。周恩来的生母去世以后,封建门第观念浓重的外祖母不顾周家经济无力支撑的现实,坚持进行厚葬,结果不得不将棺木暂厝庵中。陈腐的封建陋习导致了家庭的败落,并对母亲的去世负有不可推卸的责任,因而给早年的周恩来带来极大的痛苦。几十年后,在提及这一时期的生活时,周恩来仍然流露出难抑的痛苦,这种生活经历显然增强了周恩来改变封建习俗的愿望和动机。

这种反抗也体现在随后的生活中,母亲去世以后,10岁左右的周恩来就开始当家做主，照管家务，外出应酬，虽然不得不进行各种无谓的应酬，但却表现出对封建习俗的抗争，在嗣母去世后，他力排众议，不顾亲友议论，坚持进行简葬（李海文，1998，p. 204）。昙花一现的中彩事件使周恩来自幼就埋下了对投机取巧和好逸恶劳、不劳而获的痛恨，对他的踏实、诚实的性格以及独立自主、自力更生观念的形成起到重要的"催化"作用；自幼"当家做主"的经历则促成了周恩来办事小心谨慎、考虑周到、深思熟虑的能力和人格特征；对家族亲情的深深依恋，对邪恶的封建传统的憎恨和反抗，共同促成了周恩来传统与反传统的"双重"人格。

（2）童年和青少年时期：亲戚的影响

在周恩来的家族成员中，许多亲属或亲戚都对周恩来心理的发展产生过某种影响。其中有长辈叔伯姑舅，也有同辈的兄弟姐妹，他们有的是一般平民或职员，有的则是思想进步的革命志士，他们的存在为儿童青少年时期的周恩来提供了某种思想、文化和道德教育环境，创造了和谐友好的家庭生活环境和同伴交往环境。周恩来的族侄、周恩来的二伯父的长孙周尔流回忆说，"我们周家是个受儒教影响比较深的家庭，我祖父（指周恩来的二伯父）作为清末举人，在思想上、文化上乃至经济上给七伯一定的影响和支持，这都是肯定的"（李海文，1998，p. 227）。

在周恩来的早期生活中，周恩来的伯父、伯母、叔父、婶母占有十分重要的位置。四伯父周贻赓和伯母杨氏是周恩来父亲的亲兄嫂，他们没有自己的孩子，1910年以后，周恩来就开始与他们在一起生活，在伯父工作的沈阳和天津读书。1910年周贻赓将周恩来接到东北，当年秋天进入沈阳第六两等小学堂，即后来的奉天省立东关第一模范两等小学堂学习。周恩来后来回忆，12岁那年离家去东北，"这是我生活和思想转变的关键。没有这一次的离家，我的一生一定也是无所成就，和留在家里的弟兄辈一样,走向悲剧的下场"(周恩来同志谈个人与革命的历史——和美国记者李勃曼谈话记录,1982,p. 5)。1913 年,周恩来又随伯父迁到天津,转入当时比较开明的南开学校学习。可以说,伯父为他未来的人格发展、职业选择和事业发展提供了宝贵的机遇,使他有可能接受特定的教育,并受到特定社会环境的深刻影响,而这恰是他的生活发生根本转折的关键所在。

周贻赓从小学习刻苦,曾经考上秀才,在兄弟四个中排行最大。他为人老成持重,治家有方,是家庭生活的支柱。他富于同情心,心地善良,慷慨施舍,自律严谨,同时对晚辈要求很严,周恩来每天放学回家,都必须先"向伯父大人行礼,鞠大躬"。还要站着接受伯父的教训。周贻赓告诫侄子不要攀比,要刻苦学习,安守本分,勤俭节约,不要浪费,"吃饭时米粒掉在桌上要拣起来吃了",要严谨自律,"看见大姑娘小媳妇不可抬头看"等,要求晚辈刻苦奋进,严以律己,宽以待人,助人为乐,不求名利(李海文,1998,p. 210)。伯父还以身作则,为周恩来树立了道德上的榜样。他曾经将过年用的大米施舍给乞丐,自己空手回家。伯父这种言传身教的效果极为明显。如前所述,青少年时期的周恩来表现不凡,以自身的实际行动履行了这些道德要求。在东关模范小学时,他生活清苦,从不乱花钱,还将自己积攒的钱给了一位老校工。

不仅如此,周贻赓还理解和支持周恩来的革命事业,曾经冒着危险接周恩来回家。而且,他的家庭责任感和对妻子的关心体贴也深深影响了侄子,周恩来一生对妇女的敬重以及对爱情的忠贞、真诚都与伯父的影响密不可分。伯母杨氏性格直爽、泼辣,她对周恩来厚爱有加,全力支持周恩来的学业,使周恩来充分体验到亲情的温暖。

与周恩来关系密切的母亲式人物还有姆母杨氏和表舅母蔡氏。杨氏笃信佛教,积善积德,终日吃斋念佛,坚信因果报应。

周恩来及其兄弟们主要是与这位婶母一起度过了那段痛失母亲、独立支撑门面的艰难生活。她对童年时期的周恩来的至爱深情，多年以后周恩来还记忆犹新。表舅母蔡氏曾认周恩来为干儿子，她十分宠爱周恩来，在周家家境败落、两位母亲相继去世的情况下，她的关心和爱护给周恩来带来极大的心理慰藉。早年在表舅家中度过的岁月使周恩来倍感亲情的温暖，给他留下了快乐幸福的记忆。

亲戚的影响还表现在思想或认知上。青少年时期的这种思想影响构成了周恩来革命性和反叛性人格的基础，其中表哥陈式周、表舅龚荫荪对少年周恩来的影响最大。陈式周是一位思想开放的知识分子，他知识广博，为人谦虚，既是周恩来的知己和忘年之交，又是周恩来的老师。20 年代 20 年代，周恩来经常与他通信交流思想，相互切磋，探讨救国真理。陈式周不仅在事业上给周恩来以大力支持，而且还始终理解和支持革命。龚荫荪是一位具有革命思想的知识分子，早年信奉康梁的改良主义思想，主张维新变法，后来改而相信革命，成为孙中山的忠实信徒，并经常参加和全力支持革命活动。他主张男女平等，不信鬼神，鼓励儿女自立自强，有所作为。革命思想的熏陶和家中宣传革命思想的藏书使少年周恩来萌发了最初的革命理想。他对少年周恩来极为器重和偏爱，他的博学多才和毁家爱国的行为也赢得周恩来的敬仰和爱戴，无论在思想、品格和行为上，他都被少年周恩来当作模仿的榜样。1952 年，周恩来曾满怀深情地回忆说，"表舅是我政治上的启蒙老师"。

与许多普通儿童一样，在童年时期，周恩来与同龄兄弟姐妹及伙伴之间的交往也非常密切，与他们结下了深厚的友谊。周恩来自述，他小时候和小伙伴常常在文渠划船打水仗，大人们怕出事，就把小船锁起来；有时他们就把锁撬掉，划船远游。1905年至 1906 年间，周恩来正值七八岁，到陈家花园家塾馆读书，与外婆家的表兄弟表姐妹们形成很亲密的友谊。家长依照封建习俗,不让周恩来的表妹们读书,经过周恩来力争,才被允许读书。在龚荫荪家里,作为表舅和舅母的干儿子,周恩来像他们的家庭成员一样出入往来。他从小人缘就好,与表兄弟姐妹也能情同手足。周恩来十分注重感情,他一直惦记和怀念着这种童年时期的友情。这种情感丰富、重感情的人格倾向与他早期亲密的同伴关系紧密相关。

综上所述,周恩来早期的家庭关系为他人格的发展奠定了最初的基础,这主要表现在以下几个方面。

(1) 从周恩来的家世来看,他出生于封建官宦人家,祖父和外祖父都是比较能干、为政廉洁的封建"官僚"。祖辈们通过自身的勤奋刻苦和聪明才智获得并保持了当时较高的社会地位。周恩来的叔伯中也不乏秀才、举人。这一方面说明,周恩来的长辈们饱读经书,深受儒家思想的影响,这种深厚的儒家思想传统理所当然地被灌输给早年的周恩来,使周恩来继承了周氏家族的艰苦奋斗传统和儒家思想传统,从而为其人格的传统性奠定了基础。另一方面也说明,周家成员具有较高的遗传素质,周恩来显然遗传了较高的智商和良好的气质特征。

(2) 从婴幼儿时期的经历来看,周恩来对母亲及其他几位人物形成了安全型的依恋关系。周恩来身为家中长子,备受两代家族成员包括祖母、母亲、叔母、伯母的厚爱。此时周家和外祖母家家境尚好,作为重重关爱下的小少爷,其物质生活的优裕是不言而喻的。过继给叔父后,周恩来由终日闭门不出的嗣母精心养护,她对孩子的反应性和敏感性无疑都是很高的,能够及时觉察早期周恩来的需要,并及时地给予满足;而且,陈氏还雇了乳母——十分负责、尽职的蒋江氏专门抚育他,乳母对周恩来的关心和慈爱丝毫不减,其反应性和敏感性也应是相当高的。这种以抚育周恩来为主的、稳定而优越的家庭环境促成了周恩来对嗣母和乳母的强烈依恋，周恩来对她们一直抱有很深厚的感情。心理学研究表明（张文新，1999，pp. 183－228），婴儿期属安全型依恋的儿童在年龄较大时通常具有较强的探索欲和探索能力，他们具有稳定的安全感；具有较高的社会交往能力，表现热情、自信、投入、愉快、友好，能听从他人意见，合作性和适应性较强，而且具有良好的自我调节能力；另外，他们在活动中还表现出较强的坚持性、独立性、主动性和挫折耐受力。显然，早期形成的这些倾向在周恩来后来的生活中得到了充分的发展和表现，他终生都保持着积极、克己、出众、合群、勇敢、有为、独立、开朗、温和、有恒、精力充沛、可靠、随和、创新、能干、踏实、热情等人格品质。

在周恩来的早期生活中，成年女性占有极为重要的位置。如前所述，参与抚养周恩来的成员包括生母万冬儿、嗣母陈氏、乳母蒋江氏、四伯母杨氏、八婶杨氏、表舅母蔡氏六位"母亲"，其中陈氏和万氏最为重要。相对而言，由于男主外女主内的传统，成年男性对于早期周恩来的抚养的作用要小得多。在他的父辈中，父亲经常外出，嗣父早亡，伯父也常年在外谋职以支撑家庭。因而，婴幼儿时期的周恩来形成对了母亲或母亲式人物而不是对父亲或父亲人物的深深依恋，母亲式人物起到某种"替代"作用，周恩来早期的认同对象或"自居作用"指向的对象可能发生了某种转移，这种依恋性质在一定程度上促成了周恩来人格的女性化特征，如善良、细心、温和、贤惠、温柔、敏感、怀旧、纯情、文静、中庸、整洁、钟情、害羞、潇洒、随和、多情、顺从、亲切、高雅、体贴、爱美、友好、热情、善感、谦让、善于体察。男性的阳刚之美与女性的阴柔之美相结合，增强了周恩来人格的和谐性，而这种"两性中和"的人格特征又增强了其后来的社会创造性。心理学研究表明（张文新、谷传华，2005，p. 219），创造性较强的个体往往具有较多的异性化人格倾向。

在婴幼儿时期的生活中，缺乏父亲或父亲式的人物，这在一定程度上削弱了周恩来对成年男性的认同作用。缺少成年男性榜样可以模仿，早年的周恩来缺少了可以"自居"的理想的男性形象。一方面，在当时的男权社会背景下，它削弱了某种固定的男性人格模式对早年周恩来的限制或"塑造"作用，而增强了周恩来自身人格的变化性、灵活性或创造性。另一方面，身边缺少强有力的男性的庇护，可能使早年周恩来形成某种无助感、软弱感，这种软弱感与其童年时代家境败落、备受歧视的痛苦经历相结合，又可能促成了他谦虚、感恩、合作、随和、忠厚、自觉、严谨、自律、甘居人下等人格特征。缺乏父亲式人物的保护，还可能导致了周恩来早期的某种"仇恨"，童年时代尤其是两位母亲去世后独自当家做主的生活经历促成了他对封建传统、习俗的反叛，促成了以后不屈不挠的斗争生活模式。英国学者迪克·威尔逊认为，周恩来可能对过去怀有某种"仇恨"，尤其是对他的生父，生父是他两对父母中最无能、对他关心最少的人，而他又是惟一活下来并在他成年后干事业时来纠缠他的人，周恩来对人极少提到他的父亲，这种潜意识的"仇恨"可能是周恩来后来过分爱清洁、节俭、敏感、令人难以置信地热爱工作等人格倾向的根源（迪克·威尔逊，2000，p. 424）。

（3）婴幼儿和童年时期的周恩来具有良好的家庭环境，具有当时比较合理的家庭教养观念。心理学研究表明，家庭环境质量、成人的教养观念与儿童人格的发展具有极为密切的关系。我们在莫斯（Moss, et al., 1981）编订的家庭环境量表（FES）的10个维度上对周恩来成长的家庭环境进行评定，结果显示，周家家庭成员之间的亲密性较高，他们能够相互支持和帮助，从周家融为一体、不分你我的家族生活方式可以明显地看到这一点。例如，周恩来刚出生就被过继给未生育孩子的叔父，周家家境败落之后，基本上由周恩来的四伯父周贻赓来维持，而且周贻赓一直供侄子周恩来读书、生活。周家的家庭重视伦理和宗教价值（道德宗教观），这可以从周家深受儒家思想影响的生活方式看出，例如，在母亲去世后，开始由 10 岁的周恩来当家，主理家务，这本身即显示出男尊女卑、长幼有序的伦理观念。周家家规严格（控制性），周家祖上即为体面的封建"官僚家庭"，这一点是不言而喻的。周家家庭生活秩序井然（组织性），周恩来的母亲精明能干，安排家务活动和责任时有明确的组织性。周家的家庭成员能够时常参加一些社交活动和娱乐活动（娱乐性），家庭成员对文化、知识或智力活动感兴趣（知识性），他们大多都知书达理，具有较高的文化修养，乐于参加这类活动，从周恩来对戏剧的喜爱就可看出这一点。家庭成员总是尽心尽力地获取成就，并且对政治问题感兴趣（成功性），与当时其他的家庭一样，周家历代以从政为最高旨趣，在政治生活中取得成就始终是他们的追求，从周恩来祖父不置田产而热心于为儿子们捐取当官的资格就可以看出这一点。家庭成员极少公开表露愤怒、攻击或矛盾（矛盾性），深受儒家思想影响的周家人相依为命，矛盾较少，家庭成员也比较注重自己的道德修养。同时，家庭成员的独立性相对较差（独立性），这与家庭成员的相互依赖是一致的，周家成员的团结和睦其实就与他们相互尊重对方有关，家庭在必要时也适当鼓励个人的自主性，例如，"当家人"就具有比较充分的自主性。但是，家庭中不太鼓励个人直接表达情感和公开的活动（情感表达性），家庭成员之所以能和睦相处，相互忍让、相互理解是重要原因，直接的情感表达或不尊重他人意见的擅自行动则极可能导致家庭的矛盾。

家庭较高的亲密性为周恩来的成长创造了一个十分和谐的环境，能够保证家庭成员在抚养和教育孩子问题上齐心协力，具有足够的时间、精力；家庭中较高的知识性、娱乐性对于周恩来早年求知欲和探索欲的培养以及知识的初步积累具有重要作用，从而为他的博学多才奠定了基础;家庭成员对政治生活的兴趣和从政的家族传统培养和强化了周恩来对政治活动的兴趣;家庭较强的组织性可以保证抚养环境的相对稳定,促进周恩来早期安全感的形成;严格的家规和较强的道德宗教观有利于促成周恩来早年乃至后来的克己、自律、忠诚、严谨等传统人格特征;情感表达和理智则有助于周恩来含蓄、深沉、自律等性格的形成。拥有重重保护网的家庭环境一方面保证了抚养过程中良好的反应性和敏感性,另一方面也可能形成孩子对家庭的某种依赖或依恋,成人提供的温馨和关爱可能促成了周恩来早期的某种"亲子意象",周恩来一生中甘居次要位置,而乐于把他人推上最高领导岗位的行为未尝不是这种依恋情结或意象的潜意识反映,早期对母亲的依恋被迁移到自己的领导者身上,促成了他对这些领导者的领导和关爱行为的某种期待。

我们从父母教养方式评价量表(EMBU)的几个维度对周恩来早年的家庭教养方式进行评价。结果显示,周恩来的"母亲们"能够在情感上给他以温暖和理解,较少拒绝和否认,这与周恩来自幼英俊聪慧、安分懂事、讨人喜欢、备受成人夸奖有关;周恩来较早地被过继给叔父,由陈氏专门看护,自然享受到更多的偏爱。青少年时期的周恩来与伯父生活在一起,伯父则对他施以严厉的教育,对他的督促和管教相当苛刻。相对而言,周恩来在婴幼儿时期和青少年时期得到更多的"慈母"之爱,而青少年时期则体验到较多的"严父"之爱。前者培养了周恩来早年的温和、礼貌、随和、多才、怀旧等女性化人格倾向,后者则培养了周恩来严肃、知耻、廉洁、严谨、自律、坚强、上进等男性化人格倾向。

另一方面,周恩来早期的家庭环境和教养方式也成为他生活的榜样,其中所渗透的价值观和儿童观深深影响了他成年后乃至一生对待家庭和孩子的行为。他极为注重感情,在婚姻生活中，严格遵守结婚时的约定，始终钟情于邓颖超，表现出忠诚、严谨的婚姻态度。他没有自己的孩子，却对战友、烈士的后代格外关心、爱护，严格要求，这未尝不是其早期经历的"折射"。

4. 学校生活

在早年的私塾生活中，周恩来接受的教育内容主要是国语基本知识、四书五经等，教育方法比较生硬，同伴交往的范围比较狭窄，亲戚家的同龄儿童是其同伴交往的重要对象。这种早年教育在某种程度上限制了周恩来人格的发展。如上所述，真正意义上的学校生活开始于 1910 年，即周恩来 12 岁那年，此后一直持续到 1917 年即周恩来 19 岁时，他先后在奉天第六两等小学堂和天津南开学校学习，这两所学校在思想上都是比较开明、倾向进步的，后者对周恩来的影响更深。在前后七年的学校生活中，周恩来基本的人格倾向逐渐形成。概括而言，学校生活的影响主要体现在以下几个方面。

（1）促进了爱国主义的形成

在青少年时期的学校生活中，周恩来深受学校气氛的影响和教师进步思想的启发，形成了最初的爱国主义思想和人格倾向。在东北，他目睹了帝国主义列强包括沙俄和日本瓜分中国的残酷现实，当时的进步教师也十分重视向学生宣传救国思想。例如，历史教员高戈吾的资产阶级民主革命思想、地理教员的社会改良思想都深深影响了周恩来，他们以身作则的激进行为也为周恩来树立了榜样，在他们的影响下，周恩来剪了辫子。在南开学校，思想进步、深受资本主义影响的校长张伯苓、校董严修，具有爱国民主思想的张皓如，都很器重周恩来，与周恩来关系密切。

在学校中，倾向进步的教育内容以及比较充足的进步书籍和报刊都在一定程度上促进了爱国主义人格倾向的形成。学校开设的课程比较宽泛，不仅包括传统的课程，而且有了一定的革新，在东关模范学校，开设了修身、国文、算术、历史、地理、格致、英文、图画、唱歌、体操等课程，南开学校的课程范围更广一些，除了国文、英文、数学三门主课外，还开设了物理、化学、中国史地、西洋史地、生物、法制、体操、修身等课程。周恩来学习十分认真，各科成绩都很优秀。在课外，周恩来还阅读各种进步书报，养成了读报、关心国事的习惯。在东北，他阅读了陈天华的《警世钟》和《猛回头》、章炳麟的《驳康有为论革命书》、邹容的《革命军》以及《盛京时报》等；在南开，他经常阅读《民权报》、《民立报》、《大公报》以及明末清初思想和西方启蒙思想家的著作。这些进步的书报启迪了他的爱国思想，激发了他的爱国热情。在学生时代尤其在南开中学期间，周恩来形成了最初的民主、共和思想，表现了强烈的爱国主义人格倾向，从他此期的日记、作文中可以清楚地看到这一点。

同学之间的相互切磋和交流，各种爱国主义活动也增强了周恩来的爱国倾向。在东北时，周恩来曾参观日俄战争遗址，听当地老人讲述战争经过，深受震动。在南开中学时，周恩来热心各种活动，担任多个组织的领导，并参加天津各界群众举行的救国储金募款大会，发表演说。尤尼斯（J. Youniss）等人的研究表明，青少年时期参与社会活动的经验与个体的道德发展密切相关，可以对个体道德身份感（moral identity）、政治身份感（political identity）和公民身份感（civic identity）的发展产生持久的影响（Youniss & Yates, 1997, 1998; Younniss, et al., 1997）。在此意义上，学生时代参与的大量活动不仅促成了周恩来作为集体成员的责任感，而且极大地促进了周恩来的政治责任感、道德身份感、公民身份感的发展，使之深刻认识到作为一名中国人应负的道德责任、政治责任和社会使命。周恩来成年后的行动及其在工作中表现的尽责性充分证明了这一点。

（2）促进了人格适应性的发展

在这个时期的生活中，周恩来人格的适应性大大增强。在东北读书时，周恩来文弱瘦小，性格温和，一些年龄大的同学经常欺负他。周恩来想办法多交朋友，当同学再来欺侮他的时候，他们就抵抗和对打，那些人也就不敢再欺侮他了。这种联合朋友、抗击敌人的做法成为周恩来各个时期的主要斗争策略，它赋予周恩来既斗争又合作的和谐性人格倾向。他刻苦锻炼身体，在凛冽的寒风中跑步、踢球、做操，而且还适应了北方的生活方式，习惯了吃高粱米。学校的生活使周恩来逐渐由一个"小少爷"转变为一个朴实、强健、合群、吃苦耐劳的青少年。

在南开中学，周恩来逐渐适应了学校的生活制度和社会事务，进一步发展了合群、外向、尽责、上进、创新等人格品质。学校注重仪表美，要求学生"面必净，发必理，衣必整，纽必结，头容正，肩容平，胸容宽，背容直，气象勿傲、勿怠，颜色宜和、宜庄"（刘济生，1999，pp. 146－155）。周恩来的仪表美充分体现了学校的这种美育要求。周恩来恪守学校的作息制度、卫生制度、评比制度，在各个方面都不落人后，以至于校长张伯苓夸他是南开最好的学生。这种生活显然锻造了周恩来严谨自律的生活风格。学校提倡学生自主开展课外活动，鼓励学生成立社团。如前所述，周恩来积极参加各种公益活动，热心为集体办事。在他的倡导下，还成立了敬业乐群会；周恩来还担任了一系列职务，组织和领导学生活动。无疑，优秀的学习成绩、领导活动的成功、教师的夸奖和鼓励、学生的认可和羡慕，显然都强化了周恩来的活动积极性、对公众事业的兴趣和自信，促成了他积极的自我概念。同时，经常参加戏剧表演活动也增强了周恩来的移情能力，他对人体贴、关心、随和等人格品质的形成与此不无关系。

（3）促进了社会创造性人格倾向的发展

在东北和南开学校接受的教育为青少年时期的周恩来树立了众多的榜样，更重要的是为他创造了一种群体活动的氛围，提供了激发和培养社会创造性的机会。在学校，周恩来置身于前所未有的人际交往之中，不可避免地遇到各种社会问题，如刚入学时被人欺侮。显然，要有效地解决这类问题，就必须发挥自身的社会创造性，善于利用他人的力量。而在各种群体活动中，尤其是需要组织和领导同学进行的活动中，必须协调各类社会成员的需要、兴趣、志向、爱好，考虑各种各样的心态、气质和性格，获得人们最大限度的认可，因而这类工作的挑战性更大，对周恩来自主性和创造性的要求也更高。组织、领导群众的社会经历促成了周恩来社会创造性的人格倾向，其中包括独立、创新、多才、健谈、有恒、精力充沛、合群、可靠、大度、受人拥戴、大方、勇敢、出众、有为、细心、积极、机智、开朗、稳重、尽职、果断、能干、坚强、理智、坚韧不拔、善于说服、坚定、上进、沉着、自觉、认真、勤奋、条理、善于体察、富有心计等。

概括而言，学校生活队周恩来的影响主要表现在两个方面，一是教师和教育内容的影响，一是同伴群体的影响。前者的作用主要体现于为他提供了学习的榜样，培养了他为人做事的品德，传授给他各种知识，形成了他的"爱国主义人格"；后者的作用则主要体现于切磋思想，砥砺品行，提供实践机会，形成真诚友谊，相互满足交往、理解的需要，提供社会参照。周恩来成功的学校生活在很大程度上促成了他的创造性人格，对爱国运动的积极参与则进一步增强了这种影响。

5. 周恩来儿童青少年时期经验的特点

在总体上，周恩来的生活历程与人格发展的一般规律相契合。周恩来早期的生活可以分为这样几个阶段：10 岁以前，10—12 岁，12—15 岁，15—19 岁。10 岁以前周恩来的生活比较优越，基本上是个备受宠爱的"小少爷"，这一阶段主要在私塾或家中读书；10—12 岁料理家事，曾到表舅的家塾读书；12—15 岁随伯父到奉天第六两等小学堂（后改为东关模范学校）读书，开始接受比较正规的学校教育；15—19 岁在比较西方化的天津南开中学读书。

埃里克森的人格发展阶段论认为，婴幼儿时期是信任感、自主性形成的关键期，父母和家庭是儿童的重要影响源。弗洛伊德则认为，个体成年后的人格可以从其生命的最初几年找到根源。婴儿期的周恩来受到母亲无微不至的关怀，其各种需要的满足理应是十分及时而稳定的，按照埃里克森的理论，这种抚养方式可能促成了周恩来后来对亲人、朋友的忠诚、信任、随和、友好等人格品质。周恩来 4 岁开始就开始认字和背诵唐诗，5 岁进家塾读书，先后阅读了《三字经》、《千字文》以及《四书》中的一些篇章，还阅读了许多小说名著。他天资聪颖，喜欢读书，时常受到成人的夸奖和鼓励，这种早期经历可能促进了他勤奋、自信等人格品质的发展。

到青少年时期，周恩来在奉天和天津的学业是非常成功的，是公认的学业兼优的学生。从这一时期的作文、日记以及有关回忆和记录不难看出，学生时代的周恩来形成了良好的自我身份感，这主要表现为：他具有自己稳定、持久的目标和雄心壮志，形成了自己稳定的价值观和是非感，并认真实践自己的价值观和人生观，认同自己所在的集体，拥有良好的同伴关系和师生关系，能客观认识自己，接纳自我，做事坦率而真诚，并且具有强烈而持久的爱国心。自我身份感的形成本身就是人格发展的重要表现，同时它还为后来人格的健康发展提供了前提条件。

10 岁左右正处于青春期前夕，此时儿童的自主性和独立性逐渐增强，成人的过分控制、干涉一般会遭到儿童的抵制，不利于儿童人格的发展。周恩来的两位母亲正是在这个时期辞世的，虽然给儿子造成了沉重的打击,但同时也为儿子的人格发展创造了某种"契机",因为她们去世后,周恩来就不必再承受可能发生的过分关爱和干涉,从而避免了可能出现的母子冲突或家庭矛盾,避免了对周恩来人格发展的消极影响。而且,母亲去世后,周恩来不得不"佐理家务",当家做主,这种经验不仅充分发挥了周恩来的自主性,在一定程度上锻炼了他的处世能力,促进了他的早熟,深化了他对社会现实的认识,增强了他与封建习俗决裂的动机。同时,12—19岁正值青少年时期,同伴群体、理想中的英雄对个体的人格发展具有极为重要的影响,而这一时期正是周恩来春风得意的学生时代,他先后就读于奉天第六两等小学堂和天津南开中学,他不仅在同伴交往中享有较高的地位,与同学结下了亲密的友谊,而且传统教育在学校教育中占有突出位置,英雄主义备受推崇,在这种背景下,周恩来对理想中的英雄也极为神往,从他学生时代的作文中可以清晰地看到他对历史英雄的认同。

综上所述,周恩来早期的生活历程与人格发展的节奏显得十分和谐。在母亲和家庭具有决定性影响的婴幼儿时期,两位母亲都健在而且十分活跃,而在教师、学校变得十分重要的童年时期,他先后在多个私塾读书,并备受褒奖和鼓励,而就在这一时期(母亲对个体的心理影响开始"减弱",并有可能阻碍或束缚人格发展的时期),两位母亲几乎同时离他而去,迫使他独立自主地处理家庭事务。在同伴群体变得尤为重要的青少年时期,朝气蓬勃的学校生活锻造了他健康的人格,也培育了他后来从事职业政治活动和革命事业的能力基础。

(七) 周恩来不同时期人格和谐性的成因分析

如前所述,周恩来不同时期的人格都表现出不同程度的和谐性。虽然各个时期的人格都与前期的经历有关,但从毕生发展观的角度来看，人格的发展应该是终其一生的，周恩来也是如此。下面，我们专门对各个时期人格和谐性的成因进行分析。

1. 儿童和青少年时期人格和谐性的成因

概括而言，儿童和青少年时期的周恩来具有男女中和、南北中和的特点，也就是说，这一时期的周恩来兼有男性和女性、南方和北方的某些人格特点。这与他早期的抚养经历和受教育经历有关。作为一名封建家庭的长子，在婴幼儿时期和童年期同时受到多位母亲或母亲式人物的宠爱，使周恩来具有较多的女性特征，表现出男女中和的人格特点。另一方面，他的青少年时期在北方度过，北方的高粱米饭、大风、黄土、"政治空气"锻炼了他强健的体魄，也使他的人格成为"中国的南方人独特的灵活性与北方的勇猛相结合的保持平衡的混合物"（威尔逊，2000，p. 34）。因学业优秀、行为安分而备受成人夸奖和赞扬的经验也可能促成了周恩来保持声誉、维护自尊的需要，进而促成了调和对立、保持中和的谨慎性格。

2. 成年初期人格和谐性的成因

这一时期的周恩来开始投入真正的革命斗争中。斗争生活导致了他人格的逐渐复杂化，使原来具有浓厚理想主义、比较单纯的儿童转变为人格结构复杂、日趋"成熟"的成年人。人格的和谐性发生新的变化，其主要原因如下。

第一次国共合作期间，周恩来被委以重任，革命热情高涨，努力实现其英雄主义的理想，因而表现出明显的革命性和激进性。在维护国共合作的过程中，周恩来又需要联合国民党"左派"，服从共产国际和共产党中央的决策，与党内人士合作，联合支持国共合作的国民党"左派"力量，孤立和对抗国民党右派势力，因而需要同时具有抗争、随和、忠诚、服从、独立等多种人格特征。这一时期成功的婚姻也可能促成了周恩来的某种亲密感（埃里克森所谓的与孤独感相对的亲密感）。

反抗国民党反动派的武装斗争和地下斗争增强了周恩来抗争性的人格倾向。对残酷镇压革命的敌人必须表现出冷酷无情的一面,同时前所未有的革命形势也需要他具有尽责性、创新性的一面。军事斗争和政治斗争的实践全面锻炼和提高了周恩来的灵活性、和谐性和成熟性。中央苏区的政治斗争和长征的经历增强了周恩来的坚韧性和斗争意志,同时也增强了他与党内同志的亲密融合,而西安事变的成功解决显然强化了他因时因地制宜,进行"温和"性斗争的人格倾向。

3. 成年中期人格和谐性的成因

这一时期,"联合—斗争"仍然是周恩来的主要生活模式。在第二次国共合作期间,他需要缓和各种敌对力量之间的对立,使之合作抗日;解放战争期间,他需要建立反对蒋介石的统一战线;建国后,他需要在国内建立社会主义联盟,需要调和国外的非和平力量,建设有利于新中国建设的外交环境。这一切都需要联合各种愿意合作或可能进行合作的力量,以增强新中国自力更生的能力,这在某种程度上可以看作早期的"温和斗争性"人格倾向的延伸和发展。

中庸并不是消极的调和,而是积极的斡旋,化解敌对者之间的矛盾,消除他们可能产生的冲突,使之和平相处或走向联合。周恩来善于以各种力量、各个国家之间的共同利益和需要为突破口,化干戈为玉帛。"中庸"调和显然是国内、国际形势对他的人格提出的更高的要求,也是当时解决国内、国际冲突的更为可行的途径。

4. 成年晚期人格和谐性的成因

进入成年晚期后,周恩来先后经历了一系列党内斗争和"文革"浩劫,人格的和谐性更为明显,表现得既深沉、稳重、机智、创新、尽职尽责,又顺从、"圆滑",在政治生活尤其是"文革"期间的政治斗争中,他已经不限于采取联合朋友、对抗敌人的"联合—斗争"模式，而是在运用这一策略的同时，采用与敌人有限度地联合和对抗的策略，保护同志，缓解冲突。

这一时期，周恩来既要与毛泽东保持默契，赢得他的信任和支持，又要恰当地消除他的错误决策所带来的后果；既要在国内、国际事务中保持自主性，又要保持对最高领导者毛泽东的某种顺从和忠诚；既要与林彪和"四人帮"集团保持某种表面上的合作，又要与他们斗争。因此，周恩来需要对相同的人采取多种看似相互矛盾的态度，这种特殊的生活环境促成了他的人格结构的复杂化，促进了他人格的和谐性的增强。

四　结论

我们对周恩来的研究进一步证实了前面历史测量学研究的结果，说明社会创造性人格的发展具有自身特殊的规律。通过以上分析可知，作为 20 世纪的社会创造性人物，周恩来显示了典型的社会创造性人格，其中既有传统性的一面，又有创新性的一面，而这些人格特点在不同时期表现的程度和形式又有所不同。从整体上看，和谐性是周恩来人格的核心特征，周恩来人格的发展主要表现为人格和谐性的发展。这种和谐性的实质是人格的适应性，它的发展充分体现了心理的毕生发展观，反映了社会创造性人格的不断变化。

周恩来的人格发展也经历了一个由简单到复杂、由单纯到成熟、灵活性和和谐性程度不断提高的过程，在这一过程中，社会政治、经济、思想和文化环境、家世传统、家庭关系、学校生活都起到极为重要的影响。周恩来人格的和谐性归根结底是由不同时期的生活环境所促成的，与其职业的性质和发展具有极其密切的关系。

第二节　周恩来人格的适应性

从周恩来人格发展的历程,我们不难看出,在他一生中的不同时期,具有高度和谐性的人格帮助他适应了各种各样的环境,包括极端险恶的斗争环境、相对和平的建设环境和尔虞我诈的政治混乱环境。换句话说,周恩来能在各个时期的各种环境中如鱼得水,成为"无往不胜的幸存者"和中国政坛上的"不倒翁"(西方记者语:1976年1月9日美国《洛杉矶时报》),在很大程度上得益于人格的这种适应性,对社会环境的高度适应性是社会创造性人格的本质,和谐的创造性人格实际上是一种适应性的人格。

在周恩来漫长的人生历程中,发生过许多惊心动魄的事件。毋庸赘言,这些发生在不同时期的事件对周恩来的人格发展产生了深刻的影响。但是,一般而言,生活中某些转折性的事件对心理发展的影响最为深刻。人类发展生态学理论认为,通过转折期间的行为的变化,我们往往可以更清楚地看到一个人心理发展的生态过程。同样,周恩来一生中的重要转折时期无疑也是其人格发展的关键期。在周恩来的一生中,重要的转折时期主要包括母亲亡故时期、离开家乡到东北和天津求学时期、旅日和"五四"运动以及旅欧时期、参加国内革命斗争时期、建国后出任总理时期、"文革"时期。从周恩来在这些主要转折期的心理变化,可以清楚地看到创造性人格的适应性本质。

一　母亲亡故时期

10岁左右,周恩来的生母万氏和嗣母陈氏先后因病去世,两个母亲的死使童年的周恩来陷入极度的悲痛之中，同时也使他的生活发生了陡然变化，由原来娇生惯养、备受呵护的富家子弟变成一个穷困潦倒、备受歧视的孩子。作为家中最年长的男子，一方面，童年的周恩来要照顾家庭，两个弟弟年幼无知，一个叔父偏瘫在床，父亲和伯父又在外谋生，收入微薄，养老护幼、柴米油盐等家庭事务自然地落在他的肩上；另一方面，他还要按照封建家庭的各种习俗外出应酬，在自家生活尚且难保、借贷无门的情况下尽力顾全家庭的"面子"。这种前所未有的生活转折给童年的周恩来带来的影响是巨大的，这主要表现在以下几个方面。

首先，它促成了童年周恩来坚强而灵活的性格特征。他不得不面对艰难而凄凉的生活现实，对人生中最大的挫折做出积极的应对反应。一方面，因家庭败落、备受冷眼而使自尊受到很大的伤害，内心对陈规陋俗切齿痛恨，另一方面，仍要随俗应酬，借钱送礼，"东家西家都要去，还要到处磕头"，这显然构成了周恩来早期生活中最鲜明的"矛盾"，它主要表现为旧的封建习俗的要求与周恩来自己真实的愿望之间的对立，表现为社会、家庭与自我之间的对立，人格"和谐性"特点的形成就是努力消除这种对立的结果，周恩来必须做出某种表面的"妥协"，以实现自身与社会之间的某种和谐，他在这一时期所表现的坚韧和灵活何尝不是后来"相忍为党，顾全大局"的人格前奏？

其次，它促进了周恩来社会技能和创造性的发展。作为一家之主，周恩来在家庭中必须恰当地处理家庭成员之间的关系，维持家庭的正常生活，"佐理家务，井然有序"；还要代表家庭外出应酬，令亲戚朋友满意。在家境败落的情况下所表现的精明果断和卓越的协调能力充分显示了周恩来社会智力和人格的早熟性。显然，这种早熟性与周恩来由受人关怀照顾到关怀照顾别人、由"五谷不分"和不问家事到当家做主和独立生活的重大转折密切相关,它既是缓解冲突的能力的表现,又是调和"对立"的结果。

再次,它促成了周恩来反抗性或革命性的人格倾向。经过这个重大的生活转折,周恩来对封建社会的腐朽、丑恶认识得更为深刻,对世态炎凉有了更深刻的体会。同时,对家庭地位的认知和社会地位的比较也可能引起童年周恩来的某种自卑感,进而促成某种追求卓越的愿望。总之,这一切不能不激起他内心对封建社会的厌恶和反抗,产生变革社会和改善自身的生活状态的愿望和决心。

显然,10岁左右发生的这次转折使童年的周恩来由一名温和、驯顺、善良、对世界充满美好想象和幻想的儿童转变为一名兼有善良和反抗、天真和成熟的人,恶劣的生活环境、严酷的生活"对立",并未摧毁他的意志,而是促使他向更高层次的生活"对立"挑战。

二　离家求学时期

1910年,周恩来随伯父离开家乡,到东北去读书,1913年,又转入天津南开学校就读。这是周恩来儿童青少年时期所发生的第二次重要转折,对周恩来一生的发展具有至关重要的影响。周恩来后来回忆说,"12岁的那年,我离家去东北。这是我生活和思想转变的关键。没有这一次离家,我的一生一定也是无所成就,和留在家里的弟兄辈一样,走向悲剧的下场"(周恩来同志谈个人与革命的历史——和美国记者李勃曼谈话记录,1982,p. 5)。综观周恩来的一生,这次转折可以说是他走上革命道路、从事政治活动的一道"桥梁",是其革命思想和人格形成和发展的必要前奏。生活环境的陡然变化、主要任务或生活"主旋律"的改变,构成这次转折的主要内容。

（一）东北的读书生活

从江苏淮安这一文化悠久、热闹繁华的"江北要冲"迁到朔风凛冽、白山黑水的东北，少年周恩来经历了一个对地理环境和文化环境的适应过程。地理环境的南北差异是很明显的，淮安地处江淮平原，基本上属于温暖湿润的亚热带气候，沈阳则地处辽阔的东北平原，属于冬冷夏凉的温带气候；淮安人习惯以大米为主食，东北人以高粱为主食。这种地理差异和风俗习惯的差异给周恩来带来了显著的变化，主要表现于，他的体质增强了，由于生活条件相对优裕，加之受到母亲和其他成人的爱护和管教，童年时的周恩来体质较弱，在奉天第六两等小学堂（后改为东关模范学校）就读期间，他无论冬夏都坚持体育锻炼，尽力适应当地的环境。尤其是冬天，东北气候寒冷，风沙漫天，但他仍然坚持在凛冽的寒风中跑步、踢球、做操。同时，他还努力改变自己的生活习惯。数年的东北生活培育了周恩来强健的体魄和男性的阳刚之美，同时也使他将南方人的灵活与北方人的勇猛融于一身。周恩来后来曾对辽宁大学的学生说，"我身体这样好，感谢你们东北的高粱米饭、大风、黄土，给了我很大的锻炼。""吃高粱米，生活习惯改变了，长了骨骼；锻炼了肠胃，使身体能适应以后艰苦的战争年代和繁忙的工作"（金冲及，1998，p. 13）。

在东北上学的影响更主要地表现于周恩来认知或思想的"时代化"。原来熟读经书、深受儒家传统影响的周恩来到东北后，很快就完成了认知或思想上的适应过程。这主要表现在，周恩来由一个原来对外界的一无所知或知之甚少的孩子，逐渐发展为一个能适应社会要求、清楚地认识自身的社会使命的少年。20世纪初的东北是帝国主义列强争夺的焦点，沙俄一心要把东北变成他们的"黄俄罗斯"；1904年至1905年，日俄战争以东北为战场，并使东北沦为日本和沙俄的势力范围；日本随后吞并中国邻邦朝鲜,虎视东北。与这种深重的民族灾难相应的是中国人民对外国侵略的反抗和斗争,是救亡图存呼声的不断高涨。周恩来不仅在学校学习认真,各门功课的成绩都名列前茅,而且很快接受了爱国觉醒人士的进步思想,如他曾经听当时的同学何履祯的祖父何殿甲老人对日俄战争的讲述,深受震动;在具有进步思想的教员影响下,先后阅读了各种进步书籍,并养成了每天读报,关心时事的习惯。"为中华之崛起而读书"的爱国主义倾向和强烈的社会使命感的形成意味着周恩来已经完成了认知或思想的"时代化"过程,已经融入了当时进步的爱国知识分子群体。

东北就学带来的另一个适应性变化是周恩来社会创造性的增强和"联合——斗争"人格的形成。刚到东北时,周恩来文弱瘦小,又持浓重的南方口音,经常遭到一些大同学的欺负。面对这种无理行为,周恩来设法结交朋友,出入学校都与朋友们在一起,与敢于欺负他的大同学对打。借助这种联合起来的力量,他有效地抵制了大同学的欺侮。这是联合——斗争策略的最初胜利,也是周恩来开始适应斗争生活、创造性地消除敌我对立或冲突的重大胜利。正是在这样的适应过程中,周恩来形成了温和而顽强、团结而勇敢、友善而富有正义感的性格特点。

另外,周恩来就学东北,也意味着私塾读书生活的结束。在正规的近代学校生活中,周恩来交往对象的范围大大扩展了,人际关系的性质也更为复杂了,除了原有的各种家庭关系之外,还包括与教师之间的关系、与同学之间的关系。同样,学习课程的性质和范围也有了很大改变,由原来以"四书五经"为主的科目转变为兼顾德、智、体等各个方面的近代课程。这必然导致生活方式的重大改变:适应多种课程的学习,适应学校内外的社会生活;同时也促成了新的对立或冲突:学校学习生活与日常生活的对立,各种性质的课程之间的对立,同学交往或师生交往中存在的各种冲突等等，正是在这种适应过程中，周恩来不仅发展了原有的各种品质，而且形成了与近代学校生活相应的各种人格特征：合群、热情、无私、尽责、爱国以及较强的集体责任感。

（二）在南开学校

在天津南开学校的学习生活是东北学校生活的继续，但相对而言，南开学校的生活对周恩来认知或思想、人格发展的影响更为深刻。15岁到19岁是一个对人格形成具有重要影响的时期，周恩来的社会生活又增添了新的内容：天津的近代化社会生活，南开学校的新式教育，帝国主义国家的政治、经济和文化侵略；在学校中，周恩来要面对新的生活：集体住校生活，西方化的教育，更宽泛的教学内容，更丰富的学校活动，更复杂的人际关系等等。所有这些，都促使周恩来的人格和认知发生更高层次的适应性变化。

在南开四年中，周恩来不仅各科成绩优秀，品格出众，而且显示了杰出的社会创造性。这都是主动适应的结果。

南开学校对学生的学习和生活管理都十分严格，周恩来在各个方面都力求达到学校的要求，不仅在学生留级和淘汰率较高的情况下，坚持到毕业，而且各科学习成绩都名列前茅。他学习极为刻苦，能有效地调整自己的学习生活，刚入学时英文较差，他就用大量时间来学习英文；他在保证各科成绩优秀的同时，还坚持在课外广泛阅读各种书籍，包括西方启蒙思想方面的书籍和中国传统史籍。另一方面，在保证学习成绩优秀的前提下，又积极参与学校的各种活动，担任多个团体的领导者，并组织了敬业乐群会，有效地保证了课内与课外、知识学习与社会活动、读书与为人处世之间的和谐，促进了能力和品格的共同发展。学校生活促成了周恩来严肃而活泼的人格特点：在学校时办事认真严肃；

平时爱活动，很活泼，很有风趣。

学校的集体生活造成了恋家与住校之间的矛盾或冲突，周恩来是个重感情的人，对家庭成员具有强烈的依恋感，在家庭生活十分拮据的情况下，又常常不能回家与亲人团聚。这种境况促进了周恩来合群、团结、友善等人格倾向的发展，促使他以校为家，以同学为兄弟，广结良友，广泛参加社会活动，不仅锻炼了能力，而且消除了寂寞感或孤独感，缓解了对亲人的思念之情。这显然是适应学校生活的更高明的方式。

有效地处理师生关系促成了周恩来恭敬、感恩、忠诚的品格和爱国、民主的思想；有效地处理同学关系，进一步促进了周恩来合群、温和、诚实的人格倾向和集体责任感的发展；有效地处理争取成就与人际交往之间的关系，促成了他珍重名誉、自重自爱、谦虚待人、严谨自律的品质；有效地处理家庭生活与学习生活之间的关系，促成了他的俭朴、体谅、同情等人格品质和品学兼优、多才多艺等成绩；对中国与帝国主义列强之间的民族矛盾的清晰认识促成了他热诚爱国、志存高远的可贵品格。所有这一切，显然都是创造性地适应和处理生活中的各种对立或冲突的结果。

三　旅日、"五四"运动和旅欧时期

1917 年 9 月至 1919 年 4 月，周恩来主要是在日本度过的，从日本归国后在国内度过短短的一年多的时间，积极参加爱国运动，又踏上旅欧之路，直到 1924 年黄埔军校建立，国共开始第一次合作，才从法国返国，其间共在欧洲度过了四年的时间。

（一）旅日

1917 年 6 月，周恩来从南开学校毕业，周恩来再次面临生活的重大转折。毕业意味着个体将选择职业，走向社会。而此时年轻的周恩来怀着济世救国的远大理想，选择了赴日留学，其出国的目的就是"邃密群科济世穷"，学得可以报效祖国的知识，实现自己的抱负。在日本，他的生活任务包括报考东京高等师范学校和东京第一高等学校，获得公费学习的待遇；学习日语；既要求学又想考察异国的社会状况；同时，致力于考学与探索真理两件大事。

为了成功地通过考试，达到求学的目的，周恩来学习十分用功，一则他深知求学的不易，学习极为勤奋；二则家境日渐困难，他生活节俭，试图以考试的成功回报亲恩。在探求真理的过程中，则受到军国主义、社会主义等思想的影响，但他最终看到了社会主义在中国的前途。在求学和求索生活中，周恩来表现了勤奋、虚心、务实、力行、谨慎、求新等人格倾向。同时，他还认识到"求学不足还是小事，最大的就是没有真正立身的根本去与这个恶劣社会交战"，"第一件事情就得炼铁石心肠、钢硬志气，不为利起，不为势屈"（中共中央文献研究室，1998，p. 25）。他还留意观察日本社会，阅读日文报纸杂志，了解各种新思潮，同时与朋友频繁接触，广为交谈，力求学习"终日守着书本"所学不到的东西，以便"知己知彼，百战不殆"。

周恩来最终没有考取官立学校，考试的失败导致了较大的挫折感，他曾一度心情沮丧；家境的困难、亲人的亡故、对亲人的思念，给他带来了很大的心理压力。与国内生活环境相比，这种异国环境显得孤寂、压抑、沉重而充满困惑。周恩来一度相信"无生主义"，希望借佛教消除痛苦。

旅日是异国求学生活的开始，也是国内学校求学生活的继续。周恩来一方面继承了国内求学生活中所形成的各种品格，如合群、团结、爱国、热心社会活动，另一方面，他也变得更为坚韧，思想也更为清晰、明朗，志向更为明确，逐渐由求学为主转变为以求真救国为主，由相信军国主义、贤人政治转为相信"国家主义"、"世界主义"或社会主义。

(二)"五四"运动与旅欧

周恩来由日本返回东京时，正值"五四"运动爆发。天津学生纷纷响应，投入这场运动。在此期间，周恩来几乎天天到南开去，全力参加运动。他对学生运动提建议，主办《天津学生联合会报》，主张"革心"和"革新"，以改造学生自身的思想和社会现状。同时，在他的倡议下，天津学生还成立了觉悟社，大大促进了群众思想的解放和觉醒。

"五四"运动的宗旨是反帝反封的。同样，周恩来等人参与和领导的天津学生运动的任务一方面是团结学生和一切进步势力，一方面是与帝国主义侵略势力以及拥护帝国主义的中国反动势力作斗争。这样，对周恩来而言，联合与斗争便成为两种主要的、相辅相成的行动模式，其中，联合主要是爱国群众和进步学生之间的联合，斗争或对立则主要是爱国群众、进步学生与反动政府、帝国主义侵略势力之间的对立。

为反对日本帝国主义侵略和枪杀中国人民，天津学生运动高涨，天津当局制造了天津"一·二九"惨案，周恩来等人被天津反动当局逮捕入狱，这件事对周恩来人格的发展产生了极为深刻的影响，它直接促成了周恩来的革命或斗争的决心，增强了对反动势力和黑暗社会的反抗性，并且促使他逐渐走上职业革命家的道路。正是在狱中，他认清了反动政府的本质，同时也认识到革命和斗争对于获得爱国、自由和民主等权利的必要性。这场斗争在某种意义上构成了周恩来一生事业的转折点，它使周恩来由一个热心进步运动、关心社会改造的爱国学生逐渐转变成一个革命者，"思想是颤动于狱中"，一种革命意识的萌芽从这个时候开始了。

　　出狱后，周恩来赴欧求学、考察，"求学以谋自立，虚心考察以求了解彼邦社会真相暨解决诸道，而思所以应用于吾之民族间者"（周恩来书信选集，1988，pp. 23－24）。在此期间，周恩来发生的重要变化主要表现在两点，一是他最终确定了自己的共产主义理想，二是他最终决定投身于革命事业。这直接决定了他人格发展的主要方向。理想和职业方向的选择在周恩来的生活中占有极为重要的地位，它是周恩来人生发展的最重要的转折点，标志着个体积极的自我身份感的确立。

　　赴欧期间，周恩来脚踏实地考察了欧洲各国的社会状况，欧洲社会的严重动荡不安给他留下了深刻的印象。通过细心审慎的比较和抉择，他主张，将"迅雷不及掩耳"、一洗旧弊的俄国十月革命式的社会变革方案与不改常态的渐进的英国式社会改革方案加以中和，似乎更适用于当时的中国。同时，他还对欧洲当时十分活跃的思潮进行"推求比较"，抛弃了无政府主义、法国的工团主义、英国的基尔特主义，最终确定了共产主义的信念，并于1921年加入中国共产党。觉悟社社友黄爱在国内运动中被军阀杀害，则进一步坚定了周恩来的革命信念。

　　这一时期存在的主要冲突或对立包括：各种思潮之间的对立或冲突；勤工俭学学生内部不同社团之间的分歧或冲突；勤工俭学学生与华法教育会以及北洋军阀政府之间的对立或冲突等等。在探索真理、确定革命信念的同时，周恩来一直致力于把热心革命活动的勤工俭学学生团结起来。而且，他还积极关注勤工俭学学生的斗争，并参加了勤工俭学学生争取进入里昂中法大学的运动。在斗争过程中，他认识到斗争的复杂性和斗争策略的重要性，号召全体勤工俭学的同志赶快团结起来。同时，周恩来还与国内朋友保持着密切联系，互通信息，时刻关注着国内局势，将国外信息的探求与国内形势的发展结合起来。

　　作为旅欧共产主义青年团（前身为旅欧中国少年共产党）的

领导人,周恩来一直尽力提高团员的马列主义觉悟,同时不断发展新的团员。在周恩来的领导下,开展了与无政府主义思潮的论战,排除了它的消极影响。同时,周恩来还批驳了国家社会主义、工团主义、行会社会主义等当时流行的错误思潮。

经过旅欧生活的磨炼,周恩来从一名追求革命真理的青年学生转变为一名马克思主义者和日渐成熟的职业革命家。旅欧是周恩来真正的革命事业的开端,这一时期的生活促进了周恩来从"求学人格"向"革命人格"的转变。1924 年 7 月归国时,旅欧中国共产主义青年团对周恩来的评语是:"诚恳温和,活动能力富足,说话动听,作文敏捷,对主义有深刻的研究,故能完全无产阶级化","本区成立的发起人,他是其中的一个。曾任本区三届执行委员,热心耐苦,成绩卓著"(旅欧共青团执委会向团中央的报告,1924 年 7 月 20 日)。显然,这一时期周恩来人格的革命性或职业性特点大大增强了。

四　参加国内革命斗争时期

从欧洲返国后,周恩来立即投入紧张的革命斗争,这一重大转折以黄埔军校的革命生涯为标志。此时国内的革命斗争是周恩来前期革命生活的继续,同时又与前期具有很大的差异:前期的斗争,包括在欧洲的革命斗争尚主要停留在最初的觉悟阶段,或者说,周恩来主要处于革命信念的确立期和最初尝试期,他所从事的真正意义上的革命主要限于国外;相对而言,国内的革命斗争更为直接而艰险,所面临的斗争形势也更为复杂而严酷。这次转折的意义在于,它使周恩来成为一个真正的革命家,促成了周恩来特殊的"革命人格"。

先后出任中共广东区委委员长与黄埔军校政治部主任,是周恩来在第一次国内革命战争时期革命事业的开端,在当时的革命形势下，存在着对立或斗争的一面，存在以孙中山为首的国民党与军阀势力之间的对立、以国共两党为代表的爱国进步力量以及广大人民群众与帝国主义势力的对、后来国民党右派与国民党左派之间的对立、国民党右派与共产党之间的对立等，另一方面，也存在着联合或团结的一面，其中包括：为对抗帝国主义而力求实现的工农兵之间的联合，为对抗军阀、商团和帝国主义反动势力而力求实现的国共两党之间的联合以及所有爱国进步势力之间的联合，以及随后国民党左派与共产党之间的联合。上述各种势力之间的斗争与联合，构成了第一次国内革命战争特有的革命形势。在这种错综复杂的革命形势下，周恩来在黄埔军校政治部主任岗位上开始了富有创造性的工作。他建立了政治部的正常工作秩序和工作制度，对军校学生加强政治教育，同时指导建立中国青年军人联合会，他对原则性和灵活性掌握适度，表现出杰出的组织才能。在广东革命政府的第一、二次东征中，周恩来对革命军队的政治建设作出了重大贡献，要求军队保持革命的自觉性和严明的纪律，同时向群众进行政治宣传，处理好群众与军队的关系，赢得了广大群众的支持；加强民众的组织工作，在当地群众中组织工会、农民协会、学生会、教职员联合会等，充分调动群众的革命热情；打倒各地的土豪劣绅，宣扬"打倒列强，打倒军阀，打倒土豪劣绅，打倒一切贪官污吏"。孙中山逝世后，面对国民党右派的猖狂进攻，周恩来坚决主张给予回击，同时，要求共产党员在工作中利用一切机会，积极开展党团活动，争取进步青年，以反对蒋介石的限制。所有这些，都充分显示了周恩来处理社会问题的杰出创造性。

在这一时期，周恩来的生活模式发生了根本性的转变，由原来以求学为主的生活模式转向以革命斗争为主的生活模式，经过这一重大转折，周恩来的人格也相应地由"求学人格"转变为

"革命人格"。正是在缓解和消除种种对立或冲突的过程中,周恩来表现的周密干练、果断勇敢、才能出众、精力充沛、开拓创新、勇于探索等特点构成其"革命人格"的基本内涵,形成了他后来进行社会创造性活动的基本风格。另一方面,对军队的严格要求,对群众的热爱和关怀,对敌对势力的痛恨、对抗、斗争、残酷、无情,与进步势力和群众的团结、合作,对党的忠诚、热情,对工作的勤奋、尽责等方面,显示了周恩来这一时期明显的"对立"和谐性。

五　新中国成立后出任总理时期

新中国建立后,周恩来出任总理兼外交部长。这次转折与以前的历次转折都有所不同,它意味着,周恩来的主导生活模式开始从以革命斗争为主转变为以政治工作为主,相应的,周恩来的人格特点也发生了重大变化,由原来的"革命人格"向"政治人格"转变。

这一时期,周恩来面临的重大任务主要包括:组建新政权的各种组织机构,树立国际阵营,恢复国民经济。当时国内存在的主要对立或斗争包括:国民党反动派残余势力与共产党之间的对立、国际上帝国主义与新中国政权之间的对立、国内仇视新中国的敌对势力与新中国政府之间的对立、不法资本家与共产党及人民政府之间的对立等。同时,进行新中国内政和外交建设所必须进行的联合包括:共产党与民主党派和支持人民政府的无党派人士之间的联合、共产党与一切支持新中国人民政府的力量之间的联合、新中国政府与国际上所有支持势力以及社会主义国家尤其是苏联之间的联合等。周恩来是共产党与新中国政府的代表,消除各种对立及其消极影响的斗争生活模式在某种程度上促成了他"政治人格"的对立性或斗争性的一面。相反，实现各种联合的过程则在某种程度上促成了他"政治人格"的联合性的一面。

在新中国成立之前的革命斗争中，周恩来及其他的共产党领导人所面对的主要敌人是蒋介石及其所代表的国民党势力、以美国为代表的帝国主义反对势力，当时的主要任务是消灭国民党反动军队，击败支持蒋介石的帝国主义反对势力的进攻，同时赢得国际社会主义国家及中间力量的支持，最终实现共产党及其人民军队在全国的胜利，并为社会主义新中国的建设奠定基础。在这种以斗争为主的国内、国际形势下，革命性或斗争性成为周恩来的主要人格特征之一。漫长的谈判、残酷的战争时时处处都体现着斗争、反抗的生活主题。虽然联合同样是这一时期的主要任务，但这种联合主要服务于斗争的目的，或者说，为了斗争而联合。

新中国成立后的联合—斗争模式发生了根本性的变化。与前一时期相反，斗争或消灭对方的有生力量不再是共产党和人民政府工作的主要任务，联合也不再是斗争的手段或方法，联合—斗争模式开始转变为斗争—联合模式，它意味着，斗争与联合的地位或作用发生了根本性的变化，斗争开始成为联合的手段或途径，斗争服务于联合的目的。新中国政府的主要任务是消灭斗争，进行建设。

在内政建设中，需要继续与反对新中国建立的势力进行对抗、斗争，以彻底实现政局的稳定，赢得和平稳定的建设环境。周恩来负责组建新政府，将长期参加革命活动的干部、原来在国民党政府机构工作的人员以及社会上被长期埋没的知识分子和从学校出来的青年学生利用起来，使之成为新政府的三种骨干力量。周恩来认真分析了他们各自的长处和短处，以期他们在新政府的工作中相互取长补短："解放区的人，艰苦朴素，有革命的积极性，是他的长处；但缺乏其他工作的经验。

旧职员虽然有经验,但恐怕会带来旧的官僚主义作风。假如只用学生或被埋没的知识分子,对国家政权机关的管理又没有经验。所以要三方面合起来,取长去短,才可以搞好"(金冲及,1998,p.5)。在"组阁"过程中,周恩来礼贤下士,亲自造访了黄炎培、梁希、李书城等一批民主人士,邀请他们担任政府要职,辅助新政府的建设工作。在经济建设中,周恩来面临着极其尖锐的经济斗争,一些资本家和投机商猖狂地进行投机倒把活动,造成了严重的物价膨胀。他告诫大家,要正确处理六种主要经济关系——城乡关系、内外关系、工商关系、公私关系、劳资关系、上下关系。在外交活动中,周恩来指导确立新中国独立自主的外交方针,争取社会主义国家苏联的帮助,强调既要有独立的精神,争取主动,按照平等原则与外国尤其是帝国主义国家进行谈判建交,又要避免盲目冲动和盲目排外的情绪。显然,在领导新中国的内政外交建设的过程中,周恩来有效地调和或消除了各种对立,其中包括敌我对立,也包括各类政府工作人员自身存在的长处与短处之间的对立。在此过程中,周恩来的社会创造性人格更为突出:严谨审慎,斡旋自如,独立创新,坚韧不拔,精明果断,温和持中,这一切都与"斗争——联合"式的生活模式密不可分。

六　"文化大革命"时期

1966年,以《"五·一六"通知》和《炮打司令部——我的一张大字报》为标志的"文化大革命"轰轰烈烈地展开了。这场运动一开始就以彻底扫除从中央到地方,从党、政、军到文化领域各界存在的一大批"资产阶级代表人物"和"反革命修正主义分子"为目的,利用青年学生掀起高潮。红卫兵运动迅速席卷全国各地,很快就波及工农业生产领域,造成了前所未有的无政府状态。这场突如其来的"革命"促成了周恩来人格发展的另一大转折。从此，他原来的政治生活模式开始发生变化，斗争尤其是党内斗争在政治生活中的比重开始上升，并且逐渐占据主导地位。简言之，周恩来这一时期的生活模式由"建设式的政治生活"或"和平的政治生活"为主转变为以"斗争式的政治生活"为主。

面对这场"做梦也没想到"的"革命"，周恩来积极冷静，沉着应对，不仅在这场浩劫中幸存下来，而且保护了党内外的许多同志和朋友，并为"文革"结束、邓小平复出创造了条件。这一时期，周恩来面临的社会对立或冲突包括：林彪、"四人帮"集团所代表的"文革"势力与政府之间的对立，支持"文革"的毛泽东与周恩来所代表的共产党干部及反对"文革"的党外人士之间的对立，中央和地方反"文革"势力与红卫兵运动所代表和支持的"文革"势力之间的对立，林彪集团与"四人帮"集团之间的对立等等，其中以党内老干部为主体的反"文革"势力与毛泽东所支持的所有"文革"势力之间的对立最为重要。随着"文革"的逐渐扩大，大批老干部被打倒，党内领导岗位上可以联合起来抗击"文革"势力的人越来越少，力量越来越小，周恩来愈加孤立，处境也愈加艰难。如果说建国前的革命斗争主要是共产党和以蒋介石为首的国民党两种政治力量之间的公开斗争，那么，"文革"中的斗争则具有很大的曲折性或迂回性，周恩来显然不能采取在以前的革命活动中所采取的公开斗争方式，而必须以"合法"的方式，在拥护"文革"或不反对"文革"方针的前提下进行实际的斗争，同时，在可能的情况下，还要与"文革"势力进行明显的、公开的斗争。斗争形势的复杂化促成了周恩来人格的复杂化，他这一时期的人格整合了以前的"革命人格"与"政治人格"，表现出更强的灵活性、坚韧性、和谐性或对立和谐性。

　　一方面,周恩来必须以表面的服从或支持赢得和保持毛泽东的信任,与"文革"势力保持某种表面上的妥协或"合作",尽量避免他们的攻击或破坏,维持自己在政府和党内的权力,另一方面,他必须在这种信任或合作的掩护下,采取各种"合法"的方式保护党内和党外的干部、同志或朋友,尽量遏制"文革"势力,消除"文革"的消极影响。周恩来在这种错综复杂的斗争形势中,表现出看似相互矛盾的人格特点。他既要保持自己作为一个平常人的气质、性格特点,又要保持自己作为一个光明磊落的政治家的人格,同时还要表现出委曲求全的国务院总理的人格。他既要在各种势力之间持衡又不能明显地保持持衡,既要斗争又不能明显地开展斗争,既要保持真正的自我,又不能真正地实现这一愿望,现实与理想的矛盾塑造了周恩来的"多重人格",它与那种奸猾、狡诈、损人利己、玩弄权谋的卑鄙人格截然不同,而是根据情境或环境中的对立或冲突形势的变化进行灵活反应的人格,是以正直、坦荡、坚韧、灵活为基本原则,融政治家、革命家、平常人于一体,在各种角色间转换自如的特殊人格。正是凭着这种人格,周恩来击溃了敌人,挽救了同志,维持了党的完整和尊严,保证了国家的稳定发展。

　　生活转折意味着主导生活模式的改变,也意味着个体心理的某种重大变化。通过以上分析,我们不难看出,每经过一次转折,周恩来的生活模式都会发生一次根本性的变化,从原来备受关爱、不需费心劳神的儿童,到操持家务的"一家之主",从一名优秀的青少年学生到职业革命家、政治家,再到致力于建设与斗争、融多重角色于一体的"革命政治家",社会生活中的对立或冲突不断变化,周恩来人格的"对立性"也随之发生适应性的变化。正是在这一系列的转折中,周恩来人格的"和谐性"不断增强,在整合原有的各种人格品质的基础上,不断显示出与新的生活模式相应的人格特点。

第三节 周恩来人格的哲学基础:社会
创造性人格与文化

人格形成和发展的过程实际上是个体社会化的过程,也是个体价值观逐渐形成的过程。在这一过程中,个体所处时代的思想、文化、政治制度、风俗习惯及其他的社会行为模式客观上构成了心理发展的宏观环境。价值观的形成与个体对这种环境所反映的社会价值体系的认同密切相关。在生命的各个阶段,周恩来的人格及其推动下的政治活动和日常生活行为都不同程度地体现了 20 世纪中国社会的主体价值观,也体现了当时世界形势的特点。周恩来人格的发展具有深刻的哲学基础,其中既有中国的传统哲学基础,又有西方的先进文化基础。对这一哲学基础的分析,有助于揭示周恩来人格的深层内涵和文化底蕴,揭示周恩来人格的价值观基础,也可以帮助我们理解社会创造性人格与文化之间的深刻联系。

一 中国传统文化的影响

如前所述,周恩来的人格是传统性、时代性与创新性的统一。人格的传统性是周恩来对中国传统社会价值的内化的结果。中国近现代史是中国传统文化不断发展演变的历史,也是西学东渐的历史。明清以降,中国传统哲学中的科学、民主思想与近现代西方文化的主体精神相符,它们一起促进了中国知识分子的觉醒,并促成了社会体制的某些变化,但是它们的启蒙作用并未从根本上改变近现代中国社会的面貌。可以说,出生于 19 世纪与

20 世纪之交、在 20 世纪初度过了童年和青少年时期、成年后又主要活动于 20 世纪中国政坛的周恩来，受传统文化的影响更为深刻，这种影响主要发生在可塑性较强的早期阶段，传统价值观被渗透于家庭生活和学校教育中。中国传统文化主要体现为儒、道、墨、法等思想传统，而对周恩来人格发展影响最深的当属儒家思想。

（一）儒家文化的影响

儒家文化是中国传统社会文化的主体，在中国漫长的封建社会中，儒学价值体系在家庭和正规、非正规的学校教育中都占据主导地位，直到近代，儒学虽然遭到西学的冲击，但它的影响已经深入到中国人的心灵深处，融入中国人的"集体潜意识"，影响着每一个中国人的心理和行为，对人格的塑造发挥着潜移默化的影响。周恩来出生于典型的封建家族，虽然周家到了周恩来的父辈时家境已经衰落，后来甚至是穷困潦倒、债台高筑，但从家世传统来看，周家仍然算得上儒学传统世家、书香门第。周家家谱尊理学鼻祖周敦颐为始祖，演传至近代，逐渐形成颇有特色的周家家族传统，对青少年时期的周恩来影响较大的四伯父周贻赓以"孔子儿孙不知骂，曾子儿孙不知怒，周家儿孙不知求"作为教育晚辈们的治家格言，并以"事能知足心常泰，人到无求品自高"的境界自勉（李海文，1998，p. 211）。周恩来的祖父做过山阳（今淮安）知县，外祖父做过淮阴知事（相当于现在的县长）。可以说，这种融为政、修身于一体的家族传统构成了周恩来早期成长环境的"基调"。周恩来在各个年龄阶段的行为都相当明显地体现了儒家思想，在"文革"期间周恩来被当作"当代大儒"进行批判，恰恰说明了周恩来人格与儒家思想的某种联系。

1. 中庸思想的影响

在周恩来的人格结构中，最明显的特点就是和谐性。在他身上既有男性的勇敢、坚强、有为，也有女性的温和、体贴和敏感；既有中国南方人的灵活，又有北方人的勇猛、刚强。成年后待人接物既立场鲜明，又能持中；对同志能慈爱中带严厉，对敌人或对手能柔中带刚。这种特殊的人格深刻地体现了儒家的"中庸之道"。

中、和是儒家哲学的两个核心范畴，构成了儒家哲学的基础和灵魂。"喜怒哀乐之未发，谓之中；发而皆中节谓之和"（《中庸》）。儒家经典从情感表达的角度解释中和的内涵，体现了鲜明的人本主义特点，也为修身提供了可以遵循的准则。"中"与"和"是体与用的关系，"中"为一切行为的本源，"和"为"中"在具体人事中的应用和落实，"中也者，天下之大本也；和也者，天下之达道也。""致中和，天地位焉，万物育焉。"执两用中，避免过与不及，把握一个"中"的度，就可以保持自然的和谐、人际关系的和谐以及天人和谐。中庸是君子之德的体现，也是修身所要达到的最高境界。张岱年将中庸思想的含义解释为：在事物的发展过程中，对于实现一定的目的来说，有个一定的标准，达到这个标准就可以实现这个目的，否则，"过"或"不及"，就不可能实现这个目的。而所谓的中庸之德，就是经常遵守一定的标准，既不过，亦不是不及（金元浦等，1999，p. 205）。

综观周恩来的一生，不难发现，他的行为始终体现着"中庸"的人格倾向。中庸并不意味着不分青红皂白的调和，而是极力避免走极端，避免落后于他人和时代。这具体表现为，在各个时期，他都是上进的、积极的、勤奋的、振作的、超前的，这避免了落后、不足、"不及"；另一方面，他又是谦虚的、适中的、传统的、知足的、自觉的、谨慎的，这又避免了自傲、攻击、敌对等"过"的一面。同时，对身边的同志和亲戚，既能热情、随和，不失之于"不及"，又能坚持原则，不徇私情，不失之于祖护、荫蔽之"过"；对敌人，既能独立自主，不随波逐流，坚持斗争,不失之于"不及"而失败,又能妥协求全,与之共存,不失之于"过刚"而易折。周恩来的行为始终坚持着一个"度",也正是这个"度",促成了他的人格和行为的中和之美。对于位居自己之上的历届领导人,周恩来都表现出一种原则性的、理智的遵从,即使在他们因犯错误而遭到批评、打击时,他也能保持一种起码的温和态度,主张批评对事不对人,对李立三和"立三路线"即是如此。对毛泽东本人,周恩来表现出高度的崇敬、尊重、体贴和爱戴,在大局上服从毛泽东,对毛泽东坚决执行的一些错误方针政策能同时表现出遵从与反抗两种看似矛盾的行为。正是这种适时的"折中"起到了保全自己、保全同志、保全党的完整的关键作用。"隐恶而扬善,执其两端,用其中于民"的策略在很大程度上缓和了严重局势所带来的消极影响。

在儿童和青少年时期,尤其在学生时代,周恩来就表现出"男女中和"与"南北中和"的人格特点,而且善于洞察事物的两面性并加以调和。例如,折中义利之争,主张以"义"兴民德,以"利"图民生,"双峰并峙,两利皆举"(周恩来1915年秋作文《子舆氏不言利,司密氏好言利,二说孰是,能折衷言之欤》);认为老子的退让思想中有竞争之义,赫胥黎的竞争思想中有退让之义,应倡导"退让竞争主义"(1916年3月作文《老子主退让,赫胥黎主竞争,二说孰是,试言之》);1922年在欧洲致国内学友的信件中曾经自述"天性富于调和性"(1922年3月致谌小岑、李毅韬的信,见中共中央文献研究室,2002,pp. 159-164)。当然,早期的这种调和性主要表现为某种去劣取优、去粗取精的思维倾向。这虽然与周恩来的抚养和受教育环境的特殊性密切相关,也与他自幼熟读儒家经典、力行中庸之道密切相关。在儒家学者看来,圣贤为人能"择乎中庸","得一善,则拳拳服膺而弗失之"。在孔子看来,"宽柔以搬,不报天道,南方之强也,君子居之。衽金革,死而不厌,北方之强也,而强者居之。"也就是说，南方之强重在宽容柔和，而北方之强重在刚强勇毅，而真正的君子应当是"和而不流"，"中立而不倚"（《中庸》）。周恩来身上比较完美地糅合了两种强者的形象，当强之处，例如在南昌起义、反蒋斗争、惩罚叛徒等场合，表现出无情、勇敢、果毅等北方之强；当柔之处，例如在家庭、朋友交往和领导生活中，则表现出慈爱、宽容、关怀等南方之强。到了晚年，尤其是在与毛泽东、林彪及"四人帮"的交往中，他的这种中庸风格更为明显，表现出"国有道，不变塞"，"国无道，至死不变"（《中庸》）的高风亮节，在这一时期的斗争中，用"和而不流"、"中立而不倚"概括周恩来的人格和行为特点是很恰当的。

在儒家哲学中，中和的境界是通过"参"的作用实现的。"参"即"疑意以两，平两以参"，"人有中曰参，无中曰两"（《逸周书·常训》），也就是参合对立的双方，找到调和和超越对立双方的中立点，使之升华为不为任何一方所排斥也不排斥任何一方的、更高层次的境界，即所谓参两用中。在此意义上，参是促成中和的动力机制。周恩来一生中善于权衡各派对立的力量或同一个事物的两个相互对立的方面，在此基础上进行有效协调、走向联合，化干戈为玉帛，这无不是深思熟虑、谨慎权衡的结果，它促进了周恩来谨慎、细心、周到、善于体察等人格品质的发展。

"权"是儒家哲学的另一概念。"权"即是权变，善于根据时局的变化而做出灵活的反应。权变是实现用中、中和的前提，"执中无权，犹执一也"（《孟子·尽心上》）。坚守中庸，并非生硬地恪守中立的规则，而是在变化和调整中实现动态的中庸，"君子之中庸也，君子而时中"（《中庸》），即君子善于根据时势或具体情况调整自己的反应。其实，不通权变的持中在现实中也是不可取的。

从周恩来各个时期的行为中，我们都可以看到精通权变、随机应变的行为风格，"权"可以说是他始终坚守的基本准则。在西安事变中，理智地权衡倒蒋、拥蒋、反共、拥共、抗日等各种力量的各种心态，灵活地平衡共产党、东北军、国民党的愿望，通过谈判促成了拥蒋抗日、建立抗日民族统一战线的美满结局。建国后，虽然新中国建立了一套全新的制度，但周恩来仍然在遵守新制度的前提下维持着自己大家庭的亲情，表现了孝顺、负责、钟情等传统品格。在"文革"期间，周恩来力劝党内的老干部、老将军因势利导，尽力控制红卫兵运动的破坏性后果，他自己则是对"文革"因势利导的典范，一方面，在必要的时候，消极附和红卫兵运动，另一方面又根据实际情况，不失时机地以各种名义保护他人，包括老干部、老将军、朋友和党外民主人士，在遏制逆流的同时也保全了同志和自己。周恩来在复杂政治局势下所表现的这种权变和灵活恰恰是用权守中的最佳诠释。

2. 礼、仁思想的影响

礼与仁是儒家思想的基本范畴，也是中庸哲学的现实化和具体运用。礼以分等，仁以求和，二者既相区分，又不可分割，相辅相成。仁即爱人，是礼产生和实施的内在依据和目的，礼则是行使仁德的规范体系和途径。通过遵守礼制，可以达到维护社会秩序，实现"君君臣臣、父父子子"、人人素位而行和安分守己的目的；同时，遵守礼，还可以培养个人的尊严和庄重，遵循礼乐之道，就可以实现天下太平，"乐也者，动于内者也；礼也者，动于外者也。乐极和，礼极顺，内和而外顺，则民瞻其颜色而弗与争也，望其容貌而民不生易慢焉。"因此，"礼乐不可斯须去身"，"致礼以治躬则庄敬，庄敬则严威"(《乐记·乐化》)。礼是实现中和的现实准则，是约束人们走向极端、偏离中道的道德律令，也是衡量一个人是否仁义的标准，"知和而和，不以礼节之，亦不可行也"(《论语·学而》)。

相对而言，仁具有更为根本的意义，其核心是爱人，如果"克己复礼"，"己所不欲，勿施于人"，"在邦无怨，在家无怨"（《论语·颜渊》），就可以逐渐达到仁的境界。仁具有丰富的内涵和不同的表现形式，真正的仁者温良谦让而谨慎持重，"温良者，仁之本也；敬慎者，仁之地也；宽裕者，仁之作也；逊接者，仁之能也；礼节者，仁之貌也；言谈者，仁之文也；歌乐者，仁之和也；分散者，仁之施也：儒者兼比而有之，犹且不敢寄仁也！其谦让有如此者"（《礼记·儒行》）。仁的具体体现是忠恕，落实在政治生活中就是仁政。所谓的富民足君、民贵君轻、君舟民水等圣贤思想都强调了实现君民中和、中庸政治的重要性，强调君主要实现自己的愿望，就必须首先满足臣民的愿望，将臣民置于首位。这里，统治者和被统治者构成两个极端，只顾其一而不问其二，必然导致过或不及。只有君民和谐，才能实现长治久安。在具体实施仁政的过程中，要兼顾道德与法制，刚柔相济，德刑相辅，这也是中庸之道在政治活动中的运用和落实。

出生于儒学世家的周恩来五岁进家塾读书，在随后几年中曾读《论语》、《孟子》、《大学》、《中庸》、《诗经》等儒学典籍，受儒家礼、仁思想的影响可以说是极为深刻的，同时这些思想的精髓也鲜明地体现在他的一言一行中。例如，周恩来在不同阶段的性格都有传统的一面，他自律谨严，表现出高尚、恭敬、稳重、爱国、坦荡、宽容等可贵的品格，而且具有很高的家庭负责感，对父母孝顺，对妻子钟情，对朋友真诚，对兄弟关怀教育，对教师恭敬，对上级忠诚，可以说都体现了传统礼教精神的精华。

在成年期的政治生活中，可以最充分地看到周恩来人格中的"礼仁色彩"。从20世纪20年代起，周恩来就一直在党内担任较高领导职位。在历届领导岗位上，周恩来都表现出高度的尽责性，自己处处以身作则，不争名利地位，甘居人下，谦虚谨慎，实事求是，对下级和同志循循善诱，因势利导，晓之以理，动之以情，宽容忠厚，心怀坦荡，精诚团结，群而不党，而且敢于承认错误，不怨天尤人；对群众关怀体贴，无微不至，大事小事都要操心过问，一颗心时刻系着民生疾苦；对敌人，则柔中有刚，迂回周旋，不屈不挠，应付自如。在总理岗位上，他的以身作则、对党的忠诚、对工作的尽责性可以说到了无可挑剔的程度。在此过程中，周恩来真正做到了"己欲立而立人，己欲达而达人"，"己所不欲，勿施于人"，鞠躬尽瘁，死而后已，真正达到了"仁"的境界，他所推行的政治可以说是真正的"仁政"。

儒家正心、修身、齐家、治国、平天下这一套由内而外、内圣外王的政治伦理的精髓，可以说均完美地体现在周恩来的生活中，或者说和谐地概括了周恩来的一生，在他的生命历程中所表现的"仁德"与他优越的政治才能相结合，促成了他光辉的政治业绩。正心、修身可以说是周恩来一生所谨慎奉行的行为准则，他从未肆意放纵过自己的言行举止，担任总理期间更是如此。在新中国成立后的外交事务中，周恩来领导下的外交部的工作最充分地体现了中国的儒家"平天下"的思想，完美地体现了中庸之道，为中国树立了"礼仪之邦"的形象。巴西《观察》杂志这样评价周恩来：在作为中国同外界主要谈判者的将近 30 年的活动中，他对几代世界领导人都具有魅力，而他的那些温文尔雅的美德，无疑是使他具有这种魅力的很重要的美德。在外交中，周恩来坚持求同存异、和平共处的原则，实际推行了以公、忠、仁、慈、义、诚、信、恕、谦、刚、毅等传统美德为内涵的品德外交（裴默农，2002，pp. 441—442）。矢志实现天下大同、伦理经世、尊崇道德是儒家的理想人格，确实，在周恩来一生活动的各个方面，我们都可以看到一个文质彬彬、随和达观的儒者形象。

（二）佛道文化及其他传统文化的影响

道家文化与佛教文化是中国传统文化的组成部分。道家崇尚自然，主张无为而治，顺其自然，认为生道合一，长生久视。佛教则主张众生平等，佛性普被，主张见性成佛，普度众生，离苦得乐。汉末佛道兴起，以儒为核心的儒、道、佛文化共同构成中国传统文化的主体，长期以来尤其是北宋以后，三者各自阐发了修身养性的一面，逐渐走向融合。在此意义上，周恩来在接受儒学教育的同时也不可避免地受到佛道思想的影响。周恩来自幼熟读经、史、子、集诸类书籍，而且在周家家族成员中就有虔诚的佛教徒，如周恩来的早期抚养人之一——八婶杨氏就信仰佛教。显然，当时的社会背景和家族背景也使周恩来的人格具有某种佛道色彩。

周恩来对道家思想具有独到的见解，他不认为道家思想是消极的，一味主张退让的，而是于退让中包含竞争，老子明生存常道，只是在"世人假礼义以济私，恃斗衡以犯禁"的社会形势下，"不得不超乎世俗，为忿世嫉邪之言，冀世人醒悟，守真返璞，知死明生，勿逾分作私利之争，宁退让保故有之我"（周恩来1916年3月作文《老子主退让，赫胥黎主竞争，二说孰是，试言之》）。

在周恩来的行为中，我们几乎看不到消极、被动的一面，这似乎说明，周恩来并没有受道家的消极退隐思想的影响，而是吸取了其思想中积极的一面：适时退让，以退为进，静以待变，不失时机。这正是周恩来一贯的政治行为风格。而且，周恩来所表现的谦逊、谦让、不争名利、甘居人下等品格也都可以从道家思想中找到根源。周恩来还吸取了道家厚生重我、崇尚自由的精神，而这种精神可能在一定程度上促成了他人格的反叛性以及人性化的行为方式。不仅如此，道家的守中思想与儒家的中庸思想也是一致的，周恩来人格的和谐性也可在此找到思想根源。

老子以慈、俭、不敢为天下先为三宝，强调德化、柔和、无私、寡欲，这些在周恩来身上都有十分明显的体现。在外交中，周恩来强调要严以律己,不为天下先,决不开第一枪,"人家对我们不好,可是我们决不先对人家不好"(裴默农,2002,pp. 463－464)。在政治活动中,周恩来还善于以"天下之至柔,驰骋天下之至坚,出于无有,入于无间"(《老子·第四十三章》),表现出大有大无的处世态度。

佛教思想强调无生无我。周恩来在旅日期间,因独处异国他乡,孤寂苦闷,一度相信"无生"主义。在旅日期间的许多日记中,周恩来将佛教的许多信条作为当日修身或自勉的主题。而且,周恩来的抚养者杨氏的教育也未尝没有产生一定的影响。周恩来在其一生中所表现的无私、坦荡、忘我、自律、平等、宽容等崇高品格都与佛教思想一致。在外交事务中,周恩来经常说的一句话就是"细水长流",其实就是佛教思想的反映。在日常生活和工作中,周恩来也确实表现了无我、忘我的精神,在1946年的一次飞行中,他甚至将自己的降落伞给了叶挺的女儿,把生的希望给了别人,而把生命的危险留给自己。在"文革"期间,面对林彪、"四人帮"的疯狂攻击,周恩来镇定自若,艰难支撑,他抱着"我不入苦海,谁入苦海"、"我不下地狱,谁下地狱"的信念,保护民主人士、党内同志和朋友,表现出大慈大悲的佛教情怀。

另外,法家势不两立、法纪严明的思想,墨家的尚贤尚同、兼爱非攻和中庸思想以及兵家的推崇智慧、积极进取思想都对周恩来人格的发展产生了一定的影响。例如,周恩来在与敌对势力的斗争中从不心慈手软;在外交事务中,周恩来经常强调要"守如处子,动如脱兔"(《孙子·九地》);在反"围剿"战争、解放战争等一系列战争中,周恩来与其他领导者协同制定的战略战术在很大程度上都可以看作兵家思想的创造性运用。

综上所述,周恩来所表现的许多人格品质都是中国传统文化的综合反映,各种传统文化交相融合,共同构成他人格发展的文化基础。周恩来一直对儒、道学说怀有很深的敬意,即使在新文化运动开始以后相当长的一段时期内，他也没有投入"打倒孔家店"的斗争中。传统思想的精髓已经渗透于他人格的深层。难能可贵的是，周恩来吸取了各种传统文化中积极的一面，使之符合现世生活的需要以及个人和集体发展的要求，而摒弃了其中不符合现实需要、不利于国家和社会发展的消极因素。他吸取了儒家自强不息、刚健有为的精神，而极端厌恶并最终摒弃了儒家文化所促成的各种封建习俗；吸取了道家热爱生活、佛教尊重生命的精神，而摒弃了道家消极遁世、佛教万法皆空的思想。曾经信仰佛教的青年周恩来并没有形成心如枯井、逆来顺受的人格特点，就充分说明了这一点。一方面，传统文化的精粹培养了周恩来特殊的人格魅力，另一方面，积极的人格倾向也促使他与传统文化中某些与现实不和谐、不适合现实需要的思想决裂，从而避免了它们的不利影响。

二　西方文化的影响

如前所述，周恩来青少年时期正处于西学东渐、中国传统文化受到冲击的时期，新文化运动将西方的科学、民主思想输入中国，并使之深入人心。周恩来自幼勤奋好学，不仅熟读传统经典，而且在学校学习期间，热心于各种进步书刊，包括国内宣传爱国、民主思想的书报和西方启蒙思想家的著作。周恩来在青少年时期就读的学校，尤其是南开学校，是仿照欧美近代教育制度开办的新式学校，比较开明、倾向进步，具有明显的西方化特点。而且，在学校教师中，有不少是主张社会改良或革命的进步人士，他们不断向周恩来介绍各种思想进步的书刊。在南开学校时，周恩来不仅各科成绩均优，而且在课外关心时事，阅读了《民权报》、《大公报》、《民立报》等进步报刊，阅读了明末清初思想家顾炎武、王夫之的著作以及西方启蒙思想家卢梭的《民约论》、孟德斯鸠的《法意》、赫胥黎的《天演论》等。尤其值得一提的是,从 1920 年底到 1924 年近 4 年的时间里,周恩来是在欧洲度过的。在旅欧期间,周恩来广泛探讨各种思潮、理论和各国的社会状况,对欧洲有了更为深刻而理智的认识,最终抛弃了无政府主义,确立了共产主义信念。

(一) 科学、民主思想的影响

科学、民主精神是西方文化的精髓,提倡科学反对迷信,提倡民主反对专制是 20 年代初新文化运动的主旨。周恩来深受天赋人权、个性自由、民主、共和等西方思想的影响,在早年曾采用"飞飞"的笔名,表达要冲破罗网、解放自我的意志。受孟德斯鸠的影响,早年的周恩来还充满了对更能体现民主、平等精神的共和政体的向往。他认为,在共和政体下,"人人皆治人,人人皆治于人","欲求人民能具治人治于人之资格,则必道德高尚,智识充足,知自由之真理,明平等之范围","为共和之国民,以己之能力而治人,亦以己之能力而治于人"(周恩来 1915 年作文《共和政体者,人人皆治人,人人皆治于人论》)。

在日常生活和政治活动中,周恩来身体力行,实践了科学、民主、平等的精神,这不仅体现在他的爱国、合群、平易近人、体贴关怀、以身作则等品格上,体现在他具有人本主义特点的待人接物方式上,而且体现在周恩来对人民民主国家的建设上。建国后,在周恩来和党中央的领导下,建立健全了体现民主精神的人民代表大会制度。而且,自己身体力行地贯彻人民共和国的各种制度,他还在高层领导者中带头尝试一种平民化的生活方式,极力避免领导干部特殊化。在新中国的建设中,周恩来一直十分重视促进科学的发展,重视知识分子的作用。由此可见,科学、民主恰恰是周恩来毕生为之奋斗的目标,也是毕生遵循的生活和行为准则。

（二）进化论思想的影响

周恩来吸取了赫胥黎世道必进、物竞天择的进化思想，认为它阐明了"生存常道"，在竞争中包含了退让的精神，他主张将老子包含竞争的退让与赫氏包含退让的竞争精神相结合，"莽莽大地，其有以倡老、赫二氏退让竞争主义者，吾虽为之执鞭，亦欣慕焉"（周恩来1916年3月作文《老子主退让，赫胥黎主竞争，二说孰是，试言之》）。优胜劣汰的生存压力迫使个体追求卓越，进行激烈的社会竞争，因此，进化论思想包含了一种积极奋进的内涵。周恩来毕生保持一种上进心，工作上力求尽善尽美，道德上严格自律，在各个方面都能开拓创新，为建设社会主义中国鞠躬尽瘁、死而后已，这都体现了某种具有进化论特点的"优胜"人格。

与中国传统文化一样，西方文化对周恩来的影响也是深刻而久远的。相对而言，传统文化对周恩来品格发展的影响较早，促成了他人格的传统性的一面；西方文化对周恩来认知和人格发展的影响较晚，促成了他的人格"超前性"的一面。在同时代的党内人士中，周恩来的思想是相当开明的，也是"与时俱进"的，这与他对当时的国际局势和思想发展趋势的广泛了解和准确分析是分不开的。周恩来对传统文化持同情理解的态度，主张"以我为主"（即以民族文化为主体），吸取西方文化之优长，进而实现中外文化的融合。正是这种相互融合的文化为周恩来的人格提供了深厚的根基。

三　周恩来人格特征与传统文化的"对应性"

我们知道，中国传统文化尤其是融合了佛、道文化精髓的儒家文化是周恩来人格发展的文化基础。从传统文化典籍尤其是儒家文化典籍中，我们可以发现，其中所传达的义理与周恩来所表现的各种人格特征之间存在某种"对应"关系。这种对应性并不意味着"教义"对人格形成的决定性作用，也不意味着人格对传统"教义"的因循或遵守，而是反映了周恩来的人格与传统文化之间存在的不可割裂的、深层的联系，说明了中国传统文化对周恩来人格形成和发展的深刻影响。下面简要列举周恩来所表现的主要人格品质与某些相应的传统准则（以儒家学说为主）。

高尚、洁身自好、崇尚道德——大学之道，在明明德（《礼记·大学》）；克明峻德（《大学·传一》）；富润屋，德润身，心广体胖（《大学·传六》）；为政以德，譬如北辰，居其所而众星共之（《论语·为政》）；道之以德，齐之以礼，有耻且格（《论语·为政》）；德不孤，必有邻（《论语·为政》）；人而不仁，如礼何？人而不仁，如乐何？（《论语·八佾》）；君子谋道不谋食；君子忧道不忧贫（《论语·卫灵公》）；生亦我所欲也，义亦我所欲也，二者不可得兼，舍生而取义者也（《孟子·告子上》）。

求新、尽善、力求完美——苟日新，日日新，又日新；君子无所不用其及（《大学·传二》）。

中庸与中庸之德——致中和，天地位焉，万物育焉（《中庸》）；君子中庸，小人反中庸；中庸其至矣乎！民鲜能久矣！（《中庸》）；礼之用，和为贵（《论语·学而》）；宽而栗，柔而立，愿而恭，乱而敬，扰而毅，直而温，简而廉，刚而塞，强而义（《尚书·拜陶谟》）；君子之道，不淡而不厌，简而文，温而理，知远之近，知风之自，知微之显，可与人德矣（《中庸》）；心平，德和（《春秋·左传·昭公二十年》）；治气养心之术：血气刚强，刚柔以调和；知之以虑渐（潜）深，则一之以易（坦率）良（谅）；勇毅猛戾，则辅之以道顺（训）；齐给便利（捷速），则节之以动止；狭隘褊小，则廓之以广大；卑湿、重迟、贪利，则抗之以高志；庸众驽散，则劫之以师友；怠慢轻弃，则诏之以祸灾；愚款端悫，则合之以礼乐，通之以思索（《荀子·修身》）。

权变、灵活——君子之中庸也，君子而时中（《中庸》）；君子之于天下也，无适也，无莫也，义之与比（《论语·里仁》）；邦有道，不废；邦无道，免于刑戮（《论语·公冶长》）；执中无权，犹执一也（《孟子·尽心上》）；此一时，彼一时也（《孟子·公孙丑上》）；君子豹变，小人革面（《周易·革卦》）；穷则变，变则通，通则久（《周易·系辞下》）。

中和、和而不同、适度——君子和而不流（《中庸》）；恭而无礼则劳，慎而无礼则葸，勇而无礼则乱，直而无礼则绞（《论语·泰伯》）；过犹不及（《论语·先进》）。

正道而行，不慕虚名——素隐行怪，后世有述焉，吾弗为之矣。君子遵道而行，半途而废，吾弗能已矣（《中庸》）；

正直、慎重——邦有道，危言危行；邦无道，危行言孙（《论语·宪问》）；

刚强、果敢——刚、毅、木、讷，近仁（《论语·子路》）；

理智、名正言顺——名不正，则言不顺；言不顺，则事不成（《论语·子路》）；

自律谨严、不怨天尤人——正己而不求于人则无怨，上不怨天，下不尤人。射有似乎君子，失诸正鹄，反求乎其身（《中庸》）；以约失之者鲜矣（《论语·里仁》）；躬自厚而薄责于人，则远怨矣（《论语·卫灵公》）；

勤奋、好学、力行、多才、忠厚、礼貌——好学近乎知，力行近乎仁（《中庸》）；博学之，审问之，慎思之，明辨之，笃行之（《中庸》）；君子尊德性而道问学，致广大而尽精微，极高明而道中庸，温故而知新，敦厚而崇礼（《中庸》）；学而时习之，不亦乐乎?（《论语·学而》）;温故而知新,可以为师矣（《论语·为政》）;如切如磋,如琢如磨（《诗经·卫风·淇澳》）;君子不器（《论语·为政》）;先行,其言而后从之（《论语·为政》）;行有余力,则以学文（《论语·为政》）;敏而好学,不耻下问（《论语·公冶长》）;君子博学于文,约之以礼,亦可以弗畔矣夫!（《论语·雍也》）;发愤忘食,乐以忘忧,不知老之将至云尔（《论语·述而》）。

真诚、光明磊落——唯天下至诚,为能尽其性;至诚之道,可以前知;至诚如神;诚者,物之终始,不诚无物,是故君子诚之为贵;至诚无息（《中庸》）;诚于中,形于外;君子必诚其意（《大学·传六》）。

知足、平易近人、明智——君子素其位,不愿乎其外;居上不骄,为下不倍,国有道其言足以兴,国无道其默足以容（《中庸》）;祸莫大于知足,咎莫大于欲得（《道德经·四十六章》）。

谦虚、温和、含蓄、宽容、不居功自傲——以能问于不能,以多问于寡,有若无,实若虚,犯而不校（《论语·泰伯》）;敖不可长,欲不可纵,志不可满,乐不可及（《礼记·敖不可长》）;生而不有,为而不恃,长而不宰,是之谓元德（《道德经·五十一章》）;物壮则老,谓之不道,不道早已（《道德经·五十五章》）。

孝顺——孝弟者,起为仁之本与!（《论语·学而》）;慎终追远,民德归厚矣（《论语·学而》）;亲亲,仁也;敬长,义也（《孟子·尽心上》）。

庄重、严肃、随和——君子不重则不威,学则不固（《论语·学而》）;君子有三变:望之俨然,即之也温,听其言也厉（《论语·子张》）。

坦率、心胸坦荡、诚实、勇于承担错误——过则无惮改（《论语·学而》）;吾未见能见其过而内自讼者也（《论语·公冶长》）；君子坦荡荡，小人常戚戚（《论语·学而》）；君子不忧不惧（《论语·颜渊》）；过而不改，是谓过矣（《论语·卫灵公》）；君子之过也，如日月之食焉，过也，人皆见之，更也，人皆仰之（《论语·子张》）；乡愿，德之贼也（《论语·阳货》）。

体谅、理解他人，知人善任——不患人之不己知，患不知人也（《论语·学而》）。

团结、合群、不结党营私——君子周而不比，小人比而不周（《论语·为政》）；天时不如地利，地利不如人和；得道者多助，失道者寡助（《孟子·公孙丑下》）。

安分——不以规矩，不能成方圆（《孟子·离娄上》）。

谨慎——多闻阙疑，慎言其余，则寡尤；多见阙殆，慎行其余，则寡悔（《论语·为政》）。

以身作则——其身正，不令而行；其身不正，虽令不从（《论语·子路》）；临之以庄，则敬；孝慈，则忠；举荐而教不能，则劝（《论语·为政》）；先之劳之（《论语·子路》）。

守信、诚实——人而无信，不知其可也（《论语·为政》）。

节俭、诚挚——礼，与其奢也，宁俭；丧，与其易也，宁戚（《论语·八佾》）；奢则不孙，俭则固；与其不孙也，宁固（《论语·述而》）。

谦让，自尊，不争名夺利——君子无所争（《论语·八佾》）；不义而富且贵，于我如浮云（《论语·述而》）；君子矜而不争，群而不党（《论语·卫灵公》）。

忠诚——君事臣以礼，臣事君以忠（《论语·八佾》）。

求真、独立——朝闻道，夕死可矣！（《论语·里仁》）；士志于道，而耻于恶衣恶食者，未足与议也（《论语·里仁》）；尽信书，不如无书（《孟子·尽心下》）。

上进——见贤思齐，见不贤而内自省也（《论语·里仁》）。

恭敬、仁慈、信任、关怀：修己以敬（《论语·宪问》）；有君子之道四焉:其行己也恭,其事上也敬,其养民也惠,其使民也义(《论语·公冶长》);老者安之,朋友信之,少者怀之(《论语·公冶长》);己欲立而立人,己欲达而达人(《论语·公冶长》)。

友好、助人、善良——君子周急不继富(《论语·雍也》);君子成人之美,不成人之恶(《论语·颜渊》);己所不欲,勿施于人(《论语·卫灵公》)。

高雅、质朴——质胜文则野,文胜质则史。文质彬彬,然后君子(《论语·雍也》)。

纯洁、天真、真诚——大人者,不失其赤子之心者也(《孟子·离娄下》)。

雄心勃勃、坚毅、有恒——士不可以不弘毅,任重而道远(《论语·泰伯》)。

循循善诱——仰之弥高,钻之弥坚;瞻之在前,忽焉在后;夫子循循然善诱人,博我以文,约我以礼,欲罢不能(《论语·子罕》)。

刻苦、惜时——子在川上曰:逝者如斯夫!不舍昼夜(《论语·子罕》)。

坚定、坚强——三军可夺帅,匹夫不可夺志也(《论语·子罕》);岁寒,然后知松柏之后凋也(《论语·子罕》)。

守信、重信誉、诚笃、可靠——自古皆有死,民无信不立(《论语·颜渊》);言忠信,行笃敬,虽蛮貊之邦,行矣(《论语·卫灵公》)。

知耻——人不可以无耻(《孟子·尽心上》);知耻近乎勇(《中庸》)。

出众、超前——出于其类,拔乎其萃(《孟子·公孙丑上》)。

能干——官无常贵,民无终贱。有能则举之,无能则下之(《墨子·尚贤上》)。

鞠躬尽瘁，死而后已、勤勉、尽责——居之无倦，行之以忠（《论语·颜渊》）。

谨慎、稳重——欲速则不达（《论语·子路》）。

友善、独立，和而不同——君子和而不同，小人同而不和（《论语·子路》）。

沉着、虚心——君子泰而不骄，小人骄而不泰（《论语·子路》）。

感恩、宽厚——以直报怨，以德报德（《论语·宪问》）；以德报怨（《论语·宪问》）。

勇敢、无畏——志士仁人，无求生以害仁，有杀身以成仁（《论语·卫灵公》）。

深谋远虑、富于心计——工欲善其事，必先利其器（《论语·卫灵公》）；人无远虑，必有近忧（《论语·卫灵公》）。

有为、进取——天行健，君子以自强不息（《周易》）；人有不为也，而后可以有为（《孟子·离娄下》）。

忍耐、坚韧——虽有天下易生之物也，一日曝之，十日寒之，未有能生者也（《孟子·告子上》）；小不忍则乱大谋（论语·卫灵公）；生于忧患，死于安乐（《孟子·告子下》）。

钟情、和气、寡欲——君子有三戒：少之时，血气未定，戒之在色；及其壮也，血气方刚，戒之在斗；及其老也，血气既衰，戒之在得（《论语·卫灵公》）；养心莫善于寡欲（《孟子·尽心下》）；见素抱朴，少私寡欲（《道德经·十九章》）。

宽容、合群、大度——尊贤而容众，嘉善而矜不能（《论语·子张》）；泛爱众而亲仁（《论语·学而》）。

大公无私、仁爱——乐以天下，忧以天下（《孟子·梁惠王下》）；老吾老以及人之老，幼吾幼以及人之幼（《孟子·梁惠王上》）。

从上面列举的人格品质和与之相应的传统价值观，我们可以清晰地看到周恩来人格的文化"源头"。其实,作为"中华民族人格"的典型代表,周恩来的人格同时体现或"兼容"了儒家明德新民、止于至善的文化精神和积极入世、忧患进取的人格,体现了道家守静致虚、自然淳朴的文化精神和抱拙守朴、内倾反省的理想人格,包容了佛家普度众生、无私无我的文化精神和处逆如顺、无所畏惧的理想人格。可以说,周恩来的人格是中华民族文化的集中体现,形象地说,从他身上,我们可以看到中华民族文化的影子,这充分说明了文化对人格发展的至为深刻而广泛的影响。

四　结论：文化对社会创造性人格发展的重要影响

文化对创造性和创造性人格的影响如同它对人格本身的影响一样,是人们多年来一直关注的焦点之一。从文化人类学家的研究到心理学家目前蓬勃开展的跨文化心理学研究几乎一致证明,文化价值观对人类个体和群体的社会性行为具有直接或间接的影响,而作为一种特殊的社会行为,创造活动也深受个体生活于其中的文化背景的影响,在创造活动中形成的创造性和创造性人格倾向包括社会创造性人格,在很大程度上也是文化"浸润"的结果。正如洛巴特概括指出的那样,创造性依赖于创造活动发生的文化环境,文化在一定程度上决定了创造性和创造过程的性质(Lubart,1999,pp. 339－349)。具体地说,文化背景不仅影响人们的创造观或对创造性的看法,影响创造的过程、创造性发展的程度,而且影响创造活动发生的主要领域。这种影响既可能是积极的、促进性的,又可能是消极的、阻碍性的。周恩来人格发展的哲学和文化基础充分地说明,表现于社会活动领域的创造性人格与文化具有更为密切的关系,正是个体所处的文化孕育和滋养了社会创造性人格,社会创造性人格正是在"文化母体"所提供的"价值营养"中逐渐形成并日趋完善的。而且，我们也可以把社会创造性人格本身看作特定文化的一部分，把社会创造性人格形成和"锻造"的过程看作个体与文化积极互动、个体积极革新和影响文化的过程。显然，周恩来的人格与中国传统文化的联系就清楚地说明了这一点。

第 八 章

关于社会创造性研究的启示和设想

通过历史测量学分析和对周恩来的心理历史学个案分析，我们可以对社会创造性人格的发展做出某些结论或提出某种理论。当然，我们也可以把这些结论或理论看作有待于进一步检验的假设。我们需要在研究方法上进行深刻的反思，以便使将来的研究变得更为完备。在这一章中，我们将对自己的研究方法进行讨论，并根据研究的性质和特点，提出建立发展历史心理学（包括发展心理历史测量学、发展心理历史学）分支学科的设想。另一方面，我们还将讨论社会创造性人格的性质，深入分析不同的人格观、人格发展的影响因素，提出有待于进一步研究的问题。最后，我们还分析了研究结论对于创造性教育的一些启示。

第一节　关于社会创造性的研究方法问题

一　两种研究方法的综合运用

在我们的研究中，综合采用了历史测量学方法与心理历史学的个案研究法。如前所述，历史测量学是采取定量的方式检验有关人类尤其是历史人物的普遍性假设的科学。西蒙顿（Simonton，1990）认为，它是心理测量学、心理历史学和心理传记学、自然科学和社会科学、历史学、心理学以及计量经济学、计量历史学和历史哲学等多个学科的交叉学科。与其他的心理学分支学科一样，历史测量学也具有相当古老的历史。许多著名的心理学家都曾经开展过历史测量学研究。早在1869年，高尔顿（Galton，F.）就采用了所谓的"家谱调查法"研究了977名历史人物，得出天才由遗传而来的著名结论，出版了最早的历史测量学著作——《遗传的天才》。随后，卡特尔（Cattell，1903，1911），伍德（Woods，1906，1913）、特曼（Terman，1917）、科克斯（Cox，1926）等人陆续开展了有关的研究。近几十年来，研究者不断拓展研究问题范围，采用多种具体的研究方法，使之成为一个重要的心理学分支学科，同时也成为一个丰富多彩的创造性研究领域。迄今，通过历史测量学研究，我们已经对创造性发展和表现的规律有了更深入的了解，确定了杰出人物所特有的智力、动机和性格特征。与心理传记学和心理历史学不同，历史测量学主要通过客观、量化的方式考察特定的历史人物群体而不是个别人物，希望找到普遍存在的而不是个别的心理规律。与一般的研究方法相比，采用历史测量学方法研究创造性人物，既可以从毕生发展的角度去考察创造性的发展轨迹，又可以系统地考察在这一发展过程中各种因素的综合影响；同时，历史测量学方法的应用还不受研究对象所处的时间和空间条件的影响。正如西蒙顿（Simonton，1997，p. 15）所说，没有一种方法可以像历史测量学方法那样使研究者如此轻而易举地考察来自不同领域、不同国度、不同民族或种族、不同历史时期的创造性人物。正因如此，在发展心理学和教育心理学领域，在个别差异和人格心理学领域，在社会和政治心理学领域，历史测量学方法都得到了大量的应用，并取得了引人注目的成就。

　　尽管如此，国内有关的研究并不多见，这不能不说是中国心理学研究的一个缺憾。在中国进行历史测量学研究，至少有这样几个优势条件：（1）丰富的历史资源，在这个"文明古国"的悠久历史长河中，各个时代各个领域的创造性人物都是无以计数的，可以使用的有关历史资料也是相当充分的；（2）相对"同质"的文化传统，中国长期以来形成的以儒家思想为主导的传统文化为历史人物的成长提供了相对同质的社会文化背景，通过历史测量学研究，我们可以更清晰地看到创造性人物成长的心路历程。另外，历史测量学研究还可以革新主要通过理论分析和思辨的方法考察历史人物的研究传统，为我们研究历史人物提供一种新的视角。我们在研究中主要选取中国近现代社会活动领域的创造性人物（即社会领袖人物）为研究对象，这一方面更符合中国的实际情况，因为中国历来有"学而优则仕"的传统，政治、军事等创造性的社会活动一直引起世人的高度关注；另一方面，也适应了当前心理学研究尤其是创造性研究的需要，长期以来国内外对社会创造性的毕生发展规律的相对忽视理应引起心理学家的注意。

　　在这项研究中，通过对中国近现代30位社会领袖人物的考察，我们初步查明了社会创造性人格的毕生发展规律，揭示了他们人格发展的年龄特征及其与多种因素的关系，这在对现实生活中的人进行的研究中是很难做到的。在研究过程中，对历史人物的评价完全依据客观的历史资料，有关的评定完全依据一致或基本一致的历史"定论"。这在一定程度上发挥了中国历史人物研究的"优势"。

　　在进行年龄分期时，参考了当前发展心理学中比较一致的分期方法，并综合考虑了社会领袖人物、中国历史传记以及有关历史资料的实际情况，将一生的发展分为四个时期：童年和青少年

时期（0—20 岁）、成年初期（20—40 岁）、成年中期（40—60
岁）、成年晚期（60 岁以后）。这种分期方法类似于当前比较通
用的发展心理学分期方法：婴儿期（0—3 岁）、幼儿期或学前期
（3—6，7 岁）、童年期或前青春期（6，7—12，13 岁）、青春期或
少年期（11，12—17，18 岁）、成年初期或青年后期（18，19—
35 岁）、成年中期或中年期（35—60 岁）、成年晚期或老年期
（60 岁—死亡），其中婴儿期、幼儿期或学前期、童年期或前青
春期、青春期或少年期这几个时期总体上对应于本研究中的童年
和青少年时期，在历史传记和有关资料中，人们一般从这一时期
开始写起，把它作为人物的"早年"或"青少年时期"；成年以
后的三个时期基本上对应于本研究中的成年初期、成年中期和成
年晚期。

　　另一方面，历史测量学方法并不是完美无缺的，它要受到
人物资料充分性的限制，并且经常要用到复杂的统计技术。如
前所述，它的目的在于考察有关历史人物群体的普遍性假设，
而不是个别人物的特殊规律。显然，对于探察具体的心理发展
过程和微观机制这一目的而言，历史测量学方法则是无法企及
的。但是，通过心理历史学的个案研究法，我们恰恰可以达到
这一目的。

　　在创造性研究中，个案研究法则是通过对特定群体中的典型
个体进行全面、深入、细致的考察，以揭示创造性发展的基本规
律及发展原因。与历史测量学方法一样，个案研究也有较长的历
史，自 19 世纪后期以来，弗洛伊德（Frued，S.）、韦特海默
（Wertheimer，M.）、加德纳（Gardner，H.）、格鲁伯（Gruber，
H. E.）、阿恩海姆（Arnheim，R.）、奇凯岑特米哈伊（Csik-
szentmihalyi，M.）等人都曾将个案分析法用于创造性思维和人
格的研究中。格鲁伯等人甚至认为创造性方面的个案研究应包含
以下主要内容：创造者的独特之处、对创造成果的阐述、创造者

的信念系统、多个时间段的描述分析、创造性工作的目标与规划、问题解决过程、创造活动的背景、创造者的价值观（Gruber & Wallace，1999，pp. 93—115）。

与历史测量学方法不同，个案研究的不足在于缺少科学的量化分析，从个别研究对象得出的结论难以推广到一般群体。显然，个案研究法与历史测量学方法是互补的，通过个案研究，可以弥补历史测量学的不足；同样，通过历史测量学研究，也可以弥补个案研究的不足。鉴于此，我们的研究综合采用了历史测量学方法与心理历史学的个案研究法，将由一般到特殊与由特殊到一般两种思路有效地结合起来，在研究过程中，从历史测量学研究获得的普遍规律与个案研究的结果相互印证，相互补充，增强了研究结论的可信性。

在本研究中，以周恩来这一典型的社会创造性人物作为个案分析的对象，有效保证了研究结论的代表性；通过探讨他在各个时期的人格发展特点及其影响因素，有效地揭示了创造性人格的毕生发展规律。同时，在具体的研究过程中，研究者采用了量表项目检核法、量表维度检核法等具体方法，对有关资料的分析更为深入、细致、客观而全面。

二　一种新视角：采用历史心理学方法研究心理的发展

西蒙顿（Simonton，1990）将历史测量学（historiometry）看作由心理学、历史学与自然科学的交叉学科，而把心理历史学和心理传记学（psychohistory & psychobiography）看作心理学与历史学的交叉学科，各门学科之间存在着十分密切的关系。它们可以统称为历史心理学（historical psychology）。它为研究人类的心理发展提供了新的视角。

（一）采用历史测量学方法研究人类的心理发展

采用历史测量学方法研究人类心理现象的传统已有一百多年的历史，但历史测量学至今并不能算是一门发展完备的学科。就其研究方法而言，它严格遵循心理测量学的研究思路，因而心理测量学研究方法体系的局限性自然也反映到该学科领域中。就其研究的领域而言，历史测量学研究的主要问题包括：（1）人格心理学研究问题，包括历史人物的认知、情感和行为的个别差异，智力差异与其他的人格特点及重要行为的关系，人格特点与领导成就、决策、政治意识以及其他行为的关系，动机尤其是成就动机、权力和支配性的动机、附属动机在人类生活中的作用，历史人物的心理病理特征、灵活性和独断性、美德、价值观、亲和性、认知缺陷、悲观性等人格特征，杰出的创造性和领导能力的差异，创造性成果在一生中的变化、创造产品的质与量之间的关系，立法、司法和军事成就等，这些问题是研究人格和个别差异的心理学家们关注的主要问题；（2）社会心理学研究问题，包括在特定的经济和政治环境下，专制型人格的形成，对政治和政治家的态度和政治行为，个体或群体的暴力或攻击（包括暴乱、革命、战争等），群体思维、社会怠工等群体动力学问题，政治、军事、司法领导能力，音乐、文学、美术等审美现象，社会比较、个人知觉、社会和政治认知、种族歧视、时代精神对天才、创造性或领导能力的意义，这是社会心理学家研究的主要问题；（3）发展心理学研究问题，包括遗传对人格发展的影响，出生次序对总体成就、创造性、政治领导力的影响，孤儿身份、家庭背景、角色榜样、正式受教育情况和技能获得情况、社会文化和政治氛围的影响，年龄与创造性成就的关系，创造性成果、领导影响力、运动能力、犯罪攻击性的发展等，这些问题是发展心理学家研究的主要问题。我们可以看出，上述研究问题是比较零散的，或者说缺乏系统性的，作为一门独立的学科，历史测量学的发展需要更为系统的研究，也需要对上述结果进行有效的整合。

通过对历史测量学研究历史的回顾，我们至少可以从历史测量学分化出三个基本的研究领域：对人格和个别差异的历史测量学研究，对心理发展的历史测量学研究，对社会心理的历史测量学研究。显然，人格和个别差异方面的历史测量学研究主要是通过历史测量学的量化方法，对历史人物的人格及其个别差异的普遍性假设进行检验，其主要研究内容为历史人物的人格及其个别差异，旨在揭示有关历史人物的人格及其个别差异的普遍性规律；心理发展方面的历史测量学研究主要是通过历史测量学的量化方法，对有关历史人物心理发展的普遍性假设进行检验，其主要研究内容为历史人物的心理发展及其影响因素，旨在揭示历史人物心理发展的普遍性规律，包括心理发展的一般规律、年龄特征以及与各种因素的关系。社会心理方面的历史测量学研究主要是通过历史测量学的量化方法，对历史上特定的社会心理和行为的普遍性假设进行检验，其主要研究内容为历史上的各种社会关系、社会态度、社会信念和社会行为，旨在揭示特定历史时期的社会心理和行为的特点或社会心理的一般规律。

其中，心理发展方面的历史测量学研究还可以深入揭示历史人物心理的毕生发展规律，或者说，从毕生发展的角度揭示心理发展的规律。它具有历史测量学研究的一般特点，如对普遍性假设的检验、以历史人物为研究对象、量化的分析方法，同时也无法避免历史测量学的某些固有的局限性，如研究可能会受到历史资料的丰富性和可靠性的制约、难以对因果关系进行逻辑推论等。虽然我们不可能完全避免这些不足，但是，如果我们能将深层次的分析与普遍性假设的检验结合起来，那么，我们极可能找到一条可以更好地保证研究广度和研究深度的途径，心理历史学就是这样一种纵深分析方法。

（二）采用心理历史学方法研究心理发展

心理历史学是根据特定的心理学理论或假设研究历史上的心理和行为现象的科学或学科，它是心理学和历史学的交叉学科，有人把它看做是一门"研究历史动机的科学"（DeMause，1981，p. 179）。埃里克森则认为，根本上讲，心理历史学就是用精神分析学和历史学相结合的方法来研究个体和群体的生活（理查德·舍恩沃尔德，1987）。实际上，我们既可以把它看作是心理学的分支学科，又可以把它看作历史学的分支学科，在现实中存在着以心理学家为主的心理历史学研究和以历史学家为主的心理历史学研究。

从发展历程来看，心理历史学经过了 20 世纪初至第二次世界大战时期的初创和萌芽时期、第二次世界大战之后尤其是 20 世纪 70 年代以后的发展期。在初创和萌芽时期，心理历史学的奠基人西格蒙德·弗洛伊德（Sigmund Freud）率先采用精神分析理论来分析历史人物的心理，开了心理历史学研究的先河，1910 年，他出版了心理历史学的经典著作——《达·芬奇对童年的回忆》，在这部著作中，他用精神分析理论分析了文艺复兴时期的历史名人达·芬奇，使之成为心理历史学和心理传记的典范。这部著作的出版被看做真正意义上的心理历史学诞生的标志。心理历史学的发展可以二战为分界线，在二战之前，弗洛伊德的心理历史学研究并未引起历史学家太大的兴趣；二战之后，心理历史学开始在整个西方兴起，美国尤其明显，历史学家开始重视采用心理学的理论和概念分析历史。20 世纪 50 年代末，美国发生了两个非常重要的事件：1957 年，美国历史协会主席威廉·兰格在其就职演说《下一个任务》中，呼吁历史学家把心理历史学方法用于历史研究，以建立一门新的历史学；1958年，新精神分析学家埃里克森的《青年路德：精神分析学与历史学的研究》出版。在历史学与心理学领域中发生的这两个事件，被看做心理历史学开始兴起的标志。到了20世纪70年代，美国创办了有关的专业学术刊物《心理历史学杂志》、《心理史学评论》和《童年历史·心理历史学》，正统历史刊物《美国历史评论》、《现代史杂志》、《交叉学科历史杂志》也举办了有关的专刊，这进一步促进了心理历史学研究的发展，在这种形势的推动下，当时甚至形成了所谓的"新心理历史学"体系。

从内容上看，心理历史学研究主要包括三大内容，即心理传记（psychobiography）、家庭史或童年史（history of childhood）、群体心理史（group psychohistory），此外，心理历史学还探讨社会与历史的重大问题。其中，心理传记侧重分析历史人物的个体心理成长历程，如弗洛伊德的《达·芬奇对童年的回忆》、埃里克森的《甘地的真谛：富有战斗性的非暴力主义的起源》；家庭史或童年史起源于对历史人物童年期心理的分析，它常常与群体心理史研究相结合，如劳埃德·德莫斯的《童年历史》、埃里克森的《儿童期与社会》（1963）；群体心理史主要是在二战后兴起的，它侧重研究特定历史时期的群体心理现象及其发展规律，研究问题包括群体狂热、民族仇恨以及群众对法西斯专制的支持等，这方面的代表作有美国著名学者H.阿连德的《极权主义的起源》、N. W. 阿克曼和M. 杰荷达的《反犹太主义和情绪混乱的精神分析学解释》等。

事实上，自弗洛伊德以后，心理传记学的研究范围明显扩大了，埃里克森对印度民族领袖甘地（Mahatma Gandhi）的研究、亚历山大与乔治（Alexander & Juliette George）对美国总统威尔逊（Woodrow Wilson）的研究、莫雷（H. Murray）对梅尔维尔（Herman Melville）的长期研究，都是例证。经过众多学者的努力，心理历史学的研究对象由个体的人扩展到群体、国家乃至特定的历史时期，不仅可以分析个体的人格，而且可以分析某个群体、民族、国家或某个历史时期的心理。

但是，心理历史学的发展并不十分令人满意。其一，许多心理历史学研究，包括心理传记学研究，是由精神分析学家进行的，其理论基础或分析依据主要是精神分析理论，几乎所有的著作都带有精神分析的性质。这未免过于狭隘。一些学者据此指出，由于精神分析理论本身的科学性都值得怀疑，将精神分析理论用于历史事实的分析显然是不成熟的（Stannard，1980）。精神分析学家们具有过于简单化的倾向，他们忽略了复杂的社会关系，而从个体早期发展过程中某些无关紧要的细节去解释其成年后的性格，以至于出现"没有儿童期，就没有心理历史学"的戏言。尽管一些学者开始尝试运用其他的心理学理论作为分析的依据，但精神分析理论在相关研究中仍然占据主导地位。西蒙顿（Simonton，1990）指出，几乎难以说出有哪一个历史人物，无论是著名的还是不著名的，还未曾躺在精神分析学家的睡椅上。

其二，心理历史学更主要地作为历史学的分支学科而不是心理学的分支学科而存在，作为心理学，它也常常被看做政治心理学的分支学科。许多著作就是由历史学家和政治心理学家完成的。西蒙顿（Simonton，1990）认为，只要所有的心理历史学和心理传记学著作实质上还是由精神分析学家、历史学家和政治学家来写，这些研究就不可能进入科学心理学的主流。

就国内的研究来看，从20世纪20年代开始，朱谦之、何炳松、梁启超等学者就翻译、介绍了西方心理历史学的理论和方法，在60、70年代以后形成了"中国的心理历史学"，但相关的研究主要是由历史学家们完成的"历史学研究"，它们虽然使用了某些心理学的概念，但在方法、观点、资料等方面都与传统的研究区别不大。

鉴于此，我们在发展心理学的意义上，倡导一种新的研究视角——采用心理历史学方法研究心理发展，作为心理历史学研究的一个分支领域，它主要采用心理历史学的方法来揭示特定历史人物的心理发展过程，揭示影响其心理发展的各种影响因素及其关系。但是，与传统的心理历史学和心理传记学研究相比，它具有自己的特殊之处：1. 它应突破以精神分析理论为主导性的分析依据的研究传统，而着重从关于个体心理发展的历史资料出发，选取适于解释历史人物心理和行为的理论，包括各个学派的各种心理学理论，而不限于精神分析理论；2. 它应抛弃以往"理论定向"或理论演绎的做法，而代之以"资料定向"或"行为定向"的研究思路。在传统的心理历史学研究中，研究者倾向于沿着由上而下的路线，先入为主地采用精神分析理论来分析人物的心理和行为，实际上是预设了精神分析理论对于研究对象的适用性，这显然是研究者的"一厢情愿"。在这里，心理历史学研究实际上成了验证和充实精神分析理论的工具。实际上，采用心理历史学研究心理发展问题，更应首先从人物的心理和行为入手，自下而上地选取合适的理论来解释人物的心理和行为，其目的不在于验证某种理论，而在于探讨人物记录所体现的心理特点和心理规律，并提出相应的理论。这才符合我们心理学研究的目的，也是使心理历史学真正成为心理学分支学科的关键。3. 它主要是发展心理学的分支学科，主要由发展心理学家来"主持"，同时也可以看作历史学的分支学科，为历史学研究提供一种新的思路，为历史学的发展服务。但是，传统的以历史学为主体的心理历史学和心理传记学在研究人物的心理发展时，主要是"用心理学来限定历史和历史传记"的，只是说明了历史和历史传记的性质，说明了历史是"心理"方面的历史，传记是"心理"方面的传记，其研究除了引用心理学的某些概念之外，与一般的历史研究并无本质的差别；以心理学为主体，特别是以发展心理学家为主的心理历史学和心理传记学则严格运用心理学的理论和方法，研究历史人物的心理发展历程。我们可以运用心理历史学的方法，对个别人物的心理发展进行综合分析，同时考察人物的能力、性格等各个侧面，也可以选取其心理发展的某一个侧面进行深入的剖析。

研究心理发展的历史测量学方法与心理历史学方法相互补充、相得益彰，前者重在采取量的研究思路，选取大样本研究对象，检验普遍性的心理发展假设，后者重在采取质的研究思路，对个别案例进行深入剖析。在研究过程中，我们可以首先通过对典型案例的心理历史学分析提出某种假设，然后再通过历史测量学研究加以验证；也可以先通过历史测量学研究得出一般的结论，再通过心理历史学分析加以补充、深化和佐证。

在心理学学科发展的意义上，我们甚至可以把运用历史测量学方法对心理发展的研究看作"发展心理历史测量学"，把运用心理历史学方法对心理发展的研究看作"发展心理历史学"，二者可以统称为"发展历史心理学"。它可以看做是发展心理学与历史学的交叉学科。一般认为，历史心理学是根据历史资料，对历史人物（乃至群体、民族、国家）、历史事件或特定历史时期的心理现象或规律进行研究的学科。"发展历史测量学"与"发展心理历史学"都侧重研究历史人物的心理发展过程、发展特点及相关规律，这可以看作"发展历史心理学"的主要研究任务。

需要进一步说明的是，这里的"发展历史心理学"的研究对象并不限于优秀人群或"卓越群体"，而且在条件允许的情况下，可以甚至是必须扩展到一般人群或"普通群体"，这样，才能使我们的研究从体系上更为完整，从内容上更加充实。

第二节　社会创造性人格的性质
与研究展望

一　社会创造性人格的发展性、领域特殊性和时代特征

从研究结果看，社会创造性人格具有高度的发展性、领域特殊性和时代特征。发展性一方面表现为人格结构的连续性和变化性，另一方面表现为各种人格特征及人格和谐性程度的发展变化。成年中期前后，人格结构具有显著的差异，在前两个时期，有为性或"立功"的人格倾向居于显著位置，而成年中期后，自我完善与建立和谐的人际关系方面的人格特点日益重要，"扬名"与"立功"的人格倾向更为明显；同时，人格和谐性程度随着年龄的增长而不断提高。"中年期转折"的研究结果与上述哈韦戈斯特（Havighurst, R.）的观点是一致的。上述研究结果一方面说明，社会创造性人格对职业环境的适应性程度是不断增强的，另一方面说明，社会创造性人格与其他领域、其他侧面的人格特征一样，具有毕生发展的性质。生命全程观认为，发展是持续一生的过程，发展中的行为变化可以在任何一个时期发生，没有哪个年龄阶段对于发展的适应和调整过程中占据首位，而且发展的形式具有多样性，发展的方向也因行为的种类而不同（缪小春，1990；申继亮，李虹等，1993）。社会创造性人格的发展为这一观点提供了进一步的证据。

社会创造性人格表现出高度的领域特殊性。我们的研究结果表明，外向性和随和性在各个时期都是社会创造性人格的重要维度，突出地表现为精力充沛、友好、自尊、自信、坦率、合作、

合群、同情、善良、竞争、上进等特点。这是社会创造性人格区别于艺术、科学领域的创造性人格的突出特点。大量研究表明（Feist，1999），高创造性的艺术家和自然科学家通常具有较低的社交能力或社交倾向，他们比较内向、独立、傲慢、不友好。显然，人格特点与个体的职业有关，社会创造性人格则与社会活动领域的特殊性质密切相关。但是，这种领域性并不否定创造性人格的某种普遍性或"跨领域性"，我们知道，社会创造性人格与艺术、自然科学领域的创造性人格具有某些相似的特征：高度的自觉性、独立性、探索性、求知欲，自信，成就动机强，想象力丰富，机智敏锐，意志坚强（Guilford，1967；Sternberg，1986；Feist，1999）。在此意义上，人格和创造性人格既可能具有跨领域的普遍性，又可能具有较强的领域特殊性，而不像某些研究所表明的那样，要么否定创造性和创造性人格的领域特殊性，要么否定创造性和创造性人格的普遍性。

　　同样，社会创造性人格的发展具有较强的时代特征。我们的研究对象主要是中国近现代在政治、军事和社会活动领域表现出杰出创造性的社会领袖人物，在他们生活的时代，尤其是近代，国家面临内忧外患，救亡图存的呼声高涨，中西方思想文化在冲突中不断融合，但中国传统文化仍然占有重要地位。我们发现，尽责有为、明德修身、爱国务实等创造性人格倾向都是这种传统性和时代性的集中反映。只有这类人格特点才能适应当时社会发展的要求，才能更有效地解决当时的社会问题。它说明，人格深受时代变革和社会文化的影响，特定时代的个体一般会形成与该时代的社会背景相适应的人格特征，创造性人格也是为特定的时代要求所促成的。变动不居的社会环境对领袖人物创造性人格的形成和发展产生了深刻的影响。在某种意义上，社会的急剧变革打乱了原本稳定的社会结构，促进了社会力量的重组和调整，为领袖人物社会创造性的发展和表现提供了机会。洛巴特

（Lubart，1999）概括指出，深层文化模式的稳定性与该文化模式中人们的创造性水平呈负相关，社会组织、经济和宗教活动领域的基本文化模式相对稳定，因而这些领域中的创造性并不明显。在此意义上，中国近现代社会结构的高度变动性或不稳定性为社会领袖人物的出现创造了有利条件。

二　社会创造性人格的适应性本质

无论是在历史测量学研究还是在对周恩来的个案分析中，我们都可以看到人格的和谐性。它既表现为在不同时空条件下，在不同情境或环境中，领袖人物们会表现出不同的人格倾向，又表现为某种相对稳定的和谐性气质；既表现为对不同的人的看似"相互对立"的行为倾向，又表现为对相同的人的看似矛盾的反应模式。它一方面反映了领袖人物心理世界的复杂性，另一方面反映了创造性本身及其与环境关系的复杂性。从各个方面来看，我们不难得出，适应性是人格和谐性的实质。

心理是在适应不断分化和复杂化的生存环境的过程中逐渐发展起来的，先天遗传的"中和"倾向（特别是气质倾向）只是后来和谐性发展的最初基础。面对不同性质的问题情境，个体必须做出适应性的反应，提出相应的问题解决策略。在某种相对稳定的环境中，个体的外在反应模式以及相应的内部心理过程会逐渐沉淀为相对稳定的人格结构。具体而言，在科学创造活动中，个体必须以灵活的思维、开放的心态、高度的成就动机，自信、自治、独立地解决科学问题，同时，由于必须在科学活动中投入大量的时间和精力才能做出某种科学创造，这些科学创造性人物可能在人际关系中表现出冷漠、疏远、自傲，甚至敌意，因而更可能表现出突出的"科学人格"特点。与此相似，在艺术活动中，个体一方面必须进行自由的幻想、想象，对外界事物和人的内心世界保持高度的感受性，能够自由地表达自己，因而会逐渐形成情感化的"艺术人格"；另一方面，个体对艺术活动的投入必将导致对社会交往的疏远，同时，这种"艺术人格"向社会交往中的"渗透"又促成了他们的反社会性、反传统性，使他们的社会交往也出现了某种"艺术化"的特点。

与"科学人格"和"艺术人格"不同，社会创造性人格是在社会活动、社会交往过程中逐渐形成的。社会创造活动与人们的社会生活是融为一体的，社会创造性人格的形成具有相应的社会经验基础。如果说科学或艺术领域的创造遵循"十年原则"，即至少需要十年左右时间进行专业知识的学习和积累才能做出某种创造性的成就，那么，社会领域的创造所需要的经验积累过程在个体出生后就已经开始了，社会创造性人格的形成过程也从此开始了。社会创造性人格的和谐性主要是"本来之我"与"社会之我"两种人格倾向的对立和谐。这种和谐性是随着个体活动情境的复杂化而逐渐发展起来的，一方面，个体要保持自己的独立性和创造性，另一方面，还要迎合各种社会力量的需要，保持人际关系的平衡，要以高度的尽责性、高度的成就动机和社会参与热情获得最大限度的社会认可。

同理，创造性人格的和谐性也是与个体活动的日益复杂化密切相关的，它在很大程度上是由相对稳定的活动情境对个体的要求的对立性促成的。简而言之，在专业活动环境中，个体经常面对的问题情境就是专业性的，科学家要解决科学问题，进行科学发明和创造，艺术家要进行艺术创作，要有所创新，就必须适应特定的活动要求，进而形成相应的"专业人格"。与此相对，"专业性"不强的社会活动领域对个体行为的要求可能有所不同，甚至截然相反，在这种情况下，同一个人必须将适应两种或多种"对立性"环境的、性质相异或相反的倾向加以整合（如既要团结或联合政治态度或立场与自己不同的人，又要防止他们的政治态度的消极影响，在这种情况下，一个人应当同时表现出与此相应的两类行为或行为倾向），这样才能和谐地生活。社会创造性人物往往能主动面对和适应这种"对立"或冲突，因而形成和谐性较强的人格，尽管不同的人适应这种"对立"的效果并不相同。相反，一部分人则忽略了这类对立性环境的要求，而致力于适应相对"同质"的环境（如对某些人一味团结或联合），从而有效地消除或削弱了环境的对立，减轻了对环境对立性的适应压力，放弃了适应"对立"的努力，这一部分人往往只发展了"两极和谐性"人格的某一极，其社会创造性程度往往比较低。在此意义上，可以说，一些杰出的科学家（如爱因斯坦、牛顿）放弃了适应科学研究之外的社会生活或社会活动的努力，形成了"科学人格"；一些艺术家（如贝多芬、莫扎特、毕加索）则放弃了适应艺术创作之外的社会生活或社会活动的努力，形成了"艺术人格"。

不难发现，和谐性的创造性人格实际上是一种适应性的人格，是个体通过主动地适应而不是人为地逃避来"消除"环境对立的结果。在此意义上，创造性人格的和谐性与环境要求的对立统一是相适应的。

这种适应性并不是对环境压力的消极应对或顺应，而是及时地调整或改善自己的认知过程、认知方式及人格倾向，以实现对环境的某种控制。从人格发展的认知基础，我们可以更清晰地看到这一点。认知心理学家认为，人格的个别差异主要是由个体认知结构的差异导致的，人格的发展过程实际上也是认知结构不断复杂化的过程。凯利（Kelly, G. A.）认为，每个人都像一个科学家，他总是依据个人的认知建构来理解、预测和控制周围的世界，并根据认知和行为的结果，不断调整、改善着个体建构系统。人格的差异主要起因于人们所持有的认知建构的差异以及个体组织建构方式的差异，人们通常会以某种相对稳定的建构系统解释情境，并做出相应的反应，进而形成相对稳定的人格模式。人格发展的过程实际上是个体建构不断复杂化的过程，随着年龄的增长，个体建构的数量不断增加，行为和问题解决策略（包括进行人际沟通和压力应对）的灵活性也不断增强；反之，个体建构系统比较简单的儿童的行为则缺乏灵活性。作为一种用来理解、预测和控制事件的认知结构，个体建构是两极性的，如我们可以用友好—不友好、聪明—愚笨等个体建构理解和描绘某个人，其中友好、聪明与不友好、愚笨分别是上述两个个体建构的两极。一个年幼的儿童由于社会经验有限，可能只拥有好—坏这一认知建构，因而在评价一个人的时候，要么认为他好，要么认为他坏；一个年龄较大的孩子则可能同时拥有友好—不友好、聪明—愚笨等认知建构，因而会从友好、聪明或不友好、愚笨等方面去综合评价一个人。在此意义上，个体建构系统复杂化的过程实际上是认知不断"深化"和多样化的过程。

显然，高度发展的认知复杂性是人格灵活性的重要前提，但并非每一个认知复杂的人都必然表现出和谐性的人格特征和高度的创造性。相反，个体建构与实际行为之间并不存在严格的一一对应关系，前者是后者的必要非充分条件，也就是说，个体建构系统的复杂化只是提供了特定行为模式形成的可能性，并不一定促成和谐性的人格倾向。而且，个体建构的两极性与人格的和谐性本质上是迥然不同的，例如拥有"友好—不友好"这一建构的年幼儿童能够将某个人纳入友好的人与不友好的人两个范畴，但他们的"内部工作方式"却是非此即彼的，一个人不可能既是友好的又是不友好的，拥有这种个体建构的儿童也不太可能对一个人采取两种"相互对立"的反应。

同样，认知复杂性增强了创造性人格，尤其是社会创造性人格的对立和谐性，它是理解、预测他人行为，并做出灵活反应的重要前提。个体建构系统越是复杂，其中所包含的对立性"人格单元"（一个拥有"友好—不友好"建构的人可能对自己认为友好的人表现出友好的行为倾向，而对自己认为不友好的人表现出不友好的行为倾向）越多，个体在特定环境条件下形成人格和谐性的可能性就越大。例如，只从友好—不友好评价别人的人可能对友好的人表现出亲近、喜欢，而对不友好的人表现出疏远、厌恶，而如果一个人认识到不友好的人也可能喜欢社会交往，人缘好，他就可能出于社交的需要对不友好的人表现出亲近、合作的态度，反应的灵活性就增强了。因而，人格和谐性需要具备特定的认知基础。

在此意义上，社会创造性人格的和谐性是社会创造性人物对其认识到的对立或冲突情境进行灵活协调的结果，和谐的社会创造性人格实际上是个体协调对立或冲突的相对稳定的行为模式及其内部过程。个体建构系统的复杂化是在个体适应复杂多变的环境的过程中实现的，这进一步说明了社会创造性人格及其和谐性的适应意义。周恩来人格的发展历程也充分地证明了这一点。

三　对人格理论的启示

长期以来，在人格心理学领域一直存在着特质论与情境论之争，阿尔波特（Allport，G. W.）、卡特尔（Cattell，R. B.）等人所代表的特质论认为，人格是由相当稳定的特质构成的，个体的行为倾向在各种情境中都具有高度的连续性和一致性，它并不随情境的变化而发生根本性的变化；与此相反，米歇尔（Mischel，W.）等人所代表的情境论则认为，并不存在稳定的人格特质，决定个体行为的不是稳定的人格特质而是行为发生的情境。显然，两种观点强调了行为及其影响因素的不同侧面，都有其合理之处，并且都有相应的研究证据的支持。

在我们的研究中，我们并不明确地坚持特质论或情境论，而是有效地调和或整合了两种观点。一方面，不同时期人格结构的相似性说明了人格发展的连续性，另一方面，人格和谐性的发展则说明了人格的变化性和情境性。如前所述，人格和谐性是指相互对立的人格特征在同一个体身上存在的和谐性，或个体在特定人格维度的连续体上所表现的趋中性或"去极化"倾向（倾向于表现出某种中间程度而不是极端化的人格特征），它反映了人格的高度情境性或灵活性。可以说，人格既是"特质性"的，又是"情境性"的，在特定的时期内，个体的人格倾向（特别是气质特点）能够保持一定的稳定性，但随着年龄的增长，人格的情境性也不断增强。和谐性是社会创造性人格的根本特点，它的实质是人格的高度适应性，这是社会创造活动得以进行的基本条件。当个体一味地保持某种稳定的特质而不考虑情境特点，或总是倾向于"同化"环境时，人格的适应性就大大降低了，只有那种对情境的变化做出灵活反应，却又保持相对稳定性的人格才具有高度的适应性，将"同化"环境与"顺应"环境有效地结合起来，在具体的情境中，既不至于随波逐流，又不至于刚愎自用。

　　我们关于领袖人物的研究对人格理论的启示还表现为：一个人并不是固定地拥有某些人格特质或人格倾向，而排斥与之相反的另一些人格特质或人格倾向，看似相反的两种人格特质或人格倾向在同一个人身上未必是不相容的、相互排斥的，它们可以通过情境整合在一个人身上。正如我们的研究所表明的那样，一个人可能具有两种相反的人格特质，如外向与内向、热情与冷漠、随和与倔强，与一般人不同的是，领袖人物常常能根据社会情境的需要，在两种不同的人格倾向之间更灵活地进行转换，换言之，在需要外向、热情、随和的情境，就会成为一个"外向、热情、随和"的人，在需要内向、冷漠、倔强的场合，则变为一个"内向、冷漠、倔强"的人。特定的人格倾向在特定类型的情境中是相对稳定的，而当情境的类型发生变化时，人格倾向也发生相应的"变化"，如在社交场合，一个人具有稳定的外向性；在家庭中或独处时，则表现出相对稳定的内向性或好静特点。

当然，我们也可以认为，在以完全相反的人格特征为两端构成的人格连续体上，每个人都处于一个特定的位置，但每个人所处的位置并不是固定不变或绝对稳定的，而是随着情境类型的变化而不断变化的，只不过不同的人调整这种人格"位置"的灵活性是不同的。换句话说，相对稳定的人格特质与特定情境中的人格倾向可以看作"体"与"用"的关系，稳定的人格特质是"体"，情境中的人格倾向是"用"，相对稳定的人格特质在不同的情境中表现出不同的"用途"。每个人都拥有一个"人格特质库"，在不同的情境中人们倾向于提取、运用不同的人格特质，迎合不同的要求，达到不同的目标；在特定的情境中，具有社会创造性的人倾向于同时灵活地"调动"多种人格特质，甚至表现出看似相反的人格倾向。

在人格发展的相关因素部分，我们综合考察了家庭气氛、父母教养方式、受教育经历、事业经历、社会参与经历等多个层次的因素对人格发展的影响。如上所述，人类发展生态学模型认为，个体发展的生态环境实际上是一个系统，它包括微系统、中系统、外系统与大系统四个层次，其中包括了家庭、学校、社会等多种因素的交互作用和综合影响。从这个角度来看，我们在研究过程实际上是考察了个体成长的生态系统对社会创造性人格的影响。

四 有待深化研究的方面

由于各种条件的限制，我们的研究在以下几个方面有待于进一步的深化。

（一）研究取样的范围需要进一步扩大

如前所述，社会创造性是表现于日常生活和社会活动领域的创造性，杰出的政治家、军事家、社会活动家都是社会创造性人物的典型。自19世纪中叶以来，中国杰出的社会创造性人物可谓层出不穷，特殊的时代造就了大批杰出的政治家、军事家和社会活动家。在本研究过程中，研究者曾查阅了不少有关的社会人物词典，从中筛选出300名典型的社会创造性人物，但最后只考察了其中最为典型的一些人物。而且，在样本中，绝大部分是男性，没有比较有关的性别差异。在将来的研究中，有必要扩大研究对象的范围，通过大规模的历史测量学分析，进一步检验关于社会创造性发展的普遍假设。

（二）对社会创造性人格的分析有待于进一步深化

我们将政治家、军事家、社会活动家作为一个相对统一的创造性群体进行分析，这在一定程度上限制了对社会创造性人格的深层理解。正如许多研究者所指出的那样，创造性具有高度的领域特殊性。社会创造性可能也不例外，可能存在着政治活动领域的社会创造性和社会创造性人格、军事活动领域的社会创造性和社会创造性人格等。在将来的研究中，有必要将政治家的社会创造性人格、军事家的社会创造性人格以及社会活动家的社会创造性人格进行对比，探明它们各自的特点。

（三）应深入考察典型时期的典型社会创造性人格

我们倾向于把社会创造性人格看作一个逐渐发展和完善的过程。但是，从社会创造性发展的程度来看，我们很难将领袖人物在每个年龄阶段的行为都看成典型的社会创造性，许多人在社会创造性发展的早期与常人并无明显差别，只是随着年龄的增长，在特定的社会环境中，才展现了为历史所公认的高度的社会创造性。因此，有必要将典型时期的典型社会创造性人格特点"隔离"出来，进行深入的分析，这可以深化我们对社会创造性人格本质的理解。

另外，我们还从理论和研究结论上，比较了社会创造性人格与科学、艺术领域的创造性人格，比较了中国文化背景下的社会创造性人格与西方文化背景下的社会创造性人格。如果能够实地收集有关的数据进行分析，或对有关的研究进行元分析，对创造性人格的领域差异和文化差异进行统计学意义的检验，将会增强研究结论的科学性。另一方面，如果能以中国近现代社会的普通人作为"对照组"，也有利于深入分析社会创造性人格的特点。所有这些，都是值得我们进行深入探讨的问题。

第三节　教育的启蒙与深化：
对创造教育的启示

我们的研究揭示了社会创造性发展的一般规律和年龄特征。社会领袖人物身上反映出来的这些规律对于我们时下的教育尤其是创造教育具有怎样的启示？它能否为我们的家庭教育、学校教育提供某些有益的启发？这也是我们开展这项研究的实践意义所在。下面，我们将结合这些问题进行分析和探讨。

一　教育和创造教育的多元性

我们研究的主要内容是社会创造性人格的发展问题，作为一种特殊的创造性，社会创造性的存在、发展和表现反映了创造性的多元性、多领域性，反映了个体发展的多种可能性。

儿童的发展具有多元性，不仅包括生理的发展，而且包括心理的发展；儿童心理的发展同样具有多元性，不仅包括能力、气质、性格等人格品质的发展，而且包括各种认知过程的发展。20世纪 80 年代以来，人们对儿童心理发展多元性的认识越来越深刻，要求进行多元化教育的呼声也越来越高，时下几乎人所共知的加德纳的多元智能理论就是这种呼声的典型代表。它将儿童的智能分为音乐智能、身体运动智能、数学逻辑智能、语言智能、空间智能、人际关系智能、自我认识智能等多种形式，主张根据儿童的智能发展特点进行多元化的教育，主张打破以数学逻辑智能、语言智能为主的教育模式，改变统一规划的学校教育，而建立"以个人为中心的学校"，在学校设置多元智能课程，根据儿童智能发展的个别差异，根据他们的特殊才能、倾向、优势和弱点，进行相应的教育和教学，使教育在每个人身上都得到最大的成功。在教育环境的设置上，主张将学校与家庭、社区、社会链接起来，构成一个宏观的、统一的教育资源环境，鼓励学生进行自由的探索，发现、发展自己的兴趣和特长。

多元智能教育对我们的启示是深刻的，实际上，它在中国同样也在世界范围内引起了极大的反响，以至于多元智能近年来成为我们生活中的一个关键词。它的根本依据在于智能本身的多元化，而多元教育的根本目的就在于使儿童多元化的智能得到最大限度的发展，使其智能发展的潜力得到最充分的开发。虽然由于诸多因素（包括经济、文化、设施、环境等因素）的限制，真正的多元教育对于许多地方的学校而言还是一种理想，但是，站在新千年的起点上，我们至少应该认识到儿童发展的多元性和进行多元化教育的合理性。如果我们把创造性的促进作为教育的一个基本内容的话，那么，创造性的发展和促进同样应当遵循多元教育的原则。

强调教育的多元性，首先意味着教育范围的拓展。我们常常将"全面发展"作为所谓的素质教育的基本特征，其中社会性、创造性的发展，尤其是社会创造性的发展，理应作为我们的教育内容，成为一个重要的教育任务。与创造性一样，社会创造性并不是一些杰出人物所特有的品质，在通常意义上，我们可以把它看作一个由低到高的连续体，一方面，对于个人而言，其社会创造性一般要经历一个由低到高的发展过程，另一方面，对于人类群体而言，人们的社会创造性程度是不同的，一些人在可能处于这个连续体的较高一端，另一些人则处于这个连续体的较低一端。对于不同的社会性问题情境而言，尤其如此。因此，我们有必要、也有可能最大限度地促进每个人的社会创造性的发展，把创造性作为教育的一个重要方面，把社会创造性作为创造性教育的一个重要方面。

相对于科学创造性和艺术创造性而言，社会创造性更为普遍，也更为"寻常"。它是在我们的日常生活、人际交往和社会活动中表现出来的一种创造性。作为一个正常的"社会人"，我们每天都在与人打交道，每天都要进行人际交往、社会活动，因而我们每天都需要社会创造性，实际上也在不间断地显示着我们的社会创造性，只不过其水平有高有低，其程度有深有浅。可以说，社会创造性是人的社会性的根本表现之一。

当然，我们可以设置专门的课程，促进社会创造性的发展。但是，即使不像培养其他形式的创造性那样设置专门的课程，我们也可以而且也应该根据社会创造性的特殊性，从我们身边的社会生活和人际交往入手，在日常生活中，因时因地制宜，充分利用或创设各种社会问题情境，提高儿童创造性地解决社会问题的意识和能力，培养儿童创造性地解决社会问题和创造性生活的习惯。

更重要的是，我们发现，社会创造性的实质是高度的适应性，因而促进儿童社会创造性的发展，本质上是促进儿童适应性的发展，促使他们积极地适应复杂多变的社会生活环境。如果有目的地把这种创造性的适应作为"高质量"生活的必要条件的话，那么，从理论上讲，我们就可以在平凡的生活中逐渐培养起不平凡的社会创造性。

二　早年的教育：家庭内外的环境

几乎所有的发展心理学研究都发现了家庭对个体人格发展的影响。一些心理学家（如弗洛伊德）甚至极力强调，早期的家庭生活环境对一个人的人格健康具有决定性的作用。在我们的研究中，也发现了家庭生活的影响，尤其是对于童年和青少年时期人格发展的影响。

家庭主要通过以下几种途径影响一个人人格的形成和发展。

其一，父母或其他的抚养者可能成为儿童早期认同或"自居作用"的对象，成为孩子的榜样人物。在我们的研究样本中，许多人出生于贫困家庭，他们的父母似乎很难发挥自己的榜样作用，但抚养者的某些人格特征仍然可能通过耳濡目染对孩子的人格发展产生影响，且不说反应的速度、强度、稳定性等气质特征在很大程度上受制于父母的遗传，就后天形成的性格而言也是颇受父母的影响。例如，周恩来幼年时，父亲、伯父等男性成员长期在外，家中事务主要是由女性成员来操持，他主要由生母万氏、嗣母陈氏来抚养、教育，由于受母亲的影响较深，受父亲的影响相对较少，幼年的周恩来可能形成了对母亲而不是对父亲的认同，母亲的行为对他发挥了榜样作用，他不仅形成了文静、合群、温和等众多女性特征，而且从母亲万氏身上学会了精明干练的处事能力。

其二，家庭影响个人受教育的机会。我们的研究发现，许多人因家境贫困而无力支持孩子读书，但是，几乎所有的家庭都尽力支持或试图支持孩子读书学习，他们希望自己的孩子能通过读书有所出息，有一个更好的前途。这种支持性环境对于一个孩子的成长具有至关重要的影响，因为这种受教育经历，哪怕是十分有限的受教育经历，也会为他们接受新思想的启蒙创造难得的机会。他们常常在启蒙教育时期就开始感受到新思想、新潮流的气息，并为之神往。那些家境相对殷实的家庭则更重视孩子的教育，尽力为孩子的成长创造他们认为最好的教育环境。尽管一些父母也极力阻挠孩子的学业（如毛泽东的父亲就是如此），但孩子早期所受的教育已经为他们独立争取和寻求进一步受教育的机会提供了可能。

其三，父母的教养方式影响孩子人格的成长。这一点曾经得到而且正在得到发展心理学家的反复验证。我们发现，这些历史人物成长的家庭环境多是严父慈母型的家庭。严厉的父亲一般致力于塑造他们的"合格"行为，使之契合传统文化的标准，而父亲的严厉管教也常常激起他们强烈的反感和反抗。慈爱的母亲则为他们提供了情感上的温暖和理解，母亲的保护使他们对生活充满了自信、安全感，为他们人格的健康发展奠定了基础。母亲在早期的影响尤其明显。

尽管我们尚不能为有利于孩子发展的环境制定一个绝对科学的标准，但可以从以上研究结果得到这样几点启示。

其一，创设支持性的家庭环境，对孩子创造性和创造性人格的发展十分重要。家庭环境的支持性是指，父母或其他的家庭成员帮助孩子接受教育，赢得发展的机会，对孩子的自主、合理的选择提供情感上或物质上的支持。这可以为他们提供发展和展现自己创造性的机会。在受教育的过程中，不仅可能促成他们思想上的"嬗变"，而且可能为他们赢得了关乎一生发展的难得机遇。对领袖人物的分析发现，家庭都能支持他们接受当时比较先进的教育，这常常让他们有可能进一步"捕捉"有利于自身发展的机会，例如，军事家早年都曾经幸运地抓住了报考军校的机遇。

其二，父母应该力所能及地为孩子提供行为上的榜样。在可能的情况下，他们自身可以成为孩子的榜样人物，也可以有目的地为孩子提供某些特殊的榜样人物，如历史人物。在最低限度，父母或其他的抚养者自身应尽量避免成为消极行为、消极人格的榜样。父母的榜样作用在儿童早期尤为明显，父母的权威和满足孩子各种需要的能力足以使他们成为孩子认同和模仿的对象。领袖人物的性格大多受到父母性格的影响，或者说从他们身上能够看到父母的影子，也证明了这一点。

其三，父母应给予孩子起码的情感温暖和理解，保证足够的民主。情感上的温暖和理解，可以为孩子创造良好的家庭氛围，保证良好的亲子沟通，尤其是可以避免父母对孩子行为的不合理限制，这可以为孩子赢得发展自主性、独立性的空间和机会，有利于他们探索性的发展，同时家庭中的民主氛围可以保证孩子能够平等地与父母进行交流、讨论，自由地表达自己的观点，客观地评价自己的行为和选择，有利于孩子形成理性思考的习惯和尽责有为的性格。

学校和社会的教育对于儿童青少年时期人格的影响往往会超过父母。这不仅表现在他们可以为儿童提供系统学习知识、技能的机会，而且可以通过同龄群体的互动、时代和社会信息的传播影响儿童的性格。我们发现，接受系统学校教育的过程往往是一个人思想剧烈变化的过程，也是他们的理想自我逐渐明确的过程。孙中山、周恩来、毛泽东、刘少奇无不是在接受学校教育期间确立了他们的社会理想，明确了自己的人生目标。另一方面，学校本身就是社会的一个缩影。他们在与同龄群体、教师或一般群众交往的过程中，更容易遭遇各种各样的社会性问题，也更容易产生革新现状的动机，获得发展自身才能的各种机遇。社会创造性往往就是在这种情况下发展起来的。对于军事家来说，在军事院校接受的系统的专业教育，为他们军事才能的发展打下了基础。军事家一般都接受过专业性的教育和训练。他们的人生道路因他们对军事院校的选择而发生了根本性的转变。因此，对于人格的发展来说，学校教育的主要功能之一是为儿童提供社会发展的信息，使之逐渐形成自己的理想，明确人生的目标和旨趣，并为他们实现这种理想提供知识、能力上的准备。在此过程中，我们可以提供必要的角色榜样或社会性的角色榜样，这一点尤其重要。我们所考察的人物在早年几乎都有自己的角色榜样，几乎都有英雄崇拜的深刻体验，而这些角色榜样大多是在他们接受学校教育的过程中树立的。

这意味着，在学校教育过程中，教育者应当高度评价和关注儿童创造性的行为和人格倾向，而现实却恰恰相反。有研究表明（申继亮等，2007，pp. 79－86），目前中国的教师们所喜欢的往往是那些自信的、有进取心的、集体主义的、意志坚定的、兴趣广泛的、反应敏捷的、主动性强的、坚强的学生，而不是想象力丰富的、愿做尝试的、洞察力强的、灵活的、实践能力强的、思维发散的、独创的、喜欢接受挑战的、好奇心强的学生，而后一类学生常常是高创造性的学生，国外研究也有类似的发现。创造性的学生勇于探索，敢于挑战传统，容易触犯教师的权威，让教师感到难以接受，因而难以引起教师的"好感"。因此，改变教师对于创造性的观念，改变教师对于创造性学生的观念，形成科学的创造教育观，是创设促进性和支持性的教育环境的重要组成部分。

与此相对，学校之外的社会教育的功能主要是为他们提供参与社会的机会。我们发现，个体早年的社会参与经历对他们的人格会产生持久的影响。这也得到了众多心理学研究的证实。社会参与活动能够促成一个人人生观、世界观的巨大变化，为他们实践他们的理想自我和社会理想提供"试验"的机会。另一方面，正是在社会参与的过程中，个体才有了更多解决社会性问题的机会，才逐渐发展起真正的社会创造性人格和能力。"时势造英雄"这句话，就试图说明社会环境所提供的机遇对社会创造性和创造性人格的"决定性"影响，"时势"为那些立志做未来英雄的人提供了改造时势的机遇，它是"英雄造时势"的前提条件。

机遇大大提高了一个人成功的机会，我们可以把"时势"看作人们所拥有的时代或社会机遇。但是，一个人所特有的机遇往往会起到更大的作用，有时甚至可以成为一个人人生道路的转折点。我们的研究表明，军事家之所以能成名，往往与他们拥有报考军事院校的机遇密切相关，而这又成为他们军事生涯的开端。政治家步入政坛，往往与他们成功地参与某种社会活动的机遇密切相关。显然，"机遇只钟情于那些有准备的头脑"，对社会性问题情境的挑战性、好奇心、冒险性，是他们"捕捉"到各种机遇并最终走向成功的内在条件，而这种机遇又进一步促进了他们创造性人格的发展。从教育环境的角度来看，我们可以认为，机遇是由社会所创造的，为每个人提供创造性和创造性人格发展的机遇，是我们的社会义不容辞的教育责任。

虽然我们的研究对象都已经作古，他们所处的历史时代也逐渐远去，但这些研究结论却启示我们，在创造教育过程中，我们要重视创造性发展的多元化，不能把目光停留于有限的领域，尤其是科学和艺术领域，而应在促进儿童的科学和艺术创造性发展的同时，高度关注儿童在社会生活中的创造性，社会创造性是创造性最基本的表现形式，而在社会创造性发展过程中，社会创造性人格品质的培养又是至关重要的，相对而言，社会创造性人格具有根本性的意义。它不仅可以成为启动创造性认知能力的"催化剂"，而且可以决定创造性能力投入的方向，一个人的道德和价值观直接影响着他把自身的能力用于为善还是用于为恶。在社会创造性人格的培养过程中，要注意其自身特殊的发展规律。不仅应为儿童创设温暖、民主的家庭环境，采取充满慈爱、价值观明确的教养方式，促进儿童社会智力和社会责任感的发展，而且应该为儿童创造参加各种社会活动的机会，增强儿童在社会领域的成就动机和独立性。尤其需要指出的是，对社会创造性人格的培养要着眼于儿童对各种生活环境的独立适应和对各种社会问题情境的灵活反应，要从日常生活情境着手，因为真实的社会生活是培养社会创造性和社会创造性人格的最佳途径。其实，社会历史上表现出来的杰出的社会创造性都是由日常生活中的一般社会创造性逐渐发展起来的，而不是生而有之的。而且，任何一种伟大的社会创造行动，任何一种杰出的社会创造方案，归根结底都是由"微小"的社会创造行为所构成，也是由微不足道的社会创造行为所促成的。在此意义上，日常的社会创造性的发展是重大社会创造性得以展现的前提和基础。

三 创造性生活教育

对儿童青少年来说，开展创造性生活教育尤为重要，这是我们的社会创造性研究对教育的重要启示，领袖人物的社会创造性实际上是在日常的社会生活中逐渐发展起来的。创造性生活教育的目的在于，增强儿童青少年创造性地生活的能力和人格倾向，让他们学会创造性地管理和规划自身的社会生活，创造性地建立和处理日常生活中的多种社会关系，包括同伴或朋友关系、师生关系、亲子关系等，创造性解决人际关系和社会交往中的各种问题，以保持心理健康、人际关系和谐、促进身心的充分发展。

我们之所以倡导创造性生活教育，是因为在日常的社会生活中，如果儿童青少年能创造性地生活，解决日常生活中的各种问题，尤其是人际关系问题，找到新颖、独特、有效、适当的社会性解决办法，那么，他们就能与他人、与集体、与社会建立一种和谐的关系，为自身的发展创设宽松的社会环境，最终实现自我和谐和心理健康。显然，创造性地生活，可以使一个人避免内心的各种冲突、高度的焦虑和生活压力感。近年来屡屡发生的儿童青少年打架斗殴、厌学或辍学、离家出走乃至自杀、杀人等恶性事件，主要是因为他们不能有效而适当地解决同学或朋友冲突、师生冲突、亲子冲突，不能创造性地处理各种社会关系，归根结底，都与创造性生活教育的缺乏有关。

对儿童青少年来说，创造性生活教育主要包括同伴或朋友关系教育、师生关系教育、亲子关系教育以及各种生活情境和社会角色教育（包括学习的管理和规划、日常生活的管理和规划、生活应急教育、承担社会角色的教育等）。针对社会生活中的各种问题情境，开展创造性生活教育是可行的、有效的。我们近期开展的"小学儿童社会创造性的发展与培养研究"证明，在教育过程中，让儿童青少年对各种典型的社会关系问题（包括同伴关系、师生关系、亲子关系问题）进行讨论，鼓励他们提出创造性的解决方法，可以有效降低他们的社交焦虑，改善他们的同伴关系，增强他们创造性地解决社会问题的能力和人格倾向。

在创造性生活教育过程中，教育者应培养儿童对问题的创造性思维能力，提高思维的流畅性、变通性、独创性、有效性和适当性，也就是要鼓励他们面对社会生活问题时，尽可能从多个角度想出尽可能多的、尽可能与众不同的解决办法，而且，这些问题解决办法应当是有效的、适当的，是符合社会伦理和道德规范的。同时，还要注意促进挑战性、冒险性、好奇性等人格倾向的发展，鼓励他们不怕困难，勇于解决各种复杂的社会问题，鼓励主动探索的行为。

另一方面，我们也应以系统的观点为指导，不仅在学校里开展特定的教育教学，促使教师形成科学适用的领导和管理方式，还应形成宽松、温暖、鼓励性的家庭环境，促使家长形成良好的教养方式，鼓励儿童学以致用，经常反思和完善自己的社会生活，在生活中开展教育，以教育来指导生活，真正将这种教育过程与儿童的实际生活融为一体。另外，还可以提供社会上发生的各种典型案例，尤其是成功的、创造性的社会问题解决案例，为他们解决各种社会性问题提供榜样。

我们在近年开展的社会创造性研究——"小学儿童社会创造性的发展与培养"研究中，制定了融家庭、学校、同伴于一体的综合的培养方案（参见第一章第二节的有关内容）。本方案以学校课程教学、教师领导方式的改善、家长教养方式的改善三者为核心内容，其中学校课程与思想品德教育相结合，课程教学以小组讨论为主要形式，辅以教师总结、引导和反馈。

整套课程共包括九个部分或单元，其中涉及儿童社会生活的基本内容和基本的社会活动类型。每部分课程都围绕儿童生活中的某一个主题展开，例如同伴关系、师生关系、亲子关系等，都包括以下几个步骤：教师提出讨论主题，或提出社会生活中需要解决的某个问题情境；让儿童分组讨论面对这类问题会怎么做，要求想出尽可能多的办法，并确定最佳的解决办法；小组总结；班级汇报，即在课堂上报告小组讨论结果；教师与儿童一起分析，评论出主意最多小组、主意最适当和有效小组、最灵活小组、最具冒险性小组、最具挑战性小组、最具主动性小组；研究者总结反馈，强调将学习结果向现实生活的推广和运用，结合讨论主题布置课后自我反思作业，让儿童反思和总结自己在日常生活中提出和解决类似的社会问题的方法、可以采用的方法以及最佳解决方法；研究者对作业进行总结、反馈。

学校环境的改善主要通过教师领导和管理方式的改善进行的，强调在师生交往中，教师应形成平等的、相互尊重的氛围，形成民主的领导方式。家庭环境的改善主要是通过家长教养方式的改善进行的，让家长在家庭中为孩子创造良好的亲子交往环境，营造温暖、接纳、宽松、鼓励性的家庭氛围。为了保证家长、教师更好地履行方案，还要求他们每周对履行情况提供反馈，以便督促和指导。事实证明，这种综合性的培养方案促进了儿童社会创造性的发挥，改善了他们的生活。

第四节　关于建立综合的社会创造心理学的设想

一　社会创造心理学的历史使命

一些心理学家区分了不同类型和等级的创造力。博登（Boden，1991）区分了心理性创造力（P-Creativity）与历史性创造力（H-Creativity），前者是对于个人而言的，如果一种产品或观念对于个人而言是新颖的，无论在历史上曾经有多少人有过同样的想法，它对于这个人来说也是创造性的；后者是对于人类历史而言的，只有某种产品或观念在人类历史上不曾存在过，或者说对于人类历史是新颖的或前所未有的，它才能称得上是历史性创造力。与此类似，加德纳（Gardner，1993）曾经把创造力区分为"小 C"创造力与"大 C"创造力，"小 C"指我们在日常生活中表现出来的创造力，包括了我们对于日常惯例的微小突破；"大 C"指像 T. S. 艾略特、爱因斯坦、毕加索这样的少数人所表现的创造力，他们在塑造人类文化观念和标准方面做出了重大的突破性的贡献。根据这种划分方法，我们也可以把社会创造性分为个人的社会创造性与历史性的社会创造性，或者区分为小社会创造性与大社会创造性。我们可以把这种划分方法看做一种类型划分法或二分判断（有或者无）划分法。当然，我们也可以采取另一种基于连续体的划分方法，正如穆恰鲁德等人

（Mouchiroud & Lubart，2002）所指出的那样，我们可以把社会创造性看作一个连续体，重大的社会事件（如宗教和政治领域的重大事件）中所表现的社会创造性与一般的人际交往中所表现出的社会创造性可以看作这个连续体的两端。正是因为存在着这两个层次的社会创造性，所以我们可以据此分析社会创造心理学的建立对于个人发展与社会发展的意义。

成立一门新兴的学科——社会创造心理学，可以说是大势所趋，它适应了宏观的社会要求和微观的个人要求。换言之，社会创造心理学的建立是社会发展和个人发展的双重需要所促成的，它承担着为社会改革服务和为个人适应服务的双重功能和使命。

（一）对于个人发展的使命

在微观上，社会创造心理学研究可以帮助一个人完成基本的社会适应，最大限度地促进其社会性的发展。社会创造心理学研究可以揭示在什么样的条件（包括个人条件和环境条件）下，人们才能在日常的社会生活、社会活动中，通过特定的认知过程，以新颖、独特、有效、适当的方式解决各种社会问题；可以从科学意义上告诉人们，怎样才能过上一种创造性的生活或者形成一种创造性的生活方式，怎样才能创造一种促进个人发展的最佳的社会环境。

事实上，由于社会结构的不断变革以及随之而来的人们价值观和思维方式的变化，人们在生活、学习、工作和就业等方面的压力感不断加大。近年来，从学校内外传来的自杀、凶杀消息不绝于耳，家庭中不断加剧的婚姻冲突、代际矛盾（包括成年人婚后与父辈的矛盾、与孩子的矛盾）也占去了报刊、杂志、网络、电视等媒体相当多的空间和时间，成为街头巷尾热议的话题。这些事件的事主包括了各个阶层的人：学生、农民、公司的普通职工和管理者、自由职业者，甚至还有高校教师，促成这多种事件的因素包括情感挫折（如失恋、婚姻失败）、职业发展的不顺（如就业困难、失业、工作业绩不佳、同事关系紧张）、师生关系和朋友关系紧张、学习压力过重或学业失败等。概括地说，几乎所有的事件都与事主不善管理自身的社会生活、人际关系有关，与不能适当而有效地解决各种社会问题、消除各种社会冲突有关。

　　不容否认，现实生活中确实有这样一些人：他们有效地规划着自己每天的生活，把一天的时间安排得十分得体，从容、镇定、恰当地处理手头的各种事情，而又不为琐事所累；处理各种人际关系得心应手，面对各种应急情境从容不迫，决策果断又恰到好处；他们常常是周围的人遇到各种社会问题时首先想到的"智囊"。同样不容否认，在现实生活中这类人又是为数不多的。也正因如此，这些人才被我们奉为为人处世的楷模。

　　诚然，一个善于管理社会生活、处理各种社会冲突的人，或者说，一个具有社会创造性的人，首先可以创造有利于自身发展的人际关系环境，包括和睦而相互促进的家庭关系、师生关系以及朋友、同伴或同事关系，这是一种动力性的环境，它对一个人的发展可以发挥积极的推动作用。其次，一个具有社会创造性的人更可能积极地发挥自身的潜能，实现自身的社会价值，使自身的社会性获得充分的发展。具有明显的社会创造性倾向，这一事实本身就意味着，一个人对生活具有积极的态度，能够热情地规划自身的生活，认真解决生活中的各种冲突或问题，对变动不居的社会环境具有良好的适应能力。

　　可以预测，一个具有社会创造性的人在生活中会避免许多人际冲突，形成和谐的人际关系和友谊；拥有较高的社会地位和社会威望，更容易受到周围人的接纳而不是排斥，产生较大的社会影响力；对于自身而言，在一种和谐的社会关系和生活氛围中则更可能形成健康、和谐的心理。假定一个人能够创造性地规划自身的生活，持续不断地达到自身的发展目标，能够积极面对各种问题，创造性地形成与恋人、与朋友、与同事、与亲人、与教师的和谐关系，解决在此过程中的各种冲突，那么，他或她就更可能避免上述各种不幸。事实也确实如此。积极心理学的研究表明，积极解决社会问题的倾向、理性地解决问题的能力可以预测一个人积极的心理功能，包括良好的生活满意度、自我接纳程度、自主性、对环境的掌控力以及和谐的人际关系、良好的生活目标和个人成长（Chang，Downey & Salata，2004，pp. 99－116）。而且，有效解决社会问题的人还能够积极地评价自己的能力，形成良好的自我概念，具有迅速而有效地解决重要问题的动机和信心；他们还会有效地提取和运用一切可用的信息，应对各种威胁心理健康的因素，保持心理功能和行为的健康（Elliott，Grant，& Miller，2004，pp. 117－134）。

（二）对于社会发展的使命

在宏观意义上，社会创造心理的研究显然可以为建设和谐社会和创新型社会作出自己应有的贡献。在我国最近发表的文件《中共中央关于构建社会主义和谐社会若干重大问题的决定》中，明确提出要以建立社会主义和谐社会为近期社会发展的总体目标，指出民主法治、公平正义、诚信友爱、充满活力、安定有序、人与自然和谐相处是社会和谐的总体要求和基本特征。在心理学意义上，和谐社会的本质是建立在政治和谐和经济和谐等和谐环境基础之上的、各种社会关系的和谐和心理和谐。脱离特定的政治、经济、文化基础而论心理和谐，自然有心理决定论之嫌，但拥有丰裕的物质生活未必有心理的和谐和社会关系的和谐，这并不难理解。要实现真正的和谐，每个社会成员首先需要具备可以促成心理和谐的个体条件，其中包括管理、规划自己的日常生活的意识、动机和能力，建立和谐的人际关系的意识、动机和能力，处理和解决各种人际关系问题的积极倾向和能力，应对各种挫折、消除其消极影响的人格倾向和能力等。一个具有社会创造性的人，理当以这些品质为基础，形成积极的个人生活方式和集体生活方式。换句话说，作为个体在社会生活中表现的综合性的品质，社会创造性不仅是个人心理和谐的重要保障，还是社会心理和谐、社会关系和谐的基础。

诚如马克思所言，在其现实性上，人的本质是一切社会关系的总和。对于一个家庭成员来说，善于处理家庭中的各种社会关系（包括亲子关系、夫妻关系、长幼关系、代际关系）的人更可能拥有家庭的和谐；对于一个社区居民来说，善于处理社区的人际关系，忠实履行社区责任，才更可能促成社区的和谐；对于一个教师或学生来说，善于处理师生关系、朋友和同伴关系，才更可能创造和谐的学校环境或学校的和谐；对于一个单位或组织的职工来说，善于处理同事关系和上下级关系，才能更好地创造单位或组织的和谐。显然，一个具有社会创造性的人更可能创造和谐的社会，实现社会心理和社会关系的和谐。

正如本书中所涉及的历史人物一样，历史上许多杰出的社会名人，包括政治家、军事家、社会活动家、改革家以及精于组织、管理和领导的杰出人物，都曾经表现出杰出的社会创造性，他们所创立的丰功伟绩推动了历史的进步、时代的发展和社会的变革。这些人所表现的创造性是一种大社会创造性（大 C），是历史性的社会创造性，或者说处于社会创造性连续体的极高的一端。由于个人的生理与心理条件、成长环境、职业条件以及活动机会的差异，不可能每个人都表现出这种创造性，但通过探究它的发展与展现规律，我们完全有可能促进这种杰出的社会创造性的发挥。我们虽然不能复制某个具有杰出创造性的领袖人物，但可以从他们的认知活动、人格倾向、动机特征以及他们与环境相互作用的方式汲取有益的启示，形成我们自己的"政治人格"或

"国家人格"。

　　每个时代的社会发展都可谓风云变幻、神秘莫测，在我们这个时代亦如此。世界各国政治、经济形势变化多端，绝不可能用某一个"模子"或某一种方案解决所有的政治问题、经济问题或其他的社会问题。社会环境每天都在变化。昨天的社会形势已经不同于今天的社会形势，昨天的社会问题情境已有别于今天的社会问题情境。因此，适用于昨天的社会问题解决方案可能已经不适用于今天，正所谓"此一时，彼一时"也。在这种情况下，社会创造性对于一个组织的管理者和领导者就显得尤为重要。他们必须根据"此一时"的社会情境做出新颖、独特的（至少是适当、有效的）决策，制定适用于"此一时"的解决方案。换言之，他们必须进行社会创造。

　　恰逢本书写作之时，一场五十年一遇的暴风雪袭击了中国的多个省市，给交通、工作和百姓的日常生活造成了巨大的困难。因为正值春节期间，航空、铁路、公路交通不畅使许多急切地想回家过年的人被迫滞留站点；由于物资无法正常运输，四十多个县市居民的生活供给出现困难，许多人备受冰冻灾害之苦。这场出人意料的自然灾害考验着整个国家和灾区各级政府的应变能力或社会问题解决能力，要求他们发挥自身的社会创造性，以最少的投入、最快的速度，最大限度地降低各方面的损失，解决百姓所面对的各种实际困难或社会问题。值得庆幸的是，各级政府同心协力，成功地启动了应急方案，解除了暴风雪的威胁，取得了"迎战暴风雪"的胜利，同时也为社会创造心理学研究的实际意义提供了一个事实论据。

　　通过社会创造心理的研究，可以描述成功的社会创造活动的特点，探明社会创造活动需要具备的个人条件与环境条件，查明特定的个人因素、环境因素怎样影响着一个人或一个群体社会创造性的发挥。显然，这些研究结果对于领导者和组织者创造性的成长和发挥具有重要参考意义。如果我们已经知道，在哪些条件下一个人更可能产生社会创造的动机，更可能表现出特定的人格倾向，并以创造性的认知方式思考和解决社会问题，开展社会活动，那么，我们就能够据此创设有利的条件，促成那些从事社会创造活动的领导者、管理者适当的人格、动机、认知方式。这些研究也可以为建立科学的管理和领导体制提供参考依据。

江山代有英才出，各领风骚数百年。一代代社会领袖人物的社会创造奠定了我们今天社会发展的基础，同时，他们的社会创造行为也不断引领着后来者，供他们研究、学习。但是，也不乏失败者，他们的行为或者教训虽然惨痛，但同样值得研究、反省或总结，不断警醒着后人。社会创造心理学重大的历史使命就是推动对社会创造心理规律的研究，使一个人、一个群体或组织乃至一个国家和民族，力所能及地避免社会改革和创新过程中可能遇到的失败，而从一个成功走向另一个成功。

二 社会创造心理学的性质和研究内容

作为一门新的心理学分支学科，社会创造心理学具有自身独特的性质、相对独立的研究内容和研究任务，也具有一套与此相应的研究方法。

（一）社会创造心理学的学科性质

从学科性质上看，社会创造心理学可以看作创造性心理学的一个分支，它与社会心理学、组织行为学既有区别又有联系，或者说是社会心理学、组织行为学与创造性心理学等学科的交叉学科。

首先，社会创造心理学是研究社会创造性这样一种特殊领域的创造性的本质、发展和表现规律的科学，它本质上是一门创造性心理学。它所揭示的是个体或群体在日常的社会生活、社会活动、社会交往中的创造性人格、创造性认知、创造性动机、创造性能力特点及其与环境的关系，是社会创造活动中的基本心理规律。创造性心理学作为一门研究创造活动中心理规律的科学，它的研究领域更为宽泛，它的研究范围不仅包括社会创造领域的心理规律，而且包括了科学创造领域、艺术创造领域以及其他领域的创造心理规律。可见，它与创造性心理学的关系主要是特殊与一般的关系，是创造性心理学的一个分支学科。

其次，社会创造心理学具有跨学科性，可以看作创造性心理学与社会心理学、组织行为学等学科的交叉学科。社会心理学主要是研究社会互动过程中自我、他人与情境相互作用的规律的科学，侧重考察群体成员之间的社会关系、社会行为、社会互动和社会影响等。组织行为学侧重研究在组织这类特殊的社会群体中成员之间的社会互动规律或社会行为之间的相互影响，如果把心理学作为一门行为科学，它本质上是社会心理学的一个分支。社会创造心理学与社会心理学都注重研究人们在形成社会关系的过程中所具有的特殊规律，群体成员在社会互动过程中的创造性行为是它们共同的研究主题，但社会创造心理学不仅研究个体在群体生活中的创造心理规律，而且研究个体在日常的社会生活中的创造性心理；不仅研究社会创造性的性质和表现，而且研究社会创造性的发展和演变。类似的，组织中的社会创造性是社会创造心理学与组织行为学共同的研究主题，其中组织中创造性的管理和领导行为又是重要的研究问题之一。另一方面，组织创造性虽然是创造性心理学的重要研究主题，但组织创造性未必是社会创造性。同样，管理与领导活动中的创造性是社会创造心理学与管理心理学、领导心理学共同的研究主题，但社会创造心理学所研究的社会创造性的范围更宽。

这里尤其要提到艾曼贝尔在 20 世纪 80 年代提出了一门新的

学科——创造性社会心理学（social psychology of creativity）。她指出，创造性社会心理学主要研究社会因素与创造性的关系，揭示社会因素对创造性的影响机制，考察最有利于创造性的社会环境条件。早期家庭环境、家庭关系与成人创造性的关系，旅行、日常活动或社会文化的多样性与创造性发展的关系，早期教育环境与创造性的关系，特定领域的创造性榜样与青年人创造性的关系，成人的工作环境与他们的创造性成绩的关系等，都是创造性社会心理学的研究问题，有关的研究结论已经产生了广泛的影响（Amabile，1987，pp. 1－5，249－259）。因此，它本质上是社会心理学的一部分，不过是以创造性作为自己的研究问题。

　　社会创造心理学与此不同，它不仅要研究社会条件或各类环境因素对社会创造性的影响，而且要研究社会创造性的本质、发展趋势、年龄特征以及与遗传、认知等个体因素的关系。也就是说，从研究问题上看，社会创造心理学不仅包括社会创造性的社会心理学，而且包括了社会创造性发展心理学、社会创造性教育心理学、社会创造性生理心理学等，它们分别研究社会创造性的发展问题、教育问题与生理机制问题。在此意义上，社会创造心理学与创造性社会心理学也是既有所重叠又相互独立的关系。

（二）社会创造心理学的研究内容和任务

1. 社会创造心理学的研究任务

社会创造心理学承担着理论创新与实践促进两大任务，或者说，其研究任务可以分为理论任务与实践任务。

正如第一章所分析的那样，在理论上，通过社会创造性的心理学研究，可以建立社会创造性的结构与运行理论，探明社会创造性的组成成分，探讨社会创造性的发展趋势、年龄特征、社会创造性与其他心理品质的关系，查明影响社会创造性的生理或遗传因素、环境因素及其影响机制。这些研究将使我们更好地理解有关的创造性理论。在本书的第三章至第七章及第九章中，我们考察了社会创造性人格的成长过程、毕生发展趋势和年龄特征，探讨了各个阶段的社会创造性与环境因素的关系，并在第十章分析了社会创造性人格的适应性本质。这构成了社会创造心理学研究的理论基础的一部分。

在实践上，社会创造心理学研究者应根据基础理论研究的一般结论，创设促进社会创造性发展、发挥的环境，促成特定的个体条件与环境条件的"优化组合"，以最大限度地激发一个人或一个组织的社会创造性。其中包括，创设有利的家庭环境，尤其是早期家庭环境，创设良好的受教育条件和工作环境，并促成特定的文化氛围和价值观。就像本书前面所指出的那样，敦促父母形成良好的教养方式和家庭氛围，提供社会创造性的榜样，提供参与社会创造活动的机会和职业条件，鼓励社会创造性的发挥。

2. 社会创造心理学的研究内容

社会创造心理学内容主要包括以下几个方面。

（1）社会创造性的性质、结构。这实际上是社会创造性的普通心理学的研究内容，具体又包括社会创造性的结构或组成成分，社会创造性的领域特殊性与跨领域性，社会创造性的认知、人格特点及其与其他心理品质的关系，旨在回答"社会创造性是什么"的问题。在本书的第一章、第十章，分析了社会创造性的系统构成性与领域特殊性，并考察了社会创造性的适应性本质。

（2）社会创造性的影响因素及影响机制。主要是查明社会创造性与个体因素（包括生理或生物学基础及基本的心理条件）的关系，社会创造性与环境因素的关系，包括与早期家庭环境的关系、与成年期工作环境的关系、与学习和受教育环境的关系、与社会价值观的关系等，查明影响社会创造性的环境条件及其影响机制，旨在回答"社会创造性为什么如此"的问题。其中影响社会创造性的环境条件也是社会创造性的社会心理学的研究内容。

在本书的第三章至第六章，在群体水平上分析了影响各年龄阶段的社会创造性的家庭环境因素，包括人物的性别、排行、父母的宗教信仰、父母去世时的儿童年龄、家庭的社会经济地位、家庭的规模、父母教养方式和家庭环境特点，还分析了受教育经历、社会活动经历、事业或职业发展经历等对社会创造性的影响。在第九章，通过对周恩来的个案分析，揭示了个体的遗传条件或气质特点、早期的家庭环境、儿童青少年时期的受教育环境、社会文化背景、成年后的职业活动经历等因素对社会创造性毕生发展的影响。

（3）社会创造性的发展。这是社会创造性发展心理学的研究内容。具体包括社会创造性的发展趋势、年龄特征及影响发展的内部决定因素和外部决定因素。菲尔德曼概括指出（Feldman，1999，pp. 169－186），创造性的发展研究至少应包括这样七个方面：创造性的认知过程、社会性和情绪活动过程、家庭中创造性的成长过程和趋势、创造性发展过程中受到的正式的和非正式的教育以及创造性发展的预备条件、专业和领域特殊性、创造性发展的各种社会和文化背景、影响创造性发展的历史条件。同样，这七个方面也是社会创造心理学的研究内容。也就是说，社会创造心理学不仅研究社会创造性认知、社会创造性人格在不同年龄阶段的发展特点和毕生的发展趋势，而且研究家庭、受教育经历、专业知识和领域特征、社会文化和个体所处的历史事件对社会创造性的影响。当然，工作环境、职业性质、社会活动经历、社会活动机会等影响因素也在研究范围之内。在本书的第三章至第六章，分别考察了社会领袖人物在童年和青少年时期、成年初期、成年中期与成年晚期的社会创造性的突出特征，第七章纵向考察了社会创造性人格的毕生发展趋势和人格和谐性的变化，在第九章深入分析了周恩来社会创造性人格的毕生发展历程。

（4）社会创造性的干预、培养和促进。这主要是社会创造性的教育心理学和组织行为学的研究内容，是社会创造心理学的应用研究的基本问题。在基本理论研究的基础上，设计和开发促进社会创造性的培养和促进方案，创设可以促进社会创造性的家庭环境、教育和教学环境、社会文化环境，敦促父母重视对孩子的早期教育，增加他们参与社会活动的机会，改变可能阻碍社会创造性发展和发挥的工作环境，提高个体社会创造性的水平。在不同的年龄阶段进行的应用研究应有所侧重，在以儿童、青少年为研究对象时，应侧重从教育、教学环境的改善入手，侧重社会创造性的培养和提高，并要注意与基本的问题解决能力、社会知识和技能的学习相结合；在以成年人为研究对象时，则要侧重从组织的管理和领导方式、职业或工作环境的改善入手，并注意结合职业活动中的具体问题。值得一提的是，在研究过程中，以系统论为基本的指导思想具有重要意义，它可以避免我们只见树木，不见森林、知其一而忽略其余的做法。在第十章提到，我们以3—6年级的小学儿童为研究对象，开展了一系列的发展和促进研究——"小学儿童社会创造性的发展与培养"研究，制定了融家庭、学校、同伴于一体的综合的培养方案。结果表明，方案的实施有效地降低了儿童的社交焦虑和孤独感，提高了儿童的社会创造性水平和社会地位（谷传华，2007）。

（三）社会创造心理学的研究主题：积极的社会创造性和社会创造性的积极化

社会创造心理学应当以积极的社会创造性和社会创造性的"积极化"为核心研究主题，也就是说，社会创造心理学应研究具有积极的社会价值和个人价值的社会创造性，应促进这种积极的社会创造性的发展，使违背人类伦理和破坏社会文明的、消极的社会创造性向积极的社会创造性转化。在这里，需要提到创造性的决定性特征或基本标准问题。

1. 积极创造性与消极创造性

虽然对创造性这个概念至今仍有争议，但在创造性的基本内涵上却取得了相对一致的看法。梅耶总结指出（Mayer，1999，pp. 449－450），心理学家们一致同意，原创性（originality）和有用性（usefulness）是创造性的两个决定性特征。根据这个标准，我们判断一种产品或活动（主要指一种产品）是否是创造性的，要看它是否具有独创性、是否有用。独创性是指一种产品或活动是新颖的、与众不同的，有用性是指一种产品或活动具有个人价值或社会价值（尤其是社会价值），是适用的、适当的或适合环境要求的。需要注意的是，有用性有个人价值与社会价值之分，也就是说，创造性活动及其产品可能对社会是有用的，也可能对个人是有用的。

在这里，创造活动及其产品的社会价值尤其需要引起我们的注意，片面地强调社会价值，有可能使我们只看到积极的创造性，而将消极的创造性排除在我们的研究视野之外。能力本身可以带来双重后果，自然科学发展的结果已经充分证明了这一点。作为人类能力发挥的伟大成果，科学的发展并没有必然地为人类带来平安和幸福，相反，科学研究的成果促成了各种尖端武器的产生，它们增强了人类战胜邪恶的能力，但也为人类长久的和平和安全造成了严重威胁。这说明，一种杰出的能力既可以为人类造福，也可以带来灾难。生活中不乏这样的人：他们拥有足以做出重大发明或科学发现的卓越能力，却把这种能力用于破坏社会秩序和毁灭人类幸福的活动，为他人制造了深重的苦难，制毒贩毒，抢劫，凶杀和恐怖主义活动，制造和传播"网络黑客"，甚至为邪恶势力所利用，违法犯罪，如此等等，不一而足。我们不妨把这种杰出的能力与个体特定的人格特征、动机和认知方式统称为消极创造性，而把具有社会价值的创造性称为积极创造性。

　　之所以将积极创造性与消极创造性区分开来，主要是因为我们不能无视虽然消极但仍然是一种独创性品质的创造性的存在。尽管根据社会价值标准来判断，这里的消极创造性也许算不上是一种真正的创造性，但它仍然符合独创性和个人价值标准，而且它能够给社会和他人造成重大的影响。很显然，我们必须承认，它仍然是一种创造性的存在形式，否认这种创造性的存在，就等于否认创造性的双重影响和创造性的伦理性。更重要的是，我们不能无视这种创造性所造成的严重的社会后果，相反，心理学家们有责任也有义务研究消极创造性的本质和形成机制，在此基础上找到扭转这种创造性的应用方向的策略和方法，制定干预、阻止或预防创造性"消极化"的措施。这本质上是探讨创造性"积极化"的方式，或者探索由消极创造性向积极创造性转化的机制和策略。创造性研究的核心主题应当是积极创造性，探讨积极创造性的培养和开发，对消极创造性的干预实际上是积极创造性研究的一个组成部分。

　　2. 积极的社会创造性与消极的社会创造性

　　类似地，社会创造性也应有积极与消极之分。如果一种社会创造活动不仅具有独创性、新颖性（是与众不同的、前所未有的），而且具有社会价值或者对社会有用，适应了社会发展的要求，推动了人类文明的进步，带来了利人、利群的后果，那么，这种社会创造性就是积极的社会创造性；反之，如果一种社会行为有个人价值而无社会价值，虽然利己，却危害他人和社会，那么，这种社会创造性就是消极的社会创造性。在此意义上，我们通常所研究的社会创造性实际上都是积极的社会创造性，或者说是社会创造性的积极方面，而忽略了消极的社会创造性。

　　毋庸赘言，积极的社会创造性是人类社会的主导力量，正是无数代表和维护正义的社会领袖人物，包括杰出的政治家、社会活动家、宗教家以及其他各个领域的社会领袖人物，以杰出的社会创造才能不断打破旧的社会制度和思想的束缚，改善和革新着人类的社会生活环境，推动着人类文明的发展，才有了我们今天民主、自由、宽松的社会环境。同时，不容否认，也存在着像法西斯头子希特勒、墨索里尼这样的社会领袖人物，他们能够在当时的社会中脱颖而出，并能支配、领导着一个国家和民族，达到他们独霸世界的狂妄目的。没有超人的领导、管理和说服才能，很难做到这一点。生活中也不乏社会能力突出却损人利己的人，他们的行为具有个人价值而毫无社会价值。

显然，社会创造心理学的历史使命决定了它要以积极的社会创造性为核心的研究主题。一方面，要研究积极的社会创造性的发展过程、发挥机制及其个人和环境条件，找出可以培养和促进这种社会创造性发展和发挥的途径，制定具体的培养和促进方案；另一方面，还要研究消极的社会创造性的形成和发展规律，查明导致这种消极的社会创造性的内外条件及其影响机制，在此基础上，找到干预或转化这种消极创造性的方法，制定可能的预防方案。这本质上是将消极的社会创造性转化为积极的社会创造性，是从反面促进积极的社会创造性。

需要说明的是，本书中所论述的社会创造性更强调其积极的一面，强调社会创造行为的新颖性、独创性、适当性和有效性，这里的适当性是指个人的社会行为或行动符合大多数人的利益，能够为大多数人所接受，不违背基本的社会伦理，有效性是指这种社会行为或行动有效地解决了特定的社会问题，或帮助个体更好地适应了社会环境。翻阅历史，我们可以看到，个别领袖人物曾经在某些时期做出了不适当的社会决策，违背了社会和人民的要求，他们在这些情况下显示的创造性显然是消极的，在未来的研究中，这种消极的社会创造性产生的社会条件和心理机制需要引起我们的关注。

三　社会创造心理学的研究方法

对于社会创造性，我们完全可以采取与心理学的其他分支学科一样的研究方法，包括实验法、测验或测量法、调查法以及其他具体的方法。但是，由于社会创造性问题的特殊性，社会创造性的研究方法也有其特殊性，除了上述常用的研究方法之外，还可以采用一些特殊的研究方法。

历史测量学家西蒙顿概括指出（Simonton，1999，pp. 116－117），创造性的研究方法主要有三种：严格控制的实验法、运用创造性测验对现实生活中的人实施的心理测量法（psychometric method）、对历史上的创造性个体实施的历史测量法（historiometric method）。实际上，根据不同的标准，我们可以把创造性的研究方法分为多个类型，社会创造心理学的研究方法亦如此。

从研究对象来看，社会创造心理学的研究方法可以分为群体水平的研究方法（group study）与个体水平的研究方法（case study）；从研究目的来看，社会创造心理学的研究方法可以分为普遍性的研究方法（nomothetic method）与个别性的研究方法（idiographic method）。群体水平的、普遍性的研究一般选取特定的社会创造性群体为研究样本，检验关于这一群体的行为的普遍规律的假设，目的是考察社会创造性的一般性规律，它根据统计学的概率推断标准得出特定的结论，是强调广度的研究方法，据此得出的结论可以推广到同类群体中其他的创造性个体；而个体水平的、个别性的研究侧重选取个别的（也可以是少数几个）社会创造性人物为研究对象，考察适用于个体的、独特的社会创造性规律，是强调深度的研究方法。研究者常常要根据对多种因素和多种来源的资料进行深层分析，据此得出的结论比较可靠，但不能轻易推广应用到其他的个体身上。

（一） 群体水平的、普遍性的研究方法

可用的群体水平的、普遍性的研究方法主要有以下几种。

1. 实验法

实验法强调在严格控制的条件下，通过操纵自变量，观察自变量的变化对因变量的影响。在社会创造心理学实验中，社会创造性水平的变化是一个核心变量，我们可以把它作为自变量，考察它对个体的其他变量（如作业成绩、自我评价）的影响，也可以把它作为因变量，考察其他变量（如内部动机或外部动机）对社会创造性水平的影响。长期以来，创造性的问题解决一直是创造性实验研究的主要问题。

艾曼贝尔（Amabile，1987，pp. 123—124）采用实验法研究了外部强制因素对创造性行为的影响。在实验中，选取一般的人为被试，在被试不知道实验目的的情况下，让被试完成他们感兴趣的创造性的任务或工作，实验组被试在接受工作之前处于明显的外部期望（如外部评价期望）之下，而控制组没有这种外部期望。然后比较两组被试的产品或反应的创造性水平、被试对工作的内在兴趣等。艾曼贝尔认为，这类研究必须在各种环境和条件下进行，包括在大学实验室、小学教室和日常生活中。社会创造心理实验同样可以借用这种研究范例，考察外部因素对社会创造性的影响。

实验法的主要优点是具有良好的内部效度，在研究过程中，可以严格控制无关变量，精确推断自变量与因变量之间的因果关系。虽然在日常生活和工作场景中开展的准实验设计（如许多创造性的教育、教学实验）对无关变量的控制不是那么严格，但其外部效度却提高了。难以保证研究的外部效度，实验研究的结论常常脱离实际，不能推广应用到现实生活中，恰恰是实验法的主要劣势所在。在社会创造性的实验中，我们可以根据研究问题的

需要，选择适当的实验设计方式。

2. 心理测量法

在创造性研究中，心理测量法主要是应用科学编制的量表或测验，对创造性过程、创造性的人、创造性产品以及创造环境等进行评价的方法。心理测量法是创造性研究者最早采用的研究方法之一。乔纳森·A.、约瑟夫·S. 概括指出（普拉克尔、伦祖里，2007，p. 29），作为当前所有创造性研究基础的方法论要么本质上是心理测量学，要么是针对心理测量学的弱点发展起来的，过去几十年对创造性所开展的心理测量学研究构成了当前理解创造性的基础。迄今，创造性方面的研究主要包括四个方面：创造性过程、与创造性有关的人格和行为特征、创造性产品的特征、促进创造性的环境属性，研究者为此开发的创造性测验、工具和评价量表数以百计。

在社会创造心理学研究中，可以编制专门的社会创造性量表或测验，测量社会创造的过程、与社会创造性有关的人格和行为、社会创造的产品以及促进社会创造性的环境。当然，我们也可以采用熟悉研究对象的人们的评价（包括成人评价、同伴评价或提名）等社会测量方法，考察生活中的社会创造性。由于对社会创造性这一主题尚缺乏系统的研究，关于社会创造性的量表或测验还没有开发。在上述"小学儿童社会创造性的发展与培养"研究中，我们从创造性的系统观①出发编制了"小学儿童社会创造性倾向问卷"，以综合评价小学儿童社会创造性的认知特征、人格特征和日常行为等方面。这也是运用心理测量学方法对社会创造性的初步探索。

---

① 这种观点强调创造性的系统构成性，认为创造性是由个体的创造性人格、创造性认知、创造性动机等多种因素及其相互作用所构成的系统。详见谷传华：《创造系统观及其对创造教育的启示》，《教育研究与实验》，2005 年第 3 期，第 51—55 页。

但是，长期以来对心理测量学研究进行的批评主要集中于创造性评价的标准上，迄今人们主要以创造性产品作为评价创造性水平的标准，许多研究者认为，人们在成就上的差异是多方面的，而心理量表或测验只能考察其中很少的一部分变异，缺乏区分效度与预测效度，或者说不能很好地区分出创造性水平不同的人，也不能很好地预测一个人将来的创造性成就。特定的量表或测验常常只能评价创造性的某个方面，如发散思维或创造性人格，而忽略了其他的方面。而且，创造性测验或量表主要基于这一假设：创造性是跨领域的、一般性的品质，这显然忽视了创造性的领域特殊性、任务特殊性，即在不同的领域、不同的任务中所表现的创造性可能是不同的。尽管如此，我们完全可以在考虑这些批评的基础上，更好地应用心理测量法。

3. 历史测量学方法

正如第一章所提到的那样，历史测量学研究以历史名人群体为研究对象，运用量化的方法处理有关的历史文献资料，从而检验关于人类行为的普遍规律的假设。历史测量学方法与心理测量学方法的主要区别在于，前者主要通过历史文献资料测量历史上的心理与行为特征，而后者常常通过受测者的自我报告收集资料，测量现实生活中人们的心理与行为特征。西蒙顿数十年来运用和完善了这种方法，用它研究了历史人物的创造活动规律，其中包括创造性与领导才能、科学发明和发现、创造性与年龄、音乐创造性等问题。

运用历史测量学方法研究社会创造性问题，似乎更有可行性，因为人类历史上社会活动、人际关系领域的杰出人物更多，而且由于他们的活动（如政治家的决策）关涉普遍大众的切身利益，其社会影响似乎更大，更为人们所关注，有关的历史资料也更为丰富多样。这为社会创造性的历史测量学研究提供了便利。在第一章，我们提到了对美国总统的人格、动机特点及其相关因素的历史测量学研究，它们本质上就属于这类研究。在本书的第二章，我们从研究对象的选取、研究资料的收集和量化等多个方面，详细说明了如何运用历史测量学方法研究领袖人物的创造性人格。

历史测量学方法可以与其他研究方法相互补充，实现历史与现实的结合，将历史上的社会创造性规律与现实中的社会创造性规律相互印证、相互补益，从而得出与各类社会情境相应的"跨时代"的、更为完备的社会创造规律。但是，这种方法对历史文献资料的依赖性较强，能否收集到丰富的可资利用的资料，直接影响着研究结果的科学性。

4. 调查法

这里所说的调查法包括问卷法、访谈法、观察法等方法。运用调查法考察社会创造性，可以通过问卷、访谈进行，也可以通过作品和档案分析等方式进行。当然，根据具体情况也可以综合运用多种方法获取调查数据，考察个体社会创造性的特点及其与其他因素的关系。

问卷法实际上是一种书面调查，主要适用于有一定文化程度的人，让他们回答研究者根据特定的研究目的设计的一系列问题，其主要优点是数据收集的效率高，便于分析；其主要缺点是提问的问题固定，不能灵活变动，而且可能有"社会期许效应"，即被调查者可能倾向于按照社会赞许的标准回答问题。访谈法则是一种口头调查法，研究者根据特定的研究目的，预先设计访谈提纲，然后对个体或团体进行访谈，其主要优点是提问灵活，适用范围广，不受被研究者的文化程度的限制，其主要缺点是对访谈者的要求较高，效率较低。通过观察调查个体或群体的社会创造性，我们可以通过感官直接观察，也可以通过录像机、行为观察室等先进手段，观察个体或群体在特定的社会情境中的行为。这种方法的主要优点是被观察者的行为比较自然、真实，能够保证研究的"外部效度",自然观察法尤其如此,其主要缺点是只能观察人们外部的行为(包括言语、姿势表情),不能深入探究行为的内在机制,包括人们行为的动机、态度、观念等。除此之外,通过分析社会创造活动的产品和结果、分析与社会创造活动有关的档案资料,也可以了解人们社会创造性的基本特点、社会创造活动的个体条件和环境条件。

下面是我们在考察学龄初期儿童的社会创造性时所使用的访谈提纲,访谈的目的是了解3—6年级小学儿童社会创造性的发展特点。在预访谈的基础上确定了这个访谈提纲,其中共包括12个问题,涉及三类典型的社会生活和人际交往情境:师生交往情境、同伴交往情境、亲子交往情境,每种情境又包括发起社会交往、维持社会交往与解决冲突三种情况。其中包括9个(第1至9个问题)假设的故事情境与3个(第10至12个问题)真实的生活情境,每个情境都要求儿童回答面对这种情境会怎么办,或者当时是怎么做的,并提出尽可能多的和与众不同的问题解决方法。

(1)如果老师认为你没有按照要求做作业,感到很生气,你会怎么办?为什么?怎样才能让老师不再生气?还有其他的办法吗?请你尽可能多地说出你想到的办法,尽量说出跟别人不同的办法。

(2)假设有一天爸爸妈妈在家都闷闷不乐,这时,你会怎么办?为什么?你怎样才能让父母高兴起来?还有其他的办法吗?请你尽可能多地说出你想到的办法,尽量说出跟别人不同的办法。

(3)假设一天晚上,你在自己家里。这时正好有一个非常好看的电视节目。你问爸爸妈妈,"我可以看电视吗?"但他们说"不行,天太晚了,你必须去睡觉。"这时,你会怎么办?为什么?你怎样做才能让他们同意你看电视?还有其他的办法吗?请你尽可能多地说出你想到的办法，尽量说出跟别人不同的办法。

（4）假设有一天，你和一位朋友在一起，他（或她）想玩一种游戏，但你想玩另一种游戏。这时，你会怎么办？为什么？你怎样才能让他们答应玩你想玩的那种游戏？还有其他的办法吗？请你尽可能多地说出你想到的办法，尽量说出跟别人不同的办法。

（5）如果你所在的班里来了一位新老师，你会怎么做？为什么？怎样才能让老师认识你，对你有好印象？还有其他的办法吗？请你尽可能多地说出你想到的办法，尽量说出跟别人不同的办法。

（6）如果你看到几个陌生的孩子正在欺负你的一个朋友，这时你会怎么办呢？为什么？怎样才能不让朋友受欺负呢？还有其他的办法吗？请你尽可能多地说出你想到的办法，尽量说出跟别人不同的办法。

（7）设想你在课间休息时看到两个孩子正玩一种有趣的游戏，你很想与他们一起玩。这时，你会怎么做？为什么？如果你仍想让他们答应和你一起玩，你会怎么做？还有其他的办法吗？请你尽可能多地说出你想到的办法，尽量说出跟别人不同的办法。

（8）如果你想在你班担任班干部，但是班主任认为你不适合，你会怎么办？为什么？怎样才能让老师答应你的请求？还有其他的办法吗？请你尽可能多地说出你想到的办法，尽量说出跟别人不同的办法。

（9）假设爸爸妈妈答应你，如果你在期末考试中取得好成绩，在假期就带你去旅游，但是，你由于各种原因没有取得父母想要的好成绩，爸爸妈妈决定取消旅游计划。这时，你会怎么办？为什么？你怎样才能让他们答应带你去旅游？还有其他的办法吗？请你尽可能多地说出你想到的办法，尽量说出跟别人不同的办法。

（10）在与同学或朋友交往的过程中，经常会发生一些事情，你能谈谈在你与同学或朋友交往时发生的某一件事情吗？当时你是怎么做（解决）的？为什么？对于这件事情还有其他的办法吗？请你尽可能多地说出你想到的办法，尽量说出跟别人不同的办法。

（11）在与爸爸妈妈交往的过程中，经常发生一些事情，你能谈谈在你与爸爸妈妈交往时发生的某一件事情吗？当时你是怎么（做）解决的？为什么？对于这件事情还有其他的办法吗？请你尽可能多地说出你想到的办法，尽量说出跟别人不同的办法。

（12）在与老师交往的过程中，经常发生一些事情，你能谈谈与老师交往时发生的某一件事情吗？当时你是怎么解决的？为什么？对于这件事情还有其他的办法吗？请你尽可能多地说出你想到的办法，尽量说出跟别人不同的办法。

正式访谈之前，首先与被访者建立相互信任的关系，访谈者先说明自己的访谈目的，并声明访谈的基本规则和对访谈回答的处理方式，征得被访者的同意：下面有一些问题，我们希望你谈谈自己对这些问题的想法。你的回答没有对错之分，与你的学习成绩没有关系，也不会影响老师对你的看法，我们会为你的回答保密的。请你认真思考后说出你的真实想法，好吗？也可以先与访谈对象进行预热性的交谈，以便消除他们的防御心理，让他们自然地回答问题。

由经过统一培训的发展心理学专业研究生对各年级儿童进行个别访谈，在访谈过程中，问题随机排列和呈现以避免顺序效应，然后将访谈录音资料转写为文字，从中确定独创性、流畅性、变通性（这三者为创造性思维特征）、好奇性、挑战性、冒险性（这三者为创造性人格特征）、适当性、有效性（这二者为创造性的社会情境特征）八个指数，让五位心理学专业的研究人员根据统一的评分标准，从这八个方面对儿童在每个问题上的回答进行独立评分，最后求得平均值，同时计算五位评价者在各指数上评分的一致性系数。

（二）个体水平的、个别性的研究方法

个案研究法是个体水平的、个别性的研究方法的一种主要形式，而这种个案研究的对象常常是各个领域中杰出的历史名人。心理历史学方法中的个案研究实际上是根据特定的理论或假设分析历史人物的一种方法，它也是研究创造性的一种常用方法，它可以看作是个案研究的一个特例。

1. 个案研究法

在创造性研究中，个案研究是一种十分重要的研究方法。它常常选取某一个或几个典型的创造性个案作为研究对象，广泛地搜集资料，研究个体在某个领域的创造能力发展和表现的过程。这些个案的案主有的是历史上杰出的自然科学家、艺术家等，有的是生活中的创造性人物。例如，富兰克林（Franklin，1994）对七位女艺术家持续七年的研究，探讨了艺术创造性发展的基本模式；另外，还有皮亚杰（Piaget，J.）对自己孩子的认知发展进行的个案研究、韦特海默（Wertheimer，1945）对爱因斯坦创造性思维过程的研究以及加德纳（Gardner，1993）对表现出不同类型的智力或智能的杰出历史人物（弗洛伊德、爱因斯坦、诺曼·格施温德和卡尔顿·盖杜谢克等科学家，毕加索、T. S. 艾略特、斯特拉文斯基、弗吉尼亚·伍尔夫等艺术家，政治领袖甘地）的研究，这些研究基本上是以创造性认知为研究主题的，格鲁伯（Gruber，H. E.）和华莱士（Wallace，D. B.）把这类研究称为"认知个案研究"，以便于与那些主要考察一个人的人格和社会关系的心理传记学研究区分开来。同时，个案研究的对象常常包括若干个人物，在许多情况下，在研究一个人的创造能力

时必须同时涉及另一个或另几个人，如马克思与恩格斯、居里夫妇、莱特兄弟等，个案研究对象的数量要根据研究的需要而确定。

格鲁伯等人主张把创造性人物看作一个进化系统，其中包括个体创造的知识、目的和情感三个子系统，创造性的发展和展现是一个多因素的、不可预测的、独特的过程；创造性的工作具有多面性：包括创造性个案的独特性、创造者的信念系统、思维模式、问题解决过程、价值观等（Gruber & Wallace，1999，pp. 93—115）。他们对达尔文信念系统的研究表明，从 1831 年到 1838 年，达尔文的学术思想经历了 4—5 个发展阶段。加德纳则主张在研究创造性个体的生活和工作入手，概括出创造活动的基本规律（Policastro & Gardner，1999，pp. 213—225）。运用个案研究法探讨社会创造性时，同样可以从对多个个案的详细分析中，概括出创造活动的基本规则。在本书中，我们选取周恩来作为社会领袖人物的典型个案，探讨了社会创造的独特性与社会创造性人格发展的基本规律。

显然，与群体水平的研究相反，个案研究可以深入探讨创造性人物创造活动的独特性，生动而全面地描述个体的生活和工作。同时，我们还可以通过对一系列个案的研究，揭示不同个案之间的共性。但是，在个案研究中，需要处理好研究者在研究过程中所扮演的角色，保证资料分析和研究的客观性。

2. 心理历史学方法

正如在第十章所提到的那样，心理历史学是采用特定的心理学理论或假设研究历史上的心理和行为现象的科学。20 世纪初以来开展的心理历史学研究主要是围绕心理传记、童年史或家庭史、群体心理史等主题展开的。心理传记学研究与精神分析理论、人格心理学理论以及历史科学具有密切的联系，它把创造看作一个生活故事，通过考察创造性人物的生活事件，研究他们的独特性、创造性的发挥机制和发展过程。"它从每个人独特的生命过程中获得各不相同的发现，找出能解释个人生活的理论和不能解释个人生活的理论"；"心理传记学也能产生理论，或者至少是假设"，马斯洛、奥尔波特、埃里克森、皮亚杰、莫瑞等著名心理学家都曾经从分析一个人或少数几个人开始，最终形成适用于所有人的理论（Schultz，2005，p. 4）。相对而言，精神分析学家的研究影响较大。精神分析学派的创始人弗洛伊德是心理传记学的奠基人，他在 1910 年发表的《达·芬奇对童年的回忆》是运用精神分析理论分析历史人物心理的先锋之作，是心理传记的典范，产生了广泛的影响。基于精神分析理论发表的心理传记学著作很多，如琼斯（Jones，1910）对莎士比亚的研究（《从奥狄浦斯情结解释哈姆雷特的神话：一项对动机的研究》）、格如阿夫（Graf，1911）对艺术家理查德·瓦格纳的研究（《理查德·瓦格纳与"飞翔的荷兰人"》）等，但弗洛伊德与埃里克森的研究最为著名。需要指出，精神分析学家的许多心理传记学研究的理论依据都不是弗洛伊德早期的动机理论，而是自我的作用、客体关系等。

　　在社会创造性研究中，心理历史学方法同样发挥着重要的作用，它主要对历史上某个领域的创造性人物的独特的生活或生命历程进行分析，考察他们的人格、动机特点及其社会条件。我们可以首先对某个人或某几个人的创造性进行心理历史学研究，在此基础上，提出特定的假设，然后再进行广泛的验证，进而建立特定的理论。如上所述，许多心理学家正是通过这种方式形成了自己的理论。当然，我们也可以对特定历史时期的群体心理（如群体疯狂）进行研究。但是，我们也必须看到，除了具有个案研究法的一些缺点之外，心理历史学研究还有其自身特殊的局限性，尤其是受到历史资料的准确性和丰富性的限制。

(三) 研究方法的综合运用

上面介绍了一些典型的社会创造性研究方法。显然，在社会创造性的研究中，每一种方法都有其优势和劣势，因此，多种方法的综合运用是必要的，也就是说，对于相同的问题，我们可以尽可能地考虑运用多种方法，以达到优势互补、取长补短的目的，同时也可以相互印证，保证研究的信度和效度。

不同层次的研究之间可以进行整合，正如前面所提到的那样，个体水平的研究侧重深度分析，群体水平的研究重广度分析，因此，我们可以通过个体水平的研究提出关于社会创造性的假设，然后放到群体水平的研究中去验证，也可以把群体水平的研究得出的一般性结论，拿到典型个案中去验证，或者通过个案研究加以深化。类似的，根据特定的研究需要，具体的研究方法之间也可以很好地整合起来。例如，要研究不同年龄的社会创造性的发展特点，我们可以先通过访谈法，调查不同年龄段的社会创造性有哪些典型的行为和倾向，在此基础上，编制社会创造性发展的问卷或量表，而以通过观察法收集到的具体的社会创造性行为与熟悉被研究对象的人们的评价资料作为效标，分析其测量的效度。

另一方面，我们也可以针对特定的社会创造性研究主题（包括创造性思维、创造性人格等），在不同的研究范式下，运用适当的研究方法，系统地探讨同一研究主题的多个侧面。梅耶（Mayer，1999，pp. 452－453）总结了创造性研究的三类研究范式：描述（描述创造性的本质）、比较（比较不同创造性水平的人与过程）、关系（探讨与创造性有关的因素），在每种研究范式下，经常采用六种典型的研究方法：心理测量法、实验法、传记法、生物学法、计算法、情境法。三种研究范式与六种研究方法相结合，可以形成十八种创造性研究模式。表 8.1 描述了三类研究范式的六种研究方法。

表 8.1　　　　　　三类研究范式的六种研究方法的描述

方法和范式	举例描述
心理测量法（psychometric methodologies）	
描述（describe）	编制测量创造性的测验
比较（compare）	比较创造性得分高的人与得分低的人
关系（relate）	确定创造性测量与其他测量之间的关系
实验法（experimental methodologies）	
描述	描述创造性思维中的认知过程
比较	比较创造性思维与非创造性思维的过程
关系	确定影响或促进创造性思维的因素
传记法（biographical methodologies）	
描述	对一个创造性人物的个案历史进行质的描述或量的分析
比较	对创造性人物的个案历史的共性进行质的描述和量的分析
关系	确定一个创造性人物的个案历史中促进其发展的生活事件，或者对这些生活事件进行量的分析
生物学方法（biological methodologies）	
描述	描述与创造性思维有关的生物因素
比较	比较创造性人物与非创造性人物的生物学特征
关系	确定生理损伤是如何影响创造性的
计算法（computational methodologies）	
描述	编制计算机代码模拟创造性产品
比较	比较创造性的计算机程序与非创造性的计算机程序

方法和范式	举例描述
关系	确定程序的变化是如何影响创造性的
情境法（contextual methodologies）	
描述	描述社会和文化情境中的创造性
比较	描述不同文化关于创造性的观念
关系	查明社会环境中能克服创造障碍的技术
	查明塑造人类创造性的进化过程

注：引自 Mayer，R. E.（1999）. Fifty years of creativity research. In R J Sternberg（Ed.），Handbook of Creativity（pp. 452－453）. New York：Cambridge University Press. 中文版请参考：R. J. 斯滕伯格主编，施建农等译（2005）.《创造力手册》. 北京：北京理工大学出版社，第 373 页。

　　这些研究范式与研究方法同样可以应用于社会创造性的研究中。综合运用这些研究范式和方法，我们可以系统地考察社会创造性的各个主题、各个侧面，综合地理解社会创造性的全貌。我们可以运用心理测量法探讨社会创造性的一般行为特征或人格倾向，编制适用于特定群体的社会创造性量表或测验，比较处于不同社会创造性水平的人的特征，确定社会创造性与其他变量的关系；运用实验法，可以严格地探讨影响社会创造性过程的具体因素，考察社会创造的过程（包括认知过程），在比较的基础上确定社会创造过程的特征，查明影响社会创造性的因素；运用传记法，可以探讨人类历史上的社会创造性的基本规律，对历史上的创造性个案进行深层分析，通过比较和关系分析，找出这些个案历史的共性，揭示影响社会创造性发展的因素或生活事件；运用生物学方法，可以探讨社会创造性的生物学机制问题，查明与社会创造性有关的、突出的生物学特征及其影响机制；运用计算法，可以探讨社会创造的微观变化机制，模拟社会创造活动的微观过程，查明程序或微观过程的变化对社会创造性的影响机制；运用情境法，则可以从环境角度探讨文化、价值观等外部因素的影响，描述和比较不同文化中的社会创造性，查明在特定环境中影响社会创造性的外部因素及其影响机制。

正如梅耶（Mayer，1999）所指出的那样，心理测量法和实验法强调量的测量，主要是在严格控制的环境中进行，而且实验法侧重考察单一的创造性活动，而传记法更注重通过创造性人物在真实生活中的完整的生活故事，进行质的评价。如果我们综合运用多种研究范式和方法，就能够建立综合的社会创造心理学，有机地整合社会创造性的一般特点与社会创造性的特殊规律、历史上的社会创造性与生活中的社会创造性、影响社会创造性的外部因素与内部因素、社会创造性发展变化的宏观过程（如进化心理学所研究的社会创造性的进化过程）与微观过程；而且，还可以把对于社会创造性的描述性研究与因果关系研究、质的研究与量的研究（或深度分析与广度分析）、真实生活中的"生态研究"与严格控制环境下的实验研究结合起来。研究方法和范式的综合化是建立综合的社会创造心理学的方法论保证，探索和形成社会创造性的研究方法体系是开展社会创造性研究的基础。

主要参考文献

中文部分

A. H. Maslow（许金声、程朝阳译，1987）：《动机与人格》，北京：华夏出版社。

A. H. Smith（张梦阳、王丽娟译，1995）：《中国人气质》，兰州：敦煌文艺出版社。

D. 赫尔雷格尔，J. W. 斯洛克姆，R. W. 伍德曼（俞文钊、丁彪等译，2001）：《组织行为学（第9版）》。上海：华东师范大学出版社。

Edward Shils（傅铿、吕乐译，1991）：《论传统》，上海：上海人民出版社。

J. M. Burger（陈会昌等译，2000）：《人格心理学》，北京：中国轻工业出版社。

M. H. Bond（张世富等译，1990）：《中国人的心理》，昆明：云南人民出版社。

R. J. Sternberg主编（施建农等译，2007）：《创造力手册》，北京：北京理工大学出版社。

S. Freud（车文博等译，2006）：《达·芬奇对童年的回忆》，长春：长春出版社。

T. M. Amabile（方展画等译，1987）：《创造性社会心理学》，上海：上海社会科学院出版社。

埃德加·斯诺（汪衡译，2001）：《毛泽东自传》，北京：解放军文艺出版社。

陈会昌（2000）：《心理学新理论》，北京：北京师范大学发展心理研究所（内部资料）。

陈龙安（1999）：《创造性思维与教学》，北京：中国轻工业出版社。

丹尼尔·A. 雷恩（李柱流等译，1997）：《管理思想的演变》，北京：中国社会科学出版社。

邓立群（1999）主编：《中华人民共和国国史百科全书（1949—1999）》，北京：中国大百科全书出版社。

邓颖超（1997）：《从西花厅海棠花忆起》，《人民日报》，3月5日。

迪克·威尔逊（封长虹译，2000）：《周恩来》，北京：中央文献出版社。

董奇(1993)：《儿童创造力发展心理》，杭州：浙江教育出版社。

方钜成、姜桂侬（1989）：《西方人看周恩来》，北京：中国和平出版社。

冯川(2006)：《荣格的精神》，海口：海南出版社。

龚耀先等（1983）修订：《艾森克个性问卷（EPQ）》，湖南医学院印行。

谷传华（2005）：《创造系统观及其对创造教育的启示》，《教育研究与实验》，第 3 期，第 51—55 页。

谷传华（2007）：《小学儿童社会创造性倾向培养的实验研究》，《教育研究与实验》，第 5 期，第 65—69 页。

谷传华（2004）：《尤尼斯道德实践活动理论及其述评》，《心理科学》，第 1 期。

谷传华、周宗奎（2008）：《小学儿童社会创造性倾向与父母养育方式的关系》，《心理发展与教育》，第 24 卷第 2 期，第 34—38 页。

谷传华、周宗奎、王菲（2008）：《小学儿童的社会创造性倾向与人格倾向的关系》，《中国特殊教育》，第 3 期，第 91—96 页。

谷传华、黄春艳、周宗奎（2008）：《小学儿童社会创造性与社会技能的关系及其教育启示》，《教育研究与实验》，第 3 期，第 56—59 页。

谷传华、李阳、周宗奎（2007）：《小学儿童孤独感与社会创造性倾向的关系》，《中国健康心理学》，第 16 卷第 4 期，第 480—483 页。

谷传华、周宗奎、胡靖宜（2008）：《小学生社会创造性倾向问卷的编制和测量学分析》，《中国临床心理学》，第 16 卷第 4 期，第 340—343 页。

郭永玉（2005）：《人格心理学》，北京：中国社会科学出版社。

黄希庭、张蜀林（1992）：《562 个人格特质形容词的好恶度、意义度和熟悉度的测定》，《心理科学》，第 5 期，第 17—22 页。

霍华德·加德纳（沈致隆译，1999）：《多元智能》，北京：新华出版社。

蒋云根（2002）：《政治人的心理世界》，上海：学林出版社。

金冲及主编（1998）：《周恩来传（1898—1949）修订版》（上），北京：中央文献出版社。

金冲及主编（1998）：《周恩来传（1898—1949）修订版》（下），北京：中央文献出版社。

金冲及主编（1998）：《周恩来传（1949—1976）修订版》（上），北京：中央文献出版社。

金冲及主编（1998）：《周恩来传（1949—1976）修订版》（下），

北京：中央文献出版社。

金元浦等（1999）：《中国文化概论》，北京：首都师范大学出版社。

敬业乐群会（1914）：《敬业乐群会简章》，《敬业》，第 1 期。

克·W. 巴克主编（南开大学社会学系译，1987）：《社会心理学》，天津：南开大学出版社。

李海文（1998）：《周恩来家世》，北京：中国青年出版社、党建读物出版社。

李先念（1987）：《和人民一起纪念周恩来同志》，《不尽的思念》，北京：中央文献出版社。

梁启超（2002）：《名人传记》，天津：百花文艺出版社。

林崇德（1995）：《发展心理学》，北京：人民教育出版社。

林崇德（1999）：《培养和造就高素质的创造性人才》，《北京师范大学学报》，第 1 期，第 5—13 页。

林崇德（1999）：《学习与发展——中小学生心理能力发展与培养》，北京：北京师范大学出版社。

林语堂（赫志东、沈益洪译，2000），《中国人》，学林出版社（第 2 版）。

刘泽华（1991）：《中国传统政治思维》，长春：吉林教育出版社。

鲁迅(1930)：《习惯与改革》，《萌芽月刊》，第 1 卷，第 3 期，3 月 1 日。

罗大冈（1984）：《论罗曼·罗兰》，上海：上海文艺出版社。

马克斯·韦伯（康乐、简惠美译，2004）：《支配社会学》，桂林：广西师范大学出版社。

米哈伊·奇凯岑特米哈伊（夏镇平译，2001）：《创造性：发现和发明的心理学》，上海：上海译文出版社。

缪小春（1990）：《心理学中一个新兴的研究领域——毕生发展心理学》，《心理科学通讯》，第 4 期，第 41—46 页。

南开大学周恩来研究中心（1999）：《中外学者再论周恩来——第二届周恩来国际学术讨论会论文集》，北京：中央文献出版社。

聂荣臻（1987）：《学习周恩来的优秀品德继承他的遗愿——忆周恩来早期革命活动片断》，《不尽的思念》，北京：中央文献出版社。

裴默农（2002）：《周恩来与新中国外交》，北京：中共中央党校出版社。

让·梅松纳夫（殷世才、孙兆通译，1997）：《群体动力学》，北京：商务印书馆。

申继亮、李虹等（1993）：《当代儿童青少年心理学的进展》，杭州：浙江教育出版社。

沈殿忠、赵子祥（1995）：《中国政坛女性分析》，沈阳：辽宁人民出版社。

施建农、林凡（1997）：《超常儿童的创造力及其与智力的关系》，《心理科学》，第 20 卷，第 5 期。

罗伯特·J. 斯滕伯格主编（施建农等译，2005）：《创造力手册》，北京：北京理工大学出版社。

任俊（2006）：《积极心理学》，上海：上海世纪出版股份有限公司、上海教育出版社。

宋维真、张建新等（1993）：《编制中国人个性量表（CPAI）的意义与程序》，《心理学报》，第 25 卷，第 4 期，第 400—407 页。

汪向东等（1993）：《心理卫生评定量表手册》，北京：中国心理卫生杂志社。

王登峰、崔红（2003）：《中国人人格量表（QZPS）的编制过程与初步结果》，《心理学报》，第 35 卷，第 1 期，第 127—136 页。

王登峰、崔红（2005）：《解读中国人的人格》，北京：社会科学文献出版社。

王极盛（1986）：《科学创造心理学》，北京：科学出版社。

王垒（1998）：《人格结构的动态分析》，《心理学报》，第 30 卷，第 4 期，第 409—416 页。

王美芳（2003）：《儿童社会技能的发展与培养》，北京：华文出版社。

吴岩（1996）：《领导心理学》，北京：中央编译出版社。

姚树桥、谢家树（2006）：《学龄期儿童适应技能评定量表的信度和效度研究》，《中国临床心理学杂志》，第 11 卷第 1 期，第 28—30 页。

杨少桥、赵发生（1987）：《周恩来与我国的粮食工作》，北京：中央文献出版社。

叶浩生（1998）：《西方心理学的历史与体系》，北京：人民教育出版社。

俞国良（1996）：《创造力心理学》，杭州：浙江人民出版社。

岳冬梅等（1993）：《父母教养方式评价量表》，《心理卫生评定量表手册》，北京：中国心理卫生杂志社，第 161—167 页。

张庆林，R. J. Sternberg（2002）：《创造性研究手册》，成都：四川教育出版社。

张文新（1999）：《儿童社会性发展》，北京：北京师范大学出版社。

张文新、谷传华（2005）：《创造力发展心理学》，合肥：安徽教育出版社。

张文新、谷传华、王美萍（1999）：《中小学生创造力发展》，北京：华艺出版社。

郑剑虹、黄希庭、张进辅（2003）：《梁漱溟人格的初步研究》，《心理科学》，第 26 卷，第 1 期，第 9—12 页。

郑日昌等（1999）：《心理测量学》，北京：人民教育出版社。

中共中央文献办公室（1998）：《周恩来年谱（1898—1949）（修订本）》，北京：中央文献出版社。

中共中央文献研究室（2002）：《周恩来自述》，北京：解放军文艺出版社。

中共中央文献研究室（2002）：《周恩来自述》，北京：解放军文艺出版社。

中国心理学会（2007）：《心理学学科发展报告》，北京：中国科学技术出版社。

周恩来（1914）：《射阳忆旧》，《敬业》，第1期。

周恩来（1914）：《作文评语不佳感言》，周恩来作文。

周恩来（1915）：《海军说》，周恩来作文。

周恩来（1915）：《或多难以固邦国论》，周恩来作文。

周恩来（1915）：《论名誉》，周恩来作文。

周恩来（1915）：《子舆氏不言利，司密氏好言利，二说孰是，能折衷言之欤》，周恩来作文。

周恩来（1916）：《诚能动物论》，《校风》，第30期。

周恩来（1916）：《方今政体维新，贵由迹治心，试申其义》，周恩来作文。

周恩来（1916）：《老聃赫胥黎二氏学说异同辩》，《校风》，第22期。

周恩来（1916）：《试论奢靡二说》，周恩来作文。

周恩来（1916）：《书曾涤生〈送谢吉人之官江左序〉》，周恩来作文。

周恩来（1916）：《孙阳识马驳义》，周恩来作文。

周恩来（1916）：《我之人格观》，《敬业》，第5期。

周恩来（1916）：《项羽拿破仑优劣论》，周恩来作文。

周恩来（1917）：《诸生于旧历年假中欲事何事，盍预言之》，周恩来作文。

周宗奎（2002）：《儿童的社会技能》，武汉：华中师范大学出版社。

朱永新（2005）：《管理心智：中国古代管理心理思想及其现代价值》，北京：经济管理出版社。

朱智贤、林崇德（2002）：《儿童心理学》，北京：北京师范大学出版社。

外文部分

Amabile，T M.（1996）. *The social psychology of creativity*. US：Westview Press.

Burns，R. B.（2000）. *Introduction to research methods*. London：SAGE Publications Inc.

Cassandro，V. J.（2001）. Versatility，creative products，and personality correlates of eminent creators. Unpublished dissertation for PhD，University of California，Davis.

Chang，E. C. ，D'Zurilla，T. J. & Sanna，L. J.（2004）. *Social problem solving：Theory，research，and training*. Washington：American Psychological Association.

Cropley，A. J.（1992）. *More ways than one：Fostering creativity*. Norwood，NJ：Ablex.

Crusec，J. E. & Lytton，H.（1988）. Socialization and the family. In J. E. Crusec & H. Lytton（Eds. ），*Social development*. Spring-Verlag.

Csikszentmihalyi，M.（1999）. Implications of a system perspective for the study of creativity. In R. J. Sternberg（Ed. ），*Handbook of Creativity*（pp. 313－335）. New York：Cambridge University Press.

D'Zurilla, T. J. , Goldfried, M. R. (1971). Problem solving and behavior modification. *Journal of Abnormal Psychology*, 78, 107—126.

Diakidoy, I. & Spanoudis, G. (2002). Domain specificity in creativity testing: A comparison of performance on a general divergent-thinking test and a parallel, content-specific test. *Journal of Creative Behavior*, 36 (1), 41—61.

Elliott, T. R. , Grant, J. S. & Miller, D. M. (2004). Social problem-solving abilities and behavioral health. In E. C. Chang, T. J. D'Zurilla & L. J. Sanna (Eds.), *Social problem solving: Theory, research, and training* (pp. 117—134). Washington: American Psychological Association.

Emrich, C. G. , Brower, H. H. , Feldman, J. M. & Garland, H. (2001). Images in words: Presidential rhetoric, charisma, and greatness. *Administrative Science Quarterly*, 46 (3), 527—557.

Eysenck, H. J. (1997). Creativity and personality. In M. A. Runco (Ed.), *The creativity research handbook* (pp. 41—66). New Jersey: Hampton Press.

Feist, G. J. (1999). Influence of personality on artistic and scientific creativity. In R. J. Sternberg (Ed.), *Handbook of Creativity* (pp. 273—296). New York: Cambridge University Press.

Feldman, D. H. (1999). The development of creativity. In R. J. Sternberg (Ed.), *Handbook of Creativity* (pp. 169—186). New York: Cambridge University Press.

Feldman, R. S. (2005). *Development across the life span* (the third edition) (pp. 552 — 559). Pearson Education Asia Limited and Peking University Press.

Fiske, S. T. , Kazdin, A. E. & Schacter, D. L. (2005). *Annual Review of Psychology* (Vol. 56). California: Annual Reviews.

Gruber, H. E. & Wallace, D. B. (1999) The case study method and evolving systems approach for understanding unique creative people at work. In R. J. Sternberg (ed.), *Handbook of Creativity* (pp. 93 — 115). New York: Cambridge University Press.

Han, K. S. & Marvin, C. (2002). Multiple creativities? Investigating domain-specificity of creativity in young children. *Gifted Child Quarterly*, 46 (2), 98—109.

James. K. & Asmus, C. (2001). Personality, cognitive skills, and creativity in different life domains. *Creativity Research Journal*, 13 (2), 149—159.

Lehman, H. C. (1953). *Age and achievement*. Princeton, NJ: Princeton University Press.

Lubart, T. I. (1999). Creativity across culture. In R. J. Sternberg (Ed.), *Handbook of Creativity* (pp. 339 — 350). New York: Cambridge University Press.

Mansfield, R. S. & Busse, T. V. (1981). *The psychology of creativity and discovery: Scientists and their work*. Chicago: Nelson-Hall.

Maranell, G. M. (1970). The evaluation of presidents: An extension of the Schlesinger polls. *Journal of American History*, 57, 104—113.

Mayer, R. E. (1999). Fifty years of creativity research. In R.

J. Sternberg (Ed.), *Handbook of Creativity* (pp. 449 — 460). New York: Cambridge University Press.

Mouchiroud, C. & Lubart, T. (2002). Social creativity: a cross-secitonal study of 6-to 11-year-old children. *International Journal of Behavioral Development*, 26 (1), 60 — 69.

Nickerson, R. S. (1999). Enhancing creativity. In R. J. Sternberg (Ed.), *Handbook of Creativity* (pp. 392 — 430). New York: Cambridge University Press.

Oliva, P. A. & Quejia, S. (2000). Parenting style and social and academic performance in a Spanish sample. *Abstract in XVIth Biennial Meetings of ISSBD*, Beijing, China.

Policastro, E. & Gardner, H. (1999). From case studies to robust generalizations: An approach to the study of creativity. In R. J. Sternberg (Ed.), *Handbook of Creativity* (pp. 213 — 225). New York: Cambridge University Press.

Post , J. M. (2003). *The psychological assessment of political leaders: with profiles of Saddam Hussein and Bill Clinton, Ann Arbor*. University of Michigan Press.

Ridings, W. J. & McIver, S. B. (1997). *Rating the presidents: A ranking of U. S. leaders, from the great and honorable to the dishonest and incompetent*. NJ: Citadel Press.

Rudowicz, E. & Yue, X. D. (2002). Compatibility of Chinese and creative personalities. *Creativity Research Journal*, 14 (3), 387 — 394.

Runco, M. A. (1997). *The creativity research handbook*. New Jersey: Hampton Press.

Saltaris, C. , Serbin, L. A. , Stack, D. M. , et al. (2004). Nurturing cognitive competence in preschoolers: A longitudinal study of intergenerational continuity and risk. *International Journal of Behavioral Development*, 28 (2), 105—115.

Schultz, W. T. (2005). *Handbook of psychobiography*. New York: Oxford University Press.

Simonton, D. K. (1983). Formal education, eminence and dogmatism: The curvilinear relationship. *The Journal of Creative Behavior*, 17 (3), 149—162.

Simonton, D. K. (1986). Presidential personality: Biographical use of the Gough Adjective Check List. *Journal of personality and social psychology*, 51 (1), 149—160.

Simonton, D. K. (1988). Galton genius, Kroeberian configuration, and emulation: a generational time-series analysis of Chinese civilization. *Journal of Personality and Social Psychology*, 55 (2), 230—238.

Simonton, D. K. (1990). *Psychology, science, and history: An introduction to historiometry*. New Haven, CT: Yale University Press.

Simonton, D. K. (1991). Career landmarks in science: Individual differences and interdisciplinary contrasts. *Developmental Psychology*, 27 (1), 119—130.

Simonton, D. K. (1992). Presidential greatness and personality: A response to McCann (1992). *Journal of Personality and Social Psychology*, 63, 676—679.

Simonton, D. K. (1997). Historiometric studies of creative genius. In M. A. Runco (Ed.), *The creativity research handbook* (Vol. 1, pp. 3 — 28). New Jersey: Hampton Press.

Simonton, D. K. (1998). Achieved eminence in minority and majority cultures: convergence versus divergence in the assessment of 294 African Americans. *Journal of Personality and Social Psychology*, 74 (3), 804—817.

Simonton, D. K. (1999). Creativity from a historiometric perspective. In R. J. Sternberg (Ed.), *Handbook of Creativity* (pp. 117 — 133). New York: Cambridge University Press.

Simonton, D. K. (2000). Creativity: cognitive, personal, developmental, and social aspects. *The American Psychologist*, 55 (1), 151.

Simonton, D. K. (2001). Age and achievement. *Roeper Review, Bloomfield Hills*, 23 (3), 166—170.

Simonton, D. K. (2001). Predicting presidential performance in the United States: Equation replication on recent survey results. *The Journal of Social Psychology*, 141 (3), 293—307.

Simonton, D. K. (2002). Genius explained. *Philadelphia*, 93 (3), 475.

Smith, M. B. (2006). *Social psychology and human values*. New Jersey: Aldine Transaction Publisher.

Sommers, P. M. (2002). Is presidential greatness related to height? *The College Mathematics Journal*, 33 (1), 14—18.

Sternberg, R. J. & Lubart, T. I. (1999). The concept of creativity: Prospects and paradigms. In R. J. Sternberg (Ed.), *Handbook of Creativity* (pp. 3 — 15). New York: Cambridge University Press.

Survey Research Center. (1969). Election study, Ann Arbor, Michigan: Inter-University Consortium for Political Research, University of Michigan.

Winter, D. G. (1987). Leader appeal, leader performance, and the motive profiles of leaders and followers: A study of American presidents and elections. *Journal of Personality and Social Psychology*, 52 (1), 196—202.

Youniss, J. & Yates, M. (1997). *Community service and social responsibility in youth*. Chicago: The University of Chicago Press, Available On line.

Youniss, J. , McLellan, J. A. & Yates, M. (1997). What we know about engendering civic identity. *American Behavioral Scientist*, 40 (5), 620—631.

Yue, X. D. & Rudowicz, E. (2002). Perception of the most creative Chinese by undergraduates in Beijing, Guangzhou, Hongkong, and Taipei. *Journal of Creative Behavior*, 36 (2), 88—103.

Yue, X. D. (2003). Meritorious evaluation bias: How Chinese undergraduates perceive and evaluate Chinese and foreign creators. *Journal of Creative Behavior*, 37 (3), 151—177.

Yue, X. D. (2004). Whoever is influential is creative: How Chinese undergraduates choose creative people in Chinese societies. *Psychological Reports*, 94, 1235—1249.

附 录

一 领袖人物基本情况及人格发展的相关因素编码手册

（一） 人物基本情况

1. 姓名：＿＿＿＿＿＿　　性别：（1）男（2）女

2. 人物的基本类别：（1）政治家（2）军事家（3）外交家（4）社会活动家（5）教育家（6）思想家（7）诗人（8）其他

所属的最主要类别为：（1）政治家（2）军事家（3）外交家（4）社会活动家（5）教育家（6）思想家

3. 最后的职务为＿＿＿＿＿＿＿。

4. 出生地：＿＿＿＿＿＿＿，主要生长地：＿＿＿＿＿＿＿。

5. 生卒年：＿＿＿＿＿＿＿，享年：＿＿＿＿＿＿岁。

（二） 相关因素

1. 在兄弟姐妹中的排行是：①第一 ②第二 ③第三 ④第四 ⑤第五 ⑥第六，以后依次用 7，8，9，10 等表示。

2. 婴幼儿和童年时期的主要抚养人是 ① 父亲 ② 母亲 ③ 祖母 ④ 外祖母 ⑤祖父或外祖父 ⑥其他　　　　主要抚养人有

_____人

父亲去世时的实际年龄为_____岁，孩子的实际年龄为_____岁。

母亲去世时的实际年龄为_____岁，孩子的实际年龄为_____岁。

继父去世时的实际年龄为_____岁，孩子的实际年龄为_____岁。

继母去世时的实际年龄为_____岁，孩子的实际年龄为_____岁。

早年是否有其他的创伤：_____
实际年龄为_____岁。

3. 家庭规模：生活在同一个家庭中的成员的实际数目是_____人。

4. 家庭宗教信仰或思想

（1）父亲的宗教信仰是：①不信仰任何宗教 ②信仰基督教 ③信仰回教或伊斯兰教 ④信仰佛教 ⑤信仰道教 ⑥儒教 ⑦其他

（2）母亲的宗教信仰是：①不信仰任何宗教 ②信仰基督教 ③信仰回教或伊斯兰教 ④信仰佛教 ⑤信仰道教 ⑥儒教 ⑦其他

（3）父亲的影响主要表现在：①品德 ②思想 ③学术 ④知识 ⑤社会关系（政治地位）⑥机会 ⑦能力 ⑧其他

（4）母亲的影响主要表现在：①品德 ②思想 ③学术 ④知识 ⑤社会关系（政治地位）⑥机会 ⑦能力 ⑧其他

5. （父辈以后）家庭所处的社会地位和阶层：①贵族 ②封建官僚 ③地主 ④富农 ⑤商人 ⑥中农 ⑦贫农或佃农 ⑧其他

6. 受教育经历

（1）早熟性：在童年期和青少年时期是否就表现出杰出的社会创造性 ①是 ②否

（2）正规受教育水平：①初等教育以下（如只受过启蒙教

育）②初等教育 ③中等教育 ④高等教育

7. 童年和青少年时期受教育内容和思想影响包括：

（1）儒家传统和封建伦理，（2）资产阶级民主革命思想，（3）社会主义和无产阶级革命思想，（4）西方科学技术（5）西方启蒙思想（6）资本主义政治制度（7）西方资本主义军事（8）西方资本主义经济（9）西方宗教（主要是基督教）（10）抵御外侮救亡图存思想（11）社会改良思想（12）其他（以主要教育内容为准）

8. 受教育过程中是否获得荣誉？（1）没有（2）受过学校授予的荣誉（3）地区荣誉（4）国家荣誉

9. 事业经历

（1）处于不同职位或状态时的年龄

A 首次参与重大社会活动的实际年龄为_____岁。

B 首次担任重要职务或承担重要任务的实际年龄为_____岁。

C 开始担任一生中最高职务的实际年龄为_____岁，最高职务的实际任期为_____年。

（2）是否接受过后来从事的职业方面的专业训练：①没有接受过 ②接受过

10. 社会参与（重大的社会参与行为）：儿童青少年时期（约20岁以前）

（1）是否经常参加各种社会活动？①从不 ②偶尔 ③经常 ④总是

（2）参与或领导过哪些类型的社会运动：①维新改良运动 ②维护封建传统运动 ③群众反侵略运动④群众反饥饿反压迫运动 ⑤洋务运动 ⑥学生反侵略反封建运动⑦旧民主主义革命战争 ⑧解放战争 ⑨其他

（3）各种重要的社会参与行动的数量（以实际参与行为的数

量计算）：

　　①维新改良运动_____　②维护封建传统运动_____　③一般群众反侵略运动_____　④群众反饥饿反压迫暴动_____　⑤洋务运动_____　⑥学生反侵略反封建运动_____　⑦旧民主主义革命_____　⑧解放战争_____　⑨其他_____

　　11. 家庭环境和气氛（勾出合适的选项）

　　（1）家庭成员相互支持和帮助（亲密度）

　　①从不　　　②偶尔　　③经常　　④总是

　　（2）家庭中鼓励直接表达个人情感和公开活动（情感表达）

　　①从不　　　②偶尔　　③经常　　④总是

　　（3）公开表露愤怒、攻击或矛盾（家庭和睦性或矛盾性）

　　①从不　　　②偶尔　　③经常　　　④总是

　　（4）家庭成员独立自主（独立性）

　　①从不　　　②偶尔　　③经常　　　④总是

　　（5）家庭成员尽心尽力地竞争和获得成就，对政治问题或活动感兴趣（成功性）

　　①从不　　　②偶尔　　③经常　　　④总是

　　（6）家庭成员对文化、知识或智力活动感兴趣（知识性）

　　①从不　　　②偶尔　　③经常　　　④总是

　　（7）家庭成员参加社交活动和娱乐活动（娱乐性）

　　①从不　　　②偶尔　　③经常　　　④总是

　　（8）重视伦理和宗教价值（道德宗教观）

　　①从不　　　②偶尔　　③经常　　④总是

　　（9）家庭生活秩序井然，组织性强（组织性）

　　①从不　　　②偶尔　　③经常　　　④总是

　　（10）家规严格（控制性）

　　①从不　　　②偶尔　　③经常　　　④总是

12. 家庭教养方式（勾出合适的选项）

（1）父亲在情感上给予温暖和理解（情感温暖和理解）

①从不　　　②偶尔　　　③经常　　　④总是

（2）父亲对孩子严厉、惩罚孩子（惩罚、严厉）

①从不　　　②偶尔　　　③经常　　　④总是

（3）父亲对孩子过分干涉和保护（过分干涉和保护）

①从不　　　②偶尔　　　③经常　　　④总是

（4）不满意孩子的表现或成绩（拒绝、否认）

①从不　　　②偶尔　　　③经常　　　④总是

（5）在兄弟姐妹中，父母更偏爱自己（偏爱）

①从不　　　②偶尔　　　③经常　　　④总是

（6）母亲在情感上给予温暖和理解（情感温暖和理解）

①从不　　　②偶尔　　　③经常　　　④总是

（7）母亲对孩子严厉、惩罚孩子（惩罚、严厉）

①从不　　　②偶尔　　　③经常　　　④总是

（8）母亲对孩子过分干涉和保护（过分干涉和保护）

①从不　　　②偶尔　　　③经常　　　④总是

（9）不满意孩子的表现或成绩（拒绝、否认）

①从不　　　②偶尔　　　③经常　　　④总是

（10）在兄弟姐妹中，母亲更偏爱自己（偏爱）

①从不　　　②偶尔　　　③经常　　　④总是

二　人格形容词检测表

以下形容词都是描述人格特点的。每个形容词符合每个人物的符合程度分为 7 种，其中 1，2，3，4，5，6，7 分别表示"完全不符合"、"比较不符合"、"有点不符合"、"不能确定"（或在该特征上不明显）、"有点符合"、"比较符合"、"完全符合"（如下）。请您根据人物的实际情况，核对每个形容词符合每个人物的程度，并在后面的括号里填上相应的数字。如某人比较符合"随和的"这一特征，就在"随和的"后面的括号里填上 6。

1	2	3	4	5	6	7
完全 不符合	比较 不符合	有点 不符合	不能 确定	有点 符合	比较 符合	完全 符合

知耻的（　）	大方的（　）	高尚的（　）
爱笑的（　）	积极的（　）	安分的（　）
善良的（　）	竞争的（　）	小心的（　）
侠义的（　）	严肃的（　）	克己的（　）
逞能的（　）	出众的（　）	机智的（　）
多才的（　）	合群的（　）	倔犟的（　）
势利的（　）	开明的（　）	挑剔的（　）
节俭的（　）	勇敢的（　）	有为的（　）
守时的（　）	孝顺的（　）	健康的（　）
活泼的（　）	细心的（　）	开朗的（　）
时髦的（　）	独立的（　）	英俊的（　）
虚心的（　）	拘束的（　）	温和的（　）
自责的（　）	可爱的（　）	激进的（　）
性感的（　）	客观的（　）	贪婪的（　）
恭敬的（　）	真诚的（　）	坚定的（　）
纯洁的（　）	可靠的（　）	稳重的（　）
随便的（　）	清高的（　）	贤惠的（　）
大度的（　）	顺从的（　）	无私的（　）
上进的（　）	调皮的（　）	害羞的（　）

安逸的 （　　）	宽容的 （　　）	文弱的 （　　）
温柔的 （　　）	干巴的 （　　）	多欲的 （　　）
外向的 （　　）	沉着的 （　　）	好奇的 （　　）
潇洒的 （　　）	感恩的 （　　）	单纯的 （　　）
消极的 （　　）	天真的 （　　）	粗野的 （　　）
狠毒的 （　　）	高雅的 （　　）	偏激的 （　　）
变态的 （　　）	多疑的 （　　）	刻苦的 （　　）
自尊的 （　　）	友好的 （　　）	自夸的 （　　）
随和的 （　　）	尽职的 （　　）	公正的 （　　）
可敬的 （　　）	健谈的 （　　）	内向的 （　　）
果断的 （　　）	畏难的 （　　）	聪明的 （　　）
骄傲的 （　　）	知足的 （　　）	能干的 （　　）
完美的 （　　）	泼辣的 （　　）	幽默的 （　　）
狂妄的 （　　）	坦率的 （　　）	冷静的 （　　）
自觉的 （　　）	懒惰的 （　　）	多情的 （　　）
快乐的 （　　）	可怜的 （　　）	可笑的 （　　）
爱国的 （　　）	诚实的 （　　）	豪爽的 （　　）
自信的 （　　）	尚武的 （　　）	敏感的 （　　）
正常的 （　　）	坚强的 （　　）	易怒的 （　　）
调侃的 （　　）	有恒的 （　　）	健忘的 （　　）
保守的 （　　）	坦然的 （　　）	疲惫的 （　　）
直率的 （　　）	空虚的 （　　）	平凡的 （　　）
依赖的 （　　）	忠厚的 （　　）	怀旧的 （　　）
武断的 （　　）	忧郁的 （　　）	成熟的 （　　）
疯狂的 （　　）	纯情的 （　　）	好斗的 （　　）
阴险的 （　　）	圆滑的 （　　）	优柔的 （　　）
自怜的 （　　）	矛盾的 （　　）	镇定的 （　　）
暴躁的 （　　）	踏实的 （　　）	文静的 （　　）

奴性的（　　）　　寡欲的（　　）　　早熟的（　　）
认真的（　　）　　无情的（　　）　　下流的（　　）
亲切的（　　）　　体贴的（　　）　　欺压的（　　）
深沉的（　　）　　创新的（　　）　　反抗的（　　）
理智的（　　）　　烦躁的（　　）　　荒唐的（　　）
寡言的（　　）　　力行的（　　）　　爱美的（　　）
糊涂的（　　）　　寡情的（　　）　　易变的（　　）
虚荣的（　　）　　虚伪的（　　）　　热情的（　　）
无信的（　　）　　好色的（　　）　　悲观的（　　）
奢侈的（　　）　　挑拨的（　　）　　急躁的（　　）
消沉的（　　）　　好问的（　　）　　失意的（　　）
勤奋的（　　）　　中庸的（　　）　　轻浮的（　　）
呆板的（　　）　　平静的（　　）　　闲散的（　　）
整洁的（　　）　　马虎的（　　）　　鲁莽的（　　）
落后的（　　）　　堕落的（　　）　　钟情的（　　）
狡猾的（　　）　　讨厌的（　　）　　爱哭的（　　）
无礼的（　　）　　吝啬的（　　）　　欺骗的（　　）
偏心的（　　）　　合作的（　　）　　无能的（　　）
自卑的（　　）　　空谈的（　　）　　随俗的（　　）
激动的（　　）　　振奋的（　　）　　嫉妒的（　　）
独特的（　　）　　孤独的（　　）　　胆小的（　　）
敌对的（　　）　　浅薄的（　　）　　礼貌的（　　）
含蓄的（　　）　　麻木的（　　）　　善感的（　　）
庸俗的（　　）　　自私的（　　）　　唠叨的（　　）
固执的（　　）　　谦让的（　　）　　浮夸的（　　）
疲沓的（　　）　　紧张的（　　）　　丑恶的（　　）
迟钝的（　　）　　冷漠的（　　）　　残酷的（　　）
无助的（　　）　　迷信的（　　）　　玩忽的（　　）

古怪的（　　）　　唯我的（　　）　　浪漫的（　　）

卑贱的（　　）　　献媚的（　　）　　放任的（　　）

刻薄的（　　）　　愚蠢的（　　）　　冒险的（　　）

体谅的（　　）　　粗心的（　　）　　软弱的（　　）

妄想的（　　）　　摆阔的（　　）

善于体察的（　　）投机的（　　）

诡辩的（　　）　　深刻的（　　）

条理的（　　）　　富有心计的（　　）

精力充沛的（　　）理想主义的（　　）

兴趣广泛的（　　）坚韧不拔的（　　）

循规蹈矩的（　　）受人拥戴的（　　）

实事求是的（　　）善于说服的（　　）

后　记

　　这是一个需要创造性的时代，无论对社会的进步，还是对我们自身的发展，这种创造性都是不可或缺的。本书出版的意义或许就在于，它可以在一定程度上提醒人们开发自己的创造潜能，无论在工作中还是在日常的生活中，无论对于一个人还是一个单位、一个民族或一个国家。但是，本书更主要的意义不在于它具体回答或解决了什么问题，而在于提出问题——如何开发人们的社会创造性的问题。

　　这里，非常感谢来自各个方面的支持。无比感谢我的博士生导师陈会昌老师，师如父，陈老师渊博的学识、特有的个性和品格、无私的帮助、殷切的期望永远是激励我前进的动力，没有陈老师很难有本书的诞生。北京师范大学的老师们，特别是发展心理研究所的林崇德老师给予作者极大的鼓励，发展心理学研究所所长申继亮老师也从多个方面给予作者以精神的支持。作为本书基础的博士论文曾被授予第二届朱智贤心理学奖，这本身就是对作者的激励和鞭策。感谢朱智贤心理学奖评委会的老师们，给本书的出版以很大的动力。也感谢在博士论文完成和答辩期间提供各种帮助的老师和同学们，特别是当时组成答辩和评审委员会的邹泓、董奇、陈英和、方晓义、郑日昌、张建新、冯伯麟、杨丽珠、张文新等老师，感谢山东师范大学心理学院的张文新老师的无私、真诚的帮助，也感谢程学超老师多年来的热心关注。他们间接地为本书的出版做出了重要的贡献。黄希庭老师和目前就职广东湛江师范学院的郑剑虹博士在研究过程中为本书的写作提供了充分的资料支持，在此表示真诚的感谢。

　　感谢华中师范大学的领导、老师和同事们，华中师范大学心理学院的丛书出版基金有效保证了本书的出版；刘华山老师作为华师心理学的奠基人之一，不懈栽培后人，令人感动；周宗奎老师不仅是当年论文的评阅人，而且作为心理学院院长，在忙于研究的同时还不断提醒、督促和激励丛书的写作，为之创造了各种有利条件，为本书的写作提出了宝贵意见；郭永玉、江光荣、佐斌、郑晓边、马红宇等老师也为作者进行有关的研究提供了各种便利；各位同事和亲戚、朋友从各个方面给予的支持和期望也促成了这项工作的顺利开展。另外，还要感谢中国社科出版社提供了这次宝贵的机会，感谢编辑为此付出的辛勤劳动。殷殷之情，难以言表，唯有内心深深的感恩，真诚祝愿各位尊敬的师长、朋友和同仁（包括这里提到的和没有提到的）身体健康、事业发展、生活顺心，好人一生平安。

　　限于作者的水平、时间和精力，本书一定存在诸多不足之处，恳请各位专家学者的批评指正。

谷传华

2009.1